Lutz Friedrichs

Autobiographie und Religion der Spätmoderne

Kohlhammer

Praktische Theologie heute

Herausgegeben von
Gottfried Bitter
Peter Cornehl
Ottmar Fuchs
Albert Gerhards
Henning Schröer
Klaus Wegenast

Band 40

Lutz Friedrichs

Autobiographie und Religion der Spätmoderne

Biographische Suchbewegungen
im Zeitalter transzendentaler Obdachlosigkeit

Verlag W. Kohlhammer

Die Deutsche Bibliothek - CIP-Einheitsaufnahme

Friedrichs, Lutz:
Autobiographie und Religion der Spätmoderne : biographische Suchbewegungen im Zeitalter transzendentaler Obdachlosigkeit / Lutz Friedrichs. - Stuttgart ; Berlin ; Köln : Kohlhammer, 1999
  (Praktische Theologie heute ; Bd. 40)
  ISBN 3-17-015755-8

Alle Rechte vorbehalten
© 1999 W. Kohlhammer GmbH
Stuttgart Berlin Köln
Verlagsort: Stuttgart
Umschlag: Data Images GmbH
Gesamtherstellung:
W. Kohlhammer Druckerei GmbH + Co. Stuttgart
Printed in Germany

Inhalt

Vorwort   8

A. Einleitung
I. Zielsetzung und Vorgehensweise   10
II. Forschungsüberblick   13

B. Autobiographie und Religion der Spätmoderne. Theoretische Grundentscheidungen

I. Appell zur Selbsterkundung:
Autobiographisches Erzählen in der Spätmoderne   16
    1. Autobiographien in handlungstheoretischer Perspektive   17
    2. Zwischen Ganzheit und Fragment:
      Zum Funktionswandel des Autobiographischen   19
    3. Finden, Auffinden und Erfinden:
      Fakten und Fiktionen in Autobiographien   27
    4. Appell zur Selbstauslegung:
      Das kommunikative Element spätmoderner Autobiographien   30

II. „Das Eis der Seele spalten":
Religiöse Dimensionen autobiographischer Kommunikation   32
    1. Annäherung: Religion und Autobiographie   33
    2. Religion in kommunikationstheoretischer Perspektive   36
    3. „Expressive Profanität":
      Religion als biographische Tiefendimension   41
    4. Kommunikative Sinnsuche:
      Zum Funktionswandel religiöser Autobiographik   47
    5. Religionstheoretische Präzisierungen und theologische Perspektive   52

III. Methodische Reflexionen:
Erzähltheoretische Rekonstruktion autobiographischer Kommunikation   57
    1. Die pragmatische Wende innerhalb der Literaturwissenschaft   57
    2. Pragmatik als Entpragmatisierung: Der Ansatz von Wolfgang Iser   59
    3. Literarische Autobiographien in wirkungsästhetischer Sicht: Chancen und Grenzen   65
    4. Zentrale Elemente des methodischen Instrumentariums   67

C. Fragment und Ganzheit - Klage und Lob.
Religiöse Dimensionen spätmoderner Autobiographik

I. Dem Geheimnis des Lebens auf die Spur kommen:
   Wolfgang Koeppens *Jugend* (1976) — 71

   1. „Fragment aus Fragmenten":
      Annäherungen an Wolfgang Koeppen und sein Buch *Jugend* — 72
   2. Zwischen Sinnkonstruktion und Sinndekonstruktion: Tendenzen der Forschung — 75
   3. Der Suche nach biographischer Wahrheit nicht ausweichen -
      Religiöse Dimensionen des Buches *Jugend* — 79

      3.1. Mit der Mutter durch das Rosental zum Gut Ephraimshagen:
           Die Eingangssequenz — 80
      3.2. „Das Gedichtete behauptet sein Recht...":
           Konturen der autobiographischen Kommunikation — 84
      3.3. „Zum Hafen führt es abwärts, ich hoffe, ich fürchte, es geht in die Welt":
           Thematische Konstellationen — 92
      3.4. Autobiographie in Raum und Rondo:
           Zur ästhetischen Komposition eines biographischen Grundgefühls — 99
      3.5. „Entthront aus der Mitte der Schöpfung": Aspekte des Religiösen in *Jugend* — 102
           3.5.1. „Sankt Nikolai wirft seinen schweren lutherischen Schatten":
                  Religion und Kirche in Kaiserreich und Weimarer Republik — 102
           3.5.2. „Ich sah die großen Untergänge, die kommen sollten":
                  Religion als Deutepotential der Biographie — 108
           3.5.3. „Ich spüre die Steine rund und hart":
                  Klage um Verlust von Kindheit und Jugend — 113
      3.6. „Wir sind von Anbeginn verurteilt":
           Autobiographie im Modus gebrochener Klage — 116

II. Mythische Kindheitslandschaft entdecken:
    Peter Handkes *Die Wiederholung* (1986) — 123

    1. *Die Wiederholung* als Element des autobiographischen Schreibprozesses — 124
    2. Zwischen neoromantischer Kunstreligion und postmoderner Mystik:
       Tendenzen der Forschung — 130
    3. „Ein einsames Spiel, ein wildes Spiel":
       Religiöse Dimensionen des Buchs *Die Wiederholung* — 135

       3.1. Auf den Spuren des verschollenen Bruders:
            Zur thematischen Konstellation — 136
       3.2. „... und ich gehörte mit meinem Spiegelbild zu diesem Volk":
            Die Eingangssequenz — 145
       3.3. Erzählen und Erfinden:
            Das Profil der autobiographischen Kommunikation — 153
       3.4. „'Filip Kobal hat es mit dem Schein'":
            Zur literarischen Komposition eines Lebensgefühls — 164
       3.5. Erzählen in der Höhlung des Bilderstocks:
            Die Funktion religiöser Sprache und Motivik — 173
            3.5.1. Die Welt der Bilderstöcke, Kapellen und Prozessionen: Religion als
                   kirchliche Religion des Katholizismus auf der Ebene der erzählten Welt — 174
            3.5.2. Biographie in der Perspektive einer archaisch-modernen Schriftreligion:
                   Religion als Deutepotential des Erzählers — 179
       3.6. „Ich bin einverstanden, geboren zu sein":
            Autobiographisches Erzählspiel im Modus gebrochenen Lobs — 192

D. Psalmodieren vor leerer Transzendenz:
   Theologische Herausforderungen ... 204

   I. Der Ausgangspunkt:
      Das ästhetische Defizit
      theologischer Wahrnehmung und Reflexion von Autobiographie ... 205

   II. Entpragmatisierung biographischer Konventionen:
       Das prophetische Profil spätmoderner Autobiographik ... 208
       1. Theokritischer Grundzug ... 210
       2. Sprachkritischer Weltbezug ... 210
       3. Fiktionales Erkunden von Ich und Welt ... 215
       4. Subjektive Aneignung religiöser Traditionen ... 217

   III. Klagen und Loben vor leerer Transzendenz:
        Theologische Verdichtungen ... 220
        1. Zwischen Mythos und Logos:
           Autobiographien im Zeitalter „transzendentaler Obdachlosigkeit" ... 220
        2. „Heilige Leere":
           Die offene Gottesfrage spätmoderner Autobiographik ... 224

E. Literaturverzeichnis ... 227

Vorwort

Die Autobiographik der Spätmoderne ist, zumal in ihrer narrativen Eigenart, theologisch bisher kaum wahrgenommen worden. Wie wird Lebensgeschichte in der Spätphase der Moderne erzählt? Welche Rolle spielt dabei Religion? Welche Konsequenzen hat Theologie daraus zu ziehen?
Am Beispiel der Autobiographien *Jugend* von Wolfgang Koeppen und *Die Wiederholung* von Peter Handke gehe ich diesen offenen Fragen nach. Dabei zeigt sich: diese Autobiographien, geschrieben unter den Bedingungen „transzendentaler Obdachlosigkeit" (Georg Lukács), fordern ihre Leserinnen und Leser in je spezifischer Weise zu eigenen biographischen Suchbewegungen heraus. Mit dieser These nehme ich Anregungen der neueren literaturwissenschaftlichen Rezeptionsästhetik auf und versuche, diese religionstheoretisch und theologisch fruchtbar zu machen.
Der vorliegende Band ist die gekürzte Fassung meiner Doktorarbeit, die Anfang 1997 fertiggestellt und im SS 1997 vom Fachbereich Evangelische Theologie der Philipps-Universität Marburg angenommen worden ist.
Literatur zum Thema ist nur bis zum Zeitpunkt der Fertigstellung der Arbeit aufgenommen und berücksichtigt worden. Mir ist jedoch, abgesehen von Beiträgen zum Verhältnis von Theologie und Literatur allgemein, seitdem keine Arbeit speziell zur theologischen Autobiographieforschung begegnet.
Die Arbeit ist im Forschungszusammenhang der Marburger Praktischen Theologie, nicht zuletzt im Rahmen des Marburger Graduiertenkollegs „Religion in der Lebenswelt der Moderne" entstanden. Das Marburger Kolleg hat, insbesondere was die religionstheoretische Reflexion betrifft, Grundlegendes eröffnet und Weitsicht über die Grenzen der theologischen Diskussion hinaus initiiert. Dafür bin ich den Kolleginnen und Kollegen dankbar.
Dankbar bin ich Herrn Prof. Dr. Karl-Fritz Daiber, der diese Arbeit in der ihm eigenen Weise mit mutmachender und kritischer Offenheit begleitet hat. Von Karl-Fritz Daiber habe ich gelernt, wie anregend, wie fruchtbar, wie unerläßlich es ist, christliche Religion auch jenseits der theologischen Binnenperspektive wahrzunehmen, sei es aus soziologischer, sei es, wie in dieser Arbeit, aus literaturwissenschaftlicher Sicht.
Zu danken habe ich auch Herrn Prof. Dr. Gerhard Marcel Martin, der die Arbeit kritisch gelesen hat. Mutmachend reagiert haben im Entstehungsprozeß Stefan Kurmeier, Horst Schubert und Kristian Fechtner. Fast unerschöpflich ist die Bereitschaft meiner Frau Birte gewesen, immer wieder mitzudenken, immer wieder Passagen Korrektur zu lesen, immer wieder Zeit zu gewähren.
Ohne die finanzielle Unterstützung der Evangelischen Kirche von Kurhessen und Waldeck und des Vereins evangelischer Pfarrerinnen und Pfarrer von Kurhessen-Waldeck wäre die Publikation in der vorliegenden Form nur schwer möglich gewesen. Dazu beigetragen haben auch meine Schwester mit ihrem Mann und meine Eltern. Ihnen allen sei an dieser Stelle noch einmal herzlich und offiziell dafür gedankt.

Ein letzter Dank geht an die Herausgeber der Reihe *Praktische Theologie heute*, insbesondere an Henning Schröer, dessen verschiedene Überlegungen zur Frage des Verhältnisses von Theologie und Literatur für mich zudem sehr anregend waren.

Großseelheim im November 1998   Lutz Friedrichs

A. Einleitung

I. Zielsetzung und Vorgehensweise

Ziel der vorliegenden Arbeit ist es, am Beispiel der autobiographischen Erzählungen *Jugend* von Wolfgang Koeppen (1976) und *Die Wiederholung* von Peter Handke (1986) die religiöse Dimension spätmoderner Autobiographik pragmatisch zu rekonstruieren und theologisch zu reflektieren. Ich rekurriere auf Paul Tillichs Religionstheorie und versuche, diese rezeptionsästhetisch zu präzisieren. Damit beschreite ich einen neuen Weg theologischer Literaturforschung.

In seiner Studie *Moderne deutsche Literatur in Predigt und Unterricht* (1972) stellt Henning Schröer die Frage, ob „moderne Literatur nicht die Provokation sein [kann], gemeinsam wieder die Kategorie des Prophetischen zu suchen?"[1] Von der spätmodernen Autobiographik geht eine solche Provokation in spezifischer Weise aus. Diese ist zentral im sprachkritischen Entpragmatisieren (Wolfgang Iser) konventioneller autobiographischer Handlungsanforderungen verortbar. In der Spannung zwischen Ganzheit und Fragment und der Gebrochenheit, mit der Biographie in Koeppens *Jugend* und Handkes *Die Wiederholung* expressiv im Modus der Klage (Wolfgang Koeppen) und des Lobs (Peter Handke) thematisiert wird, geben sich diese autobiographischen Erzählungen als Seismographen biographischer Religion unter den Bedingungen „transzendentaler Obdachlosigkeit" (Lukács) zu erkennen.[2] Die Suchbewegungen, die diese Autobiographien unternehmen und bei ihren Leserinnen und Lesern auslösen, fordern Theologie und Kirche dazu heraus, die Kriterien ihrer Wahrnehmung und Reflexion von Autobiographie (und Biographie) kritisch zu prüfen und zu überdenken.

Die Auswahl der Autobiographien von Koeppen und Handke ist das Ergebnis einer längeren Auseinandersetzung mit Autobiographien insbesondere der deutschsprachigen Gegenwartsliteratur hinsichtlich ihres Verhältnisses zu Religion. Dabei sind drei Faktoren zu nennen, die diese Auswahl motiviert und bestimmt haben:

1. Die Autobiographien von Koeppen und Handke repräsentieren den Typus der ästhetischen (und damit ihrem Selbstverständnis nach nichtreligiösen) Autobiographik (von Schriftstellerinnen und Schriftstellern).[3] Ich konzentriere mich auf diesen Typus, da an ihm Phänomene des kommunikativen Wandels von Autobiographie und Religion unter den Bedingungen von Moderne und Spätmoderne am deutlichsten ablesbar sind.
2. Innerhalb dieses ästhetischen Typus beschränke ich mich auf Koeppens *Jugend* und Handkes *Die Wiederholung*, da mit diesen Autobiographien in ihrer je eigen-

---

[1] Schröer, Literatur 1972, 26.
[2] Zum (prophetischen) Sensorium der Literatur für die Problematik menschlichen Selbstverständnisses in der Moderne allgemein Kuschel, Jesus 1987, 315-320. Aus religionssoziologischer Sicht Berger, Robert Musil 1988, 132-142, und Daiber, Reinkarnationsglaube als Ausdruck individueller Sinnsuche 1987, 207-225.
[3] Einen Überblick dazu geben: Prümm, Schreiben nur über sich selbst 1989, 72-84; Bronson, Autobiographien 1980, 202-214; Baumgart, Authentisch schreiben 1995, 608-636.

tümlichen Spannung zwischen Ganzheit und Fragment zwei Formen der religiös-expressiven Kommunikation sichtbar werden, die (bereits biblisch) eng zueinander gehören, das Klagen und Loben.

Koeppen und Handke schreiben in romantischer Tradition utopische 'Fluchtgeschichten'[4], Biographie wird poetisiert und mythisiert. Darin besteht, liest man ihre Autobiographien als Ausruck eines im Schmerz wurzelnden „Lebenshungers"[5] spätmodern, die fundamentale (und überraschende) Gemeinsamkeit. Dennoch sind Differenzen nicht zu übersehen. In Koeppens *Jugend* wird autobiographische Kommunikation in Gang gesetzt, indem biographische und religiöse Konventionen ästhetisch gebrochen werden. Dieses kritische Moment spielt, anders akzentuiert, auch bei Handke eine Rolle. Doch der Stil ist deutlich ein anderer: Handkes Literatur stellt sich insgesamt als Akt eines andauernd-autobiographischen, dynamisch-flexiblen und facettenreich-offenen Schreibprozesses dar. Dabei provoziert Handke mehr als Koeppen,[6] da er seit seiner „Wende" programmatisch „auf Schönheit aus" (EF 157) ist. Die Analyse seines Buchs *Die Wiederholung* wird zeigen, daß damit „ein Rückgriff hinter die ästhetische Moderne"[7] nicht intendiert ist.

Es wäre auch denkbar (und reizvoll) gewesen, im Bereich des Autobiographischen noch anderen religiösen Kommunikationsformen nachzugehen, etwa dem autobiographischen Fluch (bei Thomas Bernhard oder Fritz Zorn). Doch ich habe mich für Konzentration und Detailanalyse entschieden.

3. Zudem sind Wolfgang Koeppen und Peter Handke in der theologischen Forschung bisher kaum berücksichtigt worden. Ich verstehe meine Arbeit als einen Beitrag zur 'literaturtheologischen'[8] Forschung, der auf zwei bisher kaum wahrgenommene Autoren aufmerksam macht, darüber hinaus und insbesondere für den theologisch bedeutsamen Aspekt des Ästhetischen bei der Auseinandersetzung mit Literatur sensibilisieren will. So ist es nicht Ziel der Arbeit, Wolfgang Koeppen und Peter Handke als theologisch relevante Autoren herauszustellen, sondern das Autobiographische, wie es sich bei diesen Schriftstellern zu erkennen gibt, in seiner pragmatisch-ästhetischen Dimension religionstheoretisch zu präzisieren und theologisch als Herausforderung zu begreifen.

---

[4] Zum Aspekt des Utopischen der (prinzipiell Fragment bleibenden) Kindheitsautobiographie Holdenried, Im Spiegel 1991, 169f; Wuthenow, Autobiographie 1992, 1270 und Neumann, Identität 1970, 192f. Neumann ging davon aus, daß „dieser utopische Charakter der Autobiographie [...] mit dem Schwinden des 'innen-geleiteten' Indiviuums mit Sicherheit untergehen" wird (192). Dieser Kassandraruf ist, wie nicht zuletzt die Autobiographien von Koeppen und Handke zeigen, nicht eingetroffen.

[5] Trillhaas, Die eigene Geschichte erzählen 1978, 718. Dazu auch Luther, Religion und Alltag 1992, 94f.

[6] Mit Peter Handke hat die literaturtheologische Forschung ihre besonderen „Schwierigkeiten". Das stellt zu Recht Henning Schröer in seinem Überblicksartikel *Religion und Literatur* 1991, 301, fest. Dabei ist jedoch zu sagen, daß es bisher keine eingehenderen Auseinandersetzungen mit Handke in diesem Bereich gibt.

[7] Grözinger, Es bröckelt 1992, 136.

[8] Ich verwende diesen Begriff nicht programmatisch, sondern in einem formalen Sinn, um den Bereich theologischer Forschung benennen zu können, der sich speziell mit Literatur auseinandersetzt. Zum Begriff und seiner Problematik Jens/Küng/Kuschel, Theologie und Literatur 1986, 178-182 und Schröer, Art. Literatur und Religion 1991, 295f.301.

Mit dieser Zielsetzung kommen die Grenzen der Arbeit in den Blick. Es ist nicht meine Absicht, das Material in seiner Vielschichtigkeit umfassend auszuschöpfen. Vielmehr konzentriere ich mich, indem ich Formen der religiösen Kommunikation spätmoderner Autobiographik nachgehe, auf nur einen möglichen Untersuchungsaspekt. Dabei ist es eine Konsequenz des wirkungsästhetischen Ansatzes, daß nicht Fragen des Material-Lebensgeschichtlichen, sondern des Formal-Erzählstrukturellen literarischer Autobiographien im Zentrum des Interesses stehen. Das bedeutet, mein Augenmerk ist nicht primär auf das 'Was', sondern auf das 'Wie' autobiographischer Kommunikation gerichtet. Damit bleiben, was an dieser Stelle ausdrücklich zu nennen ist, verschiedene Facetten des Materials ohne Zweifel unterbelichtet: So wäre es, um nur zwei Beispiele zu nennen, auch möglich gewesen, das Material religionspsychologisch (etwa in Form einer Rekonstruktion der religiösen Sozialisation der Erzähler) oder religionssoziologisch (etwa in Form einer Analyse der säkularen Fortdauer konfessioneller, katholischer (Handke) wie protestantischer (Koeppen) Prägungen im Bereich der Literatur)[9] zu befragen. Das sind Spuren, die sich von dem Material her selbst nahelegen, in dieser Arbeit aber nicht aufgenommen werden.

Ich gehe im folgenden so vor: Nach einer Skizze des Forschungsstandes (A. II.) bedenke ich die theoretischen Grundlagen der Rekonstruktion der Autobiographien von Koeppen und Handke in drei Schritten (B.): Es werden zunächst Verständnis und Profil der spätmodernen Autobiographik (I.), dann in einem zweiten Schritt das, was unter der religiösen Dimension autobiographischer Kommunikation zu verstehen ist, bedacht (II.), und in einem dritten Schritt werden die methodologischen Grundlagen der Rekonstruktionsarbeit reflektiert sowie ihr methodisches Instrumentarium in Grundzügen erarbeitet (III.). Auf die theoretischen Grundlagen folgen die Analysen der Autobiographien von Wolfgang Koeppen (C. I.) und Peter Handke (C. II.). Dabei ist anzumerken, daß der wirkungsästhetische Ansatz auf eine Analyse der Gesamtkomposition der autobiographischen Erzählungen zielt, mithin zunächst verschiedene Bausteine zu erarbeiten sind, deren Relevanz für die Frage des Religiösen erst im letzten Schritt, bei dem die verschiedenen Bausteine zusammengesetzt werden, ersichtlich wird. Nach diesen literaturwissenschaftlich ausgerichteten Detailanalysen wird der Befund theologisch reflektiert (D.): Dabei wird das prophetische Profil dieser Autobiographik in seinen verschiedenen Aspekten herausgearbeitet und die theologische Herausforderung, die davon ausgeht, unter der Leitformel *Psalmodieren vor leerer Transzendenz* verdichtet.

---

[9] Zur „Fortdauer christlich-konfessioneller Kultur" Daiber, Religiöse Gruppenbildung 1996, 90-94.

II. Forschungsüberblick

Ich konzentriere mich im folgenden auf das Verhältnis von Autobiographie und Religion allgemein. Den Stand der Forschung speziell zu Autobiographien von Wolfgang Koeppen und Peter Handke skizziere ich in den Abschnitten zu Koeppen (C. I. 2.) und Handke (C. II. 2.). Grundsätzlich ist vorauszuschicken, daß es bisher keine wirkungsästhetischen Analysen zur religiösen Dimension autobiographischer Erzählungen (der Moderne und Spätmoderne) gibt. Das Verhältnis von Autobiographie und Religion ist bisher, fokussiert auf Fragen im Umkreis der pietistischen Wurzeln neuzeitlicher Autobiographik, zumeist literaturgeschichtlich und kirchengeschichtlich bearbeitet worden.[10] In der letzten Zeit wird, wenn auch nur ansatzweise, ein Interesse an literarischen Autobiographien auch in der systematischen und praktischen Theologie erkennbar. Im literaturtheologischen Bereich spielen Autobiographien in ihrer literarischen Spezifik fast keine Rolle.[11] Dieser Forschungsstand soll im folgenden etwas genauer konturiert werden.

Arbeiten der Literaturwissenschaft, die sich mit zeitgenössischen Autobiographien befassen, lassen ein Interesse an Fragen der Religion prinzipiell nicht erkennen. Das wird exemplarisch an der Forschung zu Koeppens *Jugend* und Handkes *Die Wiederholung* deutlich, in der solche Fragen, wenn überhaupt, nur am Rand wahrgenommen werden. Auch die Sozialwissenschaft, insbesondere die Biographieforschung,[12] setzt sich nur am Rande mit dem Verhältnis von Autobiographie, Biographie und Religion auseinander. Damit ist ein „*spezifisches Defizit* in dieser Diskussion" festzustellen,[13] dennoch sind Überlegungen zum Strukturwandel des Biographischen in der Moderne religionstheoretisch relevant.[14] Problematisch dabei ist nur, daß und wie Religion, wird sie thematisiert, in einen Kontrast zu moderner Biographik gerät (dazu genauer unter B. II. 4.).

In systematisch-theologischen wie praktisch-theologischen Ansätzen werden literarische Autobiographien von verschiedenen theoretischen Hintergründen her wahrgenommen. Einen allgemeinen Überblick über *Religiöse Erfahrungen in Autobiographi-*

---

[10] Dazu exemplarisch Maier-Petersen, Fingerzeig 1984, die unter Rekurs auf Spener, Francke und Oetinger die *pietistische Religiosität auf dem Weg zu bürgerlicher Identitätsfindung* (Untertitel) untersucht. Der kirchengeschichtliche Fokus theologischen Interesses an Autobiographien kommt exemplarisch in dem TRE-Artikel von Benrath, Autobiographie 1979, 772-789 zum Ausdruck; dazu auch Padberg, Archaische Tradition 1989, 17-46 und Themenheft *Biographie und Autobiographie* VuF 39 (1994): In diesem Heft kritisiert Staats den Verlust der frühkirchlich-eschatologischen Perspektive der *zeitgenössischen Theologenautobiographie als theologisches Problem* (Titel), 62-81.
[11] Ansätze nur bei Thiede (Hg.), Autobiographie 1989; Bleicher, Literatur und Religiosität 1993, 38-65 und Marquard/Stierle (Hg.), Identität 1979, 685-717.
[12] Fuchs, Biographische Forschung 1984; Hahn/Kapp (Hg.), Selbstthematisierung 1987; Mitterauer, Religion 1988, 61-85 und Heller/Weber/Wiebel-Fanderl (Hg.), Religion und Alltag 1990.
[13] Dazu Schweitzer, Lebensgeschichte und Religion 1992, 235f.
[14] Dazu Kohli, Zur Theorie 1981, 502-520; Engelhardt, Biographie und Identität 1990, 197-247: Wohlrab-Sahr, Über den Umgang 1992, 217-236. Zur Identität als Fiktion Baacke, Biographie 1993, 41-84.

en gibt Grete Schneider.[15] Dabei kommen europäische Autobiographien „zu Wort, die den Weg in eine sinnstiftende Gemeinschaft und den Abfall von ihr beschreiben."[16]

Der von Carsten Peter Thiede herausgegebene Sammelband *Christlicher Glaube und Literatur 3: Thema Autobiographie* setzt sich wesentlich mit Fragen der 'christlichen' Autobiographik im engeren Sinn (und zudem aus evangelikaler Perspektive) auseinander.[17] Dieser Horizont wird letztlich nur mit dem Überblicksartikel von Joan Kristin Bleicher zur *Autobiographie der Gegenwart* überschritten.[18] Die Tendenz des Bandes wird deutlich, wenn Thiede in seiner Einleitung fordert, es müsse grundsätzlich „nach den Gründen für das Ausbleiben der aktualisierenden Umsetzung paulinischer und augustinischer Modellhaftigkeit gefragt werden."[19]

Phänomenologisch offener setzen theologische Ansätze an, die Religion weiter fassen als ihre institutionellen Ausdrucksformen. Wilhelm Gräb bestimmt das Religiöse an Biographie transzendentalphilosophisch: Danach ist Religion „primär nicht an ihren institutionellen, rituellen und traditionell-interpretativen Gehalten festzumachen, sondern am Vollzug der Selbsterfassung eines bewußten Lebens, mit dem dieses zugleich den Grund zur Darstellung bringt, der es selber ermöglicht und der ihm seine transzendente Einheit auch und gerade in lebensgeschichtlichen Differenzerfahrungen verbürgt."[20] In ähnliche Richtung gehen die Überlegungen Henning Luthers. Nach seinen *Mutmaßungen über das Religiöse an Biographie* manifestiert sich dieses nicht primär über religiöse Inhalte (etwa das christliche Gottessymbol), sondern zunächst und entscheidend strukturell über ein kritisches wie annehmendes Prinzip, ein Gegenüber, das Luther den „fiktiven Anderen" nennt.[21] Unter Rekurs stärker auf ästhetische Kategorien versucht Walter Sparn, Kriterien einer spezifisch religiös-christlichen 'autobiographischen Kompetenz' auszuloten: „Gott als Autor der eigenen Lebensgeschichte zu glauben", so Sparn unter Hinweis auf die Hamann-Interpretation von Oswald Bayer, „und in diesem Glauben, Gott zitierend, zu erzählen, wer man sei, bedeutet das *Wagnis der poetischen Transformation der empirischen religiösen Subjektivität*. Sein christlicher Sinn besteht darin, daß dergestalt die *Differenz von Gnade und Werk* in eben dieser Subjektivität selbst zum Zuge gebracht wird, deren freie, wenngleich nicht selbstgenügsame Poiesis die religiöse Empfänglichkeit des Subjekts nicht bloß nicht ausschließt, sondern an sich selbst zuläßt."[22]

---

[15] Schneider, Religiöse Erfahrungen 1988, 3-29. Anders Zimmermann, Wunder jener Nacht 1992: Zimmermann analysiert autobiographische Weihnachtserzählungen des Hörfunks mit dem Ziel, volkskirchliche Religiosität als theologische Herausforderung zu erarbeiten. Die Anwendung einer spezifischen Methodik wird mit Verweis auf das Bemühen, einfach „die Geschichten zu verstehen" (14), abgewiesen.

[16] Schneider, Religiöse Erfahrungen 1988, 6.

[17] Der Bereich 'christlicher' Autobiographik ist zuletzt, wenn auch weiter abgesteckt, von Lothar Kuld, Glaube in Lebensgeschichten 1996, stark gemacht worden. Methodisch gesehen vertritt Kuld insofern einen neuen Ansatz, als er versucht, Autobiographien unter Rekurs auf 'Stufentheorien des Glaubens' zu analysieren.

[18] Bleicher, Autobiographie 1989, 59-75. Dieser Artikel ist eine Vorabveröffentlichung eines Abschnitts ihrer Dissertation, die 1993 unter dem Titel *Literatur und Religiosität* erschienen ist.

[19] Thiede, Einleitung 1989, 6.

[20] Gräb, Der hermeneutische Imperativ 1990, 83.

[21] Luther, Religion und Alltag 1992, 111-122.

[22] Sparn, Autobiographische Kompetenz 1990, 65.

A. Einleitung

Bei deutlichen Unterschieden im einzelnen fällt auf, wie stark diese theologischen Ansätze auf rechtfertigungstheologischen Grundannahmen basieren, die bereits bei der Rekonstruktionsarbeit der religiösen Dimension des Autobiographischen wirksam werden. Bei Gräb dokumentieren zeitgenössische Autobiographien (wie beispielsweise Ingmar Bergmans *Mein Leben,* 1987) letztlich das Scheitern am hermeneutischen Imperativ,[23] Luther exemplifiziert und plausibilisiert seine Überlegungen nicht zufällig an Augustins Confessiones als der klassischen Form 'christlicher' Autobiographik,[24] und in Sparns Modell einer christlich-autobiographischen Kompetenz, orientiert an Hamanns „'Gehorsam des Kreuzes in ästhetischer Nachfolge'"[25], fügt sich zwar in gewisser Weise Christa Wolf (in ihrer Bescheidenheit), nicht jedoch Peter Handke (in seinen metaphysischen Suchbewegungen).[26]

In der literaturtheologischen Forschung spielen meines Wissens, mit Ausnahme der Lyrik, Analysen einzelner literarischer Gattungen bisher kaum eine Rolle. Werden Autobiographien aufgegriffen, dann, wie exemplarisch auch an neueren Arbeiten ablesbar wird, als Quellenmaterial zur Rekonstruktion individueller Religion von Schriftstellerinnen (Ulrike Suhr: Marie Luise Kaschnitz)[27] und Schriftstellern (Volz: Klaus Mann):[28] Nicht die literarische Form, sondern das Biographische und Religiöse, wie es in literarischen Autobiographien thematisch wird, stehen damit im Zentrum des Interesses.[29] Demgegenüber ist es mein Anliegen, im Anschluß an Paul Tillich den „Stil"[30] der spätmodernen Autobiographik zu entziffern, um darin ihrer verborgenen religiösen Dimension auf die Spur zu kommen.

---

[23] Dazu Gräb, Hermeneutischer Imperativ 1990, 83f.
[24] Luther, Religion und Alltag 1992, 123-149.
[25] Sparn, Autobiographische Kompetenz 1990, 64,
[26] Dazu Sparn, Autobiographische Kompetenz 1990, 60f.
[27] Suhr, Poesie als Sprache des Glaubens 1992, besonders 147-185 (*Das Haus der Kindheit*) und 199-223 (*Wohin denn ich?*).
[28] Volz, Sehnsucht 1994.
[29] Als Quellenmaterial werden Autobiographien besonders in der Religionspsychologie, aber auch in der Religionspädagogik aufgegriffen, dazu exemplarisch Kleßmann, Über religiöse Krisen 1926; Schweitzer, Lebensgeschichte 1987; Vierzig, Frauen und Männer 1987, 163-173; Nestler, Leben 1992, 85-100. Anders in der Religionssoziologie, in der Autobiographien kaum eine Rolle spielen. Als Ausnahme ist zu nennen: Daiber, Reinkarnationsglaube 1987, 207-225.
[30] Tillich, Auf der Grenze 1987, 228.

B. Autobiographie und Religion der Spätmoderne. Theoretische Grundentscheidungen

I. Appell zur Selbsterkundung: Autobiographisches Erzählen in der Spätmoderne

„Weiter den flüchtigsten der Stoffe bearbeiten, deinen Atem: dessen Handwerker sein."
Peter Handke, NES 90f.

Im folgenden will ich der Frage nachgehen, was unter Autobiographien der Spätmoderne zu verstehen ist. Es ist nicht mein Ziel, das literaturwissenschaftlich umstrittene Phänomen literarischer Autobiographien umfassend zu klären.[1] Vielmehr fokussiere ich meine Überlegungen auf den Aspekt der literarischen Kommunikation und versuche, das Profil autobiographischen Erzählens unter den Bedingungen der Spätmoderne, wie es sich im deutschen Sprachraum zu erkennen gibt, auszuloten.

Dieser Fokus ist in der Literaturwissenschaft, die nach wie vor stark von gattungstheoretischen, zumeist auf Goethes *Dichtung und Wahrheit* normativ rückbezogenen Definitionsversuchen bestimmt ist, nicht selbstverständlich. Das wird exemplarisch an dem von Günter Niggl herausgegebenen Sammelband *Die Autobiographie* (1989) deutlich. Demgegenüber zeichnet sich in neueren literaturwissenschaftlichen Arbeiten eine Tendenz ab, von der Vielfalt der autobiographischen Materialien her zu einer deskriptiv-offenen „Beschreibung" (Helmut Scheuer) des Autobiographischen zu kommen, bei der idealistische Implikationen älterer Definitionsversuche kritisiert, erzähltheoretisch präzisierbare Modifikationen konstruktiv aufgenommen und Gattungsspezifika kommunikationstheoretisch bestimmt werden. An diese neueren Ansätze knüpfe ich grundlegend an. Dabei sind es insbesondere autobiographische Erzählungen von Schriftstellerinnen und Schriftstellern des 20. Jahrhunderts, die dazu herausfordern, schematische Klassifikationen, die das Autobiographische im Gegenüber zum Roman auf eine nichtfiktionale Zweckform festzulegen versuchen, zu überschreiten.

Ich gehe im folgenden so vor, daß ich zunächst handlungstheoretische Zugänge zur „Beschreibung" des Autobiographischen skizziere, dann in einem zweiten Schritt den Funktionswandel des Autobiographischen in der Moderne und Spätmoderne in den Blick nehme, in einem dritten Schritt das Problem der Fiktionalität in Autobiographien insbesondere von Schriftstellerinnen und Schriftstellern bedenke und in einem letzten Schritt perspektivisch das kommunikative Element spätmoderner Autobiographik andeute. Dabei greife ich, um meine Überlegungen zu konkretisieren, insbesondere auf poetologische Selbstreflexionen von Wolfgang Koeppen und Peter Handke zurück, die ich mit Durzak als Ergänzung der kommunikationstheoretischen Einzelanalysen verstehe.[2]

---

[1] Eine Übersicht zum Problem aus neuerer Sicht geben: Scheuer (Hg.), Themenheft DU 41 (1989) 3-99; Sill, Zerbrochene Spiegel 1990, 4-43; Holdenried, Im Spiegel 1991, 43-99 und Wuthenow, Autobiographie 1992, 1267-1276.
[2] Dazu Durzak, Gespräche 1976, 45f.

1. Autobiographien in handlungstheoretischer Perspektive

„Gattungsdefinitionen", so beginnt Helmut Scheuer einen Aufsatz zum Problem des Biographischen aus literaturwissenschaftlicher Sicht, „sind problematisch."[3] Das trifft ebenso für die literarische Autobiographik zu und ist nicht zuletzt deshalb so, weil eine solche Definition nicht nur geschichtliche und wirkungsgeschichtliche Aspekte zu berücksichtigen hat, sondern darüberhinaus offen sein muß für Formveränderungen im Horizont gesellschaftlicher wie kultureller Wandlungsprozesse. Von daher ist es angemessener, statt einer normativen Definition eine die Vielfalt der Phänomene wahrnehmende, auf einer erzähltheoretischen Analyse basierende „Beschreibung"[4] des Autobiographischen vorzunehmen, etwa in der Weise, wie es Oliver Sill am Beispiel von Canetti, Jürgens, Schneider, Härtling und Novak versucht.[5] Das enthebt nicht der Aufgabe, einen theoretischen Rahmen abzustecken. Dabei zielen meine Überlegungen darauf, Autobiographien pragmatisch als Erzählungen zu verstehen, in und mit denen, indem in ihnen das Leben ihrer Autorinnen und Autoren biographisch perspektiviert erfunden wird,[6] Leserinnen und Leser zum Aufspüren ihres je eigenen Lebenszusammenhangs angestiftet werden.[7]

Der pragmatische Zugang hat seinen Anhaltspunkt in dem dialogischen Grundzug des Autobiographischen. Autobiographische Aussagen, so vermutet Karl Prümm treffend, haben „eine ganz spezifische Wirkungsdimension. Die lebensgeschichtlich verbürgte Erfahrung zieht den Leser ins Vertrauen, sie vermag, wie keine andere Textform, den Eindruck von Nähe zu vermitteln, einer Dialogsituation nicht unähnlich. Der Leser überläßt sich nicht nur passiv einem fremden Leben, er investiert auch eigene Erfahrungen in den Text, konstruiert im Lektüreprozeß seine eigene Identität. Daß der Leser im anderen sich selbst erfährt, dies sichert der Autobiographie seit dem 18. Jahrhundert ihre Bedeutung."[8] Nicht selten werden Leserinnen und Leser direkt angesprochen, zumeist schon in Vorworten, in denen über Legitimität, Sinn und Zweck der autobiographischen Selbstreflexion nachgedacht wird. In diesen Vorworten wird nicht nur das Dialogische, sondern auch das Handlungsbezogene greifbar, insbesondere dann, wenn Autobiographinnen und Autobiographen ihre Absichten und Ziele ausdrücklich zu erkennen geben. Von daher weist Henning Luther mit Recht auf die Wahl der Motivik und der Adressatinnen und Adressaten als die wesentlichen

---

[3] Scheuer, Biographie 1982, 9.
[4] Zu diesem Aspekt mit Blick auf das Gattungsproblem der Biographie Scheuer, Biographie 1982, 9-29.
[5] Sill, Zerbrochene Spiegel 1990.
[6] Dieser Aspekt der Fiktionalität trifft letztlich auch auf Autobiographien zu, die Fiktionales ausdrücklich abweisen. Dazu Leitner, Logik der Autobiographie 1990, 336: „Fiktion ist die erzählte (Lebens-)Geschichte auch dann, wenn es Absicht und Motiv des Erzählens wäre, eine je gegebene Realität bloß zu rekonstruieren, und sogar dann noch, wenn dies in realistisch-naturalistischer Einstellung der Anspruch der Erzählung selber ist."
[7] Mit diesem Beschreibungsversuch setze ich mich gegen eine produktionsästhetische Rekonstruktion der autobiographischen Handlung (so Pascal, Autobiographie 1965, 213) wie gegen eine Fixierung dieser Handlung auf eine „retrospektive narrative Darstellung" (Salzmann, Kommunikationsstruktur 1988, 12) ab. Zur Abgrenzung des Autobiographischen insbesondere gegenüber Memoiren und Journalen: Pascal, Autobiographie 1965, 13-15; Holdenried, Im Spiegel 1991, 113-116 und Wuthenow, Autobiographie 1992, bes. 1267f.
[8] Prümm, Schreiben nur über sich selbst 1989, 78f.

Strukturmerkmale des Autobiographischen hin.⁹ Von diesen strukturellen Besonderheiten her legt es sich nahe, Autobiographien unter der Bedingung, daß der Vollzug einer sprachlichen Handlung „nicht an die Artikulation von Einzelsätzen gebunden"¹⁰ ist, als Formen eines sprachlichen, intentional und interaktiv zu begreifenden Handelns zu rekonstruieren.¹¹ Was das konkret bedeuten kann, will ich im folgenden an den Ansätzen von Lehmann, Salzmann und Bruss andeuten.¹²

Lehmanns Überlegungen zielen auf eine handlungstheoretische Typologie.¹³ Autobiographien sind „nicht nur eine schriftliche Fixierung von Erfahrungen, sondern in hohem Maße auch ein Dokument sprachlichen Handelns" (4), das deutlich macht, „wie ein Autor mit diesen Erfahrungen kommunizierend umgeht und auf welche Weise er sich durch ihre sprachliche Präsentation in ein Verhältnis zu einem literarischen und sozialen Umfeld setzt." (4) Wie keine andere literarische Gattung thematisiere die Autobiographie die Bedingungen und Regeln, die das Gelingen einer sprachlichen Handlung bestimmen. Lehmanns Ansatz markiert einen forschungsgeschichtlichen Wendepunkt, da mit ihm der „Aspekt der sprachlichen Vermitteltheit der durch die Autobiographie vorgestellten Wirklichkeit" (2) zum konstitutiven Element einer Theorie der Autobiographie wird. Will man die literarische Spezifik des Autobiographischen angemessen berücksichtigen, kann hinter einen solchen Ansatz, trotz kritischer Einwände,¹⁴ grundsätzlich nicht zurückgegangen werden.

Einen ähnlichen Ansatz wie Lehmann vertritt Madeleine Salzmann.¹⁵ Anders als Lehmann setzt Salzmann jeoch nicht beim Sprechhandlungstyp des *Behauptens*, sondern bei dem des *Erzählens* an. Ihr Ziel ist es, kommunikationstheoretisch aufzuweisen, „auf welchen Kanälen dem Leser bewusst gemacht werden kann, mit welcher Gattung er es zu tun hat und was ihre Eigenschaften, Probleme und Grenzen sind." (143) Dabei rekurriert sie auf neuere, nicht mehr nur auf die Figur des Erzählers reflektierende erzähltheoretische Ansätze und entwirft zunächst ein allgemeines, vier Kommunikationsebenen differenzierendes „Modell des literarischen Erzähltextes" (18), bestimmt dann den Fiktionalitätsgehalt auf der Makroebene des Autobiographi-

---

⁹ Luther, Religion und Alltag 1992, 125.
¹⁰ Lehmann, Bekennen 1988, 20f.
¹¹ Ich orientiere mich hier am Handlungsbegriff Max Webers, der Handeln als ein solches versteht, „welches seinem von dem oder den Handelnden gemeinten Sinn nach auf das Verhalten *anderer* bezogen wird und daran in seinem Ablauf orientiert ist.", Weber, Methodologische Schriften 1968, 280.
¹² In diesem Zusammenhang ist auf den Ansatz von Engelhardt zu verweisen, der in einer Verbindung von Sprechakttheorie, Erzähltheorie und Identitätstheorie der *Rekonstruktion und Präsentation von Identität im mündlichen autobiographischen Erzählen* (Untertitel) auf die Spur zu kommen versucht, Engelhardt, Biographie und Identität 1990, 197-247.
¹³ Lehmann, Bekennen 1988. Zitate im folgenden nach diesem Buch.
¹⁴ Lehmann subsumiert die Sprechhandlungstypen *Bekennen, Erzählen und Berichten* unter die Sprechhandlung des *Behauptens*, womit der „Anspruch auf Wahrheit" (58) und die „Verteidigungspflicht" (58) ins Zentrum rücken. Das entspricht der argumentativ bedeutsamen Dominanz des *bekennenden Typus*, von der her Lehmann die Tendenz der modernen Autobiographik, mit ihren Leserinnen und Lesern auf der Basis *subjektiver Authentizität* in einen Dialog einzutreten, eher skeptisch registriert und in der Autobiographie, die nicht Zweckform ist, „eher einen Sonderfall" (4) sieht: Für Lehmann sind die Leserinnen und Leser einer Autobiographie eben nur „in den seltensten Fällen echte Dialogpartner für den Autobiographen" (48).
¹⁵ Salzmann, Kommunikationsstruktur 1988. Zitate im folgenden nach diesem Text.

schen und kommt schließlich über eine Analyse von Max Frischs *Montauk (1975)* zu einer differenzierten kommunikationstheoretischen Gattungsbestimmung. Dabei orientiert sie sich, was ihr spezifisches Autobiographieverständnis betrifft, meines Erachtens zu stark an Philipp Lejeune, der Autobiographien wesentlich als „*referentielle Texte*"[16] bestimmt.

Auf das Problem der geschichtlichen Variabilität autobiographischer Konventionen macht Elisabeth W. Bruss aufmerksam.[17] Bruss versucht, „den autobiographischen Akt vom Standpunkt des Publikums aus zu schildern, für das er bestimmt ist." (259 A1) Dabei rekurriert sie auf die Sprechakttheorie, bestimmt Autobiographien als „literarische Akte" (263) und spielt von daher das Moment des Konventionellen als entscheidendes Kriterium einer Gattungsdefinition ein. Skopus ihrer Argumentation ist der Hinweis auf die Geschichtlichkeit und die in ihr gründende Variabilität des Autobiographischen als eine Form literarischen Handelns (273). Von diesem Ansatz her ist es konsequent, wenn Bruss zwar versucht, auf der Basis bisher vorliegenden Materials einen „'Kern' des autobiographischen Aktes" (278) zu rekonstruieren, dabei aber Phänomene registriert, die dem traditionellen autobiographischen Sprachspiel deutlich zuwiderlaufen:

„Tatsache ist, daß man sich in der Autobiographie des 19. und 20. Jahrhunderts derart mit der Enthüllung seelischer Vorgänge beschäftigt, daß die 'Aufrichtigkeit' beinahe Vorrang vor der 'Verifizierbarkeit' zu haben scheint und klare Abgrenzungen zwischen dem autobiographischen 'Faktum' und der vom subjektiven Standpunkt aus wahren 'Fiktion' aufzuheben droht." (279)

2. Zwischen Ganzheit und Fragment:
Zum Funktionswandel des Autobiographischen

Soll das Autobiographische, wie es sich bei Wolfgang Koeppen und Peter Handke exemplarisch in seinem spätmodernen Zuschnitt zeigt, unter pragmatischen Aspekten angemessen rekonstruiert werden, muß grundlegend mit einer Pragmatik zweiter Ordnung gerechnet werden, in der Handlungsziele nicht direkt erkennbar sind, sondern auf der Basis literarischer Entpragmatisierung konventioneller Handlungsanforderungen (Wolfgang Iser) erst im Akt der Lektüre konstituiert werden. Dabei lassen Autobiographien der Moderne und Spätmoderne, verstanden als biographische Erzählungen,[18] auf verschiedenen Ebenen Anzeichen eines strukturellen Wandels erkennen. Diese Spur will ich im folgenden aufnehmen.

Wie das Erzählen allgemein, ist auch das moderne autobiographische Erzählen in seiner kommunikativen Funktion einem grundlegenden Wandel unterworfen. Spätestens mit dem Ende des 19. Jahrhunderts werden, dem Roman ähnlich,[19] zunehmend Konturen einer 'Krise' des Autobiographischen und damit ihrer idealistischen Ästhetik

---

[16] Lejeune, Der autobiographische Pakt (1975) 1994, 39.
[17] Bruss, Autobiographie 1989, 258-279. Zitate im folgenden nach diesem Text.
[18] Zum narrativen Aspekt des Autobiographischen in der Funktion, „Wahrheit zu vergegenwärtigen", Pascal, Autobiographie 1965, 220. Allgemein dazu Leitner, Logik des Autobiographischen 1990, 315-359.
[19] Dazu Koskella, Krise 1986.

wie aufklärerischen Didaktik sichtbar.[20] Ein „neues Kapitel in der Geschichte der Subjektivität, somit auch der Autobiographie", so resümiert Wuthenow zu Recht, „wird aufgeschlagen":

> „Immer deutlicher tritt dann im Lauf des 20. Jh. das *Bewußtsein des Fragmentarischen* hervor, Dissonanzen werden vernehmbar, Widersprüche drängen sich auf, die auch das erinnernde Subjekt nicht mehr auflösen will oder zu versöhnen in der Lage ist; die Autonomie selbst ist fragwürdig geworden."[21]

Diese 'Krise' des Autobiographischen manifestiert sich, wie besonders markant an den Autobiographien von Walter Benjamin (*Berliner Kindheit um Neunzehnhundert* 1933-1938), Ernst Toller (*Eine Jugend in Deutschland* 1933),[22] Christa Wolf (*Kindheitsmuster. Roman* 1979),[23] Stephan Hermlin (*Abendlicht* 1979)[24] und nicht zuletzt Wolfgang Koeppen und Peter Handke ablesbar wird, erzählstrukturell in einer 'Krise' der auktorialen Erzählperspektivik, der chronologischen Handlungsstruktur und damit der identifikatorisch ausgerichteten Leserrollenanforderung. Da der Erzähler, wie es Hans Rudolf Picard für die neuere französische Autobiographik plausibel macht, in den verschiedenen Facetten, Perspektiven und Episoden seines Textes 'verschwindet', wird autobiographische Lektüre als Akt ästhetischer Identifikation mit einen biographischen 'Helden' oder 'Antihelden' strukturell durchbrochen.[25] Unter Rückgriff auf klassische Theorie kann diese 'Krise' der Autobiographie als 'Krise' oder angemessener, weil nicht wertend, als funktionaler Wandel des *autobiographischen Paktes* (Philipp Lejeune) verstanden werden: Das Vertrauen von Leserinnen und Lesern wird nicht mehr über die Stimmigkeit „erzählerischer Harmonieentwürfe"[26] aufgebaut, sondern über die Plausibilität einer die Brüche der Lebensgeschichte nicht mehr tabuisierenden Erzählkonstruktion. Was Helmut Scheuer für die moderne Biographie formuliert, gilt ebenso für die moderne und spätmoderne Autobiographik:

> „Die modernen biographischen Texte verstehen sich anscheinend als Ausdruck einer Sinn- und Wertsuche und zugleich als Angebot an den Leser, diese Suche mitzugestalten. Dabei werden die Einbahnstraßen bisheriger Blickrichtungen bewußt verlassen und beinahe spielerisch andere Perspektiven erprobt. Es wird eine subjektive Sicht hergestellt, da diese als wichtige Voraussetzung für erfolgreiches individuelles Handeln erachtet wird. Solche Literatur setzt gegen die scheinbare Sicherheit bestimmter Weltsichten das Wagnis der phantasievollen Erprobung anderer Weltdeutungen. Statt für die erzählerisch erzeugte Illusion einer harmonischen 'Realität' plädiert diese Literatur für eine offene und sich schwierig gestaltende Sinndeutung. Anscheinend will diese Literatur dem Leser damit Mut zur eigenen Stellungnahme und zur eigenen Selbstbestimmung machen."[27]

---

[20] Dazu Sill, Zerbrochene Spiegel 1990, 49-120; Holdenried, Im Spiegel 1991, 135-240 und Wuthenow, Autobiographie 1992, 1275.
[21] Wuthenow, Autobiographie 1992, 1275.
[22] Zu Benjamin und Toller Sill, Zerbrochene Spiegel 1990, 122-129.
[23] Zu diesem Buch Frieden, Falls es strafbar ist 1982, 153-165.
[24] Greiner, Autobiographie im Horizont 1982, 213-249.
[25] Dazu Picard, Autobiographie 1978, bes. 240f.
[26] Scheuer, Biographie 1982, 24.
[27] Scheuer, Biographie 1982, 26f.

I. Autobiographisches Erzählen in der Spätmoderne

Für Roy Pascal, den Klassiker der modernen Autobiographietheorie (1965), sind zwar nicht Prozessualität, aber auf jeden Fall Diskontinuität und Fragmentarität,[28] in denen sich die 'Krise' des Autobiographischen erzählstrukturell manifestiert, Anzeichen ihres „Niedergangs" (176) und, was die Frage des Religiösen betrifft, Symptom für den Verlust ihres metaphysischen Grundantriebs:

> „Bei Augustin oder Teresa identifiziert sich die Selbstverantwortung noch mit dem bestimmten Willen Gottes, bei Rousseau und Goethe fühlt sich das authentische Ich noch im kosmischen Willen verwurzelt. In der späteren Autobiographie muß sich das Ich nur auf sich selbst stellen und erkennt keine höhere Sanktion als sich selbst." (211)

Als Ausdrucksformen kosmischer, ästhetisch sich in Ganzheit und Einheit manifestierender Verwurzelung werden Autobiographie und Religion von der Moderne, wie sie insbesondere im 20. Jahrhundert begegnet, nach Pascal geradezu zersetzt. Dabei kommt in diesem verfallstheoretischen Ansatz die Sichtweise eines funktionalen Wandels der Autobiographie (und Religion) nicht in den Blick.

Dieser funktionale Wandel kann als Ausdruck literarischer Reaktion auf spezifische Krisenerfahrungen des 20. Jahrhunderts gelesen werden. Das wird an der Autobiographik der Weimarer Republik deutlich,[29] ebenso an Autobiographien seit Ende der 60er Jahre in Deutschland, die, wenn auch nicht ungebrochen, je ihren gesellschaftlichen Schreibkontext spiegeln:[30] Wolfgang Koeppens Autobiographie dokumentiert in ihrer spezifischen Form die abgrundtiefe Gefährdung des biographischen, von der Brutalität der Gesellschaft und ihrer Kriegslüsternheit zerriebenen Erzählersubjekts, und in Peter Handkes Literatur, die sich insgesamt als facettenreiches autobiographisches Schreibprojekt entpuppt, ist eine Spur der Subjektdissoziation eingeschrieben, die nicht zuletzt, wie etwa der Anfang von *Der kurze Brief zum langen Abschied* (1972) zeigt, in Urängsten des im Bombergedröhn Geborenen wurzelt.

Koeppen und Handke erweisen sich darin, zunächst noch allgemein formuliert, als Autoren, die mit ihren Autobiographien an der 'Krise' des Erzählens partizipieren. Darin wären sie, zumal das Stichwort der Moderne in der Literaturwissenschaft an diesem Krisenphänomen haftet,[31] der literarischen Moderne zuzurechnen. Doch zeichnen sich in der literaturwissenschaftlichen Debatte Tendenzen ab, Koeppen und Handke mit ihren autobiographischen Erzählungen in je spezifischer Weise der Postmoderne zuzurechnen: Nach Dietmar Voss werden in Koeppens *Jugend* (1976) Anzeichen eines postmodernen Verschwindens des Imaginären sichtbar,[32] in Handkes *Langsame Heimkehr* (1979) stellt Peter Bürger ein postmodernes Verschwinden der Bedeutung fest,[33] und in *Die Wiederholung* (1986) eruiert Tilman Küchler eine post-

---

[28] Dazu etwa die Aussage Pascals, Autobiographie 1965, 215: „Der Zweck der Autobiographie ist also letzten Endes nicht bloß die Feststellung der Identität in der Folge der Lebensalter und Umstände, sondern eben dadurch die Suche nach der Freiheit, die Feststellung, sogar in gewissem Sinn die Eroberung der Freiheit."
[29] Dazu Sloterdijk, Literatur 1978.
[30] Dazu Holdenried, Im Spiegel 1991, 440-459.
[31] Dazu Zmegac, Art. Moderne/Modernität, 1987, 250-258. Dabei ist mit Mario Andreotti grundsätzlich zwischen *traditioneller* und *moderner* Literatur systematisch im Sinn tiefenstrukturell wahrnehmbarer Differenzen zu unterscheiden, Andreotti, Struktur ²1990.
[32] Voss, Metamorphosen des Imaginären 1993, 236-242.
[33] Bürger, Das Verschwinden der Bedeutung 1988, 308-311.

moderne Dekonstruktion klassischer Erinnerungsarbeit.[34] Doch damit ist, wie ich meine, das erzähltheoretische Profil dieser Autobiographien nicht angemessen beschrieben. Dieses Profil ist, je unterschiedlich akzentuiert, von einer Schwebe zwischen Fragment und Ganzheit bestimmt, die ich als Kennzeichen der Spätmoderne verstehe. Auch dieser Begriff ist umstritten, und zwar in seinem Verhältnis zu dem der Postmoderne.[35] Ich will an dieser Stelle die Diskussion um Moderne, Spätmoderne und Postmoderne nicht aufrollen. Es geht mir nur darum, ein literarisches Phänomen zu präzisieren. Dazu stelle ich in diesem Zusammenhang drei Aspekte heraus:

1. Der Begriff der Postmoderne, paradigmatisch in der nordamerikanischen Literaturdebatte formiert,[36] ist, wie Wolfgang Welsch feststellt, hinsichtlich seiner Legitimität, seines Anwendungsbereichs, seiner zeitlichen Abgrenzung wie seiner spezifischen Inhalte umstritten.[37] Dennoch kommt Welsch als Theoretiker der Postmoderne nach einem Durchgang durch Literaturwissenschaft, Architektur, Malerei und Skulptur sowie durch Soziologie und Philosophie zu dem Ergebnis, das Feld der Postmoderne sei, da es auf einen radikalen Pluralismus zulaufe, „erstaunlich homogen" (30). Er resümiert in diesem Sinn:

„Es ist an der Zeit, die simple Opposition von Moderne und Postmoderne fallenzulassen. Sie basierte auf dem inhaltlichen Mißverständnis der Postmoderne als Anti-Moderne und dem formalen Mißverständnis ihrer als Trans-Moderne. Beides ist mit dem wirklichen Begriff und sachlichen Kern der Postmoderne, mit ihrem prinzipiellen Pluralismus, unvereinbar. Wogegen die Postmoderne sich wendet, das sind allein jene Züge und Positionen, die einem solchen Pluralismus prinzipiell widerstreiten. Die Postmoderne entfernt sich von allen Formen des Monismus, der Unifizierung und Totalisierung, von der einen verbindlichen Utopie und den vielen versteckten Despotismen und geht statt dessen zu einem Dispositiv der Multiplizität und Diversität, der Vielfalt und Konkurrenz der Paradigmen und der Koexistenz des Heterogenen über." (32f)

2. Ausgehend von diesem Verständnis von Postmoderne, das Phänomene der Moderne konstruktiv in sich aufnimmt, weisen zunächst die Phänomene der 'Erzählkrise', wie sie in den autobiographischen Erzählungen von Koeppen und Handke sichtbar werden, insbesondere die „Entthronung des Autors" in der Destruktion der Zentralperspektivik (Koeppen) und die „Inthronisierung des Lesers"[38] als Folge des Verschwindens referentieller Sinnmuster (Handke), in Richtung Postmoderne.[39] Diese hätte dann Traditionen der Moderne aufgenommen, in denen, wie etwa in der Romantik,[40] radikale Skepsis gegenüber dem Subjekt in seinem Selbstbewußtsein und seiner Selbstmächtigkeit zum Ausdruck kommt. Hinsichtlich der Aufbrüche in der Avantgardebewegung spitzt Peter Bürger dieses Phänomen kritisch so zu:

---

[34] Küchler, Von blinden Fenstern 1994, 151-168.
[35] Dazu etwa Jencks, Post-Modern und Spät-Modern 1986, 205-235 (für die Architektur).
[36] Zur Begriffsgeschichte Welsch, Postmoderne 1988, 11-16.
[37] Welsch, Postmoderne 1988, 9f. Zitate im folgendem nach diesem Text.
[38] Lützeler, Poetikvorlesungen und Postmoderne 1994, 15.
[39] Von daher ist in gewisser Weise auch die dekonstrukivistische Rekonstruktion des Autobiographischen bei Manfred Schneider, Herzensschrift 1986, sinnvoll.
[40] Zu diesem Aspekt mit Blick auf Autobiographien Sill, Zerbrochene Spiegel 1990, 90-136.

I. Autobiographisches Erzählen in der Spätmoderne

„Das hieße dann aber, daß zentrale Motive der Postmoderne-Debatte - die Infragestellung des emphatischen Werkbegriffs, die Einebnung des Gegensatzes von hoher Kunst und Unterhaltungskunst und schließlich die Vorliebe für die Allegorie - auf die historische Avantgardebewegung zurückgehen. Was wir heute mit dem eher hilflosen Begriff Postmoderne zu fassen suchen, könnte sich danach als Einbruch der avantgardistischen Problematik in die Kunst der Moderne erweisen."[41]

Von daher ist verständlich, wenn Bürger Handkes *Langsame Heimkehr* trotz seiner „metaphysisch zu nennenden Begeisterung für das bedeutungslose Zeichen" (311) nur sehr zurückhaltend als postmodern einstuft, nicht zuletzt deshalb, weil es für ihn zwei Zugangsmöglichkeiten gibt:

„Offenbar läßt auch Handkes Erzählung zwei durchaus unterschiedliche Lektüren zu: eine traditionelle, die die wiedergegebenen Bewußtseinszustände nachvollzieht, und eine, die ihr Augenmerk auf die Beziehung von Zeichen und Bedeutung richtet und die man wohl postmodern nennen kann." (310)

Was bei Bürger als zwei Lektüreoptionen, als moderne und postmoderne Lektüre erscheint, ist jedoch in einer Option als Widersprüchlichkeit zu sehen, die in die Erzählstruktur dieses Buches eingeschrieben ist. Und genau darin ist Handkes Erzählung als modern oder besser noch als spätmodern einzustufen, jedenfalls nicht als postmodern, da das Postmoderne dort beginnt, „wo das Ganze aufhört."[42] Anders als Lyotard es sieht, ist „die Sehnsucht nach der verlorenen Erzählung"[43] in dieser Art Literatur noch nicht erloschen.

3. Was sich auf diese Weise bei Handke andeutet, ist grundsätzlich, wenn auch anders akzentuiert, auch bei Koeppen anzutreffen. Von daher halte ich es für angemessen, ihr autobiographisches Erzählen, will man es denn zuordnen, der Spätmoderne zuzurechnen.[44] Mit diesem Begriff soll die Verwurzelung in der literarischen Moderne, die in spezifischer Weise überschritten wird, festgehalten werden. Auf die Subjektproblematik bezogen, bedeutet das: Mit dem Begriff des Spätmodernen wird die typisch moderne, sich im Brechen der Zentralperspektivik manifestierende Subjektdissoziation in ihrer Spannung zu der nicht verschwundenen, nicht zuletzt im poetischen Erfassen der eigenen Krise sich niederschlagenden Subjektivität des Erzählers markiert. Mit dieser Spannung wird so etwas wie eine autobiographische „Ästhetik des existentiellen Entwurfs"[45] erkennbar, die mit Manfred Frank im Sinn einer „Unhintergehbarkeit von Individualität"[46] rekonstruiert und in ihrem religiösen Potential mit Henning Luther in Richtung eines jenseits menschlicher Kommunikation liegenden „Geheimnisses von Individualität"[47] präzisiert werden kann: Es sind, wie ich meine, tatsächlich diese sich selbst nicht religiös verstehenden Autobiographien, die das Religiöse gegenwärtig in diesem Sinn ästhetisch präsent und offen halten.

---

[41] Bürger, Verschwinden der Bedeutung 1988, 298. Zitate im folgenden nach diesem Text.
[42] Welsch, Postmoderne 1988, 29.
[43] Lyotard, Das postmoderne Wissen 1986, 121.
[44] Ich folge daher grundsätzlich nicht der konstruktivistischen, den Autor auf eine Intention des Lesers fixierenden Autobiographietheorie von Scheffer, Interpretation 1992, bes. 213-234.
[45] Holdenried, Im Spiegel 1991, 201.
[46] Frank, Unhintergehbarkeit 1986.
[47] Luther, Religion und Alltag 1992, 67-73.

Um das zumindest ansatzweise zu konkretisieren, greife ich ausschnitthaft auf poetologische Selbstreflexionen zurück, wie sie bei Wolfgang Koeppen und Peter Handke besonders markant in Gesprächen zu finden sind. Dabei richte ich mein Augenmerk auf die Fragen nach Ganzheit und Fragment.

Seinem Selbstverständnis nach nimmt Wolfgang Koeppen als einsamer Beobachter der Gesellschaft, als prophetischer „Registrator" (ES 190) ihrer dunklen Abgründe, „die Rolle der Kassandra" (ES 204) ein:

> „Ich glaube, daß ich als Schriftsteller, wie wohl jeder Schriftsteller, immer eine Kassandra bin, nur hat auf Kassandra niemals jemand gehört." (ES 127)

Koeppen ist Schriftsteller „aus einem Leid an der Welt" (ES 62). Seine Literatur, von einem „Hang zu Grenzsituationen" (ES 27) bestimmt, ist von einem melancholischen Pessimismus durchzogen. In einem Gespräch mit der *Süddeutschen Zeitung* (1986) kommt das, auch hinsichtlich seiner eigenen, nicht selten am Rand des Scheiterns stehenden literarischen Existenz, stilistisch in unverkennbarer Weise so zum Ausdruck:

> „Das Schreiben ist ein Selbstgespräch. Manchmal will man nicht. Man schweigt. Ich verhülle mein Haupt. Ich denke. Es überwältigt mich, was ich nicht getan habe. [...] Die Reichen und Mächtigen sagen: Leben gibt kein Recht auf Leben. Explosionen überall. Bild und Kommentar in den Abendnachrichten. Was ich schreiben wollte, ist schon veröffentlicht. Die Medien bestehlen die Phantasie. Die Welt ist böse. Das Leben ist nicht gerecht. Die Geschichte ist gemein; mit Glanzstücken der Poesie, der bildenden Künste, der Musik noch unter Mördern. Die, die wirklich etwas zu sagen haben, sind in der politischen Praxis, im politischen Alltag, oft völlig machtlos. Die Entwicklung wird weitergetrieben von Menschen, die nicht selten Irre oder Dummköpfe zu sein scheinen. Wir haben die dunklen Mächte des Zeitgeistes erlebt, und dieser Zeitgeist ist ein Ungeheuer." (ES 188f)

Von daher ist es nicht zufällig, wenn Koeppen in Hiob einen „modernen Autor"[48] sieht, sich ihm gegenüber jedoch „viel schlimmer dran" (ES 78) fühlt, denn, so Koeppen, es ist „unmöglich, den Teil für das Ganze zu nehmen. Das geht nicht mehr." (ES 78)

„Die Zeit rast. Wir bleiben", so Koeppen in einem Gespräch mit Marcel Marin (1991), „mit unserer Zuversicht und unserer Bitterkeit verloren zurück. [...] Vieles scheint fragwürdig. Nichts hat Gültigkeit." (ES 259). So sind es für Koeppen unter dem Eindruck von Novalis, Kafka, Joyce und Döblin Collage und Fragment, in denen sein Welt- und Selbstempfinden, sein Gefühl innerer Zerrissenheit und biographischer Unabgeschlossenheit, ästhetisch zum Ausdruck kommt. Mit Blick auf seine durch die Brutalität der Kriege gezeichnete Generation hält Koeppen fest:

> „Dieser Stil entspricht unserem Empfinden, unserem Bewußtsein, unserer bitteren Erfahrung." (ES 22)

Dabei sind, wie in der Romantik, die Grenzen zwischen Leben und Literatur nicht scharf gezogen: „Ich bin", so Koeppen, „auf der Suche nach einer Romanfigur, die ich selbst bin." (ES 151) Und bei dieser Suche, das ist ein weiterer Grundzug der Literatur Koeppens, spielen nicht nur „Beunruhigung, Zweifel und Verzweiflung" (ES 32), sondern auch eine spezifische Form der Dankbarkeit eine Rolle (ES 49: „zur Resigna-

---

[48] Koeppen, Geschäftsbericht 1982, 7.

tion neige ich sehr, aber ich resigniere nicht."): „Vielleicht", so Koeppen 1971, „empfinde ich Dankbarkeit, trotz allem auf dieser Welt zu sein. Ich reise gern, bin gern in fremden Ländern, sehr gern Ausländer. Das entspricht meinem Wesen, der Haltung des Beobachters. Ich bin zu Gast. Mehr will ich nicht sein." (ES 31) Koeppen, der programmatisch mit seiner Literatur nichts ändern will (ES 49: „Nein. Ich will nichts mitteilen, und ich will auch nicht aufklären."), hat dennoch den Wunsch, daß durch sein Schreiben „eine Änderung von Leben, von Denken, von Bewußtsein einträte" (ES 59):

> „Und der Schriftsteller schwebt nicht in den Sternen. Er lebt auf der Erde, und es gehört zu ihm, daß die Welt, in der er lebt, ihn entsetzt, Furcht erregt, Unbehagen macht - das ist mild ausgedrückt. Daß er vielleicht imaginär den Wunsch hat, es möge sich ändern. Dadurch entstehen Bücher." (ES 206)

Damit ist die Spannung, die Koeppens Literatur durchzieht, festgehalten. Sie kommt, von Reich-Ranicki in einem Gespräch mit Koeppen auf die Formel der „*Antinomie von Weltflucht und Lebenshunger*"[49] gebracht, sehr markant zum Ausdruck, wenn Koeppen, der nicht zuletzt an die „Realität der Mythologie" (ES 113) glaubt, sein literarisches Anliegen zusammenfassend so beschreibt:

> „Es gilt, die Ohnmacht so zu schildern, daß der Ohnmächtige aufsteht." (ES 81)

Ist Koeppen in dieser Weise ein hoffender Pessimist, so erscheint Peter Handke in seinen poetologischen Selbstreflexionen umgekehrt als ein trauriger Optimist. In einem Gespräch mit der *Süddeutschen Zeitung* im Jahr 1988 formuliert Handke sein Selbstverständnis als Künstler, das von einer Sehnsucht nach Einheit bestimmt ist:

> „Einen Künstler werden Sie immer daran erkennen, daß er diese Sehnsucht hat, daß alles eins ist." (SZ, 23.06.1988)

Dieses Selbstverständnis, das ein Anliegen der Romantik aufnimmt, ist von Handke, der seine literarische Karriere mit einer sprachskeptischen Destruktion konventioneller Formen begonnen hat (*Die Hornissen*, 1966), mühsam errungen. In seinem autobiographischen Essay *Die Lehre der Sainte Victoire* (1980), in dem er auf seine künstlerische Wende im Jahr 1979, seine „Verwandlung" (LSV 21), reflektiert, bekennt sich Handke ausdrücklich mit Grillparzers *Armem Spielmann* zu seiner „Begierde nach dem Zusammenhange":

> „In Grillparzers *Armem Spielmann* las ich dann: 'Ich zitterte vor Begierde nach dem Zusammenhange.' Und so kam wieder die Lust auf das Eine in Allem. Ich wußte ja: Der Zusammenhang ist möglich. Jeder einzelne Augenblick meines Lebens geht mit jedem anderen zusammen - ohne Hilfsglieder. Es existiert eine unmittelbare Verbindung: ich muß sie nur freiphantasieren." (LSV 78f)

Dabei weist Handke das Fragmentarische als Methode der Moderne, als das „Wohlfeile" (LSV 78), wo ihm „sozusagen nichts passieren kann" (Z 175), zurück, „weil es nicht erst das Ergebnis einer die Einheit begehrenden und vielleicht daran scheiternden Anstrengung sein würde, sondern vorweg eine sichere Methode." (LSV 78) In seiner Rückkehr zu klassischen Formen, bei der er sich programmatisch von Kafka, Joyce und Musil absetzt (dazu Z 41f und M 63f), erweist sich Handke

---
[49] Reich-Ranicki, in: Hermann (Hg.), Koeppen 1994, 55.

„verzweifelt klassisch" (SZ, 23.06.1988), sein 'hoher' Ton ist nicht triumphalistisch, sondern beschwört sozusagen wie „Johannes der Täufer" in verweisender Vorläufigkeit (dazu LS 131) mit stotternder Stimme die Einheit, von der Handke meint, sie werde von allen Menschen empfunden. „Wir haben", so kommentiert er das in der Süddeutschen Zeitung, „gar nichts. Also, wir haben von außen gar nichts, wir müssen, um diese Einheit noch anzustimmen, fürchterlich stottern, bis so ein 'hoher Ton' herauskommt, der doch in uns allen ist. Kurz vor dem Sterben oder nach der Geburt und zwischendurch auch in der Freude und im Schmerz. Da kann man hören, wie die Leute herrlich reden können. Überall. Aber nur kurz." (SZ 23.06.1988)

Eine Literatur, die als Arbeit am „Glück" (dazu Arnold II 1990, 165f) auf „episodische, traurige Schönheit" (LSV 65) zielt und dabei das Apokalyptische programmatisch ausschaltet (M 82: „Ich denke nicht an den Untergang, wenn ich schreibe."), läuft „notgedrungen auf das Metapyhsische, auf das Zum-Himmel-Flehen" (Z 40) hinaus, das sich ästhetisch spannungsvoll in einer „Mischung von Journal und Epik" (SZ, 23.06.1988) zu verwirklichen hat. Handke versucht, von Schönheit, die für ihn das Wirkliche ist (dazu M 92: „Es gibt ja nichts anderes als die Schönheit, nichts, was wirklicher wäre."), zu sprechen, kann diese literarisch jedoch nur „weinend, trauernd" (Die Welt 09.10. 1987) finden, auffinden, erfinden. Dementsprechend ist es sein Ideal, „das Epische, das Zusammenhängende, sich Zusammenfügende zu verbinden mit dem Disparaten, mit dem Sprunghaften, mit dem Augenblickshaften" (Z 96), wobei diese Form der Literatur, da es keine Gemeinschaft und „Übereinkunft zwischen Kunst, Hören, Sehen und Aufnehmen" mehr gibt, mehr zu fragen als zu antworten hätte:

> „Wir sind kein Kreis von Zuschauern mehr. Ich habe immer geglaubt, die allgemeine Übereinstimmung müsse ja keine ideologische sein, sondern wenigstens eine Übereinstimmung der Träume. Wenn man das aber nicht mehr erreichen kann, dann muß man es im Grunde fast aufgeben. Oder man muß ganz, ganz von vorne anfangen, man muß anfangen zu fragen." (SZ, 23.06. 1988)

Ich fasse zusammen: Im Spiegel der poetologischen Selbstreflexionen von Wolfgang Koeppen und Peter Handke erscheint ihr literarisches Schaffen in je spezifischer Weise von einer grundlegenden Spannung zwischen Fragment und Ganzheit bestimmt: Koeppen, für den Ganzheit unmöglich geworden ist, hält im Episodalen und Fragmentarischen die Zerissenheit von Welt und Selbst fest, nicht ohne eine Hoffnung auf deren Überwindung zu richten, und Handke, für den das Fragmentarische bereits zur abgegriffenen Methode geworden ist, beschwört im Rekurs auf epische, den Zusammenhang symbolisch repräsentierende Formen die Schönheit der Welt, nicht ohne von ihrer Brutalität berührt und an die Grenze sprachlicher Welterfassung geführt zu werden. Was auf diese Weise in Koeppens und Handkes poetologischen Selbstreflexionen sichtbar wird, erweist sich, was ich in erzähltheoretischen Analysen zeigen werde, nicht zuletzt bestimmend für die Erzählstruktur ihrer Autobiographien: In den Spuren Kassandras thematisiert Koeppen sein Leben im Modus gebrochener Klage, und als einer, der mit seinem „Preisgesang" (NES 72) die „Drohnsprache eines Blechernen Zeitalters" (KG 50) entmächtigen will, erzählt Handke sein Leben in Form gebrochenen Lobs. Die religiöse Dimension, die diese autobiographische Literatur als Form eines sinnstiftenden Handelns hat, ist damit bereits angedeutet.

3. Finden, Auffinden und Erfinden: Fakten und Fiktionen in Autobiographien

Das Autobiographische hat seinen eigenen kommunikativen Plausibilitätshorizont. Anders als etwa im Roman werden in Autobiographien Lebensgeschichten erzählt, die nicht nur innerhalb einer literarischen Fiktion existieren. Dennoch darf die Grenze zur klassisch 'fiktionalen' Literatur nicht zu scharf gezogen werden, da die „ästhetische"[50] Autobiographik höchst absichtsvoll und reflektiert auf Fiktion rekurriert: diese Form der Autobiographik, in der Lebensgeschichte als „Experiment mit ungewissem Ausgang"[51] begriffen wird, steht zu ihrem Charakter als Suchbewegung und Erzählkonstrukt; der Wahrheitsanspruch im Sinn objektivierbarer Verifikation zerbricht, und von daher ist Fiktion alles andere als verdächtig: Autobiographien diesen Typs „wissen um ihre Stärken und Vorzüge, insbesondere die Fähigkeit, mittels Phantasie und Imagination über die bloße Darstellung des Tatsächlichen hinaus auch Explorationen ins Mögliche zu starten, also in jene Sphären, wo Faktentreue und Sachlichkeit notwendig versagen."[52]

Das Autobiographische pendelt, wie an Goethes Autobiographie programmatisch erkennbar wird, grundsätzlich zwischen *Dichtung und Wahrheit*.[53] Als literarische „Organisation von Lebenserfahrungen"[54] verstanden, die mehr ist als retrospektive „Formung der Vergangenheit"[55], kann es als *ästhetisch-symbolische Konstruktion* begrifflich präzisiert werden: Das trifft insbesondere auf die ästhetische Autobiographik der Spätmoderne zu, da in ihr, wie ich meine, die dekonstruktiven, die 'Erzählkrise' der Moderne realisierenden Tendenzen zumindest transparent bleiben auf ein - wie auch immer aussehendes - Ganzes.[56] In Autobiographien muß sich ein Subjekt, pointiert formuliert, „aus dem Vergangenen heraus neu erfinden", und „wenn dabei Entwürfe und Wünsche wichtiger werden als die Erinnerung an das Erfahrene und Gelebte, dann ist das Subjekt seiner eigenen Wirklichkeit sozusagen um einiges voraus."[57]

Im folgenden will ich auf der Basis autobiographischer Materialien und poetologischer Selbstreflexionen dieses Phänomen der Fiktion, das sich nicht selten im Motiv des Erfindens ausdrücklich niederschlägt,[58] konkretisieren. Dabei lassen sich drei Tendenzen differenzieren:

---

[50] Zum Verständnis des Ästhetischen Zimmermann, Vom Nutzen der Literatur ²1979, 105-115.129-138 und Iser, Akt des Lesens ³1990, 117f.
[51] Prümm, Schreiben nur über sich selbst 1989, 76.
[52] Gehrke, Spurensuche 1993, 46. Holdenried rekonstruiert diese Literatur als Form des autobiographischen Romans. Dagegen lehnt Sill eine Unterscheidung zwischen Autobiographie und autobiographischem Roman ab.
[53] Zum Fiktionalen als Konstituens der Identitätskonstruktion in Goethes Autobiographie Weber, Ästhetische Identität 1989, 21-36.
[54] Sloterdijk, Literatur 1978, 11.
[55] Pascal, Autobiographie 1965, 15.
[56] Zum Begriff des Konstrukts im Sinn eines Zusammenfügens zu einem Ganzen König/Mainzer, Konstruktion 1976, 1009-10015. Zum Begriff der symbolischen Konstruktion Lott, Handbuch Religion II ²1984, 101. Dazu auch Salzmann, Kommunikationsstruktur 1988, 30-41 und Adorno, Ästhetische Theorie ¹¹1992, 90-92.
[57] Wuthenow, Autobiographie 1992, 1267.1274.
[58] Dazu Bernhard, Der Keller ⁸1990, 109f; Wodin, Einmal lebt ich 1989, 69; Novak, Die Eisheiligen 1989, 165; Meckel, Suchbild 1993, 56.

1. Fiktionen in Autobiographien können zunächst die Funktion haben, vor unmittelbaren Identifikationen zu schützen, damit der Erzähler mit seiner Biographie auf Allgemeines hin offen bleibt. In einem Gespräch mit Volker Hage formuliert Peter Handke 1972:

> „Es hätte mich überhaupt nicht interessiert, eine Autobiographie zu schreiben. Das zwingt dann den, der liest, sich bei jedem Satz den Autor dazu vorzustellen. Bei einer Fiktion ist, glaube ich, dieser Zwang nicht da."[59]

Von daher wird die Reserve verständlich, die Schriftstellerinnen und Schriftsteller gegenüber der Gattungsbezeichnung *Autobiographie* haben. Koeppen und Handke beispielsweise verzichten ganz auf eine Klassifikation, und Peter Härtling spricht, wenn er schon eine Gattungsbezeichnung wählt, bezeichnenderweise von *Mein Roman* (*Herzwand* 1990).

Wie das Beispiel Alfred Andersch deutlich macht, kann Fiktion sogar eher Intimität erhöhen. In Reflexion auf seine autobiographischen Franz-Kien-Erzählungen hält Andersch fest, daß das Erzählen in der dritten Person dem Schriftsteller erlaube, „so ehrlich zu sein wie nur möglich. Es verhilft ihm dazu, Hemmungen zu überwinden, von denen er sich kaum befreien kann, wenn er sagt: Ich."[60]

2. In Autobiographien sind, sofern sie biographische Erzählungen sind, Fiktionen unumgänglich, da das Erzählen in seinen „Akten des Fingierens"[61] eine Form der symbolischen Konstruktion der eigenen Biographie ist: Wer erzählt, stellt einen Zusammenhang her, der insofern „mehr oder weniger fiktiv" (Handke, WU 26) ist, als dieser der realen Biographie direkt nicht entnommen werden kann. Das wird besonders deutlich bei Peter Härtling,[62] der seine Frankfurter Poetik-Vorlesung *Der spanische Soldat. Finden und Erfinden* (1984) betitelt und das darin zum Ausdruck kommende literarische Programm in einem Gespräch mit Onderdelinden unter dem Titel *Jede Autobiographie ist eine phantastische Lüge* so konkretisiert:

> „Fiktionalisierung bedeutet für mich: im Erzählen einen Zusammenhang herstellen. Wer erinnert, ohne erzählen zu wollen, wer dasitzt und an etwas denkt, was gewesen ist, denkt sehr fragmentarisch. Der Erzähler wird immer versuchen, obwohl ihn das Fragment interessiert, in dieser Zusammenhanglosigkeit einen Sinnzusammenhang zu finden. Und dieser Sinnzusammenhang wird immer fiktiv sein müssen."[63]

Der Grad der Fiktion, das ist der letzte Aspekt in diesem Zusammenhang, kann sehr unterschiedlich sein. Die Fiktion kann so weit gehen, daß lebensgeschichtliche Grundgefühle in literarischen Objektivationen fiktionalisiert werden. Auf das

---

[59] Handke, in: Hage, Fiktion 1982, 112.
[60] Andersch, Vater eines Mörders 1982, 130.
[61] Iser, Akte des Fingierens 1983, 121-151. Dazu auch Stern, Autobiographie und Identität 1986, 257-270 und Leitner, Logik der Autobiographie 1990, 336-341.
[62] Ein anderes markantes Beispiel ist Max Frisch, der in *Montauk* (1975) unter dem Begriff des Autobiographischen eine Revision seiner Variationspoetik vornimmt: „Autobiographisch, ja autobiographisch. Ohne Personnagen zu erfinden; ohne Ereignisse zu erfinden, die exemplarischer sind als seine Wirklichkeit; ohne auszuweichen in Erfindungen.", Montauk 1981, 155. Diese Revision bedeutet jedoch nicht Verzicht auf Fiktion, dazu Salzmann, Kommunikationsstruktur 1988, 75f.
[63] Härtling, Autobiographie 1990, 72.

Autobiographische seines Buchs *Der kurze Brief zum langen Abschied* (1972) von Heinz Ludwig Arnold angesprochen, antwortet Handke in diesem Sinn:

„Das sind Daten meiner eigenen Existenz, mit denen ich mich schreibend auf eine Reise begebe, von der ich nicht weiß, wo sie hinführen wird. Aber ich sammle ganz stumpfsinnig Einzelheiten, aus denen ich bestehe, von denen ich natürlich glauben muß, daß sie nicht meine Einzelheiten sind, sondern allgemeine Einzelheiten, und die fingiere ich zu einer Art Erzählung, zu einer Art Geschichte, die ich selber nicht erlebt habe; wohl aber habe ich viele einzelne Sachen erlebt. Und ich versuche, aus diesen realen Einzelheiten meines Lebens einen Entwurf herzustellen."[64]

Die Fiktion in Autobiographien, das deutet sich in dieser Passage an, kann die Funktion haben, das eigene Leben auf Zukunft hin orientiert zu erzählen. In einem Gespräch mit Gamper formuliert Handke dementsprechend:

„Aber ich möcht ja immer etwas vorerzählen. Nur etwas nachzuerzählen, was ich schon erlebt hab, das könnt ich nie, also ich kann überhaupt nicht nacherzählen." (Z 27f)

3. Die Fiktion in Autobiographien hat, wie bei Härtling und Handke je auf ihre Weise deutlich wird, die Funktion, letztlich einen sinnstiftenden Zusammenhang herzustellen. In einem Gespräch mit Herbert Gamper präzisiert Handke seine Sehnsucht nach Zusammenhang in diesem Sinn als seinen „Lebenstraum" (Z 175), der literarisch nur als „eine Fälschung" (Z 175, dazu LH 201: „'Evangelium der Fälschung'") zu realisieren ist: „Das ist", so Handke zu Gamper, „der Vorteil für den Schreibenden, daß in seinem zerissenen Leben er durch die Schreibarbeit eine Einheit zumindest fingieren kann." (Z 52) Dieser Aspekt ist jedoch zu differenzieren, da Handke den Anspruch erhebt, diesen Zusammenhang seines Lebens letztlich gar nicht zu erfinden, sondern als ein Lebensgefühl, das sich ihm beim Wahrnehmen der Dingwelt entzündet, sozusagen aufzufinden oder, wie in der *Lehre* formuliert, „freizuphantasieren" (LSV 79), was mit Cézanne dann als *realisieren* verstanden wird (dazu LSV 80):

„Also mehr *wieder*finden als *er*finden. [...] Erfindung ist bei mir nie von vornherein der Fall, die kommt immer aus dem Erlebnis und aus der Erinnerung an das Erlebnis, wobei ich dann, im nachhinein mich erinnernd, mir sage, daß zur Erinnerung auch das schöne Wort 'Werk' gehört; daß man sagt, es ist das Werk der Erinnerung; also die Erinnerung wirkt, und so wie sie wirkt, wird sie zugleich erfinderisch. [...] Im Aufschreiben davon zeigt die Erinnerung - und das ist ja ihr Werk - die Möglichkeit, oder wie man auch sagt, die Ahnung - oder objektiv ausgedrückt: die Zukunft." (Z 233)

---

[64] Handke, in: Arnold II 1990, 155.

4. Appell zur Selbstauslegung:
Das kommunikative Element spätmoderner Autobiographien

Leserinnen und Lesern werden in Autobiographien mit sprachlich verdichteten Erfahrungs- und Deutungsmustern von Selbst und Welt konfrontiert, die ihren Haftpunkt - wie auch immer - in der konkreten Wirklichkeit des Autors haben. Insofern kann von einer besonderen sozialisatorischen Funktion autobiographischer Literatur ausgegangen werden.[65] Wie Literatur allgemein, regen auch Autobiographien eine symbolische Bewältigung von 'Wirklichkeit' an.[66] Mit Blick auf ästhetische Literatur allgemein formuliert, resümiert Hans Dieter Zimmermann treffend:

> „Die Einsichten der ästhetischen Literatur mögen auch ihre Geltung haben, wenn sie nicht rezipiert und nicht akzeptiert werden, denn ihre Geltung ist von anderer Art als die wissenschaftlicher Literatur. Aber wenn sie nicht rezipiert werden, bleiben die Texte eine stumme Schrift, die darauf wartet, endlich entziffert zu werden. Erst in der Rezeption zeigen sie sich als das, was sie sind. Erst in der Lektüre können sie erweisen, was sie uns zu sagen haben. Das muß sich in der Konfrontation mit unserer Lebensgeschichte bewähren. Nicht aus der Autorität ihres Autors - wie diese auch immer begründet sein mag - kommt die Geltung der Texte, sondern aus der Konfrontation mit unserer Lebensgeschichte. Hier sind *wir* Autor, denn jeder ist der Autor seiner Lebensgeschichte."[67]

Hinsichtlich der spätmodernen Autobiographik kann dies im Sinn einer lebensgeschichtliche Selbstreflexionen stimulierenden „produktiven Beunruhigung"[68] konkretisiert werden, die insbesondere von Brechungen mit lebensweltlichen und literarischen Konventionen wie Metareflexionen des Erinnerungsprozesses und der eigenen Erzählstrategie ausgeht.

Ich komme in diesem Zusammenhang ein letztes Mal auf die poetologischen Selbstreflexionen von Koeppen und Handke zurück. Wolfgang Koeppen, der bemüht ist, seine Romanfiguren nicht als Identifikationsfiguren zu konzipieren, bezweifelt ausdrücklich das Appellative als Möglichkeit gegenwärtiger Literatur. Auf seinen spezifischen Schreibstil angesprochen, sagt er:

> „Ich sehe alles einfacher und gar nicht in Schichten. So ängstigt es mich auch nicht, sie zu häufen, zu mischen, durcheinanderzubringen. Das Komplizierte nicht absichtlich, das Einfache als Wunsch. Bewunderung für den 'raunenden Beschwörer des Imperativs', aber Zweifel an seinen Möglichkeiten heute. Hauff sah den Mann im Mond. Wir sahen uns auf dem Mond. Im Fernsehen und mit schlechtem Gewissen. Das sind schon drei Schichten der Erzählung: das Märchen, der Astronaut, der Betrachter im Sessel." (ES 104)

In ähnliche Richtung denkt Peter Handke, der der Ansicht ist, der literarische „Appell" wirke nur dann, „wenn er glaubhaft und ausführlich und schwingend: musikalisch und selber zittrig ist von dem, was einen betrifft" (Z 102). Von daher ist es sein Ziel, nicht Antworten zu geben, sondern „die richtige Frage endlich zu finden" (Z 107). Es geht dabei darum, „im Leser den Schriftsteller zu wecken", indem „Vorschläge" (LSV 64) gemacht werden:

---

[65] Zum Problem allgemein Eggert/Garbe, Literarische Sozialisation 1995.
[66] Zu diesem Aspekt Zimmermann, Vom Nutzen der Literatur ²1979, 171.
[67] Zimmermann, Vom Nutzen der Literatur ²1979, 172.
[68] Wuthenow, Autobiographie 1992, 1275. Dabei sehe ich anders als Wuthenow im Fragmentarischen keinen Mangel.

I. Autobiographisches Erzählen in der Spätmoderne

„Sowie ich endlich die Frage gefunden hab und auch den Moment, die Frage zu stellen, denk ich auch, daß meine Arbeit für andere, natürlich nicht nur für die lesenden Schriftsteller, sondern für die Leser überhaupt, ihren Sinn hat. - Aber ich möchte doch darauf beharren, daß es mir etwas bedeutet, im Leser den Schriftsteller zu wecken. Er muß ja auch dann nicht wirklich sich hinsetzen und etwas aufzeichnen, sondern er fühlt sich selber als der schöpferische Mensch, der er ja ist." (Z 108)

Romantheoretisch gesehen, stehen Koeppen und Handke damit in der romantischen Tradition subjektivistischer Verfremdungsästhetik, die in und mit der Verweigerung mimetischen Abbildens das sinnkonstituierende poietische Potential von Leserinnen und Leser provoziert:[69] Es ist, wie ich an den Autobiographien von Koeppen und Handke zeigen will, deren spezifische Erzählstruktur, die die Lektüre zu einem „existentiellen Erkundungsakt"[70] macht. Ihr 'appellatives' Moment, das damit angesprochen ist, erweist sich - in Differenz zum appellativen Grundtypus autobiographischer Kommunikation - als ein Appell zweiter Ordnung:[71] Erzähltheoretisch fokussiert, geht es diesem autobiographischen Text darum, „nicht mehr etwas zu Bewirkendes, sondern [...] etwas Mitwirkendes zu schaffen."[72]

---

[69] Zu diesem Aspekt Eifler, Romanform 1985, 1-15; Jauß, Ästhetische Erfahrung 1991, 323f und Scheuer, Biographie 1982, 26.
[70] Durzak, Gespräche 1976, 344.
[71] Dazu grundlegend Iser, Appellstruktur ⁴1994, 228-252. Damit ist auch die Differenz zu Bergmann, Lebensgeschichte als Appell 1991 markiert.
[72] Eifler, Romanform 1985, 129.

II. „Das Eis der Seele spalten":
Religiöse Dimensionen autobiographischer Kommunikation

> „Gebraucht jemand im Schreiben ganz selbstverständlich das Wort 'Gott', so fällt mir das Weiterlesen schwer".
> Peter Handke, GB 295.

In einem Aufsatz zur Frage des Verhältnisses von Theologie und Poesie zitiert Dorothee Sölle ein Wort Kafkas: „'Ein Buch muß wie eine Axt sein, um das Eis der Seele zu spalten.'"[1] Für Sölle ist dieses Wort Programm: Sie ist auf der Suche nach einer Sprache, die nicht „Instrument der Weltbeherrschung" (17) ist, einer Sprache, die jenseits alltäglicher Banalität, medialer Verzweckung und theologischer Erstarrung liegt:

> „Die Sprache, die wir meistens benutzen, ist ungeeignet, das Eis in uns zu spalten: Wir erreichen einander nicht, die Worte berühren uns nicht in der Tiefe, die Seele erstarrt. Wir suchen eine Sprache, die dieses immer dickere Eis der Seele spaltet." (4f)

Eine solche Sprache findet Sölle nicht zuletzt in den mythisch-narrativen Passagen der biblischen Tradition, die daran „erinnern, „daß auch unsere Geschichte anders erzählt werden kann" (15). Das Mythische, das nach Sölle mit dem Konfessorischen und Argumentativen zusammenzudenken ist, hat seinen Sinn darin, auf die verborgene, nicht wahrgenommene, vergessene Dimension des Lebens hinzuweisen: „Etwas, das in meiner empirischen Realität zwar verborgen ist, aber meistens nicht sichtbar wird." (14) Das in diesem Sinn poetische, auf das Geheimnis des Lebens bezogene Element, das Sölle für Theologie wie Literatur einfordert, sehe ich von den autobiographischen Erzählungen Koeppens und Handkes realisiert.

Im folgenden will ich das Religiöse dieser Autobiographik näher ausleuchten. Wie bereits im letzten Abschnitt zur Theorie der Autobiographie sind, was dieses Problem betrifft, Einschränkungen zu machen. Es ist nicht mein Ziel, das höchst umstrittene Problem der Religion allgemein oder gar umfassend zu klären. Vielmehr konzentriere ich mich auf die Frage, was unter Religion (in) der autobiographischen Kommunikation der Spätmoderne zu verstehen ist.

Dabei gehe ich so vor: Nach einer Annäherung über den Begriff der Religion (1.) dokumentiere ich meine Suche nach einem pragmatischen Zugang zur religiösen Dimension von Literatur (2.). Danach entfalte ich das Religionsverständnis, das meinen Materialanalysen zugrundeliegt (3.), um von da aus Aspekte des funktionalen Wandels religiöser Autobiographik in Moderne und Spätmoderne zu bedenken (4.). In einem fünften Schritt präzisiere ich die religionstheoretischen Überlegungen in wirkungsästhetischer Perspektive und deute theologische Herausforderungen an (5.), die im letzten Abschnitt der Arbeit aufgenommen und reflektiert werden sollen.

---

[1] Sölle, Das Eis der Seele 1985, 4. Zitate im folgenden nach diesem Text.

1. Annäherung:
Religion und Autobiographie

Die umstrittene Frage, was unter „Religion" zu verstehen ist, kann zureichend nicht von der Begrifflichkeit der autobiographischen Literatur, auch nicht vom Selbstverständnis ihrer Autorinnen und Autoren beantwortet werden. Der Begriff „Religion" spielt in den autobiographischen Erzählungen (von Koeppen und Handke) kaum eine Rolle,[2] zudem fallen Begriff und Sache in der Alltagskommunikation von Schriftstellerinnen und Schriftstellern, wie sie aus verschiedenen Interviews erhoben werden kann, auseinander. Ich nenne neben Koeppen und Handke, um das zumindest ansatzweise zu veranschaulichen, Aussagen von Barbara Frischmuth und Thomas Bernhard. Dabei geht es mir nicht um eine systematische Analyse, sondern nur um eine möglichst konkret bleibende Problemanzeige.

Koeppen, den neben Politik und Wirtschaft ausdrücklich „besonders die Religion" (ES 266) beschäftigt, kommentiert, von Reich-Ranicki auf seine Aussage: „Ich bin nicht gottlos" (ES 28) angesprochen, diese Aussage so:

> „Einen Kommentar dazu abzugeben, ist sehr schwer. Ich stehe, und das habe ich auch mal irgendwo veröffentlicht, oder ich bilde es mir ein, in einem freundlichen Verhältnis zu Gott. Ich glaube eher an die Schöpfung, wie sie in der Bibel beschrieben ist, oder sagen wir es anders: Es ist mir lieber, in einen Schöpfungsprozeß geraten zu sein, als das Produkt eines Urknalls zu sein. Ich hänge einer göttlichen Schöpfung an."[3]

In dieser Aussage deutet sich ein Kontrast des Religiösen zur Naturwissenschaft an. Dabei hebt Koeppen ausdrücklich die Allgemeinheit seines „Schöpfungsglaubens" hervor. Auf die Frage, ob er der naturwissenschaftlichen die literarische Deutung der Welt vorziehe, antwortet er:

> „Absolut richtig, und dies dehnt sich nicht nur auf den christlich-jüdischen Gedanken von der Schöpfung aus. Auch was über das Entstehen der Erde und des Menschen von, sagen wir, buddhistischer Seite gesagt wird, wäre mir lieber als eine rein wissenschaftliche Deutung." (181)

In einem Interview mit *Die Welt* (1987) verweigert Peter Handke den Begriff des Religiösen, um sich damit gegenüber dem 'Himmlischen' eines platonischen Idealismus abgrenzen und in seiner Sehnsucht nach Zusammenhang mit all seinen Empfindungspotentialen 'erden' zu können. Auf die Frage, ob er „ein religiöser Mensch" sei, antwortet er:

> „Ich kann auf ihre Frage eigentlich nur schweigen. Es ist für mich ein ungeheurer Mangel, daß nicht alle Empfindungsmöglichkeiten des Menschen im Laufe seines Lebens immer wieder geübt werden und ihn erheben. Goethe hat gesagt: 'Der Schauder ist der Menschheit bester Teil.' Und dieses Schaudererlebnis ist vielleicht die Fülle des Fühlenkönnens überhaupt. [...] Natürlich gibt es sehr viele fragwürdige Möglichkeiten der Schaudererweckung. In unserem zersplitterten religiösen Gefüge kann jedes Würstchen als Erwecker auftreten. Für mich waren es immer und sind es bis heute die katholische Liturgie, die Abendmahlsfeier, die Zeremonien, die großen Bücher, die großen Bilder, die Taktierungen der Stille, wie sie in der schönsten Musik stattfinden. Da kommt der Mensch so zu sich, daß er sich zwar als groß fühlt, aber nicht den üblichen Größenwahn hat. Ich betone, daß das überhaupt kein platonischer Idealismus von mir ist, sondern Materie - dieses Potential ist die kostbarste Materie im Menschen. Ich vermeide das Wort religiös und nenne es die

---
[2] Anders etwa bei Bergman, Mein Leben 1987, 71f und Zorn, Mars 1991, 217f.
[3] Koeppen, in: Hermann (Hg.), Koeppen 1994, 181; dazu Koeppen, Sein Geschöpf 1990, 229f.

Schaudermaterie, die Ehrfurchtsmaterie, die Dankbarkeitsmaterie, die Scheumaterie, die Furchtmaterie." (Die Welt, 9.10. 1987)

Handke, das wird an dieser Aussage deutlich, lehnt den Begriff des Religiösen ab, steht jedoch mit seiner Beschreibung der „Schaudermaterie" ganz in der Nähe der klassischen Religionsdefinition Rudolf Ottos.

In einem Interview mit Kuschel spricht Barbara Frischmuth, die ihre katholische Sozialisation in dem Buch *Die Klosterschule* (1978) beschreibt, mit Blick auf die Zukunft von dem Vergnügen des Menschen, einmal „seine eigenen Vorstellungen zu haben. Und seine eigene Religion!"[4] Darin deutet sich ein konstruktiver Umgang mit dem Begriff der Religion an, mit dem eine Mixtur aus Mystik, Gnosis und Pantheismus zur Sprache kommt. Auf den Begriff direkt angesprochen, meldet Frischmuth, der dieser Begriff zu unspezifisch ist, jedoch Bedenken an:

> „Ich kann mit dem Begriff Religion im Grunde wenig anfangen. Das ist ein für mich zu umfangreicher und im Grunde zu wenig streng gefaßter Begriff. Ich wüßte auch keine für mich gültige Definition abzugeben, außer der, daß es halt immer wieder um die alten Fragen geht: Woher kommen wir? Wer sind wir? Wohin gehen wir? Ich glaube, daß dies Fragen sind, um die man sich nicht herumschwindeln kann, daß sie aber im Grunde unlösbar sind. Man tastet sich ein ganzes Leben hindurch immer wieder an diese Fragen heran und stellt sich selber dabei ununterbrochen Fallen..." (117).

Thomas Bernhard hingegen, der seine Autobiographie in fünf Teilbänden veröffentlicht hat,[5] rekurriert konstruktiv auf den Begriff des Religiösen, um sich damit gegenüber den kirchlich-institutionellen, auf einen Glauben an Gott bezogenen Verengungen abzugrenzen. In einem Interview Anfang der 80er Jahre formuliert er:

> „Ich habe immer an den Himmel geglaubt, schon als Kind, und je älter ich werde, desto mehr glaub' ich daran, weil der Himmel etwas sehr Schönes ist. [...] der Himmel ist das Ideale. Ich glaube, ich bin einer der wenigen, die wirklich an den Himmel glauben. [...] Ich bin sehr religiös, aber ohne jeden Glauben. Religion ist ja nicht unbedingt mit Glauben verbunden. Das ist ja nur bei den echten Religionen, die registriert sind. Im registrierten Religionsverein, die arbeiten mit Glauben. Aber so etwas habe ich gar nicht notwendig. Ich brauch' mich ja nicht als Nummer eintragen. Das ist der konzessionierte Herrgott, das muß ja nicht sein."

Dabei spielen, wie im folgenden Interviewausschnitt deutlich wird, sozialisatorische Beschädigungen seitens der katholischen Religion eine zentrale Rolle:

> „Als junger Bub und Katholik geht ja jeder zur Kommunion und zuerst zur Beichte. Und jedesmal, wenn ich zum Beichtstuhl 'kommen bin, hab' ich in die Hosen gemacht [...]. Meine erste Konfrontation mit Scheinheiligkeit war die mit der Kirche, als Kind. [...] Ich denk' überhaupt nicht an den Tod, aber der Tod denkt ständig an mich: 'Wann soll ich den heimholen?' [...] Das Drama der Menschen ist ja überhaupt, daß sie durch Erziehung und Verbildung und vor allem durch Literatur auf Begriffe nicht nur fixiert sind, sondern an den Begriffen festgenagelt sind. [...] Das ist das eigentliche Weltdrama. Schriftsteller sind ja genauso, nicht? Überall Nägel und Begriffe - Tod, Leben, Liebe, Keuschheit, Unzucht [...]."[6]

---

[4] Frischmuth, in: Kuschel (Hg.), Weil wir uns auf dieser Erde nicht ganz zu Hause fühlen ²1985, 126.
[5] Einen ersten Überblick mit Blick auf das Religiöse gibt Reich-Ranicki, Bernhard 1993, 45-58. Zum autobiographischen Gesamtwerk Sorg, Bernhard ²1992, 132-151.
[6] Bernhard, in: Fleischmann/Koch, Monologe 1981.

II. Religiöse Dimensionen autobiographischer Kommunikation

Begriffliche Eindeutigkeit, so halte ich hinsichtlich des Begriffs von Religion fest, ist der Alltagskommunikation von Schriftstellerinnen und Schriftstellern nicht zu entnehmen. Was Karl-Fritz Daiber im Zusammenhang mit Trivialliteratur als Problemanzeige formuliert, gilt offensichtlich auch für den Bereich der ästhetischen Literatur:

„Kurzum, die Schwierigkeit besteht darin, daß es Religion gibt, die sich als Nichtreligion versteht und vielleicht umgekehrt sogar auch Nichtreligion, die meint, Religion zu sein."[7]

Angesichts dieser Schwierigkeit ist es unumgänglich, von einem theoretisch zu erarbeitenden Religionsverständnis auszugehen, das nicht mit dem (religiösen) Selbstverständnis von Schriftstellerinnen und Schriftstellern übereinstimmen muß. Dabei sind, bevor ich das versuchen werde, drei Grenzen einer solchen religionstheoretischen Reflexion herauszustellen:

1. Religion, wie sie in moderner und spätmoderner Autobiographik relevant wird, ist thematisch und strukturell unübersehbar von ihrem kulturellen Entstehungskontext mitbestimmt, der nach wie vor deutliche Prägungen der jüdisch-christlichen Religionstradition erkennen läßt.[8] Zwar werden in der modernen Literatur Tendenzen eines „Gang[s] zur anderen Religion"[9] (etwa bei Hölderlin, Aichinger oder Nooteboom)[10] sichtbar, doch in Autobiographien spielt das, wenn ich recht sehe, bisher nur am Rand eine Rolle (Ansätze nur bei Peter Handke, *Der Chinese des Schmerzes*, 1983; dazu auch Hermann Hesse *Unterm Rad*, 1906; Christiane Lenker, *Krebs kann auch eine Chance sein*, 1984; Luise Rinser, *Den Wolf umarmen*, 1984).

2. Mit dem speziellen Untersuchungsgegenstand literarischer Autobiographien wird Religion in Form von Literatur greifbar. Das ist deshalb ausdrücklich hervorzuheben, weil von Autobiographinnen und Autobiographen selbst auf die Differenz zwischen Erleben und Darstellen und damit auf das Grundproblem der Kommunikabilität von Religion hingewiesen wird.[11] Dieses Problem wird besonders von Autorinnen und Autoren empfunden, die sich selbst christlich-religiös verstehen.[12] Ich nenne nur ein Beispiel. Gertrud Fussenegger thematisiert in ihrer Autobiographie *Ein Spiegelbild mit Feuersäule* (1979) Religion, obwohl sie in ihrem Leben eine wesentliche Rolle spielt, nur andeutungsweise und begründet das so. „Die religiöse Epiphanie zu vermitteln ist vermutlich in allen literarischen Formen besonders schwierig. Die Kunst, so auch das dichterische Wort, hat es genuin mit dem Endlichen zu tun. Wie soll da das Unendliche Gestalt annehmen?"[13]

---

[7] Daiber, Religion 1986, 91.
[8] Zu diesem Aspekt der anhaltenden kulturellen Präsenz jüdisch-christlicher Traditionen in der gegenwärtigen bundesrepublikanischen Gesellschaft Daiber, Religion 1995, bes. 172-184.
[9] Goergen, Seitensprünge 1995, 8.
[10] Zu Nooteboom Goergen, Seitensprünge 1995, 133-139 (zu *die folgende Geschichte* und *Rituale*) und Friedrichs, Gott klingt wie eine Antwort 1996, 457-474 (zu *Rituale*).
[11] Dazu auch Sölle, Hinreise [10]1992, 44f. Damit ist das Problem eines wissenschaftlichen Zugriffs auf Religion grundsätzlich gestellt, dazu Wagner, Religion [2]1991, 463f.
[12] Siehe aber auch Lenker, Krebs 1993, 79; Zorn, Mars 1991, 34 und Wodin, Einmal lebt ich 1989, 71: „Ich muß eine Geschichte erzählen, von der ich von Anfang an weiß, daß sie unerzählbar ist."
[13] Fussenegger, Wände 1989, 86.

3. Zudem kommt Religion biographisch, und das bedeutet in ihrer individuellen Dimension, in den Blick. Zwar spiegeln, was besonders bei Wolfgang Koeppen erkennbar wird, Autobiographien, indem sie eine biographische Welt erzählend entwerfen, auch Religion in ihren zivilreligiösen und kirchlich-theologischen Ausdrucksformen, doch kommen diese nur je aus individueller Sicht ins Spiel.[14]

2. Religion in kommunikationstheoretischer Perspektive

Wie im Forschungsüberblick skizziert, gibt es keine eigene auf Autobiographien ausgerichtete literaturtheologische Forschungstradition. Von daher setzen meine Suchbewegungen zunächst allgemeiner bei dem Verhältnis von Literatur und Religion an. Dabei knüpfe ich an den Ansatz von Dorothee Sölle (1973) an. Da es in diesem Bereich bisher kaum zu kommunikationstheoretischen Ansätzen gekommen ist, wende ich mich, um meine Ausgangsfrage zu präzisieren, dem Bereich der Trivialliteratur zu.

Ich nehme meinen Ausgangspunkt bei den Dokumentationen von drei interdisziplinären Symposien zum Thema: *Religion und Literatur* (1984), *Theologie und Literatur* (1986) und *Christlicher Glaube und Literatur 3, Thema: Autobiographie* (1989). Als Indikatoren für den gegenwärtigen Diskussionsstand des Verhältnisses von Literatur und Religion genommen, lassen diese Dokumentationen erkennen, inwiefern neben grundlegenden Differenzen im Erkenntnisinteresse, das je ausdrücklich genannt wird,[15] die Auswahl der literarischen Materialien, das Religionsverständnis und der methodische Ansatz als die entscheidenden Schaltstellen divergierender Verhältnisbestimmungen fungieren. Der Tendenz nach fällt eine Konzentration auf den Bereich der 'jüdisch-christlichen Literatur' (und damit auf ein substantielles, sich in institutionell bereitgehaltenen Objektivationen manifestierendes Verständnis von Religion) auf, in ihrer 'traditionellen' Variante mehr von Autorinnen und Autoren der Gegenwart (Thiede 1989: neben Ernst Jünger besonders Reinhold Schneider und Gertrud Fussenegger), in ihrer 'modernen' Variante mehr von der ästhetischen Literatur des 19. (Jens/Küng/Kuschel 1986: Eduard Mörike) und der ersten Hälfte des 20. Jahrhunderts (Koopmann/Woesler 1984: neben Goethe, Eichendorff, Meyer und Nietzsche auch Brecht und Celan) repräsentiert.[16] Jens/Küng/Kuschel setzen die Schlüsselwerke von Hans-Eckehard Bahr (*Poiesis* 1961) und Dorothee Sölle (*Realisation* 1973) voraus und lassen damit keinen Zweifel an der Unumgänglichkeit ästhetischer Reflexion des Religiösen. Die Zeiten eines 'literaturtheologischen Imperialismus'[17] sind damit, jeden-

---

[14] Zur Ausdifferenzierung der neuzeitlichen (christlichen) Religion in eine gesellschaftliche, kirchliche und individuelle Dimension Rössler, Grundriß 1986, 78-92. Zum Problem der Zivilreligion Kleger/Müller (Hg.), Religion des Bürgers 1986.
[15] Dazu Koopmann/Woesler (Hg.), Literatur und Religion 1984, 7 (Frage nach Wahrheitsanspruch); Jens/Küng/Kuschel (Hg.), Theologie und Literatur 1986, 9 (Frage, „wie sich im Medium der Literatur für unsere Zeit signifikante und theologisch relevante Probleme spiegeln") und Thiede (Hg.), Christlicher Glaube und Literatur 3 1989, 5 (Frage nach der christlichen Autobiographie als „'Zeugnis' oder 'Zerrbild'").
[16] Zur Differenzierung zwischen traditioneller und kritischer christlicher Literatur Kuschel, Jesus 1978, 298-309.
[17] Ziolkowski, Theologie und Literatur 1986, 119.

falls programmatisch, vorüber.[18] Dennoch vermisse ich Bezugnahmen auf Herausforderungen, wie sie beispielsweise von der modernen, Ganzheit und Einheit infragestellenden Ästhetik ausgehen.[19] Zudem wird, diesem Defizit korrespondierend, nahezu selbstverständlich auf das methodische Repertoire der klassischen Hermeneutik zurückgegriffen.[20] Damit dokumentieren die Symposien je auf ihre Weise einen Ausschnitt der Ausgangsproblematik, von dem aus ein grundlegendes Forschungsdefizit sichtbar wird: Offen, weil eben nicht zentral in den Blick genommen, bleibt die Frage, wie das Verhältnis von Literatur und Religion unter den Bedingungen der Moderne und Spätmoderne, nach dem Ende des christlichen Einheitsdiskurses, zu denken ist.

Um dem auf die Spur zu kommen, wende ich mich der Habilitationsschrift Dorothee Sölles *Realisation. Studien zum Verhältnis von Theologie und Dichtung nach der Aufklärung* (1973) zu. Diese Arbeit kann als „Schlüsselwerk"[21] gesehen werden, da mit ihrem methodischen Neuansatz eine deutliche Zäsur im Gespräch zwischen Literatuwissenschaft und Theologie gesetzt ist. Spätestens mit dieser Arbeit wird die Ästhetik in ihrer Autonomie wirklich anerkannt und theologisch als Herausforderung insofern begriffen, als in ihr die zentrale Vermittlungsform einer 'nachchristlichen' Religion gesehen wird. Für Sölle tut sich damit grundsätzlich ein Weg aus der Sprachkrise der Theologie auf.

Ihr Ausgangspunkt ist das Phänomen der Emanzipation der religiösen Sprache aus ihren kirchlichen Bindungen seit der Aufklärung. Unter Rekurs auf Troeltsch und Tillich sieht Sölle nach dem Zerbrechen der magischen und mythischen Weltauffassung im Ästhetischen die zentrale Vermittlungsform des Absoluten.[22] Für das 'Weiterleben' der religiösen Sprache in nichtreligiösen Bereichen (wie beispielsweise der Literatur) kann der Begriff der 'christlichen Dichtung' nicht herangezogen werden, sieht Sölle doch darin nichts anderes als den restaurativen Versuch, einen vergangenen Zustand kulturell-religiöser Einheit zurückzubeschwören (28). Auch der Begriff der Säkularisation wird, zumal in seiner literaturwissenschaftlichen Engführung (bei Albrecht Schöne), zurückgewiesen (dazu 85f). Sölle will das Prinzip der Werkimmanenz, das Prinzip des ästhetischen Positivismus, Kunst gegen ihre sozialen und politische Umwelt abzudichten (27), überschreiten und findet in dem Begriff der *Realisation* ihren hermeneutischen, auch außerästhetische Wirklichkeit umfassenden Ansatz angemessen erfaßt. So kann sie als Hauptthese formulieren:

„Die Funktion religiöser Sprache in der Literatur besteht darin, weltlich zu realisieren, was die überlieferte religiöse Sprache verschlüsselt aussprach. Realisation ist die weltliche Konkretion dessen, was in der Sprache der Religion 'gegeben' oder versprochen ist." (29)

---

[18] Siehe dazu aber die Kritik von Woesler an Sölle und Kuschel, Woesler, Wahrheit 1984, 249. Literaturtheologischer Imperialismus kann auch im Gewand einer theologischen Okkupation der Ästhetik auftreten, wie an dem Beitrag von Klaus Jeziorkowski, Theologie und Literaturwisssenschaft 1986, 186-198, erkennbar wird.
[19] Dieses Defizit an ästhetischer Reflexion ist nach wie vor auszumachen, dazu Baltz-Otto, Dialog 1995, 247-251.
[20] Anders nur Scheitler, Geistliche Gedichte 1984, 170-183 (Rezeptionsästhetik) und Woesler, Wahrheit 1984, 235-250 (Rezeptionsgeschichte).
[21] Jens, Die bleibenden Aufgaben 1986, 264. Dazu auch Baltz, Theologie und Poesie 1983, 285-288.
[22] Sölle, Realisation 1973, 17f. Verweise und Zitate im folgenden nach diesem Buch.

Von daher ist es konsequent, wenn Religion methodisch nicht substantiell-gegenständlich, sondern funktional verankert wird:

„Weil das Kriterium des theologischen Interesses an Literatur niemals gegenständlich, sondern nur funktional zu fassen ist, darum bietet die religiöse Sprache nur Anhaltspunkte, die erst, wenn sie auf den Kontext zurückgebracht sind, für das Ganze zeigen, was sie leisten und ob sie tatsächlich theologisch relevant sind." (23)

Insofern wäre dieser methodische Ansatz mißverstanden,

„wenn er sich nur auf religiöse Gegenstände und Inhalte im Kunstwerk bezöge und versuchte, von Stil, Formen und Strukturen zu abstrahieren. Die abgelöste Interpretation religiöser Elemente bliebe dann befangen in der Suche nach etwas 'Christlichem', das uns schon bekannt und weltanschaulich vertraut ist. Damit würde aber gerade die spezifische Art der Verwendung religiöser Sprache eingeebnet und die Dichtung ins Religiöse hinein nivelliert." (22)

Was das konkret bedeutet, zeigt Sölle in Einzelstudien zu Karl Philipp Moritz, Jean Paul und Alfred Döblin sowie in einer ersten Annäherung an Büchners Woyzeck. Mit Blick auf die Verwendung biblischer Sprache in diesem Werk formuliert sie:

„Die Sprache der Bibel dient hier dazu, Menschen in ihrer Totalität auszusprechen, sie erinnert daran, daß auch dieser verstümmelte Mensch ein Ebenbild Gottes, berufen zum wirklichen Leben, ist. 'Nur um der Hoffnungslosen willen ist uns die Hoffnung gegeben.' Dieser durchaus theologische Satz Walter Benjamins, auf die 'Wahlverwandtschaften' bezogen, kann hier als Schlüssel dienen. Die einst gegebene Hoffnung erscheint nicht an den Hoffnungslosen selber (als wäre da von Überwindung, freier Bejahung des Leidens usw. zu reden, als sei ihnen Hoffnung gegeben!), sondern in der Sprache, die einst um ihretwillen gesprochen wurde und die dichterisch wieder aufgegriffen wird um der Hoffnungslosen willen, so daß nicht sie, dichtungsimmanent, für sich selber, sondern wir für sie hoffen lernen." (27)

In dieser Passage wird Sölles Anliegen deutlich greifbar: Literatur soll zwar in ihren ästhetischen Strukturen und Gesetzen wahrgenommen, nicht aber darauf reduziert werden. Literatur hat auch, so verstehe ich Sölle hier, eine kommunikative Funktion etwa im Sinne des kritischen Wachhaltens der religiösen Dimension des Menschseins. Von daher ist es alles andere als zufällig, wenn sie in diesem Zusammenhang auf einen wesentlichen Aspekt der Romantheorie des frühen Lukács zurückgreift und argumentiert:

„Diese Gesinnung zur Totalität stellt eine notwendige Bedingung für jede Art theologischer Interpretation dar. Fällt die Beziehung des Menschen auf die Problematik des Sinnverlangens weg, gibt es nichts mehr, was ihn 'unbedingt angeht', wird die allseitige Totalität nicht mehr gedacht und beansprucht, so kann die theologische Fragestellung zwar noch Einzelheiten im Kunstwerk interpretierend erhellen, das Ganze aber bietet ihr dann keinen Anknüpfungspunkt mehr. So wie Frieden und Gerechtigkeit als theologische Begriffe nur Sinn haben, wenn sie auf ein Verständnis der Totalität des Reiches Gottes bezogen sind, so können diese Begriffe in ihrer Anwendung auf Literatur auch nur dort etwas austragen, wo Literatur 'die Wiederherstellung der menschlichen Existenz in ihrer Totalität im Leben selbst' als - nicht notwendig formuliertes, aber unaufgebbares - Ziel setzt." (21f)

Trotz der kritischen Einwände, die sich vor allem auf Sölles Grundthese der weltlichen Realisation biblischer Traditionen konzentrieren,[23] folge ich diesem Ansatz

---

[23] Dazu Suhr, Poesie als Sprache des Glaubens 1992, 25f.81.193.236f (Verweis auf die bleibende Relevanz traditioneller religiöser Sprache) und Bleicher, Literatur und Religiosität 1993, 198f (Vorwurf einer christlichen Ghettosituation, da Tradition zum 'Verstehen' bekannt sein muß).

II. Religiöse Dimensionen autobiographischer Kommunikation

grundsätzlich, jedoch insofern auf meine Weise, als ich generell nach ästhetischen Realisationen religiöser Dimensionen spätmoderner Autobiographik frage, das Problem der Funktion biblischer Traditionen in literarischen Autobiographien mithin nur ein Teilaspekt meiner Ausgangsfrage ist. Wie für Sölle kann für mich dabei nur ein Verständnis von Religion jenseits ihrer christlich-kirchlichen Objektivationen forschungsleitend sein. Daneben sehe ich, da Sölle als Theologin nicht nur der Ästhetik verhaftet bleiben will, grundlegende Anschlüsse in der Frage nach der gesellschaftlichen (wie auch religiösen) Funktion von (autobiographischer) Literatur. Ich komme damit zum Aspekt Wirkungsästhetik und verlasse darin die Spuren Sölles im engeren Sinn.

In bezug auf ästhetische Literatur gibt es bisher kaum Überlegungen zu diesem Aspekt. Das entspricht der bis in die Gegenwart reichenden literaturtheologischen Konzentration auf Fragen der Produktionsästhetik und Darstellungsästhetik, wie sie exemplarisch an Ulrike Suhr (M.L. Kaschnitz), Gunter Volz (Klaus Mann)[24] oder Kuschel, dessen Forschungsarbeit auf Motive der religiösen Tradition wie Gott, Jesus Christus, Kirche oder Priester fokussiert ist, sichtbar wird.[25]

Sozusagen klassisch ist die Perspektive der Leserinnen und Leser in der Szene der 'christlichen' Literaturtheorie, die Medien allgemein als Vehikel missionarischer Verkündigung betrachtet, berücksichtigt.[26] Nach dieser Theorie haben 'christliche' Bücher eine appellativ-hinweisende Funktion, da es „ihre eigentliche Aufgabe" ist, „von sich wegzulenken und auf den zu weisen, der Inhalt und Zielpunkt aller christlichen Literatur sein sollte - Jesus Christus."[27] Appellativ ist diese Literatur insofern, als sie als „Absichtsliteratur" intendiert, „Begriffe, Ideen und Namen bekanntzumachen. Mittels mehr oder weniger dezentem Appell soll der Leser zu einer Entscheidung geführt werden."[28] Die Leserrolle, die in dieser Art Literatur verankert ist, kann in Form der Anforderung emotional wie rational evozierter Zustimmung im Rahmen eines grundlegenden Orientierungsbedürfnisses beschrieben werden. Sie ist in der pietistisch-religiösen Autobiographik als literarischer Ausdruck eines Konversionserlebnisses präformiert.

Hinsichtlich der Frage nach religiösen Dimensionen autobiographischer Kommunikation stehen wirkungsästhetische Überlegungen und Analysen noch aus.[29] In ihrem Verständnis von 'christlicher Literatur' im Anschluß an Gisbert Kranz und Heimo Schwilk orientiert sich Joan Kristin Bleicher zwar nicht nur an Autor und Text, sondern auch an der Perspektive des Lesers, der einen Text, insofern er „ihn zur Reflexion religiöser Fragestellungen veranlaßt, als religiös bezeichnen"[30] kann. Allerdings ist

---

[24] Volz, Sehnsucht nach dem ganz anderen 1994, bes. 71-74.
[25] Dazu Kuschel, Theologie und Literatur 1983, 112-116; Gottesbilder 1985; Jesus 1987.
[26] Kranz differenziert zwischen erbaulicher Literatur für Christinnen und Christen und apologetischer Literatur für Nichtchristinnen und Nichtchristen, Kranz, Was ist christliche Dichtung? 1987, 38-53.
[27] Steinacker, Bücher bringen Botschaft 1981, 95.
[28] Steinacker, Bücher bringen Botschaft 1981, 9.
[29] In der literaturwissenschaftlichen Theorie der Autobiographie spielen solche rezeptionsästhetischen Ansätze kaum eine Rolle. Zu nennen ist hier nur Picard, Autobiographie 1978, 239-251.
[30] Bleicher, Literatur und Religiosität 1993, 18.

dies nur programmatisch formuliert, eine wirkungsästhetische Rekonstruktion wird nicht einmal ansatzweise geleistet.

Prinzipiell nicht anders verhält es sich mit den Überlegungen von Magda Motté. Sie fragt zwar ausdrücklich nach der „Bedeutung der Literatur speziell für die religiöse Erfahrung des Lesers"[31]. Aber über allgemein gehaltene, aus meiner Sicht zudem theologisch problematische Überlegungen kommt sie nicht hinaus. Motté stellt ausdrücklich ihr Interesse an dem Eigenwert der Literatur heraus. Dennoch wird moderne Literatur im Sinn einer propädeutischen Funktion theologisch unumwunden funktionalisiert:

> „Propädeutische Funktion meint hier: Die Literatur zeigt dem Leser modellhaft und prononciert, wie eine Welt ohne Gott aussieht. Und sie zeigt damit allen, denen die Rechristianisierung des Menschen von heute am Herzen liegt, Eltern, Lehrern, Pfarrern, wie tief sie ansetzen müssen, wenn die Botschaft der Bibel überhaupt ankommen soll."[32]

Unter wirkungsästhetischer Perspektive werden religiöse Dimensionen hingegen in Trivialliteratur (und Film)[33] auszumachen versucht. Exemplarisch nenne ich die Ansätze von Daiber (Heftromane) und Wermke (Comics). Daiber analysiert inhaltsanalytisch Formen der kirchlichen und funktionalen Präsenz von Religion in deutschen Heftromanen und entdeckt - im Anschluß an die Dramentheorie des Aristoteles - in der dramatischen Partizipation der Leserinnen und Leser an dem Kampf des Guten mit dem Bösen eine Art Religion der Trivialliteratur:[34]

> „Offensichtlich spricht die Dramatik der Heftromane geheime Sehnsüchte an, die viele Menschen erfüllen: die Sehnsucht nach dem Einfachen, nach dem Heilen, nach dem Ende der Ungerechtigkeit, nach dem Trost. Die Sehnsucht danach, daß Tränen fließen dürfen und Tränen getrocknet werden. Die Dramatik des Romans löst eine Dramatik des Romanerlebens aus: Der Leser durchschreitet Phasen der Ängstigung, der Trauer, des Mitleids, gelangt aber dann auf diesem Weg der Ängstigung in das 'gelobte Land' der Tröstung, des Glücks, der Erfüllung geheimer Hoffnungen. Böse Mächte stellen sich ihm entgegen, gute Mächte geleiten ihn, so etwa der verständnisvolle Arzt oder der für die Gerechtigkeit eintretende und unschuldig leidende Heros."[35]

Daneben ist Jutta Wermke zu nennen.[36] Sie fragt, inwiefern Comics, indem in ihnen eine Unheilsstruktur durch einen Helden überwunden wird, als moderne Mythen funktionieren.[37] Anders als Daiber, geht Wermke nicht empirisch, sondern hermeneutisch vor. Dabei muß sie, was methodisch aufschlußreich ist, die klassisch literaturwissenschaftlichen Kategorien der Stoff- und Motivanalyse verlassen, um nach den Rezeptionsstrukturen des Comics fragen zu können. Nur so, unter dieser funktionalen Perspektive, kann in den Blick kommen, ob ein Comic „der Orientierungshilfe in der Welt dient, die Integration der Gesellschaft erleichtert und über die trostlose Realität hinwegtröstet."[38]

---

[31] Motté, Moderne Literatur 1985, 399.
[32] Motté, Moderne Literatur 1985, 409.
[33] Dazu Hasenberg, Der Film und das Religiöse 1995, 9-23 und Zwick, Pfade zum Absoluten? 1994, 88-110.
[34] Daiber, Religion in deutschen Heftromanen 1986, 88-92.
[35] Daiber, Religion in deutschen Heftromanen 1986, 87.
[36] Dazu auch Mörth, Lebenswelt 1986, 188-204 und Greeley, Religion 1993, 9-33.82-101.
[37] Wermke, Comics und Religion 1978, 7-17.
[38] Wermke, Comics und Religion 1978, 8.

Ich fasse zusammen und verdichte die verschiedenen Hinweise forschungsperspektivisch in zwei Punkten:

1. Mein Ziel ist es, den religiösen Dimensionen literarischer Autobiographien im Anschluß an wirkungsästhetische Theorien der Literaturwissenschaft rekonstruktiv auf die Spur zu kommen. Dabei kann ich, obwohl Gegenstand meiner Untersuchung die ästhetische Autobiographik ist, die Trivialliteraturforschung insofern konstruktiv aufnehmen, als Autobiographien in einem pragmatischen Lektüremodell zu lokalisieren sind, das Religion differenziert zwischen den Polen einer eher dramatisch-identifikatorischen Partizipation (Religion der Trivialliteratur) und einer eher episch-unterbrechenden Reflexivität (Religion der ästhetischen Literatur) in den Blick nimmt. Für die ästhetische Autobiographik gehe ich dabei mit Wolfgang Iser von der These aus, daß Literatur die Chance bietet, „durch Formulierung von Unformuliertem uns selbst zu formulieren."[39]

2. Mit Sölle gehe ich von der Unumgänglichkeit ästhetischer Reflexion aus. Literatur soll, um es mit Küng pointiert zu formulieren, theologisch nicht als Steinbruch zur „Illustration und Selbstbestätigung festgeschriebener, unveränderlicher Inhalte"[40] benutzt werden. Vielmehr ist es mein Anliegen, der Religion in ihren ästhetisch-weltlichen Realisationen auf die Spur zu kommen. Dabei sind die Strukturmerkmale einer theologia negativa (und christologia negativa), die Kuschel für sein Material feststellt,[41] mit Blick auf spätmoderne Autobiographien um den Aspekt einer mystica negativa (im Sinn des frühen Lukács) zu ergänzen (dazu D.III.1.).

3. „Expressive Profanität"[42]:
Religion als biographische Tiefendimension

Auf dem Hintergrund eines allgemeinen biographischen Interesses wird in der neueren religionspädagogischen, praktisch-theologischen wie systematisch-theologischen Literatur zunehmend das Verhältnis von Religion und Lebensgeschichte reflektiert.[43] Dabei sind jedoch nicht nur die elementaren Grundbegriffe des Biographischen,[44] sondern auch das Verständnis von Religion umstritten, es kann, wie an der kaum mehr überschaubaren Fülle von Definitionen erkennbar, von keinem begrifflichen Konsens ausgegangen werden.

---

[39] Iser, Akt des Lesens ³1990, 255. In gewisser Weise befinde ich mich damit in Nähe zu Nethöfel, der Religion literarisch dort angemessen thematisiert sieht, wo Literatur Leser 'zwingt', die in der Postmoderne anfallenden Integrationsleistungen selbsttätig zu realisieren, Nethöfel, Literarisch-religiöse Reflexionen 1988, 11-42.
[40] Küng, Theologie und Literatur 1986, 27.
[41] Kuschel, Jesus 1987, 313-318.
[42] Tillich, Theologie der bildenden Kunst (1961) 1987, 235.
[43] Exemplarisch sind zu nennen: Grözinger/Luther (Hg.), Religion und Biographie 1987; Nipkow, Erwachsenwerden 1987 und Sparn (Hg.), Wer schreibt meine Lebensgeschichte? 1990.
[44] Dazu Luther, Religion und Alltag 1992, 12.

Angesichts der Divergenzen wissenschaftlicher Religionsdefinitionen ist es, will man der religiösen Dimension autobiographischer Kommunikation auf die Spur kommen, unumgänglich, ein Religionsverständnis zu formulieren, das diesem Ausgangsinteresse sachlich angemessen ist. Charles Glock formuliert in diesem Sinn mit Recht:

> „Vom Standpunkt der Forschung aus gibt es keine wahren und falschen Definitionen von Religion, sondern lediglich solche, die mehr oder weniger fruchtbar und ertragreich sind. Die Rechtfertigung einer jeden Konzeptualisierung beruht nicht darauf, ob sie weithin anerkannt oder angenommen ist. [...] Letztlich zählt jedoch allein, ob eine Definition dazu beiträgt, unser Wissen und Verstehen von Mensch und Gesellschaft zu fördern und zu vergrößern."[45]

Da es mir, ähnlich wie Sölle, nicht um eine (theologische) Identifikation von Religion in Form ihrer institutionell bereitgehaltenen kirchlich-theologischen Objektivationen in autobiographischen Erzählungen geht, setze ich grundlegend bei einem 'funktionalen' Religionsverständnis an, das in seinen Chancen und Grenzen zu reflektieren ist. Dabei sehe ich, was ich im folgenden zeigen will, in dem religionstheoretischen (und kulturtheologischen) Ansatz von Paul Tillich einen grundlegend angemessenen, kommunikationstheoretisch jedoch zu präzisierenden Zugang. Ich stelle, da ich in diesem Zusammenhang keine umfassende Rekonstruktion seiner Religionstheorie leisten kann,[46] fünf Aspekte heraus, die für meine Arbeit wesentlich und bedeutsam sind.

1. Mit Tillich verstehe ich Religion grundsätzlich funktional als *„das, was uns unbedingt angeht."*[47] Damit ist zunächst einmal ein relativ weites, sich in der Sinnfrage des Menschen manifestierendes Verständnis von Religion festgehalten:

> „Religiös sein bedeutet, leidenschaftlich nach dem Sinn unseres Lebens zu fragen und für Antworten offen zu sein, auch wenn sie uns tief erschüttern."[48]

Dieses weite Verständnis wird von Tillich ausdrücklich von einem engeren, auf Religion in ihren institutionellen Ausdrucksformen bezogenen Begriff unterschieden, es ist „zu unterscheiden zwischen Religion als Leben in der Dimension der Tiefe und den konkreten Religionen, in deren Symbolen und Einrichtungen das religiöse Anliegen des Menschen Gestalt gewonnen hat." (ebd.) Damit ist Religion der Zweideutigkeit und Gefahr ihrer Dämonisierung ausgesetzt, sakrale Handlungen werden „in dem Augenblick dämonisch, in dem sie Unbedingtheitscharakter erlangen und dadurch mit dem Heiligen auf eine Stufe erhoben werden."[49]

Tillich setzt mit dieser grundlegenden Unterscheidung voraus, daß „Religion im fundamentalen Sinn des Wortes nicht ein Gebiet neben anderen ist, z.B. neben der Philosophie oder der Politik oder dem Recht oder - der Kunst, sondern, daß sie das Erlebnis einer Qualität in all diesen Gebieten ist, nämlich der Qualität des Heiligen oder dessen, was uns unbedingt angeht."[50] Von daher muß Kunst nicht religiöse Ge-

---

[45] Glock, Dimensionen 1969, 159.
[46] Zum Religionsbegriff Tillichs Schüßler, Jenseits von Religion 1989. Siehe auch: Cornehl, In der Tiefe ist Wahrheit 1989, 256-278; Sölle, Der Beitrag Paul Tillichs zu einer Theologie der Befreiung 1989, 281-300; Rendtorff, In Richtung auf das Unbedingte 1989, 335-356.
[47] So etwa Tillich, Funktion 1964, 40.
[48] Tillich, Dimension 1980, 8.
[49] Tillich, Sprache 1980, 34.
[50] Tillich, Theologie der bildenden Kunst 1987, 228.

genstände behandeln, „um religiös zu sein. Kunst kann religiös sein, ob sie sogenannte religiöse oder sogenannte profane Kunst ist. Sie ist religiös, sofern in ihr die Erfahrung letzten Sinns und Seins zum Ausdruck kommt." (ebd.)

In der neueren literaturtheologischen Forschung ist die Tendenz unverkennbar, mit einem solch weiten Verständnis von Religion zu arbeiten. So werden in der Literatur religiöse Dimensionen in Form von Utopie (Baltz zu Christa Wolf),[51] Erinnerung (Wittekind zu Rosamunde Pilcher)[52] oder im spannungsreichen Zusammenspiel von Liebe, Tod und Heimatlosigkeit (Suhr zu Marie Luise Kaschnitz)[53] ausgemacht. Schröer entdeckt mit diesem Ansatz bei Kaschnitz eine psalmistische, bei Dürrenmatt eine prophetische Dimension der Literatur.[54] Einen allgemeinen Überblick über *Religiöse Erfahrungen in Autobiographien* gibt Grete Schneider,[55] die unter Rekurs auf Tillichs Religionsverständnis insbesondere das Phänomen der 'politischen Religionen' in den Blick nimmt.[56]

2. Tillich präzisiert seinen Religionsbegriff als ein „existentielles Verständnis"[57] von Religion. Als Konsequenz daraus wird die Aufhebung der „Kluft zwischen einer heiligen und einer profanen Sphäre"[58] und des „Dualismus von Religion und Kultur"[59] festgehalten. Dieser wird „reduziert auf die Dualität von religiöser und weltlicher Kultur mit unzähligen Übergängen", denn Religion ist „mehr als ein System spezieller Symbole, Riten und Emotionen, die auf ein höchstes Wesen gerichtet sind": Religion, verstanden als „Zustand des Ergriffenseins von etwas Unbedingtem, Heiligem, Absolutem", gibt „jeder Kultur Sinn, Ernst und Tiefe und schafft aus dem kulturellen Material eine eigene religiöse Kultur."[60] Es gibt, so Tillich diesem Duktus entsprechend, „keine Kulturschöpfung ohne ein unbedingtes Anliegen, das sich in ihr ausdrückt."[61] In diesem Zusammenhang fällt Tillichs Formel von der Religion als der Substanz der Kultur und der Kultur als der Form der Religion:

„Religion als das, was uns unbedingt angeht, ist die sinngebende Substanz der Kultur, und Kultur ist die Gesamtheit der Formen, in denen das Grundanliegen der Religion seinen Ausdruck findet. Kurz gefaßt: *Religion ist die Substanz der Kultur, und Kultur ist die Form der Religion.*"[62]

In seinem Vortrag *Religion und Kultur* von 1948, in dem er auf dieses von ihm 1919 in dem Vortrag *Die Idee einer Theologie der Kultur* aufgestellte Programm (biographisch) reflektiert, hält Tillich diese Formel in Abgrenzung zur Autonomie und Heteronomie für „die präziseste Formulierung der Theonomie":

---

[51] Baltz, Notizen zu Christa Wolf, 1983, 79-88.
[52] Wittekind, Das Diesseits der Erinnerung 1995, 187-198.
[53] Suhr, Poesie als Sprache des Glaubens 1992, bes. 149f.
[54] Schröer, Die religiöse Frage 1988, 414-432.
[55] Schneider, Religiöse Erfahrungen 1988, 3-29.
[56] Von Tillichs Ansatz setzt sich ab Pollack, Religiöse Dimensionen 1990, 177-201.
[57] Tillich, Aspekte 1967, 100; dazu auch ders, Theologie I ⁸1987, 19-22.
[58] Tillich, Aspekte 1967, 101.
[59] Tillich, Aspekte 1967, 102.
[60] Tillich, Religion und Kultur 1980, 93.
[61] Tillich, Aspekte 1967, 102.
[62] Tillich, Aspekte 1967, 101f.

„Die Worte Autonomie, Heteronomie und Theonomie beantworten die Frage des *nomos* oder des Lebensgesetzes auf dreifach verschiedene Art: Die Autonomie behauptet, daß der Mensch als der Träger der universalen Vernunft die Quelle und das Maß der Kultur und Religion sei, daß er sein eigenes Gesetz sei. Die Heteronomie behauptet, daß der Mensch, unfähig, der universalen Vernunft gemäß zu leben, einem Gesetz unterworfen werden muß, das ihm fremd und das höher ist als er. Die Theonomie behauptet, daß das höhere Gesetz zur gleichen Zeit das innerste Gesetz des Menschen selbst ist. Es wurzelt im göttlichen Grund, der des Menschen eigener Grund ist: das Lebensgesetz transzendiert den Menschen, obwohl es zur gleichen Zeit sein eigenes Gesetz ist."[63]

An dieser Passage wird deutlich, daß die religionstheoretischen Überlegungen Tillichs theologisch grundiert sind (und auf eine theologische Deutung des Säkularisierungsprozesses zulaufen), wobei dessen Verständnis von „Gott über dem Gott des Theismus"[64] zu beachten ist. Damit wird das zunächst relativ weit erscheinende Verständnis von Religion deutlich eingegrenzt, hinter dem 'Funktionalen' werden Aspekte des 'Substantiellen', die auf Überwindung von „Entfremdung"[65] zielen, erkennbar. Wenn Tillich von Religion „*im weitesten und tiefsten Sinne des Wortes*"[66] spricht, dann ist damit eine deutliche Richtungsangabe verbunden: Religion, so verstanden, zielt auf ein Absolutes, man kann auch sagen, auf den Zustand der Entfremdung überwindende Ganzheit. Sprachlich manifestiert sich das im Rückgriff auf die Metaphern der Tiefe und des Vertikalen (neben dem Horizontalen). Ich zitiere eine Passage, in der das besonders deutlich wird:

„In dem, was wir die vertikale religiöse Richtung nennen, erlebt der Mensch das Ewige als den immer gegenwärtigen Seins- und Sinngrund seines Lebens. Er erfährt das Ewige in der geistigen Fähigkeit, sich über die Angst der Endlichkeit und die Verzweiflung der Schuld zu erheben, sowohl in der persönlichen Existenz wie im Leben in der Gemeinschaft. Religiöser Kult, Gebet und Meditation, künstlerische Intuition und philosophischer Eros, mystische Versenkung und überlegene Ruhe angesichts der Unbeständigkeit alles Existierenden sind Ausdruck dieses religiösen Erlebnisses."[67]

Von daher wird verständlich, inwiefern jede religiöse Antwort den „Charakter eines 'Trotzdem'"[68] hat und inwiefern in gewisser Weise bereits mit dem Stellen der Frage nach dem Sinngrund des Lebens die Antwort gegeben ist. „Wer versteht", so Tillich pointiert, „daß er von dem Sinngrund seines Lebens getrennt ist, ist durch dieses Verstehen in gewissem Sinne mit ihm vereint."[69]

3. In seinem Aufsatz *Theologie und Kultur* (1989) kritisiert Albrecht Grözinger diesen Ansatz Tillichs scharf.[70] Grözinger vermutet „einen heimlichen theologischen Imperialismus" (210), der schon insofern nicht angemessen sei, als es sehr zweifelhaft sei, ob mit diesem Ansatz „die Kulturentwicklung im 20. Jahrhundert wirklich begriffen werden kann." (205) Der „Grundzug der Ästhetik der Moderne" (206), wie er exemplarisch an Joyce (Literatur), Beckett (Drama) und Picasso (Kunst) festgemacht wird,

---

[63] Tillich, Religion und Kultur 1980, 90f.
[64] Härle, Die Frage nach Gott 1987, 58.
[65] Tillich, Dimension 1980, 10.
[66] Tillich, Funktion 1964, 40.
[67] Tillich, Zukunft der Religion 1964, 33.
[68] Tillich, Dimension 1980, 14.
[69] Ebd.
[70] Grözinger, Theologie und Kultur 1989, 201-213. Dazu auch ders., Praktische Theologie und Ästhetik ²1991, 76-79. Zitate im folgenden nach: Theologie und Kultur 1989, 201-213.

mache deutlich, daß man mit Tillichs Ansatz „notwendigerweise in ein Dilemma gerät" (206):

„Entweder man muß die richtungsweisenden künstlerischen Werke des 20. Jahrhunderts als Objekte interpretieren, die letztendlich einem defizitären Leitbild von Kultur folgen, oder man muß die These einer sie kennzeichnenden religiösen Grundierung in einem interpretativen Gewaltakt von außen herantragen. Beide Vorgehensweisen sind jedoch extreme Formen einer heteronomen Bestimmung von Kultur, ein Verfahren also, welches *Tillich* selbst als nicht sachgemäß angesehen hat. Deshalb bin ich der Meinung, daß die Tillichsche These von der Religion als der Substanz der Kultur nicht dazu geeignet ist, die ästhetischen Grundzüge der Moderne sachgerecht in den Blick zu bekommen." (206)

Diese Kritik Grözingers ist ernstzunehmen. Eine Theorie über das Verhältnis von Religion und Kultur macht wirklich nur Sinn, wenn mit ihr die Ästhetik der Moderne angemessen in den Blick kommt. Es ist von daher zu fragen, inwiefern eine Theorie, die ihren Anfang in der Umbruchsituation von 1918/19 genommen hat, gegenwärtig noch tragfähig ist. Anders als Grözinger bin ich der Ansicht, Tillichs Ansatz erfasse nach wie vor Wesentliches, da er nicht auf ein summarisches Feststellen, sondern auf einen perspektivischen Zugang zur Ästhetik der Moderne und Spätmoderne zielt. Mit anderen Worten: Tillich formuliert die *Idee* einer theonomen Kulturanalyse, die eine Art Suchbewegung nach Religion, die in spezifischer Weise in der Kultur verborgen sein kann, in Gang setzt. In seinem biographischen Rückblick auf die Anfänge der *Idee einer Theologie der Kultur* (1919) verweist Tillich zunächst selbstkritisch auf den „Enthusiasmus"[71] und den „leichten Anflug von Romantik"[72] jener Jahre, um dann für seine Gegenwart (1948) seinen Ansatz im Sinn einer „Theologie des Endes der Kultur"[73] zu präzisieren. Dabei hält er ausdrücklich fest, daß die „Erfahrung der Leere" die „Idee der Theonomie in keiner Weise" untergrabe, sondern im Gegenteil „deren stärkste Bestätigung"[74] sei.

4. Ich komme zur Frage nach konkreten Anschlüssen an Tillichs Theorie. Diese sehe ich zunächst grundsätzlich in der Aufgabe einer theonomen Kulturanalyse, speziell dann in der Aufnahme seiner Stiltheorie. Spätestens an dieser Stelle wird klar, daß meine literaturwissenschaftlichen Suchbewegungen nach der religiösen Dimension autobiographischer Literatur einen theologischen Hintergrund haben, der mit dem auf Ganzheit und Totalität bezogenen Religionsverständnis gegeben ist.

Nach Tillich wird Religion in der Ästhetik „als die unendliche Sehnsucht nach dem Ausdruck des letzten Sinnes"[75] offenbar. Dabei ist an dem „Stil" eines Kunstwerks, das dessen Gegenstand und Form transzendiert, dieser letzte Sinn entzifferbar: „Wer den Stil", so Tillich mit Bezug auf Kultur allgemein, „lesen kann, kann auch ihr letztes unbedingtes Anliegen entdecken"[76]. Dieses unbedingt Angehende entdeckt Tillich letztlich in der „formzerbrechenden Kraft des Expressiven"[77]. Von diesem Ansatz her

---

[71] Tillich, Religion und Kultur 1980, 90.
[72] Tillich, Religion und Kultur 1980, 94.
[73] Ebd.
[74] Tillich, Religion und Kultur 1980, 94f.
[75] Tillich, Funktion 1964, 41.
[76] Tillich, Aspekte 1967, 102.
[77] Tillich, Theologie der bildenden Kunst 1987, 233.

ist es dann „das Prinzip der künstlerischen Ehrlichkeit"[78], oder anders formuliert die Authentizität der Künstlerinnen und Künstler, die über das Religiöse in und an ihrem Werk mitentscheidet. Hinsichtlich des Symbols der Auferstehung, „das heute kaum als Frage und sicherlich nicht als Antwort auftaucht", formuliert Tillich entsprechend:

> „Und wir sollten dankbar sein, daß unsere Künstler nicht mehr sagen, als sie sagen können."[79]

Kritik an diesem am Expressionismus ausgerichteten Programm ist nicht ausgeblieben.[80] Rainer Volp formuliert mit polemischem Unterton:

> „Die stark am Expressionismus orientierte Konzeption fing den Eigenwert der sich ständig verändernden ästhetischen Syntax, zumal im Zusammenhang des erweiterten Kunstbegriffs, jedoch nicht mehr auf. Viele theologische Beiträge zur Kunst sind immer wieder einem Idealismus verpflichtet, dem die Kunst lediglich als besonderes Medium dient, um die 'Versöhnung im Streit' oder die 'heile Welt' zu verkörpern. Doch mit der Auskunft, daß sich das Leben und das Göttliche nur wie Antwort und Wort verhalten, wurden die Probleme scholastisch verdeckt."[81]

Ich meine, dieser Vorwurf, Tillichs Konzept verdecke die Probleme „scholastisch", trifft, zumal dessen Ansatz undifferenziert und schematisch dargestellt wird (Wort und Antwort), nicht zu, was insbesondere an Tillichs Hinweis auf „Erfahrungen der Leere" deutlich wird.

5. Tillichs Verweis auf den „Stil" eines Kunstwerks macht grundlegend deutlich, daß das Religiöse literarischer Autobiographik nicht über ihren Gegenstand und ihre Form, sondern nur über deren Zusammenspiel rekonstruierbar ist. Dieser Ansatz ist in Aufnahme kommunikationstheoretischer Überlegungen der Literaturwissenschaft zu präzisieren. Ich deute das an dieser Stelle nur an, komme jedoch im letzten Abschnitt (5.) darauf zurück.

Ich betrachte Autobiographien als eine Form der literarischen Kommunikation zwischen Leser, Text und 'Wirklichkeit', die zentral in und mit der Umcodierung herrschender Sinnansprüche in Gang gesetzt wird: Auf der Grenze von Sinnsystemen lokalisiert, hat Literatur, mit Iser formuliert, die noch nicht realisierten Möglichkeiten zu entdecken, „deckt auf, worin wir befangen sind."[82] Unverkennbar ist der kritische Unterton dieser wirkungsästhetischen Theorie, die der Literatur das Bewältigen defizitärer Realitäten zumutet (und zutraut):

> „Der pragmatische Sinn setzt den Leser in ein bestimmtes Reaktionsverhältnis zu der vom Text vermeinten 'Wirklichkeit' mit dem Ziel, diese nun der Verarbeitung aufzugeben. Dabei wird es genauso zur Umschichtung sedimentierter Erfahrung im Habitus des Lesers kommen wie zur pragmatischen Auslegung des gebotenen Verweisungszusammenhangs im Repertoire. Der pragmatische Sinn gibt diesen Spielraum der Aneignung frei, damit das geleistet werden kann, was er intersubjektiv vorzeichnet: die imaginäre Bewältigung defizitärer Realitäten."[83]

Mit Jauß kann diese sich im Lektüreprozeß konstituierende ästhetische Erfahrung noch weiter präzisiert werden: Der Leser wird, indem er eine autobiographische Er-

---

[78] Tillich, Aspekte 1967, 106.
[79] Tillich, Theologie der bildenden Kunst 1987, 234.
[80] Zur Kritik an Tillich im Sinn einer 'bürgerlichen' und elitären Verengung Albrecht, Die Religion der Massenmedien 1993, 129-136.
[81] Volp, Ästhetik als Anfrage 1991, 283.
[82] Iser, Akt des Lesens ³1990, 124.
[83] Iser, Akt des Lesens ³1990, 143.

zählung liest, über die gebrochene Identifikation mit dem biographischen 'Helden'[84] zur biographischen Poiesis (Mitschöpfer werden) insofern provoziert, als seine Aisthesis (Wahrnehmung eines anderen) sich mit der Reflexion auf seine eigene Lebensgeschichte verbindet. Zur Frage des Verhältnisses von Religion und Literatur steuern diese wirkungsästhetischen Einsichten das Element ästhetisch sich konstituierender Subjektivität bei: Tillich hatte behauptet, Kunst (bzw. Literatur) sei religiös, insofern in ihr Letztangehendes zur Sprache gebracht wird. Dies kann und soll nun hinsichtlich literarischer Autobiographien dahingehend präzisiert werden, daß Literatur dann religiös wirksam ist, wenn sie Biographie (das Thema) in kritischer Umcodierung herrschender Sinnansprüche (das kritische Verhältnis zum lebensweltlichen und literarischen Erwartungshorizont) in der Weise expressiv ästhetisiert (die spezifische Erzählstruktur), daß Leserinnen und Leser zur poietischen Realisation der Tiefendimension ihrer Biographie angestiftet werden.

4. Kommunikative Sinnsuche:
Zum Funktionswandel religiöser Autobiographik

Tillichs Religionsverständnis hat nicht zuletzt seinen Skopus in der Differenzierung zwischen einer existentiellen allgemeinen Religion und ihren institutionellen, in konkreten Religionen sich manifestierenden, darin jedoch nicht aufgehenden Objektivationen. In diesem Ansatz ist ein selbstkritisch-reflexives Verhältnis zu religiösen Traditionen mitgedacht, das auch in zeitgenössischen autobiographischen Materialien in unterschiedlicher Weise und Ausprägung zu finden ist.[85] Der „Zwang zur Häresie" (Peter L. Berger),[86] der nicht nur das Biographische, sondern auch das Religiöse betrifft,[87] wirft Fragen des autobiographischen Säkularisierungsprozesses auf. Da meine Arbeit keinen historischen Schwerpunkt hat, beschränke ich mich darauf, vier Aspekte der komplexen Problematik hervorzuheben:

1. Die moderne literarische Autobiographik hat, was nicht umstritten ist, eine religiöse Wurzel.[88] Diese manifestiert sich in der pietistischen Bewegung des 17. und 18. Jahrhunderts und ist nicht zuletzt von den individualisierenden Impulsen der Reformationszeit motiviert, in der es zu einer Auflösung der mittelalterlichen, sakramental-

---

[84] Zu den verschiedenen Modalitäten der literarischen Identifikation Jauß, Ästhetische Erfahrung 1991, 244-259.
[85] Dazu Eggers, Erinnerungen an Gott 1980; Kuschel (Hg.), Weil wir uns auf dieser Erde nicht ganz zu Hause fühlen ²1985; ders. (Hg.), Ich glaube nicht, daß ich Atheist bin 1992; Scherf (Hg.), Der liebe Gott sieht alles 1986.
[86] Berger, Zwang zur Häresie 1993, 35: „Schicksal erfordert keine Reflexion, doch der Mensch, der sich gezwungen sieht, eine Wahl zu treffen, ist gezwungen, sich anzuhalten und nachzudenken. Je mehr Wahlmöglichkeiten, desto mehr Reflexion."
[87] Dieser „Zwang zur Häresie" ist auch an „konventioneller" Autobiographik ablesbar, gegen Schweitzer, Lebensgeschichte und Religion 1992, 238f. Schweitzer ist der Ansicht, der Umgang mit Religion in zeitgenössischen Autobiographien sei „eher konventionell und unpersönlich". Als Gegenbeispiele nenne ich hier nur Pablo Casals, Licht und Schatten (1971) und Liv Ullmann, Wandlungen (1976) und Gezeiten (1987). Dazu genauer Friedrichs, Psalmodieren, Diss Marburg 1997, 49-51.
[88] Dazu Drehsen, Frömmigkeit 1990, 33-62 und Sparn, Kompetenz 1990, 54-67.

lebenszyklisch und kirchenjahreszyklisch über den Heiligenkalender gebundenen kirchlichen 'Standardbiographie' kam. Am Beispiel von Johann Georg Hamann (1730-1788) will ich das Profil der pietistisch-religiösen Autobiographik andeuten. Hamanns *Gedanken über meinen Lebenslauf* (1758) reflektieren auf eine existentielle Lebenswende und lassen, obwohl nicht für die Öffentlichkeit bestimmt, typische Merkmale einer auf Legitimation und Überzeugung zielenden Konversionserzählung erkennen:[89] Der alten, nur auf sich selbst bezogenen Existenz in der Vergangenheit wird ein neues, sich von Gott her verstehendes Leben in der Gegenwart gegenübergestellt. Biographie, als Konfliktgeschichte thematisiert, wird von ihrer Aufhebung her einer theologischen, zentral auf die providentia dei zurückgreifenden 'Revision' unterzogen. Dabei setzt er, wie ein Vergleich etwa mit August Hermann Francke zeigt, deutlich eigene Akzente. Das wird nicht zuletzt an der Art und Weise, wie biblische Traditionen lebensgeschichtlich aktualisiert werden, erkennbar:

> „Ich erkannte meine eigenen Verbrechen in der Geschichte des jüdischen Volkes, ich las meinen eigenen Lebenslauf, und dankte Gott für seine Langmuth mit diesem seinem Volk, weil nichts als ein solches Beyspiel mich zu einer gleichen Hoffnung berechtigen konnte."[90]

Darin wird, um es mit Oswald Bayer auszudrücken, Gott zum Autor der Lebensgeschichte.[91] Bereits in der Eingangssequenz setzt Hamann in diesem Sinn unter Rekurs auf biblische, existentiell-familiäre Konfliktgeschichten thematisierende Traditionen typologisierend eine Art biblisch-religiösen Horizont seiner Biographie:

> „Ich bin den 27. Aug. 1730. zu Königsberg in Preußen geboren; und den folgenden Tag, so viel ich weiß, durch die christliche Vorsorge meiner frommen und ehrlichen Eltern, zum Bad der heiligen Taufe gebracht worden. Gott hat mir die Ehre und Vortheile der Erstgeburt genüßen lassen, und ich bin meiner Mutter wie Jabez ein Sohn der Sorgen und Schmerzen gewesen. Sie hat meinem Vater noch einen Sohn an meinem jüngern Bruder gegeben, und wir beyde sind der ganze Reichthum unserer Eltern gewesen, den Gott mit so viel Gnade erhalten als gegeben hat. [...] Ist dies Gebet, mein Gott! ein Irrthum; so mache seine Freude voll, durch die Bekehrung eines Sünders, der Buße thut, und den er auf der Erde zu verlieren geglaubt um ihn in der Heymath deiner Kinder wiederzufinden."[92]

Hamann entdeckt nach seiner Wende das Abendmahl neu und strukturiert die postkonversionelle Phase kirchenjahreszyklisch. Dabei hat sich sein Verhältnis zur kirchlichen Tradition verändert: In der ansatzweise aufbrechenden Kritik an seinen Eltern (in ihrer Funktion als religiöse Sozialisationsinstanzen)[93] erweist sich Hamann als Mensch an der „Schwelle der Zeiten"[94], sozusagen zwischen August Hermann Francke und Karl Philipp Moritz: noch ist die Zeit der Kindheit nicht entdeckt, noch werden die Krisen der Adoleszenzzeit nicht psychologisch, sondern theologisch-religiös gedeutet.

---

[89] Dazu Ulmer, Konversionserzählungen 1988, 19-33.
[90] Hamann, Lebenslauf 1950, 40.
[91] Bayer, Wer bin ich? 1980, 245-261.
[92] Hamann, Lebenslauf 1950, 11f.
[93] Hamann, Lebenslauf 1950, 12: „Die guten Absichten meiner Eltern würden besser erfüllt worden seyn und ihre großmüthige Neigung besser angewandt, wenn sie einen guten Rath in der Wahl ihrer Mittel und wir eine größere Rechenschaft vom Gebrauch derselben zur Richtschnur gehabt hätten."
[94] Nipkow, Erwachsenwerden 1987, 112.

2. Literaturgeschichtlich gesehen ist die moderne (neuzeitliche) Autobiographik der literarische Ausdruck eines bürgerlichen Subjektivismus, der als Folge der Emanzipation aus den herkömmlichen religiösen Deutungsmustern zur individuellen Verantwortung der neu zugewachsenen Handlungsspielräume herausgefordert ist.[95] Dabei ist umstritten, wie das Verhältnis dieser modernen Autobiographik zu ihren religiösen Wurzeln zu bestimmen ist. Das wird in besonderer Weise am Auftakt dieser modernen Autobiographik, an Karl Philipp Moritz' *Anton Reiser* (1785-1790), deutlich.

Das Buch ist, ganz allgemein gesehen, Dokument und Ausdruck einer psychologischen, sozialen wie religiösen 'Krise'. Geschrieben zu einem Zeitpunkt, an dem Karl Philipp Moritz (1756-1793) als Lehrer, Schriftsteller und Journalist in Berlin bereits etabliert ist, thematisiert es Biographie als offene Leidensgeschichte mit Fluchtbewegungen in Einsamkeit, Innerlichkeit, Natur und Kunst. Der Titel ist Programm, der Name *Anton Reiser* symbolisch:[96] Er spielt auf den Heiligen Antonius (Flucht in Wüste und Kampf mit Dämonen) und die Reise als Grundbewegung des Lebens an (nicht ohne sich dabei von dem konservativen, theaterkritschen Theologen *Anton Reiser* abzusetzen). Die „Modernität des Anton Reiser" (Sölle) ist nicht zuletzt am Bruch mit seiner religiösen Sozialisation festzumachen: „freigesetzt in eine Welt ohne feste Orientierungen und Sinnstrukturen" ist Anton Reiser „in der Tat ein Reisender auf der Pilgrimschaft vergeblicher Sinnsuche"[97].

Dieser Bruch wird, nimmt man Hamanns *Gedanken über meinen Lebenslauf* zum Vergleich, an drei Stellen besonders deutlich: Die Eingangssequenz markiert im Gegensatz zum christlichen, durch die Taufe sakramental erhobenen Schutzraum die gesellschaftlichen Unterdrückungsmechanismen (12: „Unter diesen Umständen wurde Anton Reiser geboren, und von ihm kann man mit Wahrheit sagen, daß er von der Wiege an unterdrückt ward."), das biographische Muster der providentia dei, der Gnade Gottes im Lebenslauf, wird ausdrücklich ironisiert (90: „Aber der Frühling kam wieder heran, und die Natur, die alles heilet, fing auch hier allmählich an, wiedergutzumachen, was die Gnade verdorben hatte."), und das Ziel der im engeren Sinn religiösen Autobiographik, das Loben Gottes, wird zu einer dem biographischen Detail verpflichteten Didaktik (6: „[...] aber wenigstens wird doch vorzüglich in pädagogischer Rücksicht, das Bestreben nie ganz unnütz sein, die Aufmerksamkeit des Menschen mehr auf den Menschen selbst zu heften, und ihm sein individuelles Dasein wichtiger zu machen.")

Säkularisationsphänomene sind dementsprechend, in welchem Grad auch immer,[98] unverkennbar: Das Buch dokumentiert eine Säkularisation des Vorsehungsschemas (Günter Niggl: der Mensch wird nicht mehr von 'oben', sondern von 'außen' bestimmt)[99] und des Erbauungsschemas (Fritz Stemme: das Buch zielt nicht mehr auf pietistische Erbauung, sondern auf ästhetische Unterhaltung)[100], umstritten dabei bleibt

---

[95] Imgenberg/Seifert, Autobiographische Texte 1985, 5.
[96] Ich zitiere im folgenden nach der Reclam-Ausgabe 1986.
[97] Martens, Nachwort 1986, 558.
[98] Zu diesem Problem grundsätzlich Minder, Glaube 1974.
[99] Niggl, Geschichte 1977, 70.
[100] Stemme, Säkularisation 1953, 157f.

die Frage nach der Relevanz des Religiösen. Nach Martens tritt mit der Absetzbewegung vom Pietismus und Quietismus „das Religiöse [...] zurück"[101], nach Günter Niggl und Klaus Detlef Müller bricht das Religiöse ganz ab. Anders denkt Dorothee Sölle, die von Tillich her das Problem der Religion differenzierter sieht. Die schneidend scharfe „Abrechnung mit der pietistisch-quietistischen Welt und ihren Grundkonzeptionen"[102] bedeutet nicht Verlust von Religion, im Gegenteil. Die Religion des Anton Reiser ist „weit ab von jedem atheistisch-aufgeklärten Triumphalismus. Anton Reiser enthält eine Schicht moderner Religiosität, der alle traditionellen Antworten fraglich, aber alle traditionellen Fragen geblieben sind. Diese Stufe erlittener, stumm gewordener, sich nicht mehr religiös interpretierender Suche nach 'Himmel' macht ihn modern."[103] Ich stimme Sölle, jedenfalls was ihren religionstheoretischen Grundansatz betrifft, zu: „Säkularisiert", so kann man es mit ihr pointiert sehen, „wird nur die Hölle der Pietisten." (142) Doch Sölle setzt produktionsästhetisch an, für sie ist die Sprache des Anton Reiser Ausdruck der „Klassenlage" (114-136) seines Autors Moritz: In einer Analyse der Kirschbaumepisode stellt Sölle dementsprechend stilistisch in der Armut des Wortschatzes, im Fehlen syntaktischer Ordnungsmechanismen und im Zurücktreten sinnlicher Wahrnehmung, die „'Selbstentfremdung des Menschen'" (111) fest. Was für Günter Niggl nur Etikette, nur Ausdruck der Scheu vor dem Unmittelbaren ist, ist für Sölle „folgerichtiger Ausdruck des Autors" (113).

Pragmatisch betrachtet, wird jedoch das Nebeneinander von einem allwissenden Erzähler und dem stummen 'Helden' Anton Reiser zum Ausdruck einer didaktisch aufbereiteten Fallanalyse: Der berichtende und reflektierende Grundton zielt auf die Urteilskraft der Leserinnen und Leser, das Buch, das „nicht einen einzigen Satz der Klage, der unmittelbar Empfindung oder Aufschrei wäre"[104], enthält, bietet eine rational nachvollziehbare, auf psychologische Einsichten rekurrierende Deutung des Biographischen, was in den didaktisch-pädagogischen Vorworten zum Ausdruck kommt. So heißt es im Vorwort zum zweiten Teil:

> „Wer auf sein vergangenes Leben aufmerksam wird, der glaubt zuerst oft nichts als Zwecklosigkeit, abgerißne Fäden, Verwirrung, Nacht und Dunkelheit zu sehen; je mehr sich aber sein Blick darauf heftet, desto mehr verschwindet die Dunkelheit, die Zwecklosigkeit verliert sich allmählich, die abgerißnen Fäden knüpfen sich wieder an, das Untereinandergeworfene und Verwirrte ordnet sich - und das Mißtönende löset sich unvermerkt in Harmonie und Wohlklang auf." (Moritz, Reiser 1986, 122)

3. Der Begriff der Säkularisierung macht, das wird an diesem Beispiel deutlich, auf dem Niveau gegenwärtiger Diskussion nur als ein Begriff Sinn, der auf Erfassen des Verhältnisses einer ursprünglich religiösen Lebenswelt zu Phänomenen, die mit Prinzipien dieser Lebenswelt brechen, zielt.[105] Mit dem Begriff wird eine historische Perspektive aufgerufen, es geht, wie immer das im einzelnen bewertet wird, um Fragen

---

[101] Martens, Nachwort 1986, 566.
[102] Martens, Nachwort 1986, 556.
[103] Sölle, Realisation 1973, 113f. Zitate im folgenden nach diesem Buch.
[104] Sölle, Realisation 1973, 133.
[105] Dazu Drehsen, Säkularisierung 1988, 1108f. Drehsen sieht im Begriff der Säkularisierung wesentlich „die Aufhebung der Identität von kirchl.-rel. Christentum einerseits und moderner Gesellschaftsstruktur, neuzeitl. Geisteskultur und auch alltägl. Lebenswelt andererseits festgestellt." (1108).

II. Religiöse Dimensionen autobiographischer Kommunikation

der Kontinuität und Diskontinuität von Religion. Um die Vielfalt der Aspekte heuristisch besser orten zu können, schlage ich mit Blick auf literarische Autobiographien eine Ebenendifferenzierung der Säkularisierungsphänomene vor.[106] Danach lassen sich drei Ebenen unterscheiden: thematische (etwa Gottesprädikate),[107] strukturelle (im Sinn von grundlegenden religiösen Kommunikationsformen wie zum Beispiel das Beichten)[108] und funktionale (wie beispielsweise der therapeutische Aspekt existentieller literarischer Selbstvergewisserung)[109] Phänomene autobiographischer Säkularisierung.

4. Mit diesen verschiedenen Säkularisierungsphänomenen ist über das Problem der Religion im engeren Sinn noch nicht entschieden. Für den Aspekt des Therapeutischen, also die funktionale Ebene, wird das exemplarisch an einer Passage aus Handkes *Wunschloses Unglück* (1972) deutlich, in der Skepsis an der selbsttherapeutischen Funktion des Autobiographischen laut wird:[110]

„Es stimmt nicht, daß mir das Schreiben genützt hat. In den Wochen, in denen ich mich mit der Geschichte beschäftigte, hörte auch die Geschichte nicht auf, mich zu beschäftigen. Das Schreiben war nicht, wie ich am Anfang noch glaubte, eine Erinnerung an eine abgeschlossene Periode meines Lebens, sondern nur ein ständiges Gehabe von Erinnerung in der Form von Sätzen, die ein Abstandnehmen bloß behaupteten. Noch immer wache ich in der Nacht manchmal schlagartig auf, wie von innen her mit einem ganz leichten Anstupfen aus dem Schlaf gestoßen, und erlebe, wie ich bei angehaltenem Atem vor Grausen von einer Sekunde zur anderen leibhaftig verfaule." (WU 99)

Das Problem der Religion hat sich, wie an dieser Passage sehr schön deutlich wird, mit dem Phänomen ihrer Säkularisierung nicht verflüchtigt, weder in den Raum der Intrasubjektivität noch den der Intersubjektivität. Es bleibt ein Rest, ein Geheimnis, das nicht intrakommunikativ im Selbstgespräch und nicht interkommunikativ im Gespräch mit anderen zu lüften ist. Von daher bin ich gegenüber literaturwissenschaftlichen und sozialwissenschaftlichen Ansätzen, die dieses Geheimnis sozusagen in die Horizontale menschlichen Selbstverhältnisses zu bergen versuchen, skeptisch.[111] Markant kommt das bei Picard zum Ausdruck. Nach ihm korrespondieren in der neueren französischen Autobiographik Verzicht auf auktoriale Erzählhaltung und Verlust sinnstiftender Transzendenz. In diesem Sinn resümiert er:

„Der Autobiograph gestaltet seine Identität vor den Augen der anderen, wodurch er der wird, dessen Werden er beobachtet. Nicht vor einem identitätsversichernden Blick aus der Transzendenz, aber vor den Blicken der Mitmenschen gestaltet er in der Autobiographie ein Medium, das das Gesehen-Werden sichert und das als solches mithilft, ein fundamentales Bedürfnis nach Dasein und Unvergänglichkeit zu sichern."[112]

---

[106] Ich orientiere mich dabei an der Differenzierung religiöser Diffusionsprozesse, wie sie Daiber für das Phänomen des Religiösen in Zeitschriften erstellt, Daiber, Diffundierende Religion 1996, 47-67.
[107] Dazu Jauß, Gottesprädikate 1979, 708-717.
[108] Dazu Hahn/Willems, Schuld und Bekenntnis 1993, 309-330. Zu diesem Aspekt der Säkularisation der Beichte auch Pascal, Autobiographie 1965, 210f.
[109] Dazu Wuthenow, Autobiographie 1992, 1273f.
[110] Dazu auch Zorn, Mars 1991, 216f.
[111] So mit verschiedenen Akzenten Fuchs, Todesbilder 1985, 43-58 und Habermas, Nachmetaphysisches Denken ³1989, besonders 33f und 165f.
[112] Picard, Autobiographie 1978, 238f.

Demgegenüber lassen meine Rekonstruktionen spätmoderner Autobiographik einen kommunikativen Grundzug insofern erkennen, als Leserinnen und Leser beansprucht werden, sich selbst auf die Suche nach dem Geheimnis des Lebens zu machen.

Ich fasse zusammen: Das Verhältnis von Religion und Autobiographie ist umstritten. Das ist nicht zuletzt Folge divergierender Auffassungen von Religion. Mit dem Rekurs auf Tillichs Religionstheorie können auf der einen Seite verschiedene Ebenen autobiographischer Säkularisierung ausgemacht werden, auf der anderen Seite bleibt damit die Frage nach Religion im engeren Sinn offen. Diese kommt, was die spätmoderne Autobiographik betrifft, besonders im Zusammenhang mit dem Scheitern des Anspruchs autonomer Subjekthaftigkeit zum Vorschein: Das Kommunikative dieser Autobiographik manifestiert sich letztlich in ihrer spezifischen, Leserinnen und Leser an der Sinnsuche beteiligenden Appellstruktur. Mit Recht weist Henning Luther ganz im Sinn dieser religionstheoretischen Überlegungen auf die Differenz zwischen Religion auf der Objektebene und der Subjektebene hin:

„Wenn auf der Beobachterebene vom Absterben der Religion gesprochen wird, so kann sich dies zuerst nur auf die Objektebene beziehen. Gestalten der Religion sterben ab. Ob das religiöse Interesse abstirbt, also das, was zur Gestaltung gedrängt hat, ist damit noch nicht ausgemacht. Auch nicht, ob nicht andere Ausdrucksformen sich anbieten [...]. Dann wäre weniger vom Ende der Religion die Rede, sondern die Frage ginge auf mögliche Wandlungen des Religiösen. Säkularisierung in diesem Zusammenhang meint einen solchen qualitativen Veränderungs- und Wandlungsprozeß der Ausdrucksformen des Religiösen, dem nicht durch äußere Vergleichsbilanzen, sondern nur durch hermeneutische Auslegung beizukommen wäre."[113]

5. Religionstheoretische Präzisierungen und theologische Perspektive

In diesem letzten Punkt soll herausgearbeitet werden, wie eine solche *hermeneutische Auslegung* religionstheoretisch zu präzisieren ist und theologisch bedeutsam wird. Ich setze grundsätzlich, was ich im nächsten Abschnitt noch genauer ausführe, pragmatisch an: Nicht empirisch, sondern hermeneutisch verstanden, konkretisiert sich das in der Frage nach der in der autobiographischen Erzähltextstruktur eingeschriebenen Aktstruktur ihrer Lektüre. Für deren Rekonstruktion sind drei Faktoren wesentlich: die biographische Welt (Thema), die ästhetische Form (Erzählstruktur) und, das ist gegenüber Tillichs Stiltheorie zu ergänzen, der Entstehungskontext (Erwartungshorizont). Auf diese Weise wird die religiöse Dimension spätmoderner Autobiographik jenseits einzelner Motive als Katalysatorin tiefenbiographischer Selbstdeutungsprozesse ihrer Leserinnen und Leser bestimmbar. Religiös, so kann man pointiert formulieren, ist eine Autobiographie, wenn sie Biographie als Letztangehendes letztangehend thematisiert.

Ich strukturiere meine Überlegungen im folgenden anhand dieser drei Faktoren. Dabei ist jedoch zu berücksichtigen, daß die religiöse Dimension des Autobiographischen nur über ein Zusammenspiel dieser drei Faktoren eruierbar ist.

---

[113] Luther, Religion und Alltag 1992, 23.

1. *Die biographische Welt* (das Thema): Grundsätzlich gibt es so etwas wie eine religiöse Dimension des Biographischen auf thematischer Ebene. Diese manifestiert sich, autobiographisch gesehen, in unterschiedlichen Phänomenen, insbesondere jedoch in der Unverfügbarkeit der eigenen Biographie: Geburt und Tod, aber auch Krisen und Wendepunkte sind Haftpunkte wie Katalysatoren symbolischer, die eigene Biographie transzendierender Deutungsprozesse. Als Beispiel dafür nenne ich nur den autobiographischen Umgang mit der eigenen Geburt (Carl Zuckmayer, *Als wär's ein Stück von mir. Horen der Freundschaft*, 1966/1969, 157f: Geburt, als der Rhein zugefroren war, drei Tage nach Weihnachten; Gertrud Fussenegger, *Ein Spiegelbild mit Feuersäule. Lebensbericht*, 1979/²1994, 8f: Geburt im Jahr des Untergangs der Titanic 1912; Fritz Zorn, *Mars*, 1977/1991, 157f: Geburt im Sternbild des Widders; Ingmar Bergman, *Mein Leben*, 1987, 7: Geburt und Nottaufe). Die Unverfügbarkeit von Biographie zielt auf Formen symbolischer Rekonstruktion,[114] wie sie klassisch (und unverkennbar idealistisch) in der Eingangssequenz von *Dichtung und Wahrheit*, in der Goethe seine Geburt kosmisch verankert, zum Ausdruck kommt:

„Am 28. August 1749, mittags mit dem Glockenschlage zwölf, kam ich in Frankfurt am Main auf die Welt. Die Konstellation war glücklich; die Sonne stand im Zeichen der Jungfrau, und kulminierte für den Tag; Jupiter und Venus blickten sie freundlich an, Merkur nicht widerwärtig; Saturn und Mars verhielten sich gleichgültig: nur der Mond, der soeben voll ward, übte die Kraft seines Gegenscheins um so mehr, als zugleich seine Planetenstunde eingetreten war. Er widersetzte sich daher meiner Geburt, die nicht eher erfolgen konnte, als bis diese Stunde vorübergegangen."[115]

2. *Die ästhetische Form* (die Erzählstruktur): Die religiöse Dimension des Autobiographischen wird zudem über die Art und Weise, wie Biographie thematisiert wird, greifbar. Dieser Aspekt wird relevant, sobald und insofern Religion nicht nur über ihre kulturell identifizierbaren, kirchlich-theologischen Objektivationen rekonstruiert werden soll. „Über den Zusammenhang zwischen Religion und Autobiographie", so Henning Luther in Absetzung von Benraths Verständnis christlicher Autobiographik,[116] „geben also nicht erst bestimmte (religiöse) *Inhalte* Auskunft, sondern bereits die *strukturelle* Anlage autobiographischer Selbstthematisierung."[117] Diese strukturelle Konstellation versucht Henning Luther über die für diaristisches Schreiben konstitutive Figur des *Fiktiven Anderen*, mit der eine Bewegung zwischen Schmerz und Sehnsucht verbunden ist, näher zu fassen und schreibt zusammenfassend:

„Das sich suchende und sich selbst rätselhafte Ich der autobiographischen Selbstreflexion bleibt im Interesse radikaler Selbsterkenntnis nicht bei einer harmonischen Versöhnung von Ich und Welt stehen. Weder wird also das Ich noch die Welt zum letzten Bezugspunkt gemacht." (121)

Was das konkret bedeutet, zeigt Luther an Augustins *Confessiones*, die für ihn „der Prototyp einer von der Unruhe der *Selbstsuche* angetriebenen biographischen Selbstthematisierung [sind], die die Sorge um die Anerkennung durch andere hinter sich gelassen hat." (130) Luther ist, das wird an seiner Konzentration auf Motiv und

---

[114] Dazu Drehsen, Frömmigkeit 1990, 39-46.
[115] Goethe, Dichtung und Wahrheit ¹¹1989, 10.
[116] Benrath, Autobiographie 1979, 773, sieht das Spezifikum christlicher Autobiographik darin, „daß der christliche Autor in dem historischen, reflektierenden Bericht über sein Leben [...] nicht nur Ich und Welt, sondern Gott, Ich und Welt zueinander in Beziehung setzt."
[117] Luther, Religion und Alltag 1992, 123.

Adressat der autobiographischen Selbstreflexion als den „zwei vorgängigen Grundentscheidungen" (125) deutlich, an der Rekonstruktion einer religiösen Grundstruktur innerhalb der Erzählstruktur interessiert. Demgegenüber zielen meine Überlegungen auf die Frage nach einer religiösen Dimension der autobiographischen Erzählstruktur als solcher. Dabei kann ich noch einmal Paul Tillich aufnehmen, der Religion ästhetisch im Expressiven der Kunst verortet.

In einem „Akt radikaler Abstraktion"[118] differenziert Tillich die drei Stilelemente des Expressiven, Idealistischen und Naturalistischen. Dabei lassen zwar das Idealistische (als Ausdruck einer vorweggenommenen Ganzheit) und Naturalistische (als Ausdruck einer Hinnahme des Gegebenen) je eine „religiöse Dimension" (1987, 232) erkennen, aber „religiöse Kunst" (1987, 232) kann weder dem Idealismus noch dem Naturalismus entspringen, da „die Transparenz, das Drohend-Verheißende des göttlich-dämonischen Grundes der Dinge" (1987, 232) fehle. Dementsprechend sieht Tillich, nicht ohne auf die Gefahr der „Darstellung der belanglosen Subjektivität des Künstlers" (1987, 233) hinzuweisen, Religion letztlich nur im Expressiven verwirklicht, das eben nicht auf Religion im Sinn ihrer institutionellen Ausdrucksformen rekurrieren muß, sondern diese in „expressiver Profanität" (1987, 235) verwirklichen oder, mit Sölle gesprochen, realisieren kann:

> „Es ist nun meine Überzeugung, gewonnen von historischen Fakten wie von anschauender Analyse, daß das Maß, in dem ein Stil von dem expressiven Element bestimmt ist, zugleich das Maß ist, in dem er fähig ist, letzte Wirklichkeit und darum Symbole der religiösen Tradition auszudrükken." (1987, 230f)

In der spätmodernen Autobiographik von Handke und Koeppen sehe ich das, was Tillich für die Malerei des Expressionismus formuliert, auf der Ebene des Literarischen eingelöst: Biographie wird im Modus eines expressiven, die Differenz zwischen Fragment und Ganzheit in je spezifischer Weise zum Ausdruck bringenden Sprechakts thematisiert, der Leserinnen und Leser daran erinnert, daß, um noch einmal Sölle aufzugreifen, ihre Lebensgeschichte „anders erzählt werden kann"[119]. Dabei ist es offensichtlich das Spezifikum dieser Autobiographik, Leben nicht „religiös-konfessorisch", sondern „mythisch-narrativ" und „argumentativ-reflektierend" (6) zugleich zur Sprache zu bringen. Anders als Augustin in seinen *Confessiones* erzählen und argumentieren Koeppen und Handke zwar, doch sie beten nicht, oder zumindest nicht in traditioneller Form: Ihr Klagen (Koeppen) und Loben (Handke) ist, metaphysisch nicht mehr verwurzelt, spätmodern gebrochen, die „religiös-konfessorische" Dimension nur noch strukturell nachweisbar.

3. *Der Entstehungskontext* (Erwartungshorizont): Die religiöse Dimension, das habe ich bereits angedeutet, ist nur im Zusammenspiel von Thema (Biographie) und Form (Erzählstruktur) rekonstruierbar. Kommunikationstheoretisch ist zudem der literarische und lebensweltliche Erwartungshorizont der Autobiographik zu berücksichtigen. Grundsätzlich ist zu sagen, daß die ästhetische Autobiographik den gegenwärtigen Erwartungshorizont von Autobiographie und Biographie irritierend durchbricht (dazu

---

[118] Tillich, Theologie der bildenden Kunst 1987, 229.
[119] Sölle, Das Eis der Seele 1985, 15.

II. Religiöse Dimensionen autobiographischer Kommunikation

genauer unter III.4.4.).[120] Wie aus Rezensionen, aber auch aus literaturwissenschaftlichen Arbeiten zu Autobiographien erschlossen werden kann, werden Expressivität, Fiktionalität und Fragmentarität tendenziell als etwas empfunden, das, um mit Wolfgang Iser zu sprechen, das herrschende Sinnsystem des Biographischen eher stört als stützt und legitimiert. Noch haben sich die strukturellen Veränderungen des Autobiographischen in der literaturwissenschaftlichen Theorie nicht durchgesetzt, noch klagen professionelle Kritikerinnen und Kritiker biographische Referentialisierbarkeit als entscheidendes Kriterium des Autobiographischen ein. Was die Frage des religiösen Erwartungshorizontes im engeren Sinn betrifft, ist grundsätzlich von einem Ende der Plausibilität christlicher Literatur im engeren Sinn auszugehen,[121] da sich, wie Heinz Zahrnt einleuchtend schreibt, der rezeptive „Resonanzboden" deutlich verändert hat:

> „Ob mir ein literarischer Text als christlich begegnet oder nicht, hängt wohl auch vom jeweiligen Resonanzboden ab. Während des Kirchenkampfes im sogenannten Dritten Reich hat für uns in der Bekennenden Kirche die damalige 'christliche Literatur' eine Rolle gespielt. Wenn man heute die Texte wieder liest, ist man erschrocken ob ihrer mangelnden Qualität: Der Resonanzboden damals war ein anderer als heute."[122]

Wie der „Resonanzboden" heute konturiert ist, ist nicht einfach zu sagen. In den Analysen zu Koeppen und Handke wird sich zeigen, daß dieser „Resonanzboden" zwar von einer prinzipiellen Offenheit für Fragen der Religion bestimmt ist, diese jedoch, wie an Handkes Literatur erkennbar, auch deutlich ihre Grenzen hat.

Ich fasse zusammen und verdichte die verschiedenen Aspekte. Im Zusammenspiel von Thema, Erzählstruktur und Erwartungshorizont kann, wie exemplarisch an Koeppen und Handke deutlich werden soll, eine religiöse Dimension der autobiographischen Kommunikation rekonstruiert werden: Als letztangehendes Problem wird Biographie im Modus des Expressiven insofern letztangehend thematisiert, als Leserinnen und Leser jenseits konventioneller religiöser, biographischer und autobiographischer Muster auf Spurensuche nach dem Geheimnis ihres Lebens gesetzt werden. Autobiographien der Spätmoderne übernehmen damit mythisch-religiöse Funktionen. In diesem Sinn schreibt Mircea Eliade:

> „Selbst die Lektüre hat eine mythologische Funktion: sie ersetzt nicht nur die Mythenerzählung in der archaischen Gesellschaft und die mündlich überlieferte Dichtung, die heute noch in den ländlichen Gemeinschaften Europas lebendig ist, sondern sie bietet dem modernen Menschen vor allem die Möglichkeit, 'aus der Zeit herauszutreten', ähnlich wie die Mythen es früher taten."[123]

---

[120] Zum Begriff des Erwartungshorizontes: Jauß, Literaturgeschichte als Provokation ⁴1994, 128-141.149-154.

[121] Selbstverständlich gibt es nach wie vor Repräsentantinnen und Repräsentanten einer im traditionellen Sinn 'christlichen Literatur', dazu Kranz, Was ist christliche Dichtung? 1987.

[122] Zahrnt, in: Jens/Küng/Kuschel, Theologie und Literatur 1986, 260. Dazu auch Peters, Säkularisierungswelle 1995, 319-322. Peters stellt für den gegenwärtigen Buchmarkt einen immensen „Imageverlust klassisch religiöser Bücher" fest, der mit einem „weiten Interesse an implizit religiösen Themen" (321f) konkurriere.

[123] Eliade, Das Heilige und das Profane 1984, 177. Zum Problem allgemein Jamme, Gott an hat ein Gewand 1991, 259-301.

Was Eliade als ein allgemeines Phänomen formuliert, ist hinsichtlich der spätmodernen Autobiographik zu präzisieren: Die biographischen Mythen,[124] die in ihr entworfen werden, partizipieren nicht mehr an einer alles überwölbenden "Metaerzählung", es sind, mag es aus konventioneller Sicht auch widersprüchlich anmuten, 'individuelle Mythologien'[125]. Zudem brechen diese Mythen mit dem Identifikationsprinzip, es geht nicht um eine „Form der identifikatorischen Erkenntnis"[126], sondern um ein Mythenerzählungen sozusagen zweiter Ordnung entprechendes Rezeptionsmuster. Es wird, wie es für Mythen typisch ist, Letztbedeutsames erzählt, jedoch mit dem Hinweis, daß so etwas gar nicht möglich ist: In der Literatur der Moderne generiert sich, wie am Beispiel Thomas Manns erkennbar wird,[127] die mythopoetische Wirksamkeit über den Modus ironisierender Distanz, in der Autobiographik der Spätmoderne hingegen ist es der Modus des Paradoxen, der Leserinnen und Leser in eine seltsame Schwebe zwischen 'Ursprungsnähe' und moderner Distanz (zum letzten Sinngrund des Seins) geraten läßt.

Ich komme zum Ende, will jedoch noch die theologische Perspektive meiner folgenden Rekonstruktionsarbeit andeuten. In einem Aufsatz zu religiösen Motiven im Werk Handkes weist Walter Weiss auf die These eines (mir nicht zugänglichen) Vortrags von Hans Dieter Zimmermann hin, „daß religiöse Gedichte heute nur dann noch möglich sind, wenn sie davon handeln, daß sie nicht mehr möglich sind. Eine wesentliche Struktur des modernen Gedichts sei die Spannung zwischen Sprachzweifel, Sprachskepsis und Sprachmagie, Mythenbildung, vor dem gemeinsamen Hintergrund der leer gewordenen Transzendenz."[128] In Aufnahme dieser Hinweise kann das religiöse Profil spätmoderner Autobiographik, wie es sich bei Koeppen und Handke zu erkennen gibt, verdichtend als ein Psalmodieren vor leerer Transzendenz beschrieben werden. Kommt damit ein bestimmter Modus religiöser Kommunikation von Biographie unter den Bedingungen der Gegenwart in den Blick, wird Theologie zur Frage ihrer Kriterien der Wahrnehmung und Reflexion des Verhältnisses von Biographie und Religion provoziert.

---

[124] Ich gehe, wenn ich von biographischen Mythen spreche, von einem funktional-strukturellen Verständnis des Mythischen aus. Wird Biographie mythisiert, dann bedeutet das: Es wird von etwas erzählt, das, obwohl es einen konkreten lebensgeschichtlichen Haftpunkt gibt, 'nie geschehen ist, aber immer ist'. Dazu Haberer, Botschaft 1993, 128, die Sallust zitiert: „Der Mythos beschreibt Dinge, die nie geschehen sind, aber immer sind."
[125] Dazu Jamme, Gott an hat ein Gewand 1991, 274.
[126] Scharfenberg, Einführung ²1990, 20; dazu auch Beißer, Mythos 1991, 75f.
[127] Dazu Jamme, Gott an hat ein Gewand 1991, 285f.
[128] Weiss, Religiöse Motive 1989, 235.

III. Methodische Reflexionen: Erzähltheoretische Rekonstruktion autobiographischer Kommunikation

„Es gehört zu den schier unaustilgbaren Naivitäten der Literaturbetrachtung zu meinen, Texte bildeten Wirklichkeit ab. Die Wirklichkeit der Texte ist immer erst eine von ihnen konstituierte und damit Reaktion auf Wirklichkeit."

Wolfgang Iser.[1]

In der Forschung ist bisher das Verhältnis von Religion und Literatur vor allem produktionsästhetisch (Religion im Werk als Zugang zur Religiosität des Autors) und darstellungsästhetisch (Religion und der Modus ihrer Darstellung in literarischen Texten) behandelt worden. Demgegenüber will ich im Anschluß an Tendenzen der neueren literaturwissenschaftlichen Methodik versuchen,[2] der religiösen Dimension spätmoderner Autobiographik kommunikationstheoretisch auf die Spur zu kommen. Was das genau bedeutet, soll im folgenden geklärt werden.

Dazu skizziere ich zunächst, um den Hintergrund dieses methodischen Ansatzes forschungsgeschichtlich zu erhellen, die *pragmatische Wende* innerhalb der Literaturwissenschaft (1.). Im Anschluß daran sollen die theoretischen Implikationen des wirkungsästhetischen Ansatzes ausgeleuchtet werden (2.). Das ist umso erforderlicher, als im literaturtheologischen Bereich ein solcher Ansatz bisher nicht erprobt ist. In einem dritten Schritt fokussiere ich die allgemein gehaltenen Überlegungen auf Fragen der autobiographischen Kommunikation und bedenke Chancen und Grenzen einer hermeneutisch arbeitenden Wirkungsästhetik (3.). Zuletzt wende ich mich der Frage zu, wie die methodologischen Reflexionen forschungspraktisch operationalisierbar sind: Dabei stelle ich zentrale Elemente meines methodischen Instrumentariums zusammen (4.).

1. Die pragmatische Wende innerhalb der Literaturwissenschaft

Seinen klassischen Ausdruck hat Hermeneutik in den Ansätzen von Friedrich Schleiermacher und Wilhelm Dilthey gefunden. Mit unterschiedlichen Akzenten zielen ihre Überlegungen auf den Versuch, durch eine Rekonstruktion der Autorintention

---

[1] Appellstruktur ⁴1994, 232.
[2] Kahrmann/Reiß/Schluchter sprechen von einem *Paradigmenwechsel* in der neueren Erzählforschung: „Zur *ausschließlichen* Orientierung am Erzähler als dem zentralen Integrationspunkt aller Textmerkmale ist das Interesse am Leser hinzugekommen. Der Leser - als implizite Größe des Textes wie als empirischer Faktor des Rezeptionsprozesses - steht heute gleichberechtigt neben dem Erzähler als textimmanenter Funktion und dem Autor als historischer Größe.", Kahrmann/Reiß/Schluchter, Erzähltextanalyse ³1993, 18.

den Sinn eines Textes zu erheben.[3] Dieses Modell ist von verschiedenen Seiten her stark kritisiert worden,[4] nicht zuletzt von Hans Magnus Enzensberger in seinem kleinen Traktat *Ein bescheidener Vorschlag zum Schutze der Jugend vor den Erzeugnissen der Poesie* (1976). Nicht mehr der Autor, sondern der Leser wird als die hermeneutisch entscheidende Instanz verstanden.

Bereits in der Frühromantik favorisiert, wird dieser Ansatz gegenwärtig von Bernd Scheffer in Form einer konstruktivistischen Rezeptionsästhetik erkenntnistheoretisch zu fundieren versucht. Leser, Kritiker und Literaturwissenschaftler erscheinen in der Rolle autobiographisch agierender, phänomenerzeugender Beobachter:

> „Der Text spricht nicht zu Lesern, sondern Leser bringen ihn auf ihre jeweils eigene Weise zum reden. Und Leser gelangen nicht einmal ansatzweise in den Kopf des Autors, wohl aber gelangen sie in ihrer endlos autobiographischen Tätigkeit zu ihrem jeweils eigenen Verständnis, 'den Autor' oder 'den Text' betreffend"[5].

Damit ist ein extremer und vielleicht auch letzter Zielpunkt einer Literaturwissenschaft erreicht, die seit Ende der 60er Jahre in Deutschland zunehmend Leserinnen und Leser als sinnkonstituierende Subjekte entdeckt und sich darin kritisch von dem Strukturalismus in seiner Konzentration auf die Ästhetik des Werks (Emil Staiger und Wolfgang Kayser) abgesetzt hat. Mit der Konzentration auf die „Pragmatik der Lektüre"[6] in der Rezeptionsästhetik ist eine Wende innerhalb der Literaturwissenschaft markiert, die - so wird ausdrücklich formuliert - dem „fortschreitenden Praxisverlust der ästhetischen Erfahrung"[7] entgegenzusteuern versucht:

> „Wenn das geschichtliche Wesen eines Kunstwerks für uns nicht mehr unabhängig von seiner Wirkung und die Tradition der Werke nicht mehr unabhängig von ihrer Aufnahme als Geschichte einer Kunst zu bestimmen ist, muß die herkömmliche Produktions- und Darstellungsästhetik rezeptionsästhetisch fundiert werden."[8]

In ihrer Kritik an dem ästhetischen Substantialismus der Darstellungsästhetik erweist sich die Rezeptionsästhetik nicht nur als Reflex auf die gesellschaftlich wahrnehmbare 'Krise' des Referentiellen,[9] sondern auch als Reaktion auf politische (Revolte der Studentinnen und Studenten), aber auch kunsttheoretische Veränderungen seit Mitte der 60er Jahren in Deutschland. Von Wolfgang Iser wird dieses Phänomen treffend unter das Stichwort der *Erfahrung der Moderne* gebracht:

> „Die Moderne manifestiert sich weitgehend als ein Dementi dessen, was der klassischen Kunst wesentlich war: die Harmonie, die Versöhnung, die Aufhebung der Gegensätze, die Kontemplation der Vollkommenheit. Der Negativitätshabitus moderner Literatur wirkt daher als ständige Aggression auf unsere orientierungsleitenden Konventionen vom sozialen Verhalten bis hin zur Alltagswahrnehmung. Folglich geschieht uns durch diese Kunst immer etwas, und es fragt sich, was

---

[3] Zu den Differenzen zwischen Schleiermacher (Divination) und Dilthey (Nacherleben) Frank, Das individuelle Allgemeine 1985, 313-333.
[4] Dazu van Ingen, Die Revolte des Lesers 1974, 84-86.
[5] Scheffer, Interpretation und Lebensroman 1992, 180.
[6] Eco, Grenzen der Interpretation 1992, 27.
[7] Jauß, Racines und Goethes Iphigenie [4]1994, 381.
[8] Jauß, Racines und Goethes Iphigenie [4]1994, 382.
[9] Zu diesem Aspekt Saße, Das kommunikative Handeln 1978, 102f.

dieses Geschehen sei. Deshalb muß die Frage verändert werden, die nun in erster Linie nicht mehr der Bedeutung, sondern der Wirkung der Texte gilt."[10]

Anders als in der klassischen Hermeneutik wird das Verhältnis von Text und Leser in der Rezeptionsästhetik nicht mehr hierarchisch (im Sinne der Auslegung eines immer schon vorhandenen Textsinns), sondern kommunikativ (im Sinne eines gemeinsam zu erarbeitenden Textsinns) bestimmt. Von daher wird verständlich, daß sich die Rezeptionsästhetik forschungsperspektivisch grundsätzlich auf die folgenden drei basalen Probleme richtet:

„1. Wie werden die Texte aufgenommen? 2. Wie sehen die Strukturen aus, die die Verarbeitung der Texte im Rezipienten lenken? 3. Was ist die Funktion literarischer Texte in ihrem Kontext?"[11]

Neben Hans Robert Jauß, Gerhard Köpf, Manfred Naumann und Harald Weinrich ist es besonders Wolfgang Iser, der einen solchen rezeptionsästhetischen Ansatz vertritt und mithin die pragmatische Wende der Literaturwissenschaft prominent repräsentiert.[12] Dabei setzen sich diese Ansätze insofern von der konstruktivistischen Rezeptionsästhetik ab, als in ihnen die Leserperspektive grundsätzlich hermeneutisch, in einer Analyse der geschichtlichen Rezeptionen (Hans Robert Jauß) wie der in der Textstruktur eingeschriebenen Aktstruktur der Lektüre (Wolfgang Iser) rekonstruiert wird.

2. Pragmatik als Entpragmatisierung:
Der Ansatz von Wolfgang Iser

Im folgenden gehe ich methodologischen Implikationen einer erzähltheoretischen Rekonstruktion autobiographischer Kommunikation nach. Im Zentrum steht, da ich mich mit Autobiographien von Schriftstellerinnen und Schriftstellern befasse, Wolfgang Isers *Theorie ästhetischer Wirkung*.

Zunächst einmal ist der Begriff der Wirkungsästhetik zu klären. Der Begriff der *Wirkungsästhetik* läuft in der literaturwissenschaftlichen Debatte unter dem Oberbegriff der Rezeptionsästhetik.[13] Das jedoch ist insofern irreführend, als mit den Begriffen der Rezeptionsästhetik und Wirkungsästhetik zwei zwar aufeinander bezogene, aber dennoch von einander unterschiedene Forschungsperspektiven angesprochen sind. In der Rezeptionsästhetik werden vor allem Rezeptionsdokumente verschiedener Art (Rezensionen, Leserbriefe etc) analysiert, in der Wirkungsästhetik hingegen werden entweder *empirisch* Wirkungen literarischer Texte zu erheben oder *hermeneutisch* Wirkungspotentiale literarischer Texte zu rekonstruieren versucht. So kann man sagen: Wirkung und Rezeption bilden „zentrale Forschungsansätze der Rezeptionsästhetik, die angesichts ihrer verschiedenen Zielrichtungen jeweils mit historisch-soziologischen (Rezeption) beziehungsweise texttheoretischen (Wirkung) Methoden

---

[10] Iser, Akt des Lesens ³1990, III. Dazu auch Saße, Das kommunikative Handeln 1978, 103f.
[11] Iser, Akt des Lesens ³1990, IV.
[12] Zum Überblick Warning, Rezeptionsästhetik ⁴1994.
[13] Siehe dazu den Sammelband von Warning, Rezeptionsästhetik ⁴1994.

arbeitet."[14] Die Wirkungsästhetik, die „nach den Bedingungen eines effektiven und gesellschaftsbezogenen Verhältnisses von Kunstwerk (Text) und seiner handlungsorientierenden *Wirkung auf den Rezipienten* (Hörer, Zuschauer, Leser) fragt"[15], ist auf diese Weise deutlich von der Rezeptionsästhetik unterschieden, „deren Interesse vornehmlich der Veränderlichkeit des Kunstwerkes durch seine Verschmelzung mit jeweils histor.[isch] anders definierten Bewußtseinsprägungen und Erwartungshorizonten gilt."[16]

Der wirkungsästhetische Ansatz, der erst mit der pragmatischen Wende der Literaturwissenschaft in den Blick kam, hat eine starke historische Legitimationsbasis, auf die hier nur hingewiesen werden kann: Sie reicht von der aristotelischen Poetik (der Katharsiseffekt) über die Poetologie Lessings (das aufklärerische 'Rührstück') bis hin zu deren Kritik in Brechts Konzeption des epischen Theaters (das Brechtsche 'Lehrstück').

Ich komme zu Isers *Theorie der ästhetischen Wirkung* (Untertitel des Buches *Der Akt des Lesens*).[17] Sie kann auf Fragen der literarischen Autobiographie insofern transferiert werden, als Autobiographien grundsätzlich als biographische Erzählungen verstanden werden können. Ihr eigentliches Profil und theoretisches Zentrum hat diese Theorie, die auf einem hohen sprachlichen und wissenschaftlichen Niveau formuliert ist, in der Annahme von *Leerstellen*, die die sinnkonstituierende Mitarbeit der Leserinnen und Leser herausfordern. Die Bedingungen und Strukturen ästhetisch-literarischer Kommunikation werden dabei besonders in Auseinandersetzung mit dem Prager Strukturalismus und in kritischer Aufnahme theoretischer Einsichten der Phänomenologie (Husserl und Schütz), der Sprechakttheorie (Austin und Searle) und der Systemtheorie (Luhmann) entfaltet. Ich beschränke mich auf eine Rekonstruktion dieses Ansatzes unter dem systematischen Leitbegriff der *literarischen Kommunikation*.[18] Unter diesem Leitbegriff betrachtet, lassen sich vier Ebenen voneinander abheben, die ich im folgenden herausarbeiten und in ihren theoretischen Implikationen bedenken will:

1. Kommunikation zwischen Text und 'Wirklichkeit': In die *Appellstruktur der Texte* wird das Verhältnis von Text und 'Wirklichkeit' als ein reaktives Verhältnis bestimmt. Anders als ein Sach- oder Zwecktext ist ein literarischer Text, so formuliert es Iser mit Austin, nicht *language of statement*, sondern *language of performance* (Appellstruktur 231): Literarische Texte zielen nicht auf Exposition, sondern die „Hervorbringung" (Appellstruktur 231) eines Gegenstandes. Literatur greift zwar auf

---

[14] Iser, Akt des Lesens ³1990, I.
[15] Weidhase, Wirkungsästhetik ²1990, 504.
[16] Ebd.
[17] Ich zitiere Iser nach den folgenden Ausgaben und Kurztiteln: Iser, Die Appellstruktur der Texte ⁴1994, 228-252 (Appellstruktur); Iser, Der Lesevorgang ⁴1994, 253-276 (Lesevorgang); Iser, Im Lichte der Kritik ⁴1994, 325-342 (Kritik); Iser, der Akt des Lesens ³1990 (Akt); Iser, Akte des Fingierens 1983, 121-151 (Akte).
[18] Mit dieser Rekonstruktion wird der Ansatz Isers perspektivisch verkürzt. Dennoch ist ein solcher Rekonstruktionsversuch insofern angemessen, als Iser selbst von „Überlegungen zum Problem der literarischen Kommunikation" spricht, Appellstruktur 250 A6.

die 'Wirklichkeit' der Lebenswelt zurück, aber sie schafft, indem sie selektiert, kombiniert und relationiert,[19] eine neue, fiktionale 'Wirklichkeit': Wenn ein ästhetisch-literarischer Text „Reaktionen auf Gegenstände zu seinem Inhalt hat, dann offeriert er Einstellungen zu der von ihm konstituierten Welt. Seine Realität gründet nicht darin, vorhandene Wirklichkeit abzubilden, sondern darin, Einsichten in diese parat zu halten." (Appellstruktur 232)

In *Der Akt des Lesens* wird dieses reaktive Verhältnis des literarischen Textes auf 'Wirklichkeit' sprechakttheoretisch präzisiert. Iser entfaltet in diesem Buch sein *funktionsgeschichtliches Textmodell der Literatur* (Akt 87-174), indem er das Problem der fiktionalen Rede an den Grundbedingungen für das Gelingen sprachlicher Handlungen auslotet. So kommen neben der Bereitschaft, an Kommunikation teilzunehmen, Konventionen als *Repertoires* (Akt 87-142) und Prozeduren als *Textstrategien* (Akt 143-174) in den Blick. Dabei sind es die *Repertoires*, die die Immanenz des Textes auf die lebensweltliche 'Wirklichkeit', auf ihren je spezifisch sozio-kulturellen Kontext hin überschreiten:

„Im Repertoire präsentieren sich insofern Konventionen, als hier der Text eine ihm vorausliegende Bekanntheit einkapselt." (Akt 115)

In dem Bild des *Einkapselns* kommt das Spezifikum ästhetischer Literatur zu ihrem Kontext eindrücklich zum Ausdruck: 'Wirklichkeit' wird ästhetisch insofern eingekapselt, als sie als Material nur „im Zustand ihres Überschrittenseins" (Akt 117) aufgenommen und verarbeitet wird. In dieser kritischen Funktion steht der literarische Text zu seiner 'Wirklichkeit' in einem „Interaktionsverhältnis" (120), das semiotisch-systemtheoretisch als „Umcodierung" (123) des Geltungsanspruchs herrschender Sinnsysteme beschreibbar ist: Durch den literarischen Text „geschieht keine Reproduktion herrschender Sinnsysteme, vielmehr bezieht sich der Text darauf, was in den jeweils herrschenden Sinnsystemen virtualisiert, negiert und daher ausgeschlossen ist." (Akt 120)

2. Kommunikation zwischen Text und Leserinnen und Lesern: Nach Iser ist es das Fiktive eines literarischen Textes, das als „Beteiligungsangebot an seine Leser" (Appellstruktur 236) wirksam wird. Die kommunikative Interaktion, die ästhetisch evoziert wird, hat immer etwas „Aufregendes" (Appellstruktur 228) und Beunruhigendes (Appellstruktur 247f). Das ist verursacht von der Unbestimmtheit, die literarische Texte in einer eigentümlichen „Schwebelage" (Appellstruktur 234) halten. Unbestimmtheit ist die entscheidende „Antriebsenergie" (Akt 109) der literarischen Kommunikation: Denn 'Aussparungen' bilden „das zentrale Konstituens der Kommunikation. Dialogische Interaktion braucht einen solchen Unbestimmtheitsbetrag, um überhaupt in Gang zu kommen" (Akt 97). Solche Unbestimmtheit tritt in Form von *Leerstellen* oder Negation und Negativität auf:

„Die Leerstellen sind Bedingung für die Strukturierungsaktivität des Lesers und bewirken folglich seine Betätigung im Text. Die Negation bringt einen jenseits des Textes stehenden Leser in eine

---

[19] In seinem Aufsatz *Akte des Fingierens (1983)* beschreibt Iser das Fiktive im fiktionalen Text als das Zusammenspiel vier verschiedener Akte des Fingierens: Selektion, Kombination, Relationierung und Entblößung der Fiktion, Akte 121- 151.

bestimmte Einstellung zum Text. Die Negativität schließlich ist als virtuelle Verursachung der 'kohärenten Deformierung' eine zentrale Bedingung für die Sinnkonstitution im Rezeptionsprozeß. Durch sie kann Sinn als mögliche Wende des vorgeführten Geschehens begriffen werden." (Kritik 333f).

Da es Kennzeichen der ästhetischen Literatur ist, ihren Gegenstand und dessen Konstitution nicht auszuformulieren, kann Iser sagen, daß die Bedeutung eines Textes „überhaupt erst im Lesevorgang generiert" (Appellstruktur 229) wird.

In *Der Akt des Lesens* wird auch dieser Aspekt der ästhetischen Kommunikation sprechakttheoretisch durchbuchstabiert. Dabei erinnert Iser an Austins Hinweis auf die Aufrichtigkeitsgarantie als Kommunikationsbedingung (*our word is our bound*) und folgert, daß auch die Sprechakttheorie „Unbestimmtheit als Antrieb dialogischer Interaktion nicht beseitigen" (Akt 97) kann, gäbe es doch „keine kommunikative Sprachhandlung, wenn der Ermöglichungsgrund der Kommunikation bereits vorgängig fixiert wäre." (Akt 97) Von daher wird literarische Kommunikation als eine besondere Form des illokutionären Aktes rekonstruierbar, der - anders als der perlokutionäre, auf das Konstative als Bedingung für seinen Erfolg angewiesene Akt - „nur ein Wirkungspotential (force) [hat], dessen Signale lediglich die Art des Zugangs (securing uptake), die Aufmerksamkeit (taking effect) sowie die geforderte Reaktion des Empfängers (inviting responses) mit Sicherheit hervorzubringen vermögen." (Akt 94) Dabei sind es der Abbau von Unbestimmtheit und mithin die kommunikative Funktion, die einen solchen illokutionären Akt von der fiktionalen Literatur unterscheiden: Der Abbau von Unbestimmtheit erfolgt nicht über ein vorgegebenes Referenzpotential wie Konventionen, Prozeduren oder Aufrichtigkeitsversprechen. Vielmehr ist es das Spezifikum ästhetischer Literatur, daß der Code, der den einzelnen Elementen des Textes zugrundeliegt, „erst entdeckt werden" (Akt 98) muß:

> „Ihn zu konstituieren, ist insofern eine Sprachhandlung, als durch sie die Verständigung mit dem Text geschieht." (Akt 98)

So gesehen, besteht die pragmatische Funktion ästhetischer Literatur in der *Entpragmatisierung* von Konventionen und Prozeduren. Entpragmatisierung zielt auf 'Verflüssigung' vertikaler, nicht zur Disposition gestellter Geltungsansprüche in die Dimension horizontal verlaufender Kommunikation:

> „Eine vertikal organisierte Konvention rufen wir an, wenn wir handeln wollen; eine horizontal organisierte Kombination verschiedener Konventionsbestände erlaubt uns zu sehen, wovon wir im einzelnen jeweils gelenkt sind, wenn wir handeln." (Akt 100)

Die pragmatische Funktion fiktionaler Literatur besteht von daher in dem Kommunikativwerden von Sprache als Perspektive auf 'Wirklichkeit'. Zu diesem Zweck ist dem ästhetischen Text ein *Lenkungspotential* eigen, das als *Textstrategie* deutlich von den Prozeduren der Sprechakttheorie abgesetzt wird:

> „Solche Strategien entsprechen insoweit den accepted procedures der Sprechakte, als sie Orientierungen bereitstellen, die ein Erfassen des Grundes ermöglichen, dem die Selektion der Konventionsbestände entsprungen ist. Sie unterscheiden sich allerdings von den accepted procedures darin, daß sie stabilisierte Erwartungen oder gar solche, die sie selbst im einzelnen stabilisieren, durch ihren kombinierten Einsatz wieder durchbrechen." (Akt 101)

III. Methodische Reflexionen

3. Kommunikation zwischen Leserinnen und Lesern und ihrer 'Wirklichkeit': Isers *Theorie* bleibt nicht auf Fragen des Ästhetischen beschränkt. Bereits die Problemskizze *Die Appellstruktur der Texte* zielt auf eine literarische Anthropologie. In deren Zentrum steht das von der modernen Literatur in ihrem strukturellen Angewiesensein auf Leserinnen und Leser vorausgesetzte und mitgedachte sinnkonstituierende Subjekt. Dabei machen die *Leerstellen* als das „wichtigste Umschaltelement zwischen Text und Leser" (Appellstruktur 248) den literarischen Text „adaptierfähig und ermöglichen es dem Leser, die Fremderfahrung der Texte im Lesen zu einer privaten zu machen. Privatisierung von Fremderfahrung heißt, daß es die Textbeschaffenheit erlaubt, bisher Unbekanntes an die eigene 'Erfahrungsgeschichte' (S.J. Schmidt) anzuschließen. Dies geschieht durch das Generieren von Bedeutung im Leseakt." (Appellstruktur 249) In der „Konsequenzlosigkeit der fiktionalen Texte" (Appellstruktur 249) wird ihr wesentliches Reizpotential verortet: Sie ermöglicht „jene Weisen der Selbsterfahrung zu gewärtigen, die von den Handlungszwängen des Alltags immer wieder verstellt werden. Sie geben uns jene Freiheitsgrade zurück, die durch das Handeln immer wieder verbraucht, vertan, ja oftmals auch verschenkt werden." (Appellstruktur 249) Zwar kann das Subjekt, das in Literatur verstrickt ist, im Lesen „ein anderes" (Kritik 339) werden, doch nur „für die Dauer der Lektüre" (Kritik 339), denn Lesen ist keine Therapie:

„Nun ist das Lesen keine Therapie, die die vom Bewußtsein abgesprengten und exkommunizierten Symbole in die Kommunikation wieder zurückzubringen hätte. Dennoch läßt es erkennen, wie wenig das Subjekt eine Selbstgegebenheit, und sei es auch nur eine solche der eigenen Bewußtheit, ist." (Kritik 340)

Was bei der Lektüre moderner Literatur passiert, ist die Mobilisierung der Spontaneität und Vorstellungstätigkeit ihrer Leserinnen und Leser, und zumindest das kann Iser noch sagen, daß dieser Vorgang „die vorhandene Bewußtheit selbst nicht unberührt lassen" (Kritik 340) wird.

4. Kommunikation über literarische Kommunikation zwischen professionellen Leserinnen und Lesern: Als letzte Ebene der Kommunikation ist noch deren Metaebene, die professionelle Kommunikation über literarische Kommunikationsprozesse, anzusprechen. In *Die Appellstruktur der Texte* ist das Problem mit der grundlegenden These, die Bedeutung eines Textes konstituiere sich erst im Akt seiner Lektüre, zwar präsent, wird aber noch nicht ausdrücklich verhandelt. Erst in *Im Lichte der Kritik* formuliert Iser gegen den Anspruch objektiver Verifikation literarischer Interpretationen das Kriterium der intersubjektiven Zugänglichkeit, und zwar in Konsequenz der Differenz zwischen Werkstruktur und Interpretationssystem: Dadurch, daß jede einzelne Interpretation „die Aktualisierung einer in der Werkstruktur fundierten Sinnmöglichkeit" (Kritik 330) ist, ergibt sich „ein hermeneutischer Rahmen, der die Begrenztheit der Darstellungsästhetik zu überschreiten verspricht. Die einzelnen Interpretationen erweisen sich dann als Zusammenspiel zwischen der historischen Bedingtheit jener Annahmen, durch die alle Interpreten gekennzeichnet sind, und den Werkstrukturen, durch die bestimmte Sinnvollzüge veranlaßt werden." (Kritik 330)

Isers Theorie, zunächst nur als Problemskizze formuliert, hat eine literaturwissenschaftliche Debatte ausgelöst, in der es zunächst darum ging, elementare Mißverständnisse zu klären. So hat sich Iser in *Im Lichte der Kritik* (zuerst 1975) mit dem Vorwurf eines rezeptionsästhetischen Subjektivismus (Gerhard Kaiser), eines kommunikationstheoretischen Reduktionismus (Hannelore Link) wie der These, die Konzeption der *Leerstellen* sei nichts anderes als Ausdruck einer bürgerlichen Systemkonformität (Manfred Naumann), auseinandersetzen müssen. Ich kann an dieser Stelle nicht in eine umfassende Theoriediskussion und Auseinandersetzung mit Isers Theorie eintreten.[20] Ich greife exemplarisch das Problem des pragmatischen Profils auf. Dies ist insofern zentral, als damit der Anspruch der Rezeptionsästhetik, den „Praxisbezug" (Kritik 325) der Literatur neu zu entdecken und darin mit der ästhetischen Exklusivität und Selbstbezüglichkeit des Strukturalismus zu brechen, auf dem Spiel steht.

Das Problem ist bei van Ingens formuliert,[21] präziser und konkreter wird es jedoch bei Hans Robert Jauß unter der Frage verhandelt, „wie sich im Erwartungshorizont einer Lebenspraxis ästhetische Erfahrung in kommunikative Verhaltensmuster umsetzen kann."[22] Nach Jauß ist das „primär noch keine Frage der Umsetzung eines Erfahrungsinhalts aus einem ungegenständlichen (fiktiven) in einen gegenständlichen (realen) Horizont oder Vollzugsrahmen einer Handlung." (393) Vielmehr setzt die kommunikative Funktion der Literatur und Kunst „bereits mit der impliziten Übernahme von Erwartungen und Normen, aber auch von Einsichten in die Erfahrung und Rollen anderer ein" (393), die das gesellschaftliche Verhalten des Leserinnen und Leser „präformieren, aber auch motivieren und ändern können." (393) Dabei differenziert Jauß die kommunikative Dimension der ästhetischen Erfahrung in drei Funktionen: „die präformative oder *normgebende*, die motivierende oder *normbildende* und die transformative oder *normbrechende* Funktion." (394) In dieser Typologie ist der Ansatz Isers deutlich im Bereich der normbrechenden Funktion der Ästhetik zu lokalisieren. Davon setzt sich Jauß insofern kritisch ab, als er programmatisch den Bereich der kommunikativen Funktion der Kunst anvisiert:

> „Zwischen den Extremen der *normbrechenden* und der *normerfüllenden* Funktion, zwischen progressivem Horizontwandel und Anpassung an eine herrschende Ideologie liegt indes ein ganzes Spektrum von praktischen, in der säkularen Geschichte der vorautonomen Kunst realisierten Leistungen der Kunst, die man im engeren Sinne als kommunikativ, nämlich *normbildend* bezeichnen kann." (394)

Jauß zählt zu diesem Typus der kommunikativen Ästhetik auch „das auf freiem Konsensus und Identitätsbildung (Nachfolge statt Nachahmung) angelegte Exemplarische" (394) der Kunst, womit ein wesentlicher kommunikativer Grundzug des Autobiographischen in den Blick kommen dürfte. So resümiert beispielsweise Henning Luther den Bezug der Confessionen Augustins zu seinen Leserinnen und Lesern ganz in diesem Sinne, wenn er schreibt:

---

[20] Zu einer kritischen Auseinandersetzung siehe Friedrichs, Psalmodieren, Diss Marburg 1997, 71-74.
[21] Van Ingen, Die Revolte des Lesers 1974, 83-147. Zitate im folgenden nach diesem Text.
[22] Jauß, Racines und Goethes Iphigenie ⁴1994, 393. Zitate im folgenden nach diesem Text.

III. Methodische Reflexionen 65

„Die Öffentlichkeit ist also hier kein Tribunal, sondern solidarische Gemeinschaft. Und diese Gemeinschaft ist dadurch konstituiert, daß jeder gerade dadurch zu ihr findet, daß er den Weg in sein Inneres radikalisiert."[23]

Mit den Überlegungen von Jauß ist Isers Ansatz noch einmal aus anderer Perspektive in seinem kritisch-emanzipatorischen Anspruch deutlich geworden. Iser repräsentiert, indem er Pragmatik als *Entpragmatisierung* versteht, das Modell der *normbrechenden* Funktion der Literatur. Von diesem Modell wird schematisch-kontrastiv Literatur abgesetzt, die nach den Prinzipien der Affirmation und Reproduktion herrschender Sinnansprüche strukturiert ist. „Rhetorische, didaktische und propagandistische Literatur" (Akt 139) reproduziert nach Iser „die zentralen Strukturen der Sinnsysteme, um durch die Affirmation ihrer Geltung diese vor Einbrüchen zu schützen." (Akt 139) Die kommunikative Absicht solcher Texte besteht darin, „dem Publikum die Geltung des Bekannten erneut zu vermitteln." (Akt 139) Von daher kann man, was die Argumentationslogik betrifft, sagen: Wolfgang Iser geht von einem dichotomisierenden Literaturmodell aus und versucht, seinen eigenen Ansatz zu plausibilisieren, indem er ihn kontrastiv von dessen Gegenteil absetzt.[24]

3. Literarische Autobiographien in wirkungsästhetischer Sicht: Chancen und Grenzen

Als Übergang zur Frage der Operationalisierbarkeit halte ich Ergebnisse der Auseinandersetzung mit dem wirkungsästhetischen Ansatz in drei Punkten fest. Dabei sollen insbesondere auch Chancen und Grenzen dieses Ansatzes benannt werden:

1. Bei einer kommunikationstheoretischen, Leserinnen und Leser konstitutiv berücksichtigenden Analyse von Autobiographien werden Texte als *Texte in Funktion* verstanden.[25] Dabei sind Differenzen zwischen literarischer Kommunikation und face-to-face-Kommunikation zu berücksichtigen. Das Besondere der literarischen Kommunikation ist das Fiktive, Imaginäre, Virtuelle:[26] Anders als in einem Dialog zwischen zwei sich gegenüberstehenden Personen muß, damit es zum Verstehen bzw. zur Reduktion von Mißverständnissen kommt, in Literatur „alles verbalisiert werden - nicht nur alle non-verbalen Zeichen, die im mündlichen Gespräch für die Verständigung wichtig sind wie Situation, Gestik, Mimik, Intonation, Kleidung, sondern auch alle Handlungen, alle Wahrnehmungen der äußeren Wirklichkeit, also die gesamte empirische Realität, und alle Wahrnehmungen der inneren Wirklichkeit, also Gefühle, innere Bilder, Gedanken."[27] Mit Zimmermann kann darin jedoch der spezifische *Nutzen der Literatur* gesehen werden: Indem Literatur lebensweltlich Selbstverständliches, Gege-

---

[23] Luther, Religion und Alltag 1992, 148.
[24] Gegen einen solchen Ansatz Nusser, Trivialliteratur 1991.
[25] Dazu Schmidt, Text 1972, 11.
[26] Zur Fiktionalität der Kommunikationssituation Salzmann, Kommunikationsstruktur 1988, 47.52f.
[27] Zimmermann, Vom Nutzen der Literatur ²1979, 113.

benes und Verschwiegenes verbalisiert und verbalisieren muß, kann sie zur sprachlichen Vertiefung der Alltagskommunikation beitragen.[28]

Die Strategien der Trivialliteratur zielen, um Verständlichkeit und damit Konsumierbarkeit zu erhöhen, auf Annäherungen an das „Vorbild des personalen, alltagspraktischen Sprechens und Handelns"[29]. Demgegenüber ist es Kennzeichen der ästhetischen Literatur, mit den Prozessen der Entpragmatisierung und in Distanz zum Handlungszwang des Alltags letztlich das als Problem aufzugeben, was in alltagssprachlichen Kommunikationssituationen nicht thematisch werden darf und kann: Die Konstitution von Welt und Selbst im sprachlichen Akt. Die Zeichen der alltagssprachliche Kommunikation werden „als Instruktionen auf vorgegebene Wirklichkeitsbereiche realisiert"[30]. Demgegenüber macht die literarische Kommunikation „den Prozeß der Bedeutungskonstitution als Prozeß *einer* Wirklichkeitskonstitution erfahrbar und verweist so auf den vom späten Wittgenstein reflektierten Tatbestand, „daß nicht außersprachliche Gegenstände den sprachlichen Ausdrücken Bedeutung geben, sondern daß durch die sprachlichen Ausdrücke die Gegenstände überhaupt erst öffentlichfaßbare 'Existenz' erhalten.'"[31]

2. Als fiktionale Erzähltexte können literarische Autobiographien auch von ästhetischer Situationslosigkeit und Zwecklosigkeit bestimmt sein. Ihre Pragmatik wäre dann, auf einem abstrakteren Niveau verstanden, eine *Pragmatik zweiter Ordnung* im Sinne der Appellstruktur sinnkonstituierender Lektüreprozesse (W. Iser). Als biographische Erzählungen verstanden, partizipieren moderne Autobiographien offensichtlich an der Kommunikationsspezifik der ästhetischen, von der Dialektik von Zeigen und Verschweigen bestimmten Literatur. So kann die autobiographische Erzählung mit Iser als ein illokutionärer Sprechakt der fiktionalen Rede rekonstruiert werden.[32] Dabei sind immer auch Tendenzen zur *autobiographischen Kommunikation* im Sinne einer normbildenden Funktion (Hans Robert Jauß) im Spiel, da - wie die Tendenz des Autobiographischen zum Exemplarischen deutlich machen kann - nicht nur biographische Normen gebrochen, sondern auch konstituiert werden sollen.

3. Eine kommunikationstheoretische Rekonstruktion der literarischen Autobiographik unter wirkungsästhetischer Perspektive zielt auf eine hermeneutische *Rekonstruktion des impliziten Lesers* als der je spezifischen Leserrollenanforderung einer autobiographischen Erzählung. Wie das methodisch konkret möglich ist, soll im

---

[28] Vgl. dazu auch Jauß, La douceur du foyer ⁴1994, 405: „Denn es ist eine der wichtigsten, obschon noch wenig ausgeschöpften Leistungen der Kunst für die gesellschaftliche Praxis, daß sie die stummen Institutionen der gesellschaftlichen Welt zur Sprache bringt, sich bewährende Normen thematisiert, überkommene vermitteln und rechtfertigen, aber auch den Zwang der institutionalen Welt problematisieren, die Rollen anderer verständlich machen, Konsens über neu sich bildene Normen herbeiführen und so den Gefahren der Verdinglichung und Ideologisierung entgegenwirken kann."
[29] Nusser, Trivialliteratur 1991, 125.
[30] Saße, Das kommunikative Handeln 1978, 133. Vgl. dazu Iser, Akt ³1990, 98.
[31] Saße, Das kommunikative Handeln 1978, 133. Dazu auch Iser, Lesevorgang ⁴1994, 262: Angesichts der Differenz zwischen Wahrnehmen und Vorstellen wird der 'Held' „nicht als Gegenstand, sondern als Bedeutungsträger" unter der Mitarbeit des Lesers konstituiert.
[32] Dazu zusammenfassend Iser, Akt ³1990, 101.

III. Methodische Reflexionen

nächsten Abschnitt aufgewiesen werden. Von diesem Fokus der hermeneutischen Wirkungsästhetik her sind Möglichkeiten und Grenzen zu bedenken. Die spezifischen Möglichkeiten sind darin zu sehen, der Frage nach Religion in Autobiographien unter dem Aspekt des sinnstiftenden Handelns methodisch kontrolliert nachgehen zu können. Die Grenzen liegen klar auf der Hand: Eine Rekonstruktion der tatsächlichen literarischen Wirkung autobiographischer Erzählungen kann nicht geleistet werden. Auch kann der *Erwartungshorizont* als Faktor literarischer Wirkung nur je werkspezifisch,[33] epochenspezifisch allenfalls in groben Umrissen unter Rekurs auf Rezeptionsdokumente und sozialgeschichtliche Analysen erarbeitet und näher bestimmt werden.

4. Zentrale Elemente des methodischen Instrumentariums

Zuletzt sollen noch die zentralen Elemente des methodischen Instrumentariums, wie sie für eine erzähltheoretische Rekonstruktion der religiösen Dimension autobiographischer Kommunikation leitend sind, skizziert werden.

1. Der Frage nach Religion in Autobiographien soll grundsätzlich pragmatisch nachgegangen werden. Diese Perspektive zielt, indem Autobiographien als spezifische Form illokutionärer Sprachhandlungen begriffen werden, auf eine hermeneutische Rekonstruktion der in die Textstruktur eingeschriebenen Wirkpotentiale einer autobiographischen Erzählung: Nicht die tatsächliche Wirkung (eines perlokutionären Aktes), sondern das in die Textstruktur eingeschriebene Wirkungspotential (eines illokutionären Aktes) ist Gegenstand der Analyse. Dabei frage ich insbesondere nach dem autobiographischen Profil des literarischen *Entpragmatisierungsprozesses,* da mit der *Umcodierung herrschender Sinnansprüche* als Kennzeichen der ästhetischen, die „Bedingung der Selektion von unterschiedlichen Konventionsbeständen" (Iser, Akt 100) problematisierenden Kommunikation meines Erachtens zumindest Übergänge zur religiösen Dimension des Biographischen erkennbar werden.

2. Die Wirkpotentiale einer autobiographischen Erzählung sind zunächst an verschiedenen *wirkungsästhetischen Signalen* erkennbar: An dem Titel, dem Untertitel, der Gattungsbezeichnung, dem Motto und nicht zuletzt an der Eingangspassage,[34] die insofern ein besonderer *illokutionärer Indikator* ist,[35] als in ihr nicht selten die biographische Welt, die in und mit der autobiographischen Erzählung inszeniert und hervorgebracht wird, als Lenkungspotential symbolisch verdichtet zur Sprache kommt. Eindrückliche Beispiele solcher symbolisch verdichteten Eingangspassagen sind in Goethes *Aus meinem Leben*, Thomas Bernhards *Die Ursache* („Die Stadt ist, von zwei Menschenkategorien bevölkert, von Geschäftemachern und ihren Opfern..."), Peter Härtlings *Nachgetragene Liebe* („Ich bin fünf und aufgebrochen zu einer großen Reise. Ich habe ein Ziel..."), Wolfgang Koeppens *Jugend* oder Peter Handkes *Die Wie-*

---

[33] Zu diesem Aspekt Jauß, Literaturgeschichte als Provokation [4]1994, 130-133.
[34] Zu diesem Aspekt grundsätzlich Segebrecht, Über Anfänge 1989, 158-169. Segebrecht hat jedoch, um mit Lehmann zu sprechen, nur den *bekennenden Typus* der Autobiographie im Blick.
[35] Zu diesem Aspekt Salzmann, Kommuikationsstruktur 1988, 16f.

derholung zu finden. Damit partizipieren literarische Autobiographien an der allgemeinen Erzählkonvention, den Anfang einer Erzählung besonders dicht zu gestalten:

> „Erzählanfänge zeichnen sich in der Regel durch eine große Dichte der Signale aus, die die Aufmerksamkeit des Lesers auf den in der nachfolgenden Erzählung vorherrschenden Vermittlungsmodus hinlenken."[36]

3. Darüberhinaus sind die Wirkpotentiale einer autobiographischen Erzählung entscheidend über die Rekonstruktion ihrer kommunikativen Struktur zu erheben. Diese Rekonstruktionsarbeit zielt auf eine Analyse der in der Textstruktur eingeschriebenen Aktstruktur der Lektüre und mithin auf die Frage, wie die Mitarbeit der *impliziten Leserinnen und Leser* textstrukturell evoziert und gelenkt wird. Die Frage nach den impliziten Leserinnen und Lesern zielt so auf ein theoretisches, am Text nicht direkt ablesbares interpretatorisches Konstrukt, das sich aus mehreren Faktoren zusammensetzt. Wie ist dieses Konstrukt näher zu fassen?

Mit Iser kann die Grundstruktur eines autobiographischen Erzähltextes als ein *perspektivisches System* präzisiert werden,[37] das zunächst als Problem seiner spezifischen Innenperspektivität relevant wird. Denn einen Text als ein perspektivisches System zu verstehen,

> „heißt nicht nur, daß der Text vom Blickpunkt eines Autors als eine perspektivische Hinsicht auf eine Welt angelegt ist - so gewiß er dieses auch verkörpert; es heißt vor allem, daß die Innenorganisation des Textes selbst ein System der Perspektivität ist. Denn erst durch dieses wird die perspektivische Hinsicht auf eine intendierte Gegenständlichkeit so gebündelt, daß dieser Gegenstand, der als solcher nicht gegeben ist, vorstellbar wird." (Akt 162)

In literarischen Autobiographien ist zwar der 'Gegenstand' (das Thema), die zu erzählende Biographie, referentiell 'gegeben'. Dennoch konstituiert sich dieser lebensweltlich vorfindbare 'Gegenstand' erst in und mit der autobiographischen Erzählung, die gar nicht anders kann, als in *Akten des Fingierens* (Selektion, Kombination und Relationierung) Konventionen und Prozeduren - mehr oder weniger stark - ästhetisch einzukapseln. Die Faktoren, die das theoretische Konstrukt der impliziten Leserinnen und Leser bestimmen, sind als Faktoren der inneren Textperspektivität zu bestimmen. Diese entsteht im wesentlichen durch das Zusammenspiel von vier grundlegenden Perspektiven: Die „Perspektive des Erzählers, die der Figuren, die der Handlung bzw. Fabel (plot) sowie die der markierten Leserfiktion." (Iser, Akt 163)

Unter Rekurs auf die Differenzierung verschiedener Kommunikationsebenen kann dieses Problem der Innenperspektivität in seiner Relevanz für die Rekonstruktion der „kommunikativen Absicht" (Akt 169) einer autobiographischen Erzählung im Anschluß an Madeleine Salzmann noch etwas präziser beschrieben werden. Danach sind im wesentlichen zwei erzählstrukturelle Dimensionen zu analysieren:

1. Konstruktion der *biographischen Welt* (die Kommunikationsebene der erzählten Welt: Konstellation der Figuren und Modell des biographischen plot)

---

[36] Stanzel, Opposition 1982, 176.
[37] Nach Iser läßt sich das System der Perspektivität „in erzählender Literatur am deutlichsten beobachten.", Akt 162.

2. Verhältnis von autobiographischem Erzähler und Leser (die Kommunikationsebene der Erzählwelt: Manifestationen des Erzählers und fiktiven Lesers).

Diese beiden Aspekte struktureller Perspektivität sind in dem theoretisch-interpretatorischen Konstrukt des impliziten (abstrakten) Lesers zu verdichten. Dabei kann dessen Verhältnis zum impliziten (abstrakten) Autor in seiner ästhetischen Dimension heuristisch insofern näher bestimmt werden, als mit Hans Robert Jauß fünf Interaktionsmuster der Identifikation mit dem biographischen 'Helden' modal differenzierbar sind: assoziativ, admirativ, sympathetisch, kathartisch, ironisch.[38] Der Frage, ob die moderne Autobiographik in dieser Typologie ästhetischer Identifikationsmuster überhaupt noch lokalisierbar ist,[39] ist mit besonderer Aufmerksamkeit nachzugehen.

4. Eine pragmatische Rekonstruktion autobiographischer Erzählungen hat neben diesem Problem der Innenperspektivik (Autoreferenz) eines Textes den Aspekt seines soziokulturellen Kontextes (Heteroreferenz) zu berücksichtigen. Dieser Aspekt kommt bei Wolfgang Iser (und dem frühen Hans Robert Jauß) insofern verschärft in den Blick, als das Wirkpotential ästhetischer Kommunikation an Prozesse der *Erwartungsdurchbrechung* gebunden sind:[40]

> „Aus der horizontalen Organisation unterschiedlicher Konventionsbestände und aus der von den Strategien bewirkten Erwartungsdurchbrechung gewinnt der fiktionale Text seine *illocutionary force*, die als Wirkungspotential die Aufmerksamkeit weckt, die Art des Zugangs lenkt und den Rezipienten zum Reagieren veranlaßt." (Akt 101)

Das Element der *Erwartungsdurchbrechung* erfordert eine Rekonstruktion des je spezifischen *Erwartungshorizonts* eines literarischen Textes. Dieser ist mit Jauß als *Bezugssystem* beschreibbar, „das sich für jedes Werk im historischen Augenblick seines Erscheinens aus dem Vorverständnis der Gattung, aus der Form und Thematik zuvor bekannter Werke und aus dem Gegensatz von poetischer und praktischer Sprache ergibt."[41]

Von daher sehe ich drei Wege, den Erwartungshorizont einer autobiographischen Erzählung konstruktiv als Faktor ihres Wirkpotentials einzuspielen und methodisch kontrolliert zu erheben:

1. Zunächst sind *textinterne Signale des literarischen Erwartungshorizont* eines autobiographischen Textes aufzuspüren. Sie sind insofern relevant, als auch Autobiographien auf Anforderungen, Chancen oder Grenzen ihrer eigenen Gattungsgeschichte rekurrieren:

---

[38] Dazu Jauß, Ästhetische Erfahrung 1991, 244-292.
[39] Zu diesem Problem Picard, Autobiographie 1978, 241f.
[40] In Literaturgeschichte als Provokation (1970) sieht Jauß noch in der *ästhetischen Distanz* das entscheidende Kriterium für den Kunstcharakter vom Literatur. Diese Sicht ändert sich, als Jauß in einem Nachwort zu Racines und Goethes Iphigenie (1973) programmatisch *die kommunikative Funktion* der Kunst herausstellt.
[41] Jauß, Literaturgeschichte als Provokation ⁴1994, 130. Zitate im folgenden nach dieser Ausgabe.

„Ein literarisches Werk, auch wenn es neu erscheint, präsentiert sich nicht als absolute Neuheit in einem informatorischen Vakuum, sondern prädisponiert sein Publikum durch Ankündigungen, offene und versteckte Signale, vertraute Merkmale oder implizite Hinweise für eine ganz bestimmte Rezeption." (131)

Ein neuer Text kann den aus früheren Texten vertrauten Horizont von Erwartungen und Spielregeln evozieren, die dann „variiert, korrigiert, abgeändert oder auch nur reproduziert werden." (131) Das trifft nicht nur für Literatur allgemein, sondern auch für Autobiographien zu. So zitiert, um zwei Beispiele aus dem Bereich der modernen Autobiographik zu nennen, Max Frisch in *Montauk (1975)* als Vorwort Montaignes Aufrichtigkeitsversprechen („Dies ist ein aufrichtiges Buch, Leser...") und Wolfgang Koeppen in *Jugend (1976)* als Motto das autobiographische Programm Goethes („Das Gedichtete behauptet sein Recht, wie das Geschehene").

2. Zudem sind die *textinternen Signale des lebensweltlichen Erwartungshorizonts* zu berücksichtigen. Denn nach Iser sind nicht nur die literarischen, sondern auch die lebensweltlichen Konventionen Selektionsmaterial des fiktiven Textes. Und mit Recht bemerkt Jauß, daß „der Leser ein neues Werk sowohl im engen Horizont seiner literarischen Erwartung als auch im weiteren Horizont seiner Lebenserfahrung wahrnehmen" (132f) kann. In diesem Sinn können die autobiographischen *Akte des Fingierens* als Hinweise auf defizitär empfundene Sinnansprüche einer Zeitepoche gelesen und interpretiert werden. Damit ist die nichtästhetische Funktion der Literatur wesentlich dort zu suchen, „wo Literatur nicht in der Funktion einer *darstellenden* Kunst aufgeht." (154)

3. Die Frage nach dem Erwartungshorizont des Autobiographischen stellt sich wesentlich als Frage nach den spezifischen autobiographischen und biographischen Konventionen, auf die eine Autobiographie als Selektionsmaterial und Darstellungsfolie rekurriert. Dabei ist, um die Frage der Konventionen in ihrer soziokulturellen Variabilität näher präsisisieren zu können, deren *textexterne Rekonstruktion* erforderlich. Diese textexterne Rekonstruktion kann rezeptionsästhetisch angegangen werden, indem beispielsweise Rezensionen und Theorien der Autobiographie als Dokumente professioneller Rezeptionen und gesellschaftlich bedeutsamer Diskurse gelesen und ausgewertet werden. Darüberhinaus können allgemeine soziologische Überlegungen herangezogen werden, um den epochespezifischen Makrohorizont autobiographischer und biographischer Konventionen zu erfassen.

C. Fragment und Ganzheit - Klage und Lob.
Religiöse Dimensionen spätmoderner Autobiographik

I. Dem Geheimnis des Lebens auf die Spur kommen:
Wolfgang Koeppens *Jugend* (1976)

> „Die Autobiographie ist eine Klage; sie richtet sich gegen Gott und beruft sich auf die Zeit als Zeugin."
> Wolfgang Koeppen, in: ES 83.

Auf die Frage nach der Form des Autobiographischen unter den Bedingungen der Gegenwart angesprochen, antwortet Wolfgang Koeppen (1906-1996)[1] Heinz Ludwig Arnold:

> „Mich fesseln Lebensläufe in Fragmenten, innere Autobiographien wie all die Notizen von Novalis. Er hat sich in diesen Stücken nicht verzettelt, wie manche meinen. Die Fragmente des Herrn von Hardenberg sind ein einziger großartiger innerer Monolog. Lange vor Joyce. Aus Texten Majakowskis wurde eine Autobiographie 'Ich' zusammengestellt, ein Zeitbild, eine Gestalt, faszinierend, poetisch durch das Geheimnis des Fragments."[2]

Tatsächlich ist Koeppens *Jugend* zu einer solchen Form poetisch-fragmentarischer Autobiographie geronnen,[3] die in drei Aspekten zum Ausdruck kommt: Der sprachlichen Transformation lebensgeschichtlicher Ereignisse und Fakten zu „poetischen Symbolen"[4], dem radikalen Bruch mit autobiographischen Konventionen wie Handlungskonsistenz und Zentralperspektivik und schließlich der prinzipiellen Offenheit und Unabgeschlossenheit der biographischen Erzählform.

In einem Essay zum *Tagebuch und dem modernen Autor* (1965) schreibt Koeppen, es sei Hiob gewesen, der mit dem modernen Tagebuch begonnen habe, denn:

> „der moderne Autor ist immer ein Mann allein. Er hadert mit sich, mit Gott, mit der Schöpfung, mit seinem Hader an Gott und der Schöpfung. Ich sage, es war ein moderner Autor auch im Lande Uz."[5]

Koeppen hätte ähnliches zur Autobiographie schreiben können, denn sie ist - wie das Tagebuch - „ein von Hiob begonnenes Gespräch [...], das der Autor mit sich führt oder mit Gott oder mit seiner Verzweiflung an Gott." Als weitere moderne Autoren

---

[1] Koeppen ist am 15. März 1996 in München gestorben. Siehe dazu die Nachrufe von Greiner, Zum Sehen bestellt 1996; Vormweg, Das Ende einer wahren Legende 1996; Unseld, Auf dem Fantasieroß 1996 und Bräunlein, Ein Beginn und schon das Ende 1996. Auch meinen Artikel Appell zur Selbsterkundung 1997, 30-41.
[2] Koeppen, in: Arnold I 1990, 97.
[3] Dazu Koeppen im Gespräch mit Reich-Ranicki: „Aus 'Jugend' sollte eigentlich ein großer Roman werden [...]", in: Hermann (Hg.), Koeppen 1994, 172.
[4] Marcel Reich-Ranicki, Wahrheit, weil Dichtung 1976.
[5] Koeppen, Geschäftsbericht 1982, 7.

des Tagebuchs werden „Augustinus, Kierkegaard, Baudelaire, Rimbaud, Dostojewski, Genet, Michaux" genannt:

> „So sehr ein jeder von ihnen er selbst ist, haben sie doch gemeinsam ein verwandtes Gefühl des unwiederholbaren, stets verlorenen, verspielten Augenblicks, des von Grund auf Gefährdet-in-der-Welt-seins, ein deutliches und nicht abzuschüttelndes Fremd- und Ichgefühl, allen anderen entgegengesetzt und doch mit allen und allem verbunden, weltverflochten, gewiß, verwurzelt wie jeder, und doch mit Wissen und Wollen ein Unbehauster und doch angeschmiedet wie der Sträfling an seine Kette."[6]

Wie für das Profil des modernen Tagebuchs notiert, geht Koeppen in seinem Buch *Jugend* genau den Fragen eindringlich nach, die er von Hiob initiiert sieht: *Wer bin ich? Woher komme ich? Was erwartet mich?* Dabei ist es nach Koeppen Aufgabe der Autobiographie, dem Geheimnis der Existenz auf die Spur zu kommen. In Rückblick auf Probleme seines autobiographischen Schreibprozesses formuliert Koeppen im Januar 1974:

> „Ich habe versucht, einen autobiographischen Roman zu schreiben. Aus diesem Versuch ist einiges veröffentlicht worden in der Zeitschrift 'Merkur'. Ich habe aber diesen Plan des autobiographischen Romans verändert, weil mich die romanhafte Form anfing zu stören, oder anders gesagt: Es kam mir die wahre Autobiographie dazwischen. Ich begann, die romanhafte Verkleidung auszuziehen und mich der Wahrheit, der brutalen und doch wieder imaginären Wahrheit, zu nähern. Vor dieser Aufgabe sitze ich noch. Ich möchte zu einer unbekannten Wahrheit kommen über mich und meine Zeit, nicht chronologisch, nicht von der Geburt bis zur Grabesnähe. Ich habe sehr interessiert die 'Antimemoiren' von Malraux gelesen, sah, daß auch Malraux dem Geheimnis der Existenz nur auf der Spur ist. Malraux malt Träume vom eigenen Leben, der Leser mag sie nach Laune in sein 'Imaginäres Museum' setzen. Das wäre viel!"[7]

Von diesen Hinweisen Koeppens her, Leserinnen und Leser einer Autobiographie hätten die *Träume vom eigenen Leben* in ihr je *eigenes imaginäres Museum* zu setzen, ergibt sich der Überschritt zur wirkungsästhetischen Analyse der religiösen Dimension des Buches *Jugend*.[8] Es stellt sich mit Wolfgang Iser grundsätzlich die Frage, wie der autobiographische Erzähltext perspektiviert ist. Dazu beginne ich mit einer Annäherung an das Buch (1). In einem zweiten Schritt skizziere ich die gegenwärtige Forschungslage zu *Jugend* (2.). Dann werde ich versuchen, die religiösen Dimensionen dieser Autobiographie kommunikationstheoretisch als eine Form der gebrochenen Klage herauszuarbeiten (3.).

1. „Fragment aus Fragmenten":
Annäherungen an Wolfgang Koeppen und sein Buch *Jugend*

Koeppens Buch *Jugend* erschien im Jahr 1976. Von der literarischen Öffentlichkeit ist zu dieser Zeit wenn nicht dieses, so doch ein anderes Buch mit Spannung erwartet worden, nachdem die Literaturkritik einen 'Fall' Koeppen inszeniert hatte. Nach dem Erscheinen der drei Nachkriegsromane *Tauben im Gras* (1951), *Das Treibhaus*

---

[6] Koeppen, Geschäftsbericht 1982, 12.
[7] Koeppen, in: Arnold I 1990, 96f.
[8] Ich weise an dieser Stelle nochmals darauf hin, daß ich die Selbstaussagen Koeppens als Ergänzung der wirkungsästhetischen Textanalyse verstehe, mit Durzak, Gespräche 1976, 45f.

C. Fragment und Ganzheit - Klage und Lob

(1953) und *Der Tod im Rom* (1954) ist von Koeppen und seinem Verlag (Suhrkamp) immer wieder das Erscheinen eines neuen Romans in Aussicht gestellt worden, jedoch ist dieser - mit Ausnahme von einzelnen Ausschnitten - nie erschienen. Spekulationen über dieses seltsame Schweigen des Schriftstellers waren die Folge, es kam zum 'Fall' Koeppen. Doch Koeppen schwieg nicht, sondern schrieb nur anderes, vor allem Essays und die drei Reiseerzählungen: *Nach Rußland und anderswohin* (1958), *Amerikafahrt* (1959) und *Reisen nach Frankreich* (1961). In Interviews und Gesprächen auf dieses Problem angesprochen, hielt Koeppen, jedenfalls zunächst noch, an verschiedenen Romanprojekten fest. So war es überraschend und eben doch nicht überraschend, als im Frühjahr 1975, nachdem bereits von einem Roman *Ein Maskenball* die Rede war, zwar nicht dieser, aber eben ein anderer, ein autobiographischer Roman mit dem Titel *In Staub mit allen Feinden Brandenburgs* angekündigt wurde. Doch nicht dieser Roman, sondern *Jugend* kam heraus, und zwar im darauffolgenden Jahr 1976. Bis dahin waren schon, und zwar seit 1968, einzelne Passagen und Varianten dieses Buchs publiziert worden.[9]

Anders als etwa Grass, Frisch oder Böll ist Koeppen nur einer kleinen literarischen Öffentlichkeit bekannt. „Ich bin", so kommentiert Koeppen das nüchtern, „kein Bestseller-Autor. In meinen Büchern ist die Identifikationsmöglichkeit des Lesers mit meinen Romanfiguren und meinem Denken gering. Diese Chancen sind bei Böll und Lenz wesentlich gegebener." (ES 139) Was Koeppen für seine Literatur allgemein formuliert, trifft in besonderer Weise für sein Buch *Jugend* zu. Bereits auf den ersten Blick bricht es mit literarischen Konventionen, der zweite Satz erstreckt sich über vier Buchseiten, wobei Leserinnen und Leser ausdrücklich dessen versichert werden, daß der Autor „bewußt von der üblichen Interpunktion" abwich (J 6, oberhalb der bibliographischen Angaben).

Trotz dieser Irritationen ist das Buch „zu einer kleinen literarischen Sensation"[10] geworden. Das ist um so bemerkenswerter, als es jegliche Erwartung an eine - mehr oder weniger offene - Enthüllung biographischer Details aus dem Leben des Schriftstellers und des Menschen Wolfgang Koeppen enttäuscht: „Man könnte", so Koeppen in einem Gespräch mit Marcel Reich-Ranicki, „danach keine realen biographischen Aufzeichnungen über mich machen."[11] Das Buch gibt sich als eine Art autobiographisches Prosagedicht zu erkennen, das zunächst eine fast klassisch anmutende Jugendgeschichte erzählt. Ähnlich dem *Anton Reiser* des Karl Philipp Moritz (1785-1790) tritt das epische Subjekt in seinem Leiden an familiären und gesellschaftlichen Ansprüchen die Flucht in Einsamkeit und Phantasie an. Dabei erweisen sich diese Fluchtbewegungen als ebenso unumgehbar wie letztlich zum Scheitern verurteilt. Dementsprechend steht am Ende dieser Geschichte ein düsterer, den Horizont der biblischen Apokalypse aufrufender und darin die letzte Fluchtbewegung überschattender Blick in die nahende Zukunft:

„Es kam der Tag. Der Schalterbeamte rief, ein Jungmann für Dampfer Eddy nach Finnland. Ich reichte ihm meine Karte. Er heuerte mich an. Der Arzt griff nach meinem Geschlecht. Er sagte,

---
[9] Zu dieser Vorgeschichte Beu, Koeppen 1994, 87-94.
[10] Hielscher, Koeppen 1988, 134.
[11] Koeppen, in: Hermann (Hg.), Koeppen 1994, 13.

hüte dich vor den Weibern. Er hatte Schmisse in einem blauroten Gesicht. Sein Auge zwinkerte. Der Dampfer Eddy ging auf Fahrt. Ein Eisbrecher brachte uns durch das Haff. Ich sah die große graue See. Eine unendliche Grabplatte, wie aus Blei. Ich sah Seeschlachten, Versenkungen, Bombardierungen. Ich sah die großen Untergänge, die kommen sollten." (J 142)

Doch das Buch erzählt keine in sich geschlossene Lebensgeschichte. Formal wird das daran erkennbar, daß Biographie in 53 Einzelepisoden, montiert aus Zitaten und Anspielungen auf literarische, mythische und religiöse Traditionen, thematisiert wird. Das Buch ist, wie Marcel Reich-Ranicki treffend formuliert, ein „Fragment aus Fragmenten", das in seiner sprachlichen Komposition „gleichwohl ein Ganzes ist":

> „Koeppen verzichtet auf eine zusammenhängende Geschichte. Er mißtraut der Fabel, die dem Romancier zwar die übersichtliche Präsentation des Stoffes erleichtert, ihn aber gleichzeitig zu einer vereinfachenden oder gar verfälschenden Darstellung führen kann. Die traditionelle Fabel empfindet Koeppen inzwischen, so scheint es, als eine Art Korsett, in das sich das Leben nicht zwängen läßt, oder vielleicht auch als ein Hilfsmittel, eine Krücke, deren er nicht mehr bedarf. Jedenfalls ist sein Buch ein Fragment aus Fragmenten. Daß es gleichwohl ein Ganzes ist, verdankt es seinem Stil, was auf die Sprache dieser Prosa ebenso abzielt wie auf ihre (fast makellos durchgehaltene) Stimmung."[12]

Das Autobiographische konkretisiert sich, da mit Konventionen der literarischen Tradition mehrfach gebrochen wird, sozusagen ex negativo. Insofern kann man sagen, Koeppen habe, indem er versucht, in und mit diesem Buch dem Geheimnis seines Lebens auf die Spur zu kommen, sein biographisches Versteckspiel nur um einen weiteren Baustein ergänzt:

> „Kaum ein Autor des 20. Jahrhunderts hat sich so der biographischen und bibliographischen Erforschung entzogen wie Koeppen, kaum einer solch ein Verwirr- und Versteckspiel mit seinen Lesern, Kritikern, Verlegern und Interviewpartnern getrieben wie er, kaum einer sich so hartnäckig hinter bestimmten Formeln verborgen."[13]

Wer von Koeppen Biographisches im Sinn 'harter' lebensgeschichtlicher Daten und Fakten erfahren will, muß auf die - mittlerweile zahlreich vorhandenen - Interviews und Gespräche zurückgreifen.[14] Für etwa den Zeitraum, der in *Jugend* behandelt wird, zitiere ich den biographischen Extrakt aus einem Gespräch mit Marcel Reich-Ranicki:

> „Greifswald, die Stadt, in der er 1906 als uneheliches Kind zur Welt kam, hat er nie gemocht. 'Es ist eher ein Schrecken, ein Trauma.' Seine Schulzeit verbrachte er bei einem Onkel in Masuren. Lesen wurde früh zu seiner Hauptbeschäftigung. Bei Mitschülern galt er als Außenseiter und Besserwisser. Als Jugendlicher fuhr er ein halbes Jahr lang als Küchenjunge zur See. Das Abitur machte er nicht. Er war zeitweilig ohne feste Anstellung, besuchte an verschiedenen Universitäten Vorlesungen zur Literaturgeschichte, Theaterwissenschaft und Philosophie, ohne eingeschrieben zu sein, nahm Schauspielunterricht, war Fabrikarbeiter, Platzanweiser im Kino, Eishersteller, dann Regieassistent und Dramaturg, Anfang der dreißiger Jahre Redakteur beim 'Berliner Börsen-Courier.'"[15]

Diese biographischen Eckdaten sind in *Jugend* durchaus wiederzufinden. Dennoch 'bietet' das Buch unverkennbar mehr. Auf sein biographisches Selbstverständnis angesprochen, spricht Wolfgang Koeppen einmal von „zwei Koeppens":

---

[12] Reich-Ranicki, Wahrheit, weil Dichtung 1976.
[13] Hielscher, Koeppen 1988, 7.
[14] Dazu ES 1995 und Hermann (Hg.), Koeppen 1994. Auch in diesen Gesprächen und Interviews setzt Koeppen sein biographisches Versteckspiel in gewisser Weise fort.
[15] Hermann (Hg.), Koeppen 1994, Verlagstext.

C. Fragment und Ganzheit - Klage und Lob

„Es gibt vielleicht überhaupt zwei Koeppens, dann, wenn man mich fragt: Was haben Sie damals gemacht und was dann und dann? Es gibt natürlich den Koeppen, der irgendwann geboren ist, irgendwo zur Schule gegangen ist, einmal Redakteur war und den man erkennungsdienstlich feststellen und festlegen könnte. Aber es gibt auch den surrealistischen Koeppen, eine literarische Figur, wo das alles nicht so sicher ist, der, um es im Extrem auszudrücken, wenn er gefragt wird, wann sind Sie geboren, vielleicht antworten möchte: Es ist gar nicht so sicher, daß ich jemals geboren wurde."[16]

In *Jugend* macht sich Koeppen auf die Spuren vor allem dieses *surrealistischen Koeppen*.

2. Zwischen Sinnkonstruktion und Sinndekonstruktion: Tendenzen der Forschung

Wie bereits angedeutet, ist das Buch *Jugend* zu einer „kleinen literarischen Sensation" (Hielscher) geworden. Das wird nicht zuletzt an den verschiedenen Rezensionen ablesbar, die bei seinem Erscheinen 1976 publiziert wurden. Von Marcel Reich-Ranicki, dem frühen Förderer Koeppens, ist das Buch hoch gelobt worden, die „deutsche Gegenwartsliteratur" habe mit ihm „einen überraschenden Höhepunkt erreicht. Ein neuer Maßstab ist gesetzt - für die Dichter ebenso wie für uns, die Kritiker."[17] Anders als bei Handkes *Die Wiederholung* lassen sich in der Kritik von Koeppens *Jugend* keine Polarisierungstendenzen ausmachen. Ohne Differenzierungen im einzelnen zu berücksichtigen, kann man sagen: Das Buch, auf dessen hohes sprachliches Niveau aufmerksam gemacht wird,[18] wird prinzipiell in seiner literarischen Besonderheit als „fiktive Autobiographie"[19] wahrgenommen, sein faszinierender „Sprachzauber"[20] allgemein registriert, nicht ohne die problematische Tendenz zur metaphorischen Überfrachtung anzumerken.[21] Die scharfe, die Konzeptionslosigkeit in „seltsam verwischten Fragmenten und Etüden" anprangernde Kritik, wie sie von Johann Siering in *Neue Deutsche Hefte* vorgebracht wird,[22] bleibt Ausnahme.

Trotz dieser Reaktionen der Literaturkritik ist Koeppen und insbesondere sein Buch *Jugend* von der literaturtheologischen Forschung, was Kuschel mit Recht bemerkt, „bisher weitgehend übersehen"[23] worden. Andrea Beu spricht in ihrer Skizze der Forschungssituation zwar von einer intensiven literaturwissenschaftlichen Auseinander-

---

[16] Koeppen, in: Arnold I 1990, 96.
[17] Reich-Ranicki, Wahrheit, weil Dichtung 1976. Dabei ist zu sagen, daß sich Reich-Ranicki in seiner literaturkritischen Arbeit an diesem „neuen Maßstab" in der Folgezeit nicht orientiert hat.
[18] Dazu etwa Tank, Gedichtete Wahrheit, traumverloren 1976: „Man muß dieses einzigartige Fragment mehrmals lesen, um ahnend zu begreifen, was der deutschen Gegenwartsliteratur mit ihm gegeben wurde."
[19] Blöcker, Der hochbewußte Träumer 1976.
[20] Michaelis, Schwarze Fahnen über dem Paradies 1976.
[21] Dazu exemplarisch Krolow, „Mein Ziel war die Ziellosigkeit" 1976, der das Buch „flimmernd vor Bildhaftigkeit" empfindet: „Das Unwirkliche, Gespenstische [...] dieser huschenden, bilderfüllten und gelegentlich bild-überfüllten Koeppenschen Prosa ist ein für allemal anwesend."
[22] Siering, Jugend 1977: „Die Erzählung läßt jeden Versuch einer halbwegs erschöpfenden Inhaltsangabe scheitern. Sie hat aber auch keine verschlüsselte Bedeutung, nichts Paradigmatisches, Legendäres, Mythologisches. Impression reiht sich an Impression [...]".
[23] Kuschel, Jesus 1987, 165.

setzung mit dem Buch seit dem Jahr 1980,[24] dennoch ist zu sagen, daß sich diese, gemessen an der Diskussion um Werke wie etwa das von Peter Handke, deutlich in Grenzen hält.[25] Ich greife aus dieser Auseinandersetzung drei für meine Ausgangsfrage wesentliche Problemkreise heraus.

1. Koeppens Buch ist, was den Aspekt der biographischen Referentialisierbarkeit betrifft, mit Skepsis zu lesen. Das arbeitet, fokussiert auf die Frage des Verhältnisses von realer und erfundener Biographie, Beu heraus. Sie untersucht neben *Jugend* kleinere autobiographische Texte Koeppens aus dem Zeitraum von 1928 (*Kartoffelbuddler in Pommern*) bis 1991 (*Es war einmal in Masuren*), die einen Bezug zur frühen Lebensphase Koeppens aufweisen, und zwar auf der Basis eines spannungsvollen Verhältnisses „zwischen lokalem Hintergrundwissen, 'Originalschauplätzen' und der Wirklichkeit des Textes"[26]. Beu erhofft sich „neue Aufschlüsse über die Verwandlung von historischen und biographischen Fakten in Fiktionen" (21), wobei sie ausdrücklich festhält, ihr gehe es „nicht um die Auffindung einer wie auch immer gearteten autobiographischen Wahrheit, sondern um Strategien autobiographischen Schreibens." (77) Tatsächlich kann Beu nachvollziehbar zeigen, inwiefern Koeppen in *Jugend* Einsamkeit literarisch stilisiert (37f), die Stadt Greifswald als „Projektionsfläche" (19) konstituiert und wie eng in den Figuren der *Tante Martha* und *Lenz* „die Durchmischung der beiden Kindheitswelten Greifswald und Masuren ist." (177)

Von daher sind Ansätze, die Aussagen über Koeppen als Schriftsteller und Mensch direkt seiner (autobiographischen) Literatur entnehmen, problematisch. Das trifft, wie Beu zu Recht herausstellt, auf Martin Hielschers Koeppen-Biographie zu.[27] Das trifft aber auch auf Hans-Ulrich Treichel zu, der in Koeppens *Jugend* den mühsamen „Versuch der Rekonstruktion der eigenen Lebensgeschichte"[28] sieht und von da aus unter idealistischem Vorzeichen das Fragmentarische nicht poetisch, sondern biographisch verrechnet:

„Der Stoff bleibt unbewältigt wie die Lebensgeschichte des Autors selbst."[29]

Jugend ist offensichtlich nicht Autobiographie im Sinn eines mimetischbiographischen 'Abbildes'. Von daher ist Bernhard Uske zuzustimmen, wenn er meint, die Frage sei „belanglos, ob nun der Erzähler als Autor mit diesem Handlungs-Ich die Wahrheit seines empirischen Lebens formuliert (er hatte um Hilfe geschrien [...] vielleicht hatte er auch nicht um Hilfe geschrien [...]", J 109), oder doch nur träumt, erfindet, 'lügt', zum Ich macht, was es nicht ist."[30] Entscheidend ist zunächst zu sehen, „daß alle diese Bilder, Realitätsschöpfungen, -manipulationen (seien sie in Texten sedimentiert oder lesend angeeignet oder tagträumend erzeugt) als ästheti-

---

[24] Beu, Koeppen 1994, 15-18.
[25] Siehe dazu das Verzeichnis der Sekundärliteratur bei Oehlenschläger, Koeppen 1987, 467-469 und Beu, Koeppen 1994, 188-190.
[26] Beu, Koeppen 1994, 20.
[27] Hielscher, Koeppen 1988. Kritisch dazu Beu, Koeppen, 56f.
[28] Treichel, Fragment 1984, 159.
[29] Treichel, Fragment 1984, 171.
[30] Uske, Geschichte 1984, 145.

C. Fragment und Ganzheit - Klage und Lob

sches Verhalten zu einer objektiven Größe werden können, zu einem Verhalten zur Welt." (Uske 145) Für den Erzähler mag dies, wie Uske und Beu es sehen, im Sinn eines „Ersatzlebens" (Uske 144), als „Versteck" (Beu 60) oder einer „Wunschexistenz, die er mittels des Textes realisiert" (145), bedeutsam werden. Für Leserinnen und Leser, die in und mit diesem Buch zum Beobachter des Beobachters werden, stellt sich die Frage, wie Autobiographie unter den Bedingungen transzendentaler Obdachlosigkeit, wie sie sich in der Auflösung der epischen Zentralperspektivik spiegelt, überhaupt noch möglich ist.

2. Koeppens Buch provoziert somit die grundsätzliche Frage nach der Sinnhaftigkeit des Autobiographischen, und zwar besonders angesichts des in ihm heraufbeschworenen „existentiellen Pessimismus"[31]. Das Problem wird zentral von Gerhard vom Hofe/Peter Pfaff (1980), Ruth Führer (1982) und Martin Hielscher (1987 und 1988) reflektiert.

In ihrer Studie zu *Wolfgang Koeppens melancholischem Materialismus* rechnen Gerhard vom Hofe und Peter Pfaff den Schriftsteller Koeppen, der mit seiner „Elegie über die Invarianz der Welt" (94) seltsam „eigenbrötlerisch den mythologischen Konservativismus der ersten Jahrhunderthälfte" (94) fortsetze, zu den „eher enttäuschten Aufklärern"[32]. *Jugend* illustriere und kommuniziere formelhaft („Zeugung drängte zur Schlachtung", J 9) und symbolhaft (Beerdigungsszene mit Anspielung auf Apk 12, J 34f) die mythologische Ontologie einer blind waltenden „Naturgesetzlichkeit" (vom Hofe/Pfaff 103). Mit dieser pessimistischen, die biblische Apokalypse noch einmal radikalisierenden Weltsicht könne sein Buch letztlich nur als „eine Absage ans eigene Geschäft" (vom Hofe/Pfaff 107) verstanden werden.

Ruth Führer spricht demgegenüber in ihrer Studie *Das Ich im Prozeß* von einer letztlich literarisch einholbaren „leisen Überlebenshoffnung"[33]: Auf der einen Seite thematisiere und inszeniere der Text ästhetisch Sinnlosigkeit und Ausweglosigkeit, auf der anderen Seite sei „das nur scheinbar banale Faktum" (Führer 53) zu beachten, daß diese „Sinnlosigkeitsattitüde" (ebd.) schon „immer in einem wohlgeordneten Text, einem Bestandteil umfassender Kommunikation, begegnet." (ebd.) Das Erzählte erscheine zwar „als sprunghaft, disparat und beliebig" (Führer 82), tatsächlich jedoch folge es „nur anderen Gesetzen" (ebd.): Gibt

> „die Multiperspektivik vor, den Zusammenhang nur individueller Erinnerung zu sprengen, indem verschiedene Subjektivitäten eingeholt werden, so ist durch die semantischen Querverweise, die den Text durchziehen, und die durchgängige Rhythmisierung ein zweites Raster von Sinn-ordnung über diesen scheinbaren Zerfall gelegt, das die ordnende Hand des Autors sichtbar macht. Es entsteht so eine zugleich kontingente und streng organisierte Welt des Textes." (ebd.)

Wie bei Führer zielen Martin Hielschers Überlegungen auf den Autor Wolfgang Koeppen. Dementsprechend werden zur Interpretation von *Jugend* nicht nur die drei Nachkriegsromane, sondern auch und zentral Koeppens autobiographische Skizze *Vom Tisch* (1972) herangezogen. Hielscher versteht *Jugend* wesentlich als

---
[31] Führer, Ich 1982, 79.
[32] Vom Hofe/Pfaff, Elend 1980, 94.
[33] Führer, Ich 1982, 74.

„Fortsetzung des Ich-Romans, der sich im *Tod in Rom* ankündigte"[34]. Als solches inszeniere das Buch „die zentralen Rollen und Vorstellungen verschiedener Figuren aus den früheren Romanen" (318). Dabei werfe insbesondere dieses Buch auf Koeppens schriftstellerisches Selbstverständnis als Beobachter, Zeuge oder Kassandra ein neues und kritisches Licht, da in *Jugend* „deren Relativierung und Dekonstruktion" (320) zur Sprache komme. In seiner Dissertation *Zitierte Moderne. Poetische Erfahrungen und Reflexionen in Wolfgang Koeppens Nachkriegsromanen und in 'Jugend'* (1988) geht Hielscher den grundlegenden Sinnstrukturen des Buches *Jugend* nach. Dabei versteht er Jugend wesentlich als „Klage um das sowohl gesellschaftlich zerstörte Leben, als auch um das in der ästhetischen Existenz immer schon verlorene, eingebettet in die Klage um das verlorene Paradies."[35] In dieser Perspektive erscheint das Buch als eine Art poetische Metareflexion der schriftstellerischen Arbeit unter den Bedingungen von Sinnlosigkeit und Ausweglosigkeit:

> „Der deklassierte Schriftsteller wendet seine Deklassierung um in einen aggressiven Akt, indem er die ihm funktionell aufgetragene Arbeit der Sinngebung wie der Zeugenschaft zugleich antritt und verweigert."[36]

Letztlich bearbeite, so Hielscher, Koeppen in und mit *Jugend* den nicht bewältigten Tod der Mutter im Jahr 1925: Wie aus der Schlußpassage hervorgehe, liefere der Erzähler (und das bedeutet für Hielscher offensichtlich Wolfgang Koeppen) nun die damals von der Mutter erwarteten, jedoch ausgebliebenen Worte literarisch nach, und zwar „indem das, was die Mutter an Sinn vom Sohn erwartete, nämlich eine (bürgerliche) 'Existenz' zu führen, durch die Negation solcher Lebensentwürfe beantwortet wird"[37].

3. Koeppens Buch erfordert, da es zentral auf mythische und religiöse Traditionen (und Märchen) rekurriert,[38] eine Analyse und Reflexion des Verhältnisses von Religion und Autobiographie. In der Forschung ist dieses Problem zwar im Blick, jedoch bisher kaum hinreichend bedacht worden. Karl-Joseph Kuschel konzentriert sich auf den Nachkriegsroman *Der Tod in Rom* (1954),[39] auf die Jesusszene in *Jugend* (J 140-142) wird nur lakonisch verwiesen, eine Interpretation (der Szene wie des Buches) bleibt aus. Kuschels Kommentar zu dieser Szene lautet:

> „Keine Frage: Der Verweis auf Jesus überrascht, die Jesus-Rolle kommt unerwartet für einen Mann, der so bitter wider die Entfremdung der Menschen durch christliche Theologie und Kirche schreiben konnte, dargestellt etwa in 'Jugend' am Schicksal der Mutter. Er ist umso ernster zu nehmen." (164)

Gerhard vom Hofe und Peter Pfaff, die Koeppens Rekurs auf den Mythos als „sicheres Indiz des Konservativismus"[40] werten, sehen *Jugend* wie ein mittelalterliches Triptychon strukturiert, dessen einzelne 'Altarbilder' „typologisch auf die biblische

---

[34] Hielscher, Schreiben und Schlachten 1987, 318.
[35] Hielscher, Zitierte Moderne 1988, 173.
[36] Hielscher, Schreiben als Schlachten 1987, 323.
[37] Hielscher, Koeppen 1988, 137.
[38] Dazu etwa Hielscher, Koeppen 1988, 22.31.34.60f.80-85.
[39] Kuschel, Jesus 1987, 163-176.
[40] Vom Hofe/Pfaff, Elend 1980, 94.

Heilsgeschichte zu beziehen" (97) sind: Danach wären, was nur essayistisch angedeutet ist, die Phase des Vorkriegs für den Sündenfall, des Kriegs für die Jesuszeit und des Nachkriegs für die Apokalypse „heilsgeschichtlich transparent" (98), wobei als der springende Punkt die pessimistische Korrektur des Mythos erscheint:

> „Für Johannes auf Patmos bezeichnete die Katastrophe das Ende der Zeit, den Anbruch des Gottes-Reiches, die Auferstehung. Für den modernen Visionär ist der aussichtslose und immerwährende Untergang in Krieg und Tod die Normalität der Welt. Es mangelt die Transzendenz, aus der allein die Sicherheit käme." (101)

Einen anderen Akzent setzt Ruth Fühner, die auf Schuld als religiöses Problem hinweist:[41] Koeppen beschreibe in *Jugend* die Situation eines allgemeinen Verurteiltseins, in der es insofern keinen Ausweg (in Form eines Freispruch) mehr gäbe, als ein umfassender Sinnhorizont nicht mehr erkennbar oder vorhanden sei (59 und 83).

Im folgenden will ich meine Lesart des Buches *Jugend* als eine Form der spätmodern-gebrochenen Klage herausarbeiten.[42] Nicht nur thematisch, sondern auch formal gesehen, steht der Satz: „Wir sind von Anbeginn verurteilt" (J 68) im Zentrum des Buches. Es ist der letzte Satz der 26. Episode: Damit wird in einem philosophisch anmutenden Satz ausgesprochen, was das Buch als ganzes inszeniert: Die Klage um das verlorene Paradies der Kindheit und Jugend, die Leserinnen und Leser nicht zu einem partizipatorischen Einstimmen, sondern zu einer ästhetisch in Gang gesetzten Reflexion der Sinnhaftigkeit des Autobiographischen schlechthin provoziert. Auf dem Spiel steht die biographische Erinnerungsarbeit, die ihres metaphysischen Grundes entwurzelt ist.

3. Der Suche nach biographischer Wahrheit nicht ausweichen: Religiöse Dimensionen des Buches *Jugend*

Um den religiösen Dimensionen der autobiographischen Kommunikation auf die Spur zu kommen, setze ich, wie im methodischen Abschnitt herausgearbeitet, grundsätzlich wirkungsästhetisch an. Das Problem der Religion stellt sich dabei auf drei verschiedenen Ebenen: der Ebene der erzählten biographischen Welt, der Ebene der Deutung der biographischen Welt und der Ebene der autobiographischen Kommunikation. Die Frage nach dem Verhältnis von Autobiographie und Religion ist also kein zu isolierendes, etwa nur auf die religiöse Motivik zu reduzierendes Einzelproblem. Vielmehr ist eine Analyse der komplexen Erzählstruktur (Erzählperspektive, Figurenkonstellation, plot und Leserfiktion) erforderlich. Die verschiedenen Bausteine, die bei dieser Analyse entstehen (Thema, Erzählstruktur und Erwartungshorizont) werde ich am Ende (unter 3.6.) zu meiner Lesart des Buches zusammensetzen.

---

[41] Fühner, Ich 1982, 50.69f.
[42] Damit widerspreche ich, wie bereits angedeutet (dazu Abschnitt B. I. 2.) der These von Voss, Metamorphosen 1993, 236-244, das Buch spiegele den postmodernen Verlust des Imaginären. Dazu auch Voss, Wahrheit und Erfahrung 1983, 269-357, und: Ohnmächtige Wahrheit 1987, 332-359.

3.1. Mit der Mutter durch das Rosental zum Gut Ephraimshagen: Die Eingangssequenz

Die Eingangsszene (9-13) nimmt die folgende biographische Erzählung in nuce vorweg, nicht nur in Motiven („Zeugung drängte zur Schlachtung", 9)[43] und Figuren (Großmutter, Mutter und episches Ich), sondern auch erzählstrukturell: Im Abschreiten familiärer und gesellschaftlicher Sinnräume, im Stillstand der Zeit, in der Handlungsarmut und letztlich der Rondoform wird Leserinnen und Lesern zu Beginn des Buches verdichtend kommuniziert, was sie im folgenden erwarten wird: die autobiographische Destruktion des biographischen Subjekts im Sinn eines autonom handelnden und sich selbst bestimmenden Menschen.

Die Erinnerung des Erzählers an einen Spaziergang mit seiner Mutter ist zu einer symbolischen Szene verdichtet: Hinter der biographischen Konkretion der abgeschrittenen Orte werden Verfallenheit der Familie, Leere der Religion und Brutalität der Gesellschaft sichtbar. Was als Fluchtpunkt bleibt, ist der Rückzug in den Innenraum der eigenen Phantasien und Gefühle. Doch dieser ist in seiner Aggressivität nur der destruktive Ausdruck nicht gelingenden Raumwechsels: Der Erzähler, der in seinen Phantasien Schlangen beschwört, bleibt dem Raum der Mutter, die nichts so sehr fürchtet wie Schlangen, verhaftet. Nicht zufällig ist dieser Raum der Familie mythisch besetzt: Was der Mutter als „Paradies" (11) erscheint, kann der Sohn als „Garten Eden" (11) nicht mehr finden. Und die Schlangen, die aus dem Paradies vertreiben („sie eilte fort...", 11) und von der Mutter gefürchtet werden, wünscht der Sohn in seinen Gefühlen des Hasses herbei. So beginnt die Eingangssequenz mit dem Satz:

„Meine Mutter fürchtete die Schlangen." (9)

Und dementsprechend endet die Eingangspassage mit dem Satz:

„...und [ich] wünschte die Schlangen herbei, eine gleitende Natter um jeden Pfosten, der ein Dach trug, ein Bett und den tiefen Schlaf all der Gerechten stützte." (13)

Diese symbolische, die biographische Konkretion transzendierende Dimension der Eingangsszene ist nicht zuletzt Ausdruck eines poetischen Realismus: Biographisches wie der Spaziergang mit der Mutter erhält durch die Art und Weise, wie es sprachlich gestaltet und erzählt wird, eine Tiefendimension, die auf eine Art mikrokosmische Verdichtung des autobiographischen Kosmos zielt.[44] Dabei lassen sich stilistische, erzählstrukturelle und metakommunikative Aspekte differenzieren, die in ihrem Zueinander und Ineinander die Eingangssequenz ins Mythische tendieren lassen.

Zunächst fällt auf, daß Leserinnen und Leser ganz unmittelbar mit der problematischen biographischen Grundkonstellation konfrontiert werden. Auf hinführende und einführende Erklärungen wird verzichtet, das „Rosental" (9) ist ebenso als bekannt oder nicht erklärungsbedürftig vorausgesetzt wie das Gut „Ephraimshagen" (9) oder die „Stadt" (11). Der Ich-Erzähler berichtet von einem Spaziergang mit seiner Mutter

---

[43] Zitate und Seitenangaben in Klammern im folgenden, wenn nicht anders vermerkt, aus Koeppen, Jugend (1976) 1989.
[44] Hier nehme ich einen Gedanken von Treichel, Fragment 1984, 168 auf: „Dieser Abschnitt bildet einen erzählerischen Mikrokosmos, der den Makrokosmos des gesamten Textes spiegelt."

durch das Rosental zu dem Gut Ephraimshagen (als eines der Güter, auf dem die Mutter im Krieg als Näherin gearbeitet hat) und zurück zur Stadt (der Jugendzeit des Erzählers). Wann dieser Spaziergang war, wird nicht erzählt: Das, was zur Sprache gebracht wird, bleibt zeitlich unbestimmt. Die Beobachtungen des Erzählers lassen zwar ein bestimmtes Zeitkolorit erkennen. In der Bibliothek von Ephraimshagen sind „Bismarcks Erinnerungen" (10) zu sehen und die Stadt riecht „nach verwelkenden Erinnerungen an die armen Helden des Krieges, nach der konservierten schönen Leiche des Kaiserreichs" (12). Daran wird erkennbar, daß es sich offensichtlich um die Zeit nach dem ersten Weltkrieg in einer deutschen Hafenstadt handeln muß. Doch mehr historisches Profil ist kaum feststellbar. Zeit ist und bleibt in dieser Szene seltsam unbestimmt: Die Eindrücke des Erzählers - Verfall, Leere und Elend - tendieren ins Transhistorische.

Ähnlich dem romantischen Maler, der unvermittelt genannt wird (und nur für den Kunstkenner als Caspar David Friedrich identifizierbar ist), läßt der Erzähler in und mit seiner dichten poetischen Sprache wesentlich Raumbilder entstehen. Die Erzählperspektive funktioniert wie ein Kamerazoom: Der Blick des Erzählers wandert von außen nach innen und gipfelt je in einer beschreibend-deutenden Innenansicht des ländlichen Guts, der protestantischen Kirchen wie der Stadt am Hafen. Formal betrachtet, entstehen diese Raumbilder im Zusammenspiel verschiedener Ebenen: *sprachlich* etwa durch lautmalende Verben („krähen", „fuseln", „gähnen" etc.) und Adjektive („speckig", „bröckelnd", „prall" etc.), ferner durch Alliterationen (die „polierten Möbel pommerschen Empires, die schweren blanken Schränke", „es schliefen die gebrochenen Brokate der Sessel im Salon", 9 etc.), *satzrhythmisch* durch die paratáktische Gliedsatzstruktur (Eingangssequenz besteht aus nur zwei Sätzen) und die endlos wirkenden Reihungen (dazu 12) und *erzählstrukturell* durch die spezifische Abfolge von Verfall (das Gut), Leere (die protestantischen Kirchen) und Elend (die Hafenstadt). Dabei sind diese Bilder unverkennbar Kontrapunkte zur romantischen Stadtsilhouette, auch und besonders insofern, als sie - anders als die Bilder des Malers - das Interieur der Räume auszuleuchten versuchen: Der Raum der Familie, für den das Gut Ephraimshagen steht, ist in seiner „alten Reserverittmeisterlichkeit" (9) von Verfall bestimmt, was bereits am Säulenportal mit seiner „bröckelnden traurigen Sandsteinheiterkeit der hier wie im Stundenglas des Sensenmannes sichtbar verrieselnden Zeit" (9) sichtbar wird. Der Raum der Kirchen, deren Türme „aus rotem Backstein gegen den nie erreichten Himmel gebaut" sind und die Gemeinde schwer drücken (11), ist von Leere bestimmt. Von dieser Leere der Kirchen, „vergreist in Wüste, Wildnis und Sumpf" (12) und damit in die Zeit vor die Schöpfung zurückgefallen (dazu 79), unterscheidet sich die Stadt, insofern in ihr - trotz allen Elends - Leben ist. Der Erzähler riecht zunächst die friedlich anmutende Abendstimmung im Kontrast zu den Kirchen: In ihnen „lagen die ungeschmückten protestantischen Altäre, die Kanzeln schulmeisterlicher Prediger" (12),

„während es in den Gassen ringsum behäbig nach Abendbrot roch, nach Spickaal, nach Bratkartoffel und Fisch, nach Speck und Kleiebrot, nach Buchweizengrütze und Klüttegrütt" (12).

Doch dieser Geruch ist ein Geruch „nach bürgerlicher Bescheidung, tückischer Demut, familiärer Niedertracht in Furcht und Enge" (12), der sich zu einem Gefühl des Ekels steigert. Es roch, so der Erzähler,

> „nach dem Mensurblut der Studenten über den stinkenden Schurz korporierten Mutes ins Sägemehl der Kneipen gelaufen, nach dem Blut der von tollwütiger Feme Erschlagenen, ins Torfmoor versenkt, zu den Hünengräbern getragen, nach Mädchenblut in versteckter Wäsche unter das Sofa der guten Stube gestopft, nach der Asepsis, dem Eiter, der Anatomie der Kliniken, dem Schweiß der Kranken, dem Entsetzen der Sterbenden" (12).

Die Bewegung der Szene wird von dem Spazierweg nach Ephraimshagen und zurück in die Stadt markiert. Sie gipfelt in dem Gefühl des Ekels und Hasses. Der Gang zum Gut erscheint wie ein Sprung in die Vergangenheit, die der Erzähler als längst erledigt sieht:

> „und meine Mutter blickte wie ins Paradies durch die Einfahrt aus verklumptem Lehm, [...], doch ich fand nicht mehr den Garten Eden, nichts zog mich an" (11).

In den Bewegungen auf die Kirche hin und in die Stadt hinein wird zunächst suggeriert, der Erzähler (und mit ihm seine Leserinnen und Leser) gelange in eine bessere Welt, doch das wird zunehmend desillusioniert. Das Gut ist einfach nur 'abweisend' (9), die Kirchen haben 'verschlossene Türen' (12), die Stadt aber riecht förmlich nach Gewalt, „nach den verfaulten Blumen der Friedhöfe und dem Tod, den jeder in seiner Brust trägt, nach dem gasenden Schlick des Wallgrabens und der Abwässer" (13).

Die Eingangsszene ist so von einer nachvollziehbaren und durchaus auch sich steigernden Bewegung strukturiert. Dennoch konstituiert sich ihr Sinn nicht allein über diese Bewegungsstruktur. Entscheidend ist vielmehr der 'Innenraum' des Erzählers als Fluchtpunkt der abweisenden, verschlossenen und Brutalität ausdünstenden 'Sinnräume' der Gesellschaft und Familie. Das Ich dieses Erzählers ist kein handelndes, sondern ein wahrnehmendes, auch deutendes und kommentierendes Ich, wie an den Verben erkennen („und ich erkannte"), sehen („sah aber auch"), empfinden („ich empfand") und hassen („wie haßte ich die Stadt") zu erkennen ist (Ausnahme ist nur das Verb finden, doch wird dieses in Negation verwendet: „doch ich fand nicht", 11). Davon setzt sich deutlich die Mutter als Handelnde ab. Sie treibt die Bewegung voran, sie spricht (10), sie schreit (10), sie erschrickt und eilt fort (11). Dabei verliert sich jedoch der gemeinsame Weg des Anfangs in den einsamen Rückweg des Erzählers in die Stadt und damit in die Welt seiner Innenräume, in denen die Mutter insofern präsent ist und bleibt, als ihre Schlangenphobie ins Aggressive transformiert wird.

Auch mit Blick auf die Frage nach Religion erweist sich die Eingangssequenz als ein sequentieller Mikrokosmos. Ich sehe drei wesentliche Aspekte:

1. Religion wird in Form ihrer biblisch-mythischen Traditionen aufgegriffen: Die Eingangssequenz ist strukturell von der Schlangensymbolik und thematisch von dem Motiv des verlorenen Paradieses (Gen 3) bestimmt: Die Mutter versucht, den Sohn - schreiend, hämmernd, pressend - in den Mythos des (verlorenen) Paradieses zu bannen, doch vergeblich. Das, was die Mutter dem Sohn vermitteln will, richtet sich gegen sich selbst: Nicht das Paradies (der Vergangenheit) wird als verlockend empfunden, sondern die Möglichkeit der Vertreibung: Das, was

die Mutter vom vergangenen Paradies forttreibt, wird beim Sohn zum ersehnten Vernichtungsinstrument: Die Schlangen, die aus das Paradies vertrieben und es damit vernichtet haben, sollen „den tiefen Schlaf all der Gerechten" (13) stören.[45] Auffallend ist, daß die zweite Episode den Anfang der Schöpfungsgeschichte zitiert. Damit kommt, gemessen an der Chronologie der Erzählung, zuerst die Vertreibung aus dem Paradies und dann die Schöpfungsgeschichte (13).

Zudem werden - am Rand der Kenntlichkeit und eher im Vorübergehen - biblische Horizonte aufgerufen, und zwar im Namen *Ephraimshagen* (9, wahrscheinlich ein Assoziationsimpuls, etwa im Sinn von: biblisches Land oder aus urbiblischer, fast noch paradiesischer Zeit), im Nennen des *krähenden Hahns* (9: „ein Hahn krähte auf dem Mist", dazu auch 80; vielleicht eine Art assoziative Ankündigung des folgenden 'Verrats' am Familienmythos) wie des *Korbes*, in dem der Säugling den Blicken der Großmutter ausgeliefert ist (eine Anspielung auf Mose).

2. Religion kommt in ihren christlich-kirchlichen Ausdrucksformen besonders als Raumstruktur zur Sprache: In der Eingangsszene werden zunächst „die Türme und Dächer von St. Nikolai, St. Jakobi und St. Marie" genannt. Dabei wird sofort eine kritische Perspektive des Erzählers erkennbar: die Kirchtürme „drückten schwer die Gemeinde" (11). Diese kritische Sicht setzt sich fort und wird insofern noch gesteigert, als das Anspielen auf die Turmbaugeschichte Gen 11 („glichen, aus rotem Backstein gegen den nie erreichten Himmel gebaut, Festungen tollkühner Planung", 11f) das folgende Kirchenprofil in die urgeschichtliche Vertreibungsperspektive rückt: Der Erzähler sieht die Kirchenräume der protestantischen Kirchen von Leere bestimmt, verschlossene Hallen, die keinen Raum geben und lassen für grundlegende religiöse („vor allem vom Katholizismus praktizierte) Riten wie das Beten, die Beichte oder die Absolution:

„und in den Kirchen lagen verlassen die leeren Schiffe, gebetslose Hallen hinter verschlossenen Türen, der Gnade der Beichte und Lossprechung entzogen, lagen die ungeschmückten protestantischen Altäre, die Kanzeln schulmeisterlicher Prediger, der verlorene Aufstand begrabener Gewissen" (12).

3. Neben dieser semantisch codifizierbaren Präsenz wird Religion in der symbolischen Kommunikation der biographischen Problemkonstellation erzählstrukturell greifbar: Das epische Ich, aus den Sinnräumen seiner Gesellschaft vertrieben (die Welt), rekurriert auf den eigenen Innenraum (das Ich), ohne darin einen Ausweg finden zu können (Biographie in Rondoform und Raumstruktur: die impressionistische plotstruktur). Schwach und wie zufällig blitzt Utopisches auf, Bruchstücke einer Welt, die nicht aus dem Vorfindbaren lebt und doch ihren Haftpunkt je in einem der drei konkreten Räume hat: Da werden in der Bibliothek von Ephraimshagen neben Bismarcks Erinnerungen das „Buch der Lieder" wahrgenommen - „irgendwie dahingeraten und vergessen" (10) -, und die Aufmerksamkeit wird damit auf Heinrich Heine gelenkt, auf sein Plädoyer für die „Tugenden

---

[45] Zur Vielschichtigkeit der Schlangensymbolik in *Jugend* Hielscher, Schreiben und Schlachten 1987, 320-324.

der Jugend", ihre „Spiele und Gefahren."⁴⁶ Und da wird - sozusagen mit Blick auf das Paradies und ex negativo - ein Raum beschworen, in dem das möglich sein kann: das Beten, das Beichten und das Lossprechen. Und es bleibt schließlich - wenn auch nur flüchtig zwischen „Mensurblut" (12) und „den Gespinsten der Professoren, den toten Herzen der Beamten, dem Staub der Gesetze" (13) der Blick haften auf „dem drängenden Atem der Liebenden unter dem Gebüsch in den Ruderbooten des Sommers" (13), vielleicht ein - metakommunikativ zu lesendes - Selbstbekenntnis des autobiographischen Erzählers, der die Welt der Brutalität mit eben jenem drängendem Atem der Liebenden sprachlich zu fassen und bannen versucht.⁴⁷

Ich fasse zusammen: Es ist die spezifische Erzählstruktur der Eingangssequenz, in und mit der die biographische Welt wie der autobiographische Zugriff auf sie symbolisch kommuniziert wird: Das Ich ist ein religiöser Leere und gesellschaftlicher Brutalität ausgesetztes Ich, dessen letztes Refugium, die Fluchtbewegung in den schützenden Innenraum (des wahrnehmenden Beobachters), emotional den Kräften ausgeliefert bleibt, die es kognitiv bereits überwunden hat. Irritierend (und für die weitere Lektüre provozierend) ist und bleibt die poetische Souveränität des Erzählers: Fast hat es den Anschein, als wolle er mit seiner Sprache die Welt verwandeln, dem Elend und der Leere den „drängenden Atem der Liebenden unter dem Gebüsch in den Ruderbooten des Sommers" (13) entgegensetzen.

3.2. „Das Gedichtete behauptet sein Recht...":
Konturen der autobiographischen Kommunikation

Das Buch *Jugend* ist, wie bereits erwähnt, zunächst gar nicht als Autobiographie erkennbar. Dennoch gibt es auf unterschiedlichen Ebenen des Textes Hinweise, die Leserinnen und Lesern signalisieren, daß das, was sie lesen, eine Form der autobiographischen Kommunikation ist. Diesen Hinweisen will ich im folgenden genauer nachgehen. Ich beginne mit dem Titel des Buches.

Dem *Titel* „Jugend" ist in seiner Unbestimmtheit und Schlichtheit kein Hinweis auf Autobiographisches zu entnehmen. Da ist einfach von *Jugend* die Rede, ganz unbestimmt, ohne in einem Untertitel (gattungsspezifisch) präzisiert zu werden. Auf Autobiographisches weist höchstens das Thema 'Jugend' hin. Dieses ist, wenn auch nicht darauf beschränkt,⁴⁸ ein klassisches Thema literarischer Autobiographien. Nicht selten weist dabei der Titel auf Autobiographisches hin, entweder in der Verwendung eines Possessivpronomens (Beispiel: Albert Schweitzer, Aus meiner Kindheit und Jugendzeit, 1924) oder eines unbestimmten Artikels (Beispiel: Ernst Toller, Eine Jugend in

---

⁴⁶ Heine, Buch der Lieder, Vorrede (1837) 1981, 12f.
⁴⁷ Hier greife ich eine Beobachtung von Reich-Ranicki, Wahrheit, weil Dichtung 1976 auf. Dazu auch Hielscher, Schreiben und Schlachten 1987, 320f.324.
⁴⁸ Als ein Beispiel sei Joseph Conrads *Jugend* genannt. Es ist zu vermuten, daß Wolfgang Koeppens Buch auf diese Erzählung, im Original unter dem Titel Youth 1902 erschienen, anspielt.

C. Fragment und Ganzheit - Klage und Lob

Deutschland, 1933),[49] oder, um jeden Zweifel (aus Sicht des Autors oder Verlags) auszuräumen, mit einem ausdrücklichen Gattungshinweis im Untertitel (Beispiel: Julien Green, Jugend. Autobiographie 1919-1930, 1987)[50]. Alles das ist in Koeppens Buch *Jugend* nicht zu finden, oder besser und angemessener formuliert: jede Form einer solchen literarischen Festlegung ist verweigert, schon vom Titel her bleibt das Buch unbestimmt. Nicht *meine* Jugend, nicht *eine* Jugend, sondern *Jugend* schlechthin, so wird suggeriert, ist im Blick. Das konkretisiert sich bereits in und mit der Lektüre der Eingangssequenz, in der das Destruktivität freisetzende Spannungsfeld beschrieben wird, innerhalb dessen Jugend aufgespannt und zerrieben wird: zwischen den regressiv-vereinnahmenden Ansprüchen der Familie und den konformistisch-brutalen Interessen der Gesellschaft. So weist der Titel *Jugend* (im voraus wie deutlicher dann im nachhinein) in seiner Unbestimmtheit auf ein spezifisches (autobiographisches) Programm, das im Buch schrittweise realisiert wird: Indem *Jugend* von Jugend als einer Zeit inbesondere gesellschaftlicher und familiärer Verletzungen erzählt und diese Zeit als eine Zeit der (verlorenen) Sensibilität und Aufbrüche (nicht zuletzt in der Figur des Lenz) beschwört, markiert es diese Lebensphase als eine, in der über Sinn und Nichtsinn schicksalhaft entschieden wird. Das kommt auch in der Passage zum Ausdruck, in der das Titelstichwort *Jugend* ausdrücklich fällt:

„In meiner Stadt war ich allein. Ich war jung, aber ich war mir meiner Jugend nicht bewußt. Ich spielte sie nicht aus. Sie hatte keinen Wert. Es fragte auch niemand danach. Die Zeit stand still. Es war eher ein Leiden. Doch gab es keinen, der mir glich." (127)

Neben dem Titel sind die verschiedenen Formen der autobiographischen *Metakommunikation* als Indikatoren der kommunikativen Absicht eines Textes in den Blick zu nehmen.[51] Dabei unterscheide ich mit Salzmann zwischen expliziten und impliziten Formen einer solchen Metakommunikation. Ich konzentriere mich im folgenden auf das Problem der expliziten Metakommunikation. Formen der impliziten Metakommunikation deute ich, meinem Ausgangsinteresse entsprechend, im Anschluß daran nur an.

Von einer *expliziten* Metakommunikation kann ausgegangen werden, „wenn der Erzähler sein Schreiben bzw. sein Erzählen thematisiert."[52] Formen einer solchen expliziten Metakommunikation sind in *Jugend* - mit Ausnahme des Epilogs - höchst selten. Nur sehr vereinzelt sind Hinweise zur (autobiographischen) Schreibsituation anzutreffen, und zwar entweder in Form eines ausdrücklichen Markierens der Differenz zwischen erzähltem und erzählendem Ich (40: „Ich bin damals unter der Nähmaschine..."; 78: „Erbauer: hier stock ich schon" und 131: „Erst später spürte ich die Narben"), der offensichtlichen Korrektur einer Briefnotiz der Mutter (120: „War dieser Winter schön? Er war kalt und mich hungerte") oder einer plötzlichen Präsens des epischen Ich im Erzählten (112: „ihr Herz schlug, ich hoffe es, unter der Gummischürze, schlug

---
[49] Im ersten Kapitel *Blick 1933*, in dem die Intentionalität des Buches ausdrücklich festgehalten wird, wird die Unbestimmtheit des Artikels im Titel präzisiert: „Nicht nur meine Jugend ist hier aufgezeichnet, sondern die Jugend einer Generation und ein Stück Zeitgeschichte dazu.", Toller, Eine Jugend (1933) 1993, 7.
[50] Der Titel der französischen Originalausgabe lautet: Jeunes années. Autobiographie 2, Paris 1984.
[51] Dazu Salzmann, Kommunikationsstruktur 1988, 65.
[52] Salzmann, Kommunikationsstruktur 1988, 58.

es wirklich, es schlug versteckt"). Nur an einer Stelle wird der *autobiographische Pakt* traditionell im Sinn einer räsonierenden Entfiktionalisierungsstrategie geschlossen (54: „Ich weiß nicht mehr, ob ich es sah oder mir einbildete").

Ich komme zum *Epilog* des Buches (142-146), der als komplexe Form einer ausdrücklichen autobiographischen Metareflexion gelesen werden kann.[53] Diese involviert Leserinnen und Leser - erzählchronologisch gesehen - ein letztes Mal in besonderer Weise in die Komplexität, Existentialität und Fragilität des Autobiographischen, indem sie mit dem Problem der Erinnerungsarbeit auf den Ebenen des Argumentativen, Assoziativen und Narrativen konfrontiert werden. Darin erweist sich der Epilog, der in seiner poetischen Dichte die Mitarbeit der Leserinnen und Leser stark beansprucht, zunächst als ein Kulminationspunkt des Buches. Dennoch wird in und mit ihm ein deutlich eigener Akzent gesetzt. Dieser manifestiert sich in einer beinahe explosiv anmutenden Spannung, in die das Erinnerungsbild - die Abschiedszene von der Mutter - erzählstrukturell manövriert wird: Zunächst wird das Sich-Erinnern als Akt einer letzten Sinnkonstitution verortet, dann wird dieser Akt in seiner Sinnpotentialität einem erschütternden Zweifel unterzogen und erst danach, mit und unter diesem Vorzeichen, wird das Erinnerungsbild des Abschieds erzählt, das in seiner inneren Dramatik eine zentrale, wenn nicht alles entscheidende Bedeutsamkeit zu erkennen gibt. Es ruft das Gefühl eines letzten Verstricktseins, einer schuldlosen Schuld hervor: Als Jugendlicher entließ der Erzähler seine Mutter, indem er ihr das erlösende Wort oder Zeichen, wie es von ihr unausgesprochen erwartet worden war, verweigerte, trostlos in den Tod. Doch er hatte, so erinnert sich der Erzähler, keine andere Wahl, es sei denn um den Preis der Selbstaufgabe. Was bleibt, ist der Schmerz, bis in die Gegenwart des Erzählers hinein. So endet das Buch mit der folgenden Passage:

> „Der Reif ist um die Brust gelegt, es brennen die Augen, die feucht werden, es brennt die Hand, die erstarrt, wie sehr das schmerzt, denn ich spürte nichts, es war nicht mein Tod, der sich im Eishaus der Sträucher unter den kahlen Kastanien entkleidete, ich verließ sie schon, oder ließ sie mich verlassen, Iphigenie, wie üblich, auch wenn ich ihr den Arm reichte, sie heimführte oder so tat und an das Geschäft dachte, das ich nicht habe." (146)

Es lassen sich, überschaut man den Epilog als ganzen, drei verschiedene Konstitutionsebenen unterscheiden: Zunächst die Ebene der Reflexion (142: „Ich schrieb, meine Mutter fürchtete die Schlangen"), dann die eines den Erinnerungsprozeß beschreibenden Vergleichs (144: „Es ist, als betrachte ich eine alte Photographie.") und darin verwoben und verschlungen die des Erinnerungsbildes (145: „Sie geht über die kleine Brücke aus morschem Holz"):

1. Der Erzähler thematisiert und reflektiert zunächst ausdrücklich sein Erzählen und Schreiben. Das wird daran erkennbar, daß er mit dem Rückverweis auf den Anfang des Buches beginnt:

---

[53] In *Vom Tisch*, einer autobiographischen Variante von 1972, ist die ausdrückliche autobiographische Metareflexion breiter (und auch verständlicher) angelegt. Sie betrifft die Erinnerungsarbeit (VT 285: „Ich glaube, mich zu erinnern. Aber wer ist das, der sich erinnert?"), den autobiographischen Schreibakt (288: „Ich verirre mich. Der Satz mauert mich ein. Ich bewege mich im Kreis"), die Rolle des Erzählers (294: „Was wäre gewonnen, wenn man das Ich, den Erzähler wegließe") und das Problem der Zeit (298: „Versuch einer Aufhebung der Zeit").

C. Fragment und Ganzheit - Klage und Lob

„Ich schrieb, meine Mutter fürchtete die Schlangen. Sie sah sie im brackigen Grund, wenn wir am Meer entlang zum alten Gut gingen. Gras krankte in salziger Lauge. Das Rad der Saline stand still. Aus der Abdeckerei faulte Verwesung. Ich haßte die Stadt hinter den Wiesen, die berühmte Silhouette, die der Maler gemalt hatte. Ich sah sie von Ottern gefressen. Aber wird man mich verstehen?" (142f)

Der Erzähler lenkt in dieser Passage zum Anfang zurück, zitiert seinen ersten Satz und faßt resümierend (und nicht ganz mit ihr übereinstimmend) seine Eingangssequenz zusammen. Er problematisiert deren (und offensichtlich nur deren) kommunikative Dimension und sieht den Akt einer möglichen literarischen Verständigung grundlegend gefährdet. Diese Gefährdung verortet der Erzähler in Verunsicherungen, die das 'Grundhandwerkszeug' autobiographischen Schreibens betreffen. Das Verstehen steht auf dem Spiel, zumal der Erzähler daran zweifelt, sich selbst verstanden zu haben:

„Aber wird man mich verstehen? Ich darf nicht zugeben, daß es gleichgültig wäre, ob mich keiner versteht oder einer, der natürlich wichtig würde und meine Bemühung nicht ganz vergeblich sein ließe, wenn ich auch selber nicht weiß, ob ich etwas verstanden habe oder überhaupt etwas zu verstehen war." (143)

Unzweifelhaft sind dem Erzähler Ereignisse, die ihn betroffen haben, und Vorgänge, die er beobachtet hat. Sie sind als „Aufzeichnungen da, Daten, wie sie es nennen" (143). Dementsprechend versteht er seinen autobiographischen Sprechakt wesentlich als Zeugenschaft (143: „ich war Zeuge"), die jedoch von dem Gefühl kosmischen Verlorenseins untergraben ist. So muß der Erzähler seiner Hoffnung Ausdruck geben, es möge das, was er beobachtet hat, zumindest ein „bestimmter wenn auch winziger Punkt in der Zeit, ein immerhin zu lokalisierendes Ereignis im All" (143) (gewesen) sein. Wie in Computern als den „jetzt modernen und unheimlichen Maschinen" (143) sind im Gedächtnis des Menschen zwar Daten, Erinnerungen, gespeichert. Daran gibt es keinen Zweifel. Unsicher ist nur, ob die „Taste" (143) zu finden ist, „die Vergangenheit herbeiruft, sie zur Gegenwart und gar zur Zukunft in unentrinnbare Beziehung setzt" (143f). So verdichtet sich der Zweifel des Erzählers, ob er sich selbst verstehen kann, in der fragenden Unsicherheit, ob der Akt der Erinnerung ein bewußt zu steuerndes oder nur zufälliges Geschehen ist:

„vielleicht konnte ich nie mit dem umgehen, mit dem mich die Schöpfung ausstattete, und nur noch zufällig löst irgendeine ungewollte Erregung ein Bild aus dem Vorrat bewahrter doch vergessener gleichgültiger Eindrücke und macht es bedeutsam, wiederholt den längst vergangenen Augenblick, schafft ihn neu oder täuscht mich darin." (144)

2. Von dieser ausdrücklichen autobiographischen Metareflexion setzt sich deutlich ein bildhaftes Vergleichen des Erinnerungsprozesses mit dem Betrachten einer alten Photographie ab:

„Es ist, als betrachte ich eine alte Photographie. Ich habe sie aufgenommen; vielleicht bin ich auch aufgenommen worden. Es ist Mittag. Ein hoher lichtloser Himmel im Januar. Meine oder ihre Augen von der unsichtbaren Sonne gequält. Ich martere sie oder mich." (144)

In dieser Passage stecken mehrere Irritationen. Klar ist, daß der Akt des Erinnerns mit dem Betrachten einer alten Photographie verglichen wird: Zufällig entdeckt oder mit Absicht hervorgeholt, ist das Erinnern wie ein intensives, fast identifikatorisches Aufrufen der Bilder „aus dem Vorrat bewahrter doch vergessener gleichgültiger Eindrücke" (144): „Es ist Mittag. Ein hoher lichtloser Himmel im Januar...". Doch dann beginnen die Fragen: Wer ist mit dem 'sie' in „Ich habe sie aufgenommen" gemeint? Die Photographie oder die Mutter? Das ist grammatisch wie semantisch nicht eindeutig entscheidbar: Der unmittelbare Kontext spricht für 'Photographie' („ich habe sie aufgenommen"), der etwas weitere Kontext für 'Mutter' („Ich marterte sie oder mich"), offensichtlich soll es nicht entscheidbar sein. Irritierend ist zudem die Vagheit in den Sätzen: „Ich habe sie aufgenommen; vielleicht bin ich auch aufgenommen worden" und: „Meine oder ihre Augen von der unsichtbaren Sonne gequält. Ich martere sie oder mich." Diese Vagheit wird nur verständlich, wenn sie als Ausdruck des Überfallenwerdens („vielleicht bin ich aufgenommen worden") und der Überlagerungsprozesse innerhalb der Erinnerungsarbeit gelesen werden: „Meine oder ihre Augen von der unsichtbaren Sonne gequält", das wäre dann in etwa so zu lesen: So ist Erinnerung, so deutlich und zugleich undeutlich, was die Zuordnung von Gefühlen betrifft: 'Ich meine zu erinnern, es wären meine Augen gewesen, die von der Sonne gequält worden sind, aber es können auch ihre Augen gewesen sein.' Und: 'Ich meine mich zu erinnern, sie gemartert zu haben, aber es kann auch sein, daß ich mich selbst - möglicherweise indem ich meinte, sie zu martern - gemartert habe.'

Mit dem Satz: „Oder was wollte ich?" wird eine Art Exkurs über die Motivation des Erinnerungsprozesses eingeleitet:

„Ich marterte sie oder mich. Oder was wollte ich? Ein Gesicht einwecken wie Obst für den Winter, Fleisch für karge Jahre, und am Ende, in den jüngsten Tagen, der penetrante Geschmack der eisernen Ration und doch die Erdbeeren von einst" (144).

Deutlich wird, daß der Erzähler das Erinnern von der Gleichzeitigkeit des Ungleichzeitigen bestimmt sieht. In der Erinnerung ist die Vergangenheit ganz gegenwärtig und eben doch vergangen: In der Erinnerung kann Vergangenheit nicht spurlos konserviert werden („Geschmack der eisernen Ration"), dennoch kann sie den Zauber des Vergangenen seltsam aufleben lassen („die Erdbeeren von einst"). In der nun folgenden Passage läßt der Erzähler diese gegenwärtige Vergangenheit der Erinnerung, die Welt des Kindes als eine Welt besonders der Gerüche und Gefühle assoziativ aufziehen:

„der Geruch des Gartens, das Beet an einem Sommermorgen nach dem Gewitterregen der Nacht, dieser Urwald kleiner Pflanzen, grüne überlappende Blätter der Stauden die rauhgraue Gewölbe bildeten, in denen die Erdkröte saß, und das Kind, dieser Riese, beugt sich über die Welt, ein Gottvater, der vertreiben konnte oder gnädig gewähren lassen" (144).

Die Welt des Kindes trägt paradiesische Züge („Urwald kleiner Pflanzen"). Doch die Macht über das Tier läßt, wenn auch nicht ausgeübt, Züge des Nachparadiesischen erkennen: Das Kind kann, wenn es will, die Erdkröte vertreiben oder in Frieden lassen. In der nun folgenden Passage wird diese Macht des Kindes mit der brutalen Macht des Erwachsenen konfrontiert: Die Hand des Kindes, die streichelnd das Fell des Kalbes spürt, ist die Hand des Erwachsenen, der das Tier - gesellschaftlich wie religiös sanktioniert - schlachtet:

C. Fragment und Ganzheit - Klage und Lob

> „doch das eingelegte Fleisch erinnert besser nicht an das Kalb, an seinen sanften Blick, das warme staubtrockene Fell, dies ist die Hand, die dich streichelte, meine Hand, die das Messer nahm, die Kehle aufreißt, den Leib zerhackt, den Braten wendet, das Fleisch zum Munde führt, eine alte Schuld, vom Naturrecht gebilligt, schließlich schon nicht mehr organisch, ein Vorgang, wie er grauenvoll in den Gesetzbüchern steht." (145)

Mit dieser Passage wird der assoziative Erinnerungslauf abgeschlossen. Der autobiographische Erinnerungsakt wird dabei letztlich in die Nähe der Brutalität des (rituellen) Schlachtens gerückt. Was auf den ersten Blick als drastisch-schonungslose Kritik an der Inhumanität der Gesellschaft (der Erwachsenen) erscheint, erweist sich auf den zweiten und genaueren Blick als Hinweis auf ein grundlegendes (und expressionistisches) Motiv, das bereits in der Eingangsszene genannt ist: „Zeugung drängte zur Schlachtung" (9). Offensichtlich ist auch der autobiographische Erinnerungsakt diesem destruktiven Grundtakt des Lebens ausgesetzt.

3. In der Struktur des Epilogs folgt direkt und ohne einen typographischen Absatz auf das Motiv des Schlachtens die Szene des Abschieds von der Mutter. Damit wird erzählstrukturell eine Assoziation freigesetzt, die den philosophisch anmutenden Satz „Zeugung drängte zur Schlachtung" von der Ebene der autobiographischen Kommunikation auf die Ebene der erzählten Welt holt und ihn sozusagen ins Biographische übersetzt, etwa in dem Sinn: 'Der, der von der Mutter gezeugt ist, drängt dazu, die, die das Leben gab, dem Tod auszuliefern, zu 'schlachten.' Und die folgende Szene, die an die Krankensaalepisode (53-65) erinnert, hat tatsächlich eine solche dramatische Tiefendimension.
Die Mutter des Erzählers, so beginnt diese Erzählsequenz, macht ihren letzten Spaziergang und erwartet von ihrem Sohn die Rechtfertigung ihres Lebens:

> „Sie geht über die kleine Brücke aus morschem Holz, will zum Kastanienwall, es ist ihr letzter Spaziergang, sie kann das nicht wissen, zum letzten Mal ist sie von ihrem Bett aufgestanden, ein milder Tag wie er manchmal zwischen den Frösten kommt, der Himmel ist reingefegt von Nebel und Schnee und bebt Unendlichkeit, und sie erwartet das von mir, die Hilfe zum Sterben, eine Sinngebung nur, ihr Leben, das am Ende ist, soll einen Sinn bekommen, den sie verstehen könnte, oder ich soll ihr Leben rechtfertigen, so wie ich dastand auf jener Brücke, in einem Mantel reif für den Müll, mit lange nicht geschnittenem Haar, existenzlos, jeder sagte: ohne Zukunft, doch es ist ein Wort nur, ein Blick vielleicht, selbst eine kleine zurückhaltende Gebärde meiner Hand in den zerrissenen Handschuhen, auf die sie hofft [...]" (145).

Der Erzähler rekurriert, was auffallend ist, auf das präsens historicum, bricht damit jedoch in dem Moment, als sein eigener Zustand im Kontrast zu den Ansprüchen der Mutter thematisch wird: „so wie ich dastand [...]" (145): die Ansprüche der Mutter erscheinen nach wie vor, bis in die Gegenwart des Erzählers hinein, wirksam. Die nachfolgende Passage erzählt präsentisch von der Verweigerung dieser Ansprüche, es entsteht der Eindruck, der Erzähler verweigere bis in seine Gegenwart hinein - selbst noch in und mit diesem autobiographischen Buch - das von der Mutter beanspruchte, geforderte, ersehnte Wort:

> „[...] und ich sage nichts, kein Wort, ich blicke sie an und blicke sie nicht an, ich bewege mich nicht und bewege mich, nicht auf sie zu, mehr von ihr weg, ich weiß das alles, ich unterdrücke sogar mühsam ein Weinen, und doch ist die Begegnung mir hinderlich, hält mich auf, lenkt mich ab, von was, von nichts, ich weiß es nicht und merke, dies prägt sich mir ein" (145).

In der nun folgenden Passage wird das Präsens wieder zurückgenommen. Der Erzähler wählt die Vergangenheitsform und stellt seine Erzählung unter die Perspektive eines 'Vielleicht':

„und vielleicht redete ich dann, viel, unsinnig, blickte umher wie in die Enge getrieben, auf zum Himmel, mir ähnlich, er schwieg, von der Brücke hinunter zum schmutzigen Eis des Ryckgrabens" (145f).

Das Buch endet mit dieser Skizze eines Erinnerungsbildes, das „Vergangenheit herbeiruft, sie zur Gegenwart und gar zur Zukunft in unentrinnbare Beziehung setzt" (143f), nicht ohne die Gefahr benannt zu haben, unter der auch dieses Erinnerungsbild steht: vielleicht ist es nur vom Zufall bestimmt, von irgendeiner Erregung ausgelöst und bedeutsam gemacht worden. Damit kann der Epilog, so fasse ich zusammen, in sich und als ganzer als eine Art symbolische Form der Kommunikation des Autobiographischen begriffen werden: Leserinnen und Leser werden mit einem zentralen Erinnerungsbild konfrontiert, ohne eine Antwort auf die Frage zu bekommen, ob das, was da erzählt ist, ein Akt der Wiederholung, Neuschaffung oder nur der Täuschung ist.

Ich komme nun zum Problem der impliziten, oder besser und verständlicher: der *indirekten* autobiographischen Metakommunikation. In *Jugend* sind verschiedene Formen einer solchen, Spezifika des Autobiographischen indirekt thematisierenden und reflektierenden Kommunikation erkennbar. Ich greife drei Beispiele heraus, die das Spektrum dieser Kommunikationsform und ihrer Relevanz für die Identifikation der kommunikativen Absicht deutlich machen können:

1. Das Motto des Buches kann als erster indirekter Hinweis auf die Form einer autobiographischen Kommunikation gelesen werden: „Das Gedichtete behauptet sein Recht wie das Geschehene. Goethe." (7) Zitiert wird ein Wort Goethes aus einem Brief an Carl Friedrich Zelter, das auf Selbständigkeit des Fiktionalen (die Romanfigur Ottilie der *Wahlverwandtschaften*) gegenüber dem Realen (die Kritik des Publikums) zielt. Als Motto für das Buch *Jugend* genommen, wird damit zunächst Sensibilität für das Recht des Fiktionalen in Biographie wie deren Kommunikation geweckt. Ein Hinweis auf autobiographische Kommunikation wird es insofern, als mit diesem Zitat Goethes Autobiographie sozusagen programmatisch formelhaft aufgerufen wird: *Aus meinem Leben. Dichtung und Wahrheit*: Mit diesem indirekten, eher assoziativ verlaufenden Hinweis ist ein literarischer Erwartungshorizont markiert, der in seinen idealistischen Implikationen in und mit diesem Buch mehrfach gebrochen werden wird.

2. In mehreren Passagen des Buches ist von Erinnerungen (10.41.77: Bismarcks und Ludendorffs) und Memoiren (67) die Rede. Dabei setzt sich der Erzähler kritisch von Memoiren, wie sie von Generälen in der Absicht der Rechtfertigung (77: „Ludendorffs Erinnerungen, des Kaisers, des Kronprinzen, ihrer Feldherren Rechtfertigungen") und des Triumphierens (66f: „triumphiert am Ende über alle in seinen Memoiren, wird zum Mahnmal, bekommt sein Denkmal") geschrieben werden, als Ausdruck literarischer Inhumanität ab:

C. Fragment und Ganzheit - Klage und Lob

„er schaute nach anderem aus, was hier nicht zu finden war, den Pään gegen die Zeit, die Bücher einer neuen Gesellschaft, die Zeichen einer Wandlung." (77)

Mit diesen Hinweisen kommuniziert der Erzähler indirekt sein eigenes autobiographisches Programm, das Ausdruck „einer neuen Gesellschaft" sein und schon von daher den Zuschnitt des Antimemoirenhaften haben muß: Auf jeden Fall darf und soll es nicht auf Selbstrechtfertigung und Selbstruhm zielen.

3. In der 26. Episode, die mit dem Satz beginnt: „Ich war Zeuge, aber ich bin nicht dabei gewesen [...]" (60), erzählt und reflektiert der Erzähler das Erwachen und die Problematik seiner ästhetischen, sich wesentlich im Lesen konstituierenden Existenz. Unter Anspiel auf den Fememord an Lenz inszeniert der Erzähler in seiner Phantasie eine Art innere Gerichtsszene, eine Art Femgericht, in dem es zu einer verwirrenden Diffusion der juridischen Rollen, des Opfers und Täters, kommt, zumal kein Richter mehr anwesend zu sein scheint (66). Unter Anspiel auf die Geschichte von Kain und Abel (Gen 4) formuliert er, indem er sich selbst (und seine Zeitgenossen und darin indirekt auch die Leserinnen und Leser) in der 2. Person Singular anspricht:

„Du bist der Mörder, du bist das ausgewählte Opfer, ich hebe die Hand, schlage zu, oder ich lasse es geschehen, ich verstecke mich, ich bin Kain, aber ich bin auch Abel, und du bist Kain und Abel." (66)

Und die Rolle des Zeugen, die jeder Mensch hat und die unangenehm ist (67), ist von Unzuverlässigkeit und Feigheit durchsetzt (66). Insofern ist es unumgänglich, beim Erzählen der eigenen Geschichte schonungslos kritisch zu sein und eben darin auch die Rolle des Anklagenden zu übernehmen:

„Ich lebe, ich verdächtige dich, du bist mein Jahrgang, ich werde dich mustern. Wie widerlich du mir bist, wenn du dich nackt auszieht und dich der Musterungskommission stellst, ihr denen Hintern hinhälst, daß sie dich prügelt. Bist du sonst so geduldig? Ich will unsere Geschichte erzählen, meine Geschichte, deine Geschichte, sie geht dich nichts an, ich erzähle sie nur mir, ich werde dich bloßstellen, du bist noch nicht nackt genug!" (67)

Dabei hält der Erzähler ausdrücklich fest, daß die Aussage des Zeugen letztlich nicht entlasten, nicht retten kann:

„Ich werde dich in den Zeugenstand rufen. Deine Aussage wird uns nicht retten. Wir sind von Anbeginn verurteilt." (68)

In diesen Passagen, die das Gefühl, immer schon ausgeliefert und (von einer anonym bleibenden Macht) verurteilt zu sein, in einer fiktiven Gerichtsszene verdichtet, kommuniziert der Erzähler indirekt das, was den Sinn seines autobiographischen Projekts („Ich will unsere Geschichte erzählen, meine Geschichte, deine Geschichte,...") ausmacht: Die Rolle des Zeugen wahrzunehmen, die - in einer Zeit der (autobiographischen) Rollendiffusion - „uns nicht retten" kann.

Als Fazit läßt sich festhalten: Wolfgang Koeppens Buch *Jugend* gibt keine ausdrücklichen Hinweise auf die Zugehörigkeit zu einer spezifischen literarischen Gattung (wie der der Autobiographie). Nach den kommunikationstheoretischen Kriterien, wie sie Madeleine Salzmann bestimmt, ist das Buch nur mit Einschränkung als Autobiographie identifizierbar: Das Vertrauensverhältnis zwischen Erzähler und Leser ist nur unzureichend konstituiert, die Identität zwischen Autor, Erzähler und erzählter Figur zumindest fraglich, und Material, das etwas für die Sanktionierbarkeit des Autors hergibt, wird kaum entfaltet. Nur der Aspekt der mikrostrukturellen Referentialisierbarkeit trifft zu, auch wenn die Grenzen zur Fiktion selbst in diesem Bereich nicht sehr scharf gezogen sind. Dennoch ist das Buch deutlich autobiographisch, und zwar in einem radikalen Sinn: Die metakommunikativen Signale weisen das Buch als ein Ringen um Autobiographie und die Distanzierung von traditionellen autobiographischen Ansprüchen aus. So kann es nicht verwundern, wenn der autobiographische Pakt nicht auf der Ebene des Referentiellen, sondern des Fiktionalen geschlossen wird: Seine Glaubwürdigkeit erhält das Buch dadurch, daß es versucht, sich dichtend auf die Spuren biographischer Wahrheit zu begeben.

3.3. „Zum Hafen führt es abwärts, ich hoffe, ich fürchte, es geht in die Welt": Thematische Konstellationen

Das Buch besteht aus insgesamt 53 Episoden: Die Lebensgeschichte des epischen Ich wird mehrperspektivisch, assoziativ und fragmentarisch zur Sprache gebracht, ohne streng dem Schema biographischer Chronologie zu folgen. Dennoch wird, dieser spezifischen Erzählweise zum Trotz, thematisch eine - fast schon klassische - Jugendgeschichte erkennbar, bestimmt von dem Nacheinander vier verschiedener, deutlich voneinander abhebbarer Lebensphasen: die Vorkriegszeit im Kaiserreich (1906-1914), die Zeit des ersten Weltkrieges (1914-1918), die 'Wendezeit' kurz nach dem Krieg (1918/19) und die Nachkriegszeit der beginnenden Weimarer Republik (1920-1925/26). Das spricht dafür, daß eine radikale Destruktion konventioneller biographischer Erzählschema offensichtlich nicht intendiert ist. Im folgenden versuche ich, die Lebensgeschichte, wie sie in *Jugend* erzählt wird, in ihren thematischen Konstellationen nachzuzeichnen. Ich orientiere mich dabei an den eben genannten vier Phasen.

„Staunen des Kindes wieder und wieder": Die Zeit der Kindheit im Kaiserreich

Die Zeit der Kindheit vor dem Krieg wird in den Episoden 2-8 thematisiert. Es handelt sich um die Zeit des ausgehenden deutschen Kaiserreichs in einer kleinen norddeutschen Universitätsstadt. Der Name der Stadt wird nicht genannt, erst später wird - und nur am Rand - ausdrücklich auf Greifswald verwiesen (85). Die Stadt wird konkret porträtiert, angefangen von ihren Fabriken (15: „Wronkers Essig- und Mostrichfabrik") und Geschäften (15: Kaufhaus „Susemihl", „Brüggemanns Leinenhaus", „Bugenhagens Buchhandlung") über ihre Gebäude (26: „Feetenbrinks Konzerthaus") und Kirchen (23: „Sankt Nikolai") bis hin zu ihren Straßen (13: „Lange Straße" 19-26: „Hunnenstraße"). Das Zeitkolorit entsteht nicht historiographisch über das Nennen bestimmter historischer Daten und Ereignissen, sondern impressionistisch über die verschiedenen Eindrücke des Erzählers. Die Welt des Kaiserreichs ist deutlich markiert, wenn von dem „Prinz aus dem Kaiserhaus" (14), von den Burschenschaften als den „Stützen von Thron und Altar" (16) und von Pommerland, das sich „gründlich auf das Feuer" vorbereitet (19), gesprochen wird. Die identifikatorisch-partizipatorische Perspektive des Kindes führt diese Lebenswelt eindrücklich vor Augen: „meinem Kai-

C. Fragment und Ganzheit - Klage und Lob

ser", so vergegenwärtigt der Erzähler seine Kindheit, „gehören die Schiffe im Hafen" (20).

Biographische Angaben und Details sind kaum zu entdecken. Der Erzähler bleibt namenlos, lebensgeschichtliche Daten wie etwa sein Geburtsdatum werden nicht genannt. Leserinnen und Lesern ist es nicht möglich (und soll es offensichtlich auch nicht sein), das, was erzählt wird, biographisch und historisch exakt zu verorten. Dennoch wird in den sieben Episoden (Episode 2-8) ein biographischer Mikrokosmos eindrucksvoll entworfen, in dem das Verhängnisvolle der familiären Herkunft wie die Perfidität der wilhelminischen Gesellschaft mehrperspektivisch erzählt und reflektiert wird.

Den Anfang dieses Kosmos markiert die Geschichte der Mutter, erzählt aus der Perspektive eines personalen Erzählers (Episode 4): „Maria ist neunzehn Jahre alt und blüht." (15) Sie hat „kein Gespür für die Dämonen" (14), sie „achtet nicht, wie eng die Verhältnisse sind, wie begrenzt der Spielraum, wie erstarrt die Regeln." (14) Sie ist, so suggeriert der Erzähler, das Opfer der Gesellschaft, „zu der Maria nicht gehört, zu der sie sich aber zählt" (16). Sie versucht, das Kind, das sie von einem Privatdozenten der Augenheilkunde erwartet und dessen Hund *Bismarck* sie stolz ausführt, abzutreiben. Doch vergeblich. Das Kind wächst ohne Vater auf, und die Mutter lebt in der „Gewißheit, verloren zu sein, gebrandmarkt auf dem Altar der hämischen Göttin Sitte, untertan der einsichtslosen gebärsüchtigen Natur" (18f). Darin manifestiert sich, so der Erzähler, ein schreckliches Erbe: Denn „diese Überzeugung von Unglück und Geschlagensein, von Hiobs Leiden" (33) ist ihr von ihrer Mutter vererbt worden,

> „die in allem das Unglück gesehen und es immer bejammert und niemals begriffen hatte oder es nicht hatte begreifen wollen, daß all dieses Abwärtsfallen von jenem ersten Fall herrührte, ihrem verwegenen Sprung in die Freiheit, den sie getan hatte, blindlings und ohne sich um Freiheit zu kümmern, sie gebrauchte das Wort Freiheit gar nicht, sie kannte es nicht in seiner absoluten Bedeutung, und wenn ihr einer gesagt hätte, zugerufen in dem Moment, in dem sie aufbrach, aus ihrer Ehe, der Familie, dem Herkommen, Besitz eines Gutes mit all seinen Tieren, dem Acker und den Bäumen, springen wollte und auch sprang, hätte sie die Auflehnung, die in diesem Wort lag, nur erschreckt, und vielleicht hätte sie alles gelassen, das Weggehen, den Sprung, denn es war ihr gepredigt worden, und sie zweifelte an keines Predigers Wort, daß sich aufzulehnen Sünde sei, des Teufels Werk, und sie war noch immer des Pastors Meinung und untertan der Obrigkeit und konform mit der Sitte, die ihr zugesetzt hatte, aber es war niemand zu ihr gekommen, der ihr von Freiheit hätte sprechen und sie erschrecken können" (32).

Das Kind ist damit sozusagen indirekt Opfer der Gesellschaft (und ihrer Religion), da deren Werte und Normen in der Familientradition einfach reproduziert werden. Die Mutter muß, da sie dieser Tradition nicht entkommen kann, streng sein mit dem Kind, denn es ist „ihre Christenpflicht" (31). Schuldgefühle des Kindes, das bei einer Sängerin, einer dieser „reisenden heimatlosen aus dem Elternhaus geworfenen Tingeltangelteusen" (31), eine andere, geheimnisvolle Welt schnuppert (und ein Holzpferd geschenkt bekommt), sind die Folge (Episode 5 und 6).

Das Kind ist jedoch auch direkt ein Opfer der Gesellschaft, insofern es in seiner kindlichen Sensibilität und Partizipationsdisposition den lebensweltlichen Strukturen dieser Gesellschaft besonders stark und empfindsam ausgesetzt ist. Das kommt in der 4. Episode des Buches (19-26) höchst eindrücklich zum Ausdruck. In dieser Episode denkt der Erzähler aus der Ich-Perspektive assoziativ über den Namen der *Hunnen-*

straße nach, der ihm zum Symbol einer brutalen, sich mit der Farbenpracht eines Regenbogens maskierenden Gesellschaft wird (und dabei nicht versäumt, gegen Ende diese symbolische Dimension zu brechen: „der Name der Hunnenstraße rührt von den Hunden her, plattdeutsch, in Pommern", 26). An der Identifikationsbereitschaft des Kindes mit seiner Welt wird kein Zweifel gelassen: Es ist sehr beindruckt von Glanz und Farbenpracht seiner Zeit:

> „ich ziehe ergeben meine Mütze, schwenke seiner Majestät Schiff, mache meinen tiefen Diener vor beleibten hageren rötlichen blassen kleinen großen gemütlichen polternden immer würdigen immer beleidigten Männern" (25).

Doch das ist nur die eine Seite. Die andere Seite ist die Empfindsamkeit des Kindes, die - anders als die Erwachsenen - die Brutalität der Gesellschaft durch ihre Maskerade hindurch spüren kann. Die Erwachsenen merken nichts, wie zu Beginn der Episode mit Blick auf Maria festgehalten wird:

> „Pommerland ist abgebrannt, noch nicht, noch lange nicht oder bald, Pommerland bereitet sich gründlich auf das Feuer vor, die Lunte wird gelegt, der Zündschwamm gehegt, Schwefel wird verstreut und Pech, das schwillt und fault und wächst, auch in dir brennt der Keim, du weißt es nicht, du merkst es nicht, du denkst nicht, wie soltest du, niemand merkt was, niemand denkt, selbst Professoren der Universität merken nichts und denken nicht" (19).

Anders das Kind, das „noch nicht abgehärtet" (20) ist und die Welt in ihrer Härte „spürt" (20, dazu 34.63.128!). Seine besondere Empfindsamkeit kommt in den präsentischen Passagen der Episode zur Sprache und wird damit in ihrer Kindheit überschreitenden Tiefendimension angesprochen und beschworen: Diese Empfindsamkeit ist eine, die die Brutalität der Welt, spüren, sehen, ja entlarven kann, und zwar, indem sie ihr machtlos ausgesetzt ist:

> „die Hunnen begehren, sie fordern Beute, sie singen ein Lied o filia hospitales. Cherusker, Vandalen, Teutonen, Cimbern, grüne blaue rote gelbe Mützen und die schwarzen Masken der frischen Wundbinden nach dem blutigen Kampf, scharf schneiden die Klingen der Mensur, ein hohes Pfeifen in der Luft, erstarrt über den verpflasterten Gesichtern, Schmerz tränkt die Haut, tränkt meine Haut, dringt tief in mein Fleisch, reißt es, daß es klafft, die Wunde bloßliegt, wie Feuer brennt und wie Brennnessel prickelt" (24).

Das Ende dieses biographischen Kosmos wird vom Tod der Großmutter (Episode 6) und damit einer Beerdigungsszene (Episode 7 und 8) markiert, bei der sich die Mutter noch einmal imaginativ ihrer Situation vergewissert. Vom Friedhof aus sieht sie das Gaswerk der Stadt, und sie schaut, wie der Vater ihres Kindes in einem Ballon seiner Verantwortung entflieht:

> „sie roch das Gas und sah es durch einen Schlauch laufen, sah den Schlauch schwellen, eine pralle, sich bäumende Schlange, die in den Ballon lief, die ihn füllte, [...] und schließlich hoch über Dächer und Türme stieg [...] Und sie war unten geblieben, auf der Erde gelassen, lief verstört der falschen Sonne nach [...] und der Schrei in ihr wurde nicht laut, sie unterdrückte ihn, er erstickte sie, denn ihr war gewiß, daß sie nun werde flüstern müssen ihr Leben lang" (34f).

Mutter und Sohn finden, wie in der letzten Szene deutlich wird, nur da Frieden, wo sie der Macht der Gesellschaft entzogen sind: Auf dem Friedhof, in einer Gruft, „der Tote hatte uns Platz gemacht" (37), und was bleibt, ist „das Staunen des Kindes wieder und wieder." (37)

C. Fragment und Ganzheit - Klage und Lob

"Das Kind war wehrlos": Unter dem Drill einer militärischen Erziehungsanstalt

In der 10. Episode wird ausdrücklich auf die Zeit des ersten Weltkrieges hingewiesen. Da „Krieg war" (40), richteten sich die Familien, so der Erzähler in einem unverkennbar kritisch-ironischen Duktus,

> „auf den Tod aus, auf einen strahlenden glücklichen Tod, qualvoll und auslöschend nur für die Feinde, Deutschland bewährte sich, der Kaiser kannte keine Parteien mehr, das Volk wurde in den Graben und einer glänzenden Zukunft entgegengeführt und alle waren bereit, zusammenzuhalten und alte Sünden zu vergeben, soweit ein so wahrhaft christliches und vaterländisches Verhalten in den gottgegebenen Grenzen blieb und Unterordnung und Sitte nicht gefährdete" (40f).

Die Mutter des Erzählers arbeitet inzwischen auf einem „dieser pommerschen Rittergüter" (38), auf „Lössin oder Wunkenhagen oder Demeritz" (38), als Näherin. Das Kind, das unter der Nähmaschine sitzt, ist damals, „nicht darauf gekommen, daß die Bettlaken, die sich hoben und senkten und vor meinen Augen flatterten, auch mit Leichentüchern zu vergleichen gewesen wären, oder mit den weißen Fahnen der Niederlage." (40) Die Mutter, der gesagt wird, das Kind „ist ein Klotz an deinem Bein" (42), schickt den Sohn in „das Militär-Knaben-Erziehungs-Institut" (44). Dort atmet das Kind Gewalt, Strenge und Untertanengeist (49), nicht zuletzt von der offiziellen Religion, dem Institutspfarrer, repräsentiert:

> „er leitet den Schulunterricht erteilt den Konfirmandenunterricht und führt die Aufsicht über die Unterrichtsräume und Lehrmittel, Mann der Schrift, wehrte sich tapfer gegen die üble Nachrede, Alter Herr des Corps Pommerania, vaterländischer Gottesstreiter, Heiland der Hausvaterpflicht, christlicher Jahve, die Kürassierstiefel stulpten, er übersetzte die Lutherbibel ins Preußische, liebte die Kernsprüche, seid untertan der Obrigkeit gebt dem Kaiser was des Kaisers ist und wer sein Kind lieb hat der züchtigt es" (48).

"Ich fiel, oder ich sah mich fallen": Das Ende des Krieges und die Liebe, die keine Chance hat

Es ist die Zeit kurz nach dem Krieg. Es gibt deutliche Hinweise auf die Anfänge der Weimarer Republik: Das Kind vernimmt die „Namen Liebknecht und Scheidemann" (57). Zum ersten Mal im Buch gibt es einen konkreten biographischen Hinweis: „Ich war zwölf Jahre alt. Sie hatten mich kahl geschoren." (51) Von da aus kann das Geburtsjahr des Erzählers rekonstruiert werden: Es muß das Jahr 1906 sein (und das stimmt mit dem Geburtsjahr von Wolfgang Koeppen überein).

Das Kind erlebt in der militärischen Anstalt das Ende des Krieges. Es empfindet dieses Ende als Befreiung, es spürt, es „schmeckt" die „ungewöhnliche Stille" (48) auf dem Kasernenhof:

> „Glocken hätten läuten sollen, das Tedeum klingen, ein neues Leben beginnen; doch selbst die Sirenen schwiegen. Ich hatte den Exerzierplatz noch nie so friedsam gesehen, ohne Gebrüll, ohne Gewalt, ohne Angst, so ganz ohne einen erniedrigten Menschen, der befahl oder dem befohlen wurde" (48f).

Diese Befreiung stilisiert der Erzähler als ein religiöses Erlebnis, bei dem er Gottes Erbarmen erfahren habe:

> „Ein Jahr lang hatten die ungeheuren menschenfressenden Titanen die Schlacht gegen mich geschlagen, aber Gott hatte sich meiner erbarmt, er hatte sie hinweggeführt, und ich wünschte ihnen ein Heldengrab." (49)

Ähnlich dieser Befreiung aus dem militärischen Drill erlebt das Kind das Überstehen einer tödlichen Grippe als einen Rettungsakt Gottes. Der Erzähler blickt mit einem Schuß Ironie auf dieses Erlebnis im Krankensaal der Anstalt zurück:

> „Aspirin, hatte der stramme Stabsarzt gerufen und war noch in der Nacht an meiner Grippe gestorben. Auch gegen den Stabsarzt hatte mich Gott beschützt. Über dem Tor der Kaserne wehte die rote Fahne. [...] Mir bedeutete das Zeichen nichts, aber es verkündete mir, daß es Wunder gab, daß ich frei war, daß ich den Heldentod und den Grippetod besiegt, daß ich nachhause durfte und den Krieg gewonnen hatte." (52)

Doch was folgt, sind zwei tiefgreifende Enttäuschungen. Die eine ist politischer Art: Der Erzähler, der meint, er habe damals „den Krieg gewonnen" (57), muß (in der Retrospektive) feststellen, daß keiner, den er traf, erkannt zu haben schien,

> „daß er dies alles, Arm Bein Gesicht Vater Gatte Sohn Bruder Hab und Gut selbst die Ehre ja schon am Tag der Kriegserklärung verloren hatte und vier Jahre später nur noch etwas zu gewinnen gewesen war, der Friede: aber sie schätzten den Frieden nicht." (60)

Die andere Enttäuschung betrifft das Verhältnis zur Mutter (22. Episode; ich vernachlässige die kunstvolle Komposition dieser Szene und beschränke mich auf den thematischen Kern): Das Kind erlebt die Mutter als ängstlich, sie, so erinnert sich der Erzähler, „kam spät, kam als letzte, kam aus dem alten Reich das zusammenbrach, war das Ende der deutschen Geschichte, atmete nicht auf, sah nicht ins Morgenrot, wartete an der Tür, ging keinen Schritt weiter." (53) Für die Mutter ist die Welt nach dem Krieg die alte geblieben, und so ändert sich auch ihr Verhältnis zum Sohn nicht:

> „Meine Mutter war erschrocken, und ich war es, der sie schreckte, hatte es stets getan, mein Anblick weckte stets Furcht und Reue, entsetzte und peinigte, ich spürte es, sie brauchte es nicht zu schreien [...] wie konnte sie mich liebhaben, ich vermochte kaum, mich auf den Beinen zu halten, grade zu stehen, ich wollte ihr nun doch entgegenlaufen und verhedderte mich in dem langen blauweißgestreiften preußischen Barchenthemd. Die Planken bebten. Ein Schiff ging unter." (54)

So wird diese Begegnung zum Ausdruck einer nicht gelingenden Liebe zwischen Mutter und Sohn:

> „Ich fiel, oder ich sah mich fallen [...]. Ich schluchzte, doch ich beherrschte mich, [...] fiel nicht hin, faßte sie nicht an, weinte nicht [...] und ich war ein kindischer, ein auf einmal engstirniger militärischer Beobacher, vergiftet, boshaft geworden vom Sadismus des Systems: ich gab meiner Mutter die Schuld, daß wir beide hier standen, so arm, so entblößt" (55f).

„Er schaute nach anderem aus, was hier nicht zu finden war...": Die Zeit der Aufbrüche und die Suche nach Identität

Das historische Profil ist relativ deutlich markiert: Es ist die Zeit der Weimarer Republik, die der Erzähler wesentlich als eine reaktionäre Phase (erlebt hat und) beschreibt:

> „der Haß gegen das Jetzt, das ist die Republik, das ist Weimar, das ist Versailles, das ist die schwarze und die rote und die deutsche Schmach" (69).

Dabei wird in verschiedenen Einzelepisoden mit unterschiedlichen Akzenten festgehalten, wie die gesellschaftlichen (Bildungs-)Kräfte von diesem reaktionären Ressentiment, das sich in dem Fememord an Lenz verdichtet (109-115), bestimmt sind und damit in Kontinuität zum Kaiserreich stehen (34. Episode: Rückblende auf „Tag der

C. Fragment und Ganzheit - Klage und Lob

Mobilmachung", 74): Die Schule (Episode 29-32), die Universität (36. Episode), die Gerichtsmedizin (45. Episode: „sie sympathisierten offen mit seinen Mördern", 113), die „Gymnasiasten und die Schülerinnen des Auguste-Viktoria-Lyzeums" (108) und die Studenten, nicht zuletzt auch die (Theater-)Kultur (37. Episode: der Regisseur des fürstlichen Putbuser Sommertheaters). Als konkrete zeitgeschichtliche Ereignisse werden der Tod Lenins (77, 1924) und der Kapp-Putsch (121, 1923) genannt.

Die 26. Episode wird mit dem (provozierenden) Satz eingeleitet: „Ich war Zeuge, aber ich bin nicht dabei gewesen" (60). Zeitgeschichtlicher Hintergrund dieses Satzes sind die Fememorde der Weimarer Republik (besonders im Jahr 1923). „Nicht dabei gewesen" ist der Erzähler als Jugendlicher, da er entweder im Bett liest (60-62; Shakespeare, Hölderlin, Benn, Bibel etc), im Hof des Hauses sich in der Kälte „erschöpfte" (62-64) oder die Greisin Käthe Kasch (77f) nachts nach Hause begleitet (64-66), wobei der Erzähler in tiefe Melancholie fällt:

> „es hatte Mitternacht geschlagen, drei Türme wachten über uns, Sankt Nikolai, Sankt Jakob, Sankt Marien, ihre Uhren hatten den letzten Schlag getan und den Tag in jenes Nichtmehr gestoßen, über die Grenze, die wir gerade noch zu erkennen glauben, unfaßbar nun unseren Sinnen und trostlos die Stunde nicht genutzt, den Tag nicht gelebt, die Prüfung nicht bestanden, ins Dunkel gesunken, unwiederbringlich und ewig verloren." (64f)

„Ich hätte", so der Kommentar des Erzählers zum Erwachen seiner ästhetischen Existenz, „lernen können, wie das Leben ist. Ich lernte es nicht." (62) Und so leitet er die Zeit, in der es um die Suche nach Identität, nach einem Beruf und Platz in der Gesellschaft geht, mit den Sätzen ein (27. Episode):

> „Ich glaubte damals, aufzuwachen, aber die Wahrheit ist wohl, daß mein Schlaf sich in einem Traum verlor. Ich sah mich in diesem Traum agieren, ich handelte folgerichtig nach einer ihm innewohnenden Logik; doch hätte ich zu keiner Zeit sagen können, wovon ich träumte, oder auf welches Ziel hin ich mich bewegte." (68)

Der Jugendliche meldet sich von der Schule ab. Er haßt seinen Klassenlehrer „Krüger" (72), dem es jedoch nicht gelungen ist, ihn „in seine Herde" (72) zu treiben. Bei der Abmeldung erlebt er die „Ausdünstung der Macht" (71) des Direktors, der nicht einmal seinen Namen kennt: Das Gefühl, ausgeliefert zu sein, bedroht sein Selbstwertgefühl, und es ist nur seine Körperlichkeit mit ihrer spürbaren Begrenzungen, die ihn noch fühlen läßt, „daß ich etwas besitze, mich, und diese Erkenntnis macht mich mächtig, auch über den Rektor." (71) Die Mutter, die nicht begriff, daß er „ohne Standesbewußtsein war" (73), stimmt der Abmeldung schließlich zu:

> „Und so meinte ich, in das Leben einzutreten und die Kindheit abzulegen wie einen unbequemen zu klein gewordenen Mantel." (73)

Die Zeit der Weimarer Republik wird dem Jugendlichen zum schneidenden Gegenwind, der die Sehnsucht nach einer anderen und besseren Welt beflügelt. Bei einem nächtlichen Schaufensterbummel hatte er, so erinnert sich der Erzähler, „in den dunklen und vielleicht leeren Schaufenstern weihnachtsglänzend gesehen, was er sehen wollte, was vielleicht einmal dagewesen und nur noch in seinem Gedächnis bewahrt war" (75f). In Wirklichkeit aber hatten die Schaufenster „kein unbekanntes Land, keine ferne Hoffnung, kein Reich Utopia" (77) zu bieten, und er wollte nicht sehen,

„was bei Licht wirklich zu sehen gewesen wäre, Ludendorffs Erinnerungen, des Kaisers, des Kronprinzen, ihrer Feldherren Rechtfertigungen und das Weißbuch über die Schmach von Versailles und das Schwarzbuch über die schwarze Schmach am Rhein, er schaute nach anderem aus, was hier nicht zu finden war, den Päan gegen die Zeit, die Bücher einer neuen Gesellschaft, die Zeichen einer Wandlung." (77)

Die Mutter arbeitet inzwischen als Soufleuse am Theater. Das Verhältnis zwischen Mutter und Sohn ist und bleibt - der Phase der Adoleszenz entsprechend - schwierig. Der Sohn erhält aus Putbus einen Brief, der ihn „in die Verdammnis stoßen will" (90):

„und sie schreibt mir: verhungere, wenn du verhungern willst, wenn es deine Bosheit ist, mir dies anzutun, ich kann dir nicht helfen, wenn du dir nicht hilfst, und sie entschließt sich zu schreiben, hilf dir selbst, dann hilft dir Gott, und es ist der Gott Luthers und des kleinen Katechismus und seiner ehebettreu sich vermehrenden Prediger die untertan der Obrigkeit, und sie blickt zum Himmel hoch und weiß, daß dies ein Gestöhn der Hilflosigkeit ist oder, von anderer Hand gesetzt, aus anderem Mund gesprochen, der Hauch der Kälte." (88)

Dabei blickt der Erzähler mit - offensichtlich nachgetragenem - Verständnis auf die Situation seiner Mutter und formuliert mit Blick auf ihren Arbeitsplatz, den Soufflierkasten, beißend ironisch:

„der Regisseur schimpft zu meiner Mutter hinunter, wer arm ist, sitzt unten, er wird erhoben werden, sagt Pastor Büttentien, Hofprediger zu Putbus, der Regisseur hüpft in die Luft, wahrlich, Gott ergreift ihn, er macht nun den Buffo, hopst umher [...]. Wirbel des Finale, die Liebe die Liebe ist eine Himmelsmacht." (92)

Der Jugendliche fühlt sich nicht nur von der Mutter, sondern auch von der Gesellschaft verstoßen: „Hinaus bleib vor der Tür" (95) schreit der Portier des Hotels, als er einem Reisenden die Koffer trägt. Er wird zum Außenseiter und fühlt sich Menschen nahe, die ebenfalls von der Gesellschaft 'verstoßen' sind, wie etwa dem Richter „Tante Martha" (97): „Ich erkannte", kommentiert der Erzähler, „in Tante Martha früh schon den Außenseiter der Gesellschaft. Das gefiel mir und gab mir Vertrauen." (99) Nachdem er die Schule verlassen hat, arbeitet der Jugendliche als Platzanweiser im Kino (Episode 40-41) und interessiert sich für Ballett (50. Episode) und Theater (51. Episode). In der Theateröffentlichkeit stellt er demonstrativ seine „schäbige Erscheinung" zur Schau (123), er beobachtet, fühlt sich überlegen, will „irritieren" (123), bleibt aber „gehorsam" (127). Die Liebe zu einem Mädchen, dem „Fräulein von Lössin" (125), scheitert.

Bewußt nimmt der Jugendliche die Rolle des Außenseiters an und entwickelt eine Art prophetisches Selbstverständnis. Endlich bricht er aus seiner Stadt auf: Er fährt mit der Bahn nach Berlin und liest „Tairoff, das entfesselte Theater" (131). Er gerät in einen Revolutionsmarsch, wird jedoch von einem Arbeiter zurückgewiesen: „mach, daß du fortkommst." (132) Seine Pläne, das Schauspiel *Gas* von Georg Kaiser zu inszenieren, scheitern. Der in seinen Hoffnungen Enttäuschte, der sich entschließt, zur See zu fahren (137), ahnt, was kommen wird:

„Die Oder war zugefroren. Die Oderkähne lagen still und verschneit. Ich fuhr vorbei an den preußischen Festungen, an Küstrin und Landsberg, an den öden Exerzierplätzen, an den Stätten der Erniedrigung, an den Verstecken der schwarzen Reichswehr, an ihren Femegräbern, eingeebnet und vergessen. Ich sah es wuchern. Ich ahnte es. Im Abteil für Reisende mit Traglasten. Es war eine Pause. Sie hatten mich nicht. Es gab kein Entfliehen." (138)

3.4. Autobiographie in Raum und Rondo:
Zur ästhetischen Komposition eines biographischen Grundgefühls

Der biographische Zusammenschnitt, den ich erstellt habe, ist eine Lektüre sozusagen gegen den Strich des Buches: Er suggeriert, als werde eine in sich schlüssige Lebensgeschichte chronologisch erzählt. Aber dieser Eindruck täuscht, Ansprüche biographischer Kontinuität und Konsistenz werden von Mehrperspektivität, Episodalität und Fragmentarität her unterlaufen. Dennoch wird, wie ich meine, hinter dieser mehrperspektivisch-episodalen Erzählstruktur ein biographisches Muster erkennbar, das die autobiographische Selbstreflexion in einer Schwebe zwischen Fragment und Ganzheit hält: Das Buch dokumentiert nicht den postmodernen 'Tod' epischer Subjektivität, sondern deren spätmodern sich abzeichnende Fragilität. Dies will ich im folgenden in seinen kommunikationstheoretischen Implikationen näher ausleuchten.

Das Buch besteht aus insgesamt 53 typographisch voneinander abgehobenen, unterschiedlich langen Abschnitten.[54] Sie haben keine Überschrift, sind manchmal thematisch, manchmal assoziativ oder auch gar nicht miteinander verknüpft. Durch typographisches Absetzen sind die Abschnitte 2-8.10-19.20-22.27-32.33-35.37-39.40-43.44-45.46-49.50-51 formal als Einheiten markiert. Diese einander formal zugeordneten Abschnitte erweisen sich als thematische Felder: Mutter und Großmutter (2-8), Militärerziehung (10-19), Enttäuschungen nach Kriegsende (20-22), Schulaustritt (27-32), Stadtszenen (33-35), Mutter und Stadt (37-39), Platzanweiser, Kofferträger und Gewalt in der Stadt (40-43), 44-45 (Mord an Lenz), Photoatelier (46-49), Ballett und Theater (50-51).

Als deutlich in sich geschlossene Szenen setzen sich die Eingangssequenz (1) und der Epilog (53) ab. Zudem gibt sich die 26. Episode deutlich als eine Art 'Achsensequenz' zu erkennen. In ihr wird thematisch, was das Buch als Ganzes inszeniert: Das Lebensgefühl des Erzählers, ausweglos verurteilt zu sein: „Wir sind von Anbeginn verurteilt." (68) Dieses Lebensgefühl wird lebensgeschichtlich im Raum der Familie (Großmutter und Mutter) und der Gesellschaft (Stadt der Fememörder) verortet und in seiner Bedeutsamkeit urgeschichtlich in Adaption der Kain-und-Abel-Geschichte (66) verankert. Dabei zielt, was ich später noch zeigen werde, diese mythische Transformation der Biographie nicht auf Resignation, sondern auf ein gebrochenes Klagen. Eine ästhetische Realisation eines „ontologischen Prinzips"[55] jedenfalls ist nicht erkennbar.

Als 'Achsensequenz' sehe ich die 26. Episode, da sie - allen Konsistenzdestruktionen des Buches zum Trotz - das erzählerische Konstrukt des Biographischen insofern zentriert (und nicht nur formal im Zentrum des Buches steht), als mit ihr, im Bild gesprochen, eine Achse ästhetisch installiert ist, um die das Biographische des Erzählers 'ewig' rotiert. Das Erzählkonstrukt markiert letzlich nur einen Punkt dieser Rotation, oder anders gesehen: Das Bild, das der Erzähler entstehen läßt, ist eine Art Momentaufnahme, ein Bild in dem Moment, in dem die Rotation - in der Freiheit des Erzählers - für einen Moment angehalten wird: Oberhalb der Achse die Zeit der Kindheit

---

[54] Die Sekundärliteratur spricht von 54 Episoden, ich kann nur 53 entdecken.
[55] Vom Hofe/Pfaff, Elend 1980, 102.

(Episode 2-25), unterhalb der Achse die Zeit der Jugend (27-52), im Raum einer sich nicht verändernden, immer die Fratze des Unmenschlichen zeigenden Gesellschaft. Dieser Achsensequenz, die erzählstrukturell den Kreislauf der Unmenschlichkeit kommuniziert, entspricht die Rondoform des Buches, die die Eingangssequenz, aber auch die Gesamtstruktur des Buches bestimmt: Der Erzähler kehrt am Ende (53. Episode) zum Anfang (1. Episode) zurück und verbleibt, wie es schon in der Eingangssequenz deutlich geworden ist, unentrinnbar im Raum der Mutter. Grob skizziert, zeichnet sich damit das folgende Strukturmuster des Buches ab:

1 Eingangssequenz (Nachkriegszeit): Meine Mutter fürchtete die Schlangen

2-8 Vorkriegszeit: Maria, das Kind und Tod der Großmutter
    2 Kein Gespür für die Dämonen: Maria und die Stadt
    3 Marias Abtreibungsversuche
    4 Hunnenstraße: Symbol der Macht und Gewalt
    5 Feetenbrinks Konzerthaus: Eine Gegenwelt
    6 Überzeugung von Unglück und Geschlagensein
    7-8 Beerdigung der Großmutter
9-19: Zeit des Krieges: Im Drill des Militär-Knaben-Erziehungs-Instituts
20-25: Ende des Krieges: Befreiung und enttäuschte Hoffnungen des Kindes

26 Achsensequenz (Nachkriegszeit): Ich war Zeuge, aber ich bin nicht dabeigewesen

27-32 Nachkriegszeit I: Bis zum 'Ende' der Kindheit (Austritt aus der Schule)
33- 51 Nachkriegszeit II: Jugendzeit in der Stadt
    34: Tag der Mobilmachung
    36 Universität: Die Universität ist für welchen Triumph gebaut?
    37-39 Das von Mutter und Stadt verstoßene Kind
    40-41 Platzanweiser im Kino
    42-49 Zeit der Fememorde (Lenz)
    50-51 Ballett, Theater
52 Nachkriegszeit III: Entschluß, aufzubrechen

53 Schlußsequenz (Nachkriegszeit): Ich schrieb, meine Mutter fürchtete die Schlangen

Das, was in *Jugend* zur Sprache gebracht wird, erscheint „immer schon gebrochen in der Spiegelwelt des Erzählenden"[56]. Dennoch ist der Erzähler des Buches fast immer nur im Hintergrund anwesend: Mit Ausnahme des Epilogs sind kaum - auf der Ebene des ausdrücklich Festgehaltenen - Kommentare und Reflexionen des Erzählers zu finden. Das markiert gemeinsam mit der Mehrperspektivität des biographischen

---

[56] Hielscher, Schreiben und Schlachten 1987, 319.

C. Fragment und Ganzheit - Klage und Lob

Konstrukts deutlich den Verlust der epischen Souveränität konventioneller Autobiographik.

Als erzählperspektivisches Spezifikum fällt auf, daß das Buch sich besonders in „perspektivischen Mischformen, deren Gemeinsamkeit die Spiegelung der äußeren Welt in diversen Bewußtseinsträgern ist"[57], bewegt. Dabei kommuniziert diese schwankende, kategorial nicht eindeutig verrechenbare Erzählperspektivik symbolisch nicht nur ein spezifisches Lebensgefühl, sondern auch die Problematik der autobiographischen Erinnerungsarbeit:

> „Hier schwankt die Spannbreite von der Einholung der Gedanken anderer durch einen sich unsichtbar machenden Erzähler, bis zu einem medialen Erzählstil, wo der Erzähler so tief in seine Vergangenheit eingetaucht scheint, daß sein Blickwinkel und der des Kindes, das er einmal war, miteinander verschmelzen. Die Erinnerung überrollt das posteriore Ich und wird zugleich durch Begrifflichmachung und impliziten Kommentar abgewehrt. Die Betroffenheit vom unreflektierten Erleben, wo keine Bedeutungs- und Sinnfrage gestellt wird, hält so die Balance in der objektivierenden Haltung, die Abwehr erlaubt und zugleich mortifiziert."[58]

Wie bereits an der Eingangssequenz deutlich geworden ist, konstituiert sich die Erzählstruktur des Buches nicht über Handlungen (des biographischen Subjekts), sondern über ein wahrnehmendes und beobachtendes Ausleuchten verschiedener Räume: Letztlich wird keine Lebensgeschichte erzählt, sondern biographische Impressionen, die sich nicht einfach zu einem Ganzen summieren lassen, aneinander und nebeneinander gereiht. Diese Handlungsarmut des Buches, in der das Verschwinden epischer Souveränität auf der Ebene des plots zum Ausdruck kommt, zielt auf eine ganz spezifische Art der Lektüre:[59] Denn mit dem Verschwinden des biographischen 'Helden' und des über einen solchen 'Helden' oder 'Antihelden' souverän verfügenden Erzählers kann Lektüre nicht mehr im Modus ästhetischer Identifikation gelingen: Der biographische 'Held' ist nicht Identifikationsfigur, sondern wird zu einer ästhetische Distanz provozierenden Suchfigur: Nicht mehr primär das Was einer Lebensgeschichte, sondern das Wie ihrer ästhetischen Konstruktion wird zur kommunikativen Anforderung an Leserinnen und Leser.

Trotz dieser erzählstrukturell sich manifestierenden Dissoziationen epischer Subjektivität ist die Tendenz unverkennbar, Biographie zu ästhetisieren. Das ist bereits an der 'Achsensequenz' und Rondostruktur deutlich geworden. Neben dem Episodalen, Disparaten und Assoziativen, das der Zufälligkeit und Sprunghaftigkeit des Erinnerungsprozesses entspricht (und bereits darin das Biographische ästhetisiert), ist ein ästhetisches Strukturmuster erkennbar, das der besprochenen Subjektdissoziation zuwiderläuft und darin eine Spannung herstellt, die nicht aufzulösen ist (und offensichtlich nicht aufgelöst werden soll). Dieses ästhetische Strukturmuster hat mehrere Facetten: Es reicht von 'Rhythmisierungen' lebensgeschichtlicher Grundgefühle (die Parataxe als Grundakkord der Klage) über mythische Transformationen geschichtlicher Ereignisse (die mythisierende Abstraktion der Lenz-Geschichte)[60] bis hin zur

---

[57] Führer, Ich 1982, 84.
[58] Führer, Ich 1982, 84.
[59] Dazu Gelfert, Roman 1993, 46f.
[60] Dazu vom Hofe/Pfaff, Elend 1980, 99: „Die allmähliche Enthüllung der näheren Umstände des Mordes ist berechnet; zuerst wird das brutale, quasi urgeschichtliche Faktum mitgeteilt, das, eben

Konstitution eines dichten Netzes semantischer Verweise, in die Leserinnen und Leser permanent verwickelt werden, ohne einen (universalen) Sinnschlüssel dieses in sich offenen Verweisnetzes in die Hand zu bekommen.[61] Ein - nicht unwesentlicher - Faden dieses semantischen Netzes ist aus zahlreichen Anspielungen auf biblische Traditionen gesponnen. Diesem 'Faden' will ich im folgenden Abschnitt genauer folgen, und zwar unter der Leitfrage seiner literarischen Funktion.

3.5. „Entthront aus der Mitte der Schöpfung": Aspekte des Religiösen in *Jugend*

Religion, so ist bisher schon ansatzweise deutlich geworden, wird in *Jugend* auf verschiedenen Ebenen thematisch und relevant: Kirchlich als ein Gesellschaft, Kultur und Familie bestimmender Faktor der Lebenswelt (des Kindes und Jugendlichen), biblisch als Deutepotential des Biographischen und ästhetisch als eine symbolische, das Biographische in seinen Tiefenschichten auslotende und in seiner empirischen Faktizität transzendierende Kommunikationsform. Im folgenden werde ich diese Spuren aufnehmen und versuchen, sie erzähltheoretisch zu differenzieren und konkretisieren.

3.5.1. „Sankt Nikolai wirft seinen schweren lutherischen Schatten...": Religion und Kirche in Kaiserreich und Weimarer Republik

Zunächst richte ich meine Aufmerksamkeit auf Religion in ihren lebensweltlich vorfindbaren Manifestationen der erzählten Welt. In dieser Perspektive kommt Religion als gesellschaftliche Normen legitimierende *Zivilreligion* des Kaiserreiches und der Weimarer Republik sowie als „Zucht und Ordnung" (43) fordernde, die Situation und das Selbstverständnis der Familien bestimmende *Religion der Kirche* in den Blick. Auf dieser Ebene der erzählten Welt (der biographischen Erlebnisse und Ereignisse) ist von Gott, Jesus, der Kirche und ihren Institutionen, Traditionen und Riten die Rede.

An der Art und Weise, wie diese Lebenswelt zur Sprache gebracht wird, wird kein Zweifel gelassen: Bereits in der Eingangssequenz signalisiert der Erzähler, indem er die sozialisatorische Macht der Familie in einem fiktiven Erinnerungsbild (Blick der Großmutter) verdichtet, metakommunikativ sein spezifisches autobiographisches Selbstverständnis. Es geht ihm offensichtlich nicht um eine mimetische Rekonstruktion der Vergangenheit (Rolle des Berichterstatters), sondern um den Versuch, lebensgeschichtlichen Erlebnisse und Ereignisse in ihrer biographischen Bedeutsamkeit auf die Spur zu kommen (Rolle des Deuters). Dementsprechend ist auch die biographischreligiöse Welt ein literarisches Konstrukt, dessen Profil an den *Akten des Fingierens* (Wolfgang Iser) ablesbar wird und dessen faktisch-biographischer Hintergrund nicht deutlich auszumachen ist: Der Erzähler selektiert (Konzentration auf die protestanti-

---

weil es immer als seinesgleichen geschieht, durch die wechselnden historischen Konstellationen von Interessen, Mächten, Ideologien, worin es vorkommt, offenkundig nicht hinreichend erklärt werden kann."

[61] Insofern manifestiert sich die Spannung des Buches auf verschiedenen Ebenen: der Struktur der Autobiographie: Zerfaserung versus Rhythmus, der Erzählperspektive: Aufsplitterung versus auktorialer Erzähler und der Konstruktion der biographischen Welt: mehrdimensional versus dualistisch.

C. Fragment und Ganzheit - Klage und Lob

sche Religion: Kirchen und Pastoren) und kombiniert (10. Episode: Beginn des 1. Weltkriegs als biographische Zäsur) sein Material, kommentiert es kritisch (die Macht der protestantischen Pastoren als schulmeisterliche Prediger) und inszeniert seinen kritischen Blick insofern noch dezidert literarisch, als er die kirchliche Religion in ihren abgeschlossenen und bedrohlichen Raumstrukturen (die protestantischen Kirchenschiffe und Kirchentürme) anspricht.

Der Erzähler sieht sich in der Zeit seiner Kindheit massiv mit einer christlich-religiösen Legitimation von Macht (des Staates: „Thron und Altar", 16.84), Gewalt (im Krieg: „Gott mit uns", 42; „der heilige Fahnenappell", 50; Ritual des Gebets vor der Exekution, 112) und Konformität (im Gehorsam: „und auszurotten ist das sündige Kindsein am Rohrstock mit Stumpf und mit Stiel", 22) im Kaiserreich konfrontiert, die nicht zuletzt von den protestantischen Pastoren, insbesondere dem „Institutspfarrer" (47: „vaterländischer Gottesstreiter, Heiland der Hausvaterpflicht, christlicher Jahve"), vertreten wird. In seiner verletzenden Massivität wird dieses Zusammenspiel von Macht, Gewalt und Religion besonders eindrücklich und einprägsam in der 10. Episode in Szene gesetzt: Das Kind, das bei einem „Kriegseintopf" (41) auf einem pommerschen Gut ein Buch über „unsere Armee und unsere Marine" (42) entdeckt, ist der Brutalität der mit 'Gott und Vaterland' funktionierenden Gesellschaftsmaschine, so der Erzählduktus, machtlos ausgeliefert. In ihrer entsubjektivierten Erzählperspektivik (das Kind: Objekt und Opfer der Umstände), ihren assoziativen Überblendungen und der nicht abbrechen wollenden, die Brutalität satzrhythmisierend einhämmernden Parataxe gerinnt diese Episode zu einer Form der distanziert-eindringlichen, für das ganze Buch typischen Klage, die ich leider nur in Ausschnitten zitieren kann (und mit der Hoffnung, darin etwas von der Sprachatmosphäre, ja beinahe Sprachmagie dieser Szene vermitteln zu können):

> „und alle waren bereit, zusammenzuhalten und alte Sünden zu vergeben, soweit ein so wahrhaft christliches und vaterländisches Verhalten in den gottgegebenen Grenzen blieb [...] und das Buch hatte sich irgendwo gefunden [...] da wo er geweint hatte, neben dem Gewehrschrank, vor dem grünen Billardtuch, und irgendwer hatte daran gedacht, daß irgendjemand einmal ein General gewesen war, ein toter General zwar jetzt, Bismarck vielleicht [...] und der, der dies dachte, der Herr von Lössin oder der Herr von Wunkenhagen oder der von Demeritz, wußte, daß er Verbindungen hatte und daß es gegen jede Vorschrift war, verabscheuenswert, korrupt, aber doch und im Krieg und im Gedenken an den toten General, Bismarck vielleicht, ein gutes Werk, es galt, ein gefährdetes Reis von seinem Stamm zu erniedrigen, wegen der Sünde, aber ihm auch die Möglichkeit zu geben, wieder erhöht und angenommen zu werden, [...] und er hatte die Scharteke aus dem Schrank genommen, ein unentbehrliches Auskunftsbuch für jedermann in populärer Darstellung, unsere Armee und unsere Marine, der Einband war gewichtig, er war genagelt, Gott mit uns in Gold auf schwarzem Grund und der preußische Aar schwarz auf goldenem Grund und dann gleich Er auf der ersten Dreifachfarbätzung [...] seiner Majestät Linienschiff, Kaiser Wilhelm II., wogenumspült, schaumgekrönt, buggepanzert, goldbeschlagen, adlergalloniert, [...] und sie sagten zu seiner Mutter, der Junge ist ein Klotz an deinem Bein und hindert dich, jetzt im Krieg, auf unsere Güter zum Nähen zu gehen [...] und aus deinem Bankert kann ja was werden, [...] er kann General werden, Feldmarschall, Bismarck vielleicht, sie scherzten, schlugen sich auf die Schenkel, und seine Mutter flüsterte, oder wenigstens Professor [...] sie erstickten nicht an ihrem Lachen, aber bei Gott war kein Ding unmöglich, Pastor Wullwebe predigte es oder die Bibel, und Zucht und Ordnung waren sicher [...]" (40-43).

Das zivilreligiöse Konglomerat von Macht, Brutalität und Religion, dem das Kind im Kaiserreich ausgesetzt ist, bleibt auch in der Zeit der Weimarer Republik für die Lebenswelt des Jugendlichen bestimmend. In seiner Kontinuität zum Kaiserreich tritt es in der Brutalität der Fememörder auf den Plan:

> „aber sie wollten nicht auseinanderlaufen, nicht von der Gemeinschaft weg, vom Tod und dem Befehl, sie fürchteten, ihre Körper könnten verlorengehen in der Freiheit, hinweggezaubert werden, plötzlich nicht mehr da sein, sie brauchten ein Koppel um den Leib und ein festes Schloß mit Gott für König und Vaterland oder nur mit Gott mit uns, und einer schlug mit dem Spaten auf ihn ein, von hinten" (109).

Die Begegnung des Kindes und Jugendlichen mit Formen der kirchlichen Religion ist zunächst mit verschiedenen protestantischen Pastoren (und einem Küster, 22) verbunden. Alle Pastoren, die genannt werden, sind ohne Ausnahme Negativfiguren. In der Figurenkonstellation der biographischen Welt, die nach dem Pyramidenmodell der (absolutistischen) Standesgesellschaft entworfen ist, repräsentieren die Pastoren gemeinsam mit Professoren und Doktoren den akademischen Stand, der sich nach oben hin von dem Adel (26), nach unten hin zunächst von den Handwerkern (16: Der Schuster ist „eine Funktion"), dann von den Armen, den „Tagelöhnern" (25) unterscheidet. Der stark assoziative Duktus in der 4. Episode unterstreicht, ohne es deutlich mitzuteilen, diesen gesellschaftlichen, den 'normalen' Menschen gar nicht erreichenden Status der Pastoren (dazu auch 26):

> „Harings, Harings, glasig zerläuft das weiße Schmalz in der krustigen Pfanne, sticht in die Nase, schwebt über der Straße, Mittagsgeruch, Dankopfer, komm Herr Jesus, der Herr Pastor kommt, spricht Bibelsprüche, Vögel und Lilien auf dem Felde, Jesus und der Herr Pastor vergeben auch den Sündern, die anderen sind anders, Leute, die eine Stellung eine Gewerbe ein Handwerk eine Arbeit haben, schließlich die Tagelöhner, Leute die nichts gelten und Lasten tragen und Schmutz wegräumen" (25).

Mit einer Ausnahme (Universitätsepisode, 99: „der Zölibat hatte ihn weise gemacht wie alte Priester") werden nur protestantische Pastoren genannt, allgemein oder konkret, und zwar die Pastoren „Wullwebe" (43) „Koch" (62: „zählte die Schmisse in seinem roten vollen Gesicht", dazu auch 102.104) und „Büttentien" (92: „Hofprediger zu Putbus"). Die Kritik des Erzählers zielt auf die gesellschaftliche Macht und Funktion der Pastoren in ihrer Rolle als predigende Hüter von „Zucht und Ordnung" (43): Pastoren „ehebetttreu sich vermehrend" (88) und immer „untertan der Obrigkeit" (88), sind nichts anderes als „schulmeisterliche Prediger" (12), die „Bibelsprüche" (25) sprechen. Pastoren haben, so das einheitlich kritische Bild des Erzählers, ihren spezifischen Anteil an der Unglaubwürdigkeit, an Unrecht und Gewalt (in der Stadt):

> „Die Richter waren parteiisch. Der Amtmann mißbrauchte sein Amt. Der Pfarrer glaubte nicht."
> (130)

Es gibt nur eine Ausnahme: Das ist die Figur des Lenz, der „Pastor hatte werden wollen" (110), der hatte,

> „womit sie nicht gesegnet waren, Einmaligkeit, Verstand, ein Herz, eine Zunge zu reden, den Glauben an die Unsterblichkeit seiner Seele [...] und der in sich gespeichert hatte die Schätze seines menschlichen Erbes, Bibliotheken von Ephesos, von Babylon, von Alexandria, die Bergpre-

digt, die Freiheit eines Christenmenschen im Pfarrhaus besprochen, die Menschenrechte aller Menschen [...]" (110f).

Aber Lenz, dessen Name für jugendlichen Aufbruch (des Frühlings) und Scheitern an gesellschaftlichen Konventionen (Büchners Lenz) steht und darin als Kontrastfigur stilisiert ist, hat in seiner Gesellschaft keine Chance: Er wird von der reaktionären Rechten der Weimarer Republik heimtückisch erschlagen.

Von der (ironischen) Kritik nicht ausgenommen ist die Gottessymbolik, wie sie in dieser Lebenswelt mit ihren „gottgegebenen Grenzen" (40), „vaterländischen Gottesstreitern" (48) und frommen Spruchweisheiten (65: „Gottes Mühlen, wenn einer fromm war") typisch ist: die Banalität der Gottesfurcht des Herrn Major von Schulz (19: „er fürchtete außer Gott nur seine Außerdienststellung") und die Inanspruchnahme Gottes für Gehorsam (23: „der Blitz des Herrgotts trifft jeden, der vermessen sein Haupt hebt"), Gewalt und Krieg (42: „Gott mit uns", 44: General „in Gottes Frieden"). Darin zeigt sich, so der Erzähler scharf, „der Gott Luthers und des kleinen Katechismus und seiner ehebettreu sich vermehrenden Prediger die untertan der Obrigkeit" (88) sind.

Das Bild der Lebenswelt, in der der Erzähler als Kind und Jugendlicher aufwächst, ist grundlegend von den (destruktiven) 'Sinnräumen' der Gesellschaft (Zivilreligion), der Religion (Kirche und Pastoren) und der Familie (Religion der Mutter und Großmutter) bestimmt. Dabei erscheint die Familie im Erzählkonstrukt (in ihrer Funktion einer primären Sozialisationsinstanz) als ein sozialisatorisch höchst bedeutsamer, sich jedoch negativ auswirkender Mikrokosmos, da in ihm nur die Normen reproduziert werden, die in Gesellschaft und Kirche als allgemein verbindlich erachtet werden. Der Erzähler sieht seine Großmutter und Mutter im Machtbann der Gehorsam und Unterordnung predigenden und fordernden Kirche: Sich - wie Hiob - dem Schicksal zu fügen, das hat sich als grundlegende Überzeugung in den Lebensentwurf der Großmutter eingeschrieben und wie eine Erbsünde auf die Mutter übertragen:

„und so sah sie sich dann ihr Leben lang als vom Unglück erwählte, vom Schicksal geschlagene, schließlich arme alte Frau, fast ihr Spiegelbild, und vererbte diese Überzeugung von Unglück und Geschlagensein, von Hiobs Leiden, wieder ein Ausdruck, den sie aus der Predigt übernommen hatte, weil er so schön und voll nach Unglück klang, vererbte dies an sie, die Tochter" (33).

Die Mutter (als junge Frau) irritiert zwar die Erbsündenlehre (in ihrem trivialtheologischen Verständnis) und damit auch das traditionalistische Gottesbild, doch stellt sie es nicht grundsätzlich in Frage. So schildert der Erzähler zu Beginn der 2. Episode die Situation seiner Mutter, als sie 19 Jahre alt war (und Leserinnen und Leser werden in das semantische Netz des Stadtmotivs verwickelt, das die letzte Episode des Buches beherrscht: „Vielleicht liebte ich die Stadt. Ich stülpte sie um. Ich vernichtet ihre Ordnung" 129):

„Am Anfang schuf Gott Himmel und Erde, und Maria, die sich Mary nannte, glaubte, daß er auch ihre Stadt geschaffen habe und in ihr sich sonnte, wenn auch nicht zu verstehen war, daß er so kalt auf das Unglück blickte, es sei denn, daß die Unglücklichen vom Samen her schlecht und aus seinem Angesicht verstoßen waren, viele behaupteten das, aber es stimmt nicht, oder nicht ganz, und also schaute Gott einfältig herab, was Maria billigte, denn auch sie hätte gern gesehen, daß alles gut war, weil sie die Stadt liebte und schätzte vor allen anderen, die sie nicht kannte." (13)

Der Erzähler nähert sich seiner Mutter Maria hier aus der Perspektive eines personalen Erzählers. Das macht es ihm möglich, mit und aus Distanz heraus Verständnis, das mehr beinhaltet als die subjektive, möglicherweise ins Sentimentale abgleitende Sicht eines Ich-Erzählers,[62] zu formulieren. In der 5. Episode wird diese Form des nachtragenden Verständnisses sehr deutlich. Die Schuldgefühle des Kindes, die aus der religiös-moralischen Erziehung folgen, sind die eine Seite:

„Sie hörte ihn, wie er die Treppe heraufstieg, sie hörte seinen gehemmten, seinen schuldbewußten Tritt, er war drüben gewesen, in Feetenbrinks Haus, und ihr war, als ob er als Mann da hinüber gegangen wäre, als ihr Mann oder auch als ihr Sohn, später, erwachsen und zu ihrem Kummer, ein Herumtreiber, unehrlich, ein Mädchenverderber, so wurde er angesehen, der Schande war nie ein Ende" (30).

Die andere Seite ist, daß der Erzähler die Mutter zerrissen und zerrieben sieht, wie das Kind letztlich ein Opfer ihrer Gesellschaft. Das entzündet sich - fiktiv - an der Sängerin in Feetenbrinks Konzerthaus, die dem Kind ein Pferd schenkt. Auffallend ist, daß der Erzähler diese Künstlerin, die letztlich keinen Platz in der Gesellschaftspyramide des wilhelminischen Kaiserreichs hat, als „Geschöpf" beschreibt:

„er klammerte sich an die Gabe einer dieser Sängerinnen, dieser reisenden heimatlosen aus dem Elternhaus geworfenen Tingeltangelteusen, die sie, wie alle Welt, verachtete und insgeheim auch beneidete, denn wer wußte es, vielleicht waren diese Geschöpfe frei, vielleicht lebten sie endlich glücklich jenseits dieser Grenze von Wohlanständigkeit und moralischem Hochmut, die für sie nur das Land der Armut war, während diese Animierdamen das gute Land der Anständigen hinter sich gelassen hatten und vielleicht auch die Armut und nun die knechteten mit Laune, Verweigerung, Betrug und Ausnützung, die sie knechteten, aber dies zu denken, war schrecklich gefährlich, sie durfte so nicht denken, diese Grenze, an die man sie schon gestellt hattte, mußte gezogen bleiben, sie wäre sonst verloren gewesen in ihrer Stadt." (31)

Spuren einer Sozialisation innerhalb dieser konventionell bleibenden Religiosität werden im Buch immer wieder erkennbar. Diese bleiben jedoch undeutlich, erscheinen nur am Rand und sind zumeist assoziativ - ohne ein deutliches Erzählinteresse - eingebracht: Das Tischgebet „komm Herr Jesus" (25), die liturgische Formel „Ehre sei Gott in der Höhe" (84), Abendmahl (110), Konfirmation (45.59.116), das Kirchenlied in der Schule (69), das Kirchenjahr mit seinen (festlichen) Zäsuren Advent (76), Weihnachten (82.110) und Karfreitag (110) und das Gottessymbol (117: „ergab sich Gottes Willen verstohlen").

Davon heben sich deutlich solche Passagen ab, in denen christliche Traditionen in einer - zunächst einfach nur - bedeutsamen Dimension aufscheinen (und darin zwar ihre lebensgeschichtliche Wurzel in der Kindheit andeuten, letztlich jedoch als ein Deuteelement des Erzählers fungieren): Das Glockenläuten und Kirchenlied als Ausdruck einer neu anbrechenden Zeit (48), das Gottessymbol als Ausdruck eines religiösen (Rettungs-)Erlebnisses (49.52, dazu auch 120), die „Flecken der Gekreuzigten" (53) im Krankensaal der Militäranstalt, das Mitternachtsläuten der Stadtkirchen, das den Tag in ein „Nichtmehr" (64) stößt, und - was gerade in seiner Randständigkeit und Blitzlichthaftigkeit mehr als auffallend ist - das Weihnachsfest als Ausdruck einer

---

[62] Dazu auch Koeppen VT, 297: „Das Ich könnte von seiner Mutter sprechen, Nähe und Gefahr der Sentimentalität. Die Stimme [des personalen Erzählers] dagegen spricht von einer Frau, distanziert und objektiv, die Stimme kann untersuchen, urteilen, verwerfen, grausam sein."

C. Fragment und Ganzheit - Klage und Lob

utopischen Hoffnung (der Armen) auf Stadt als einen Raum, der Leben ermöglicht: Der Jugendliche, der nachts die Schaufenster der Stadt (Greifswald) ansah, „hatte in den dunklen und vielleicht leeren Schaufenstern *weihnachtsglänzend* gesehen, was er sehen wollte" (76, kursiv von mir) und der Jugendliche, der in der Stadt Grünberg sein erstes Theaterengagement erhält, aber mit seinen dramaturgischen Revolutionsplänen scheitert, erlebt diese Stadt im Weihnachtsszenario ambivalent:

> „Jedes Licht erlosch. Der Schnee lag ruhig. Der Mond war aufgegangen. Die Stadt war gemütlich und kalt. Sie war wie eine Weihnachtskarte. Ich war im Bild. Ich war ohne Obdach. Ich hatte kein Geld. Das konnte bestraft werden. Ich fürchtete den Schritt des Polizisten. Nur Frost klirrte. Ich ging durch die Straßen, lautlos. Ich suchte Zuflucht. Ich fand sie. Ich kletterte über eine Mauer. Ich war auf dem Friedhof. Ich hatte Frieden. Ich suchte mir ein Grab." (134f)

Solche Passagen sind wie utopische Lichtblitze oder Sternschnuppen im Buch: Sie scheinen kurz auf, um gleich wieder zu verschwinden. Deutlicheres und erzählerisch schwereres Gewicht haben die Passagen, in denen die Religion der Kirche der Kritik des Erzählers verfällt. Diese Kritik wird nicht nur in - mehr oder weniger deutlichen und ironisch bissigen - Kommentaren zum Ausdruck gebracht, sondern auch literarisch in Szene gesetzt, indem die konkret identifizierbaren und lokalisierbaren Kirchen und Kirchtürme der Stadt Greifswald zu Machtsymbolen der kirchlichen Religion stilisiert werden. In ihrem Erscheinungsbild sind die Kirchen „wie brütende Hennen" (20), deren Türme „*gegen* den offenen oder den verhangenen Himmel gesetzt" (20, kursiv von mir) sind. Bereits in der Eingangssequenz werden die „Türme und Dächer von St. Nikolai, St. Jakobi und St. Marie" kritisch als „Festungen tollkühner Planung" (11f) genannt, die die Gemeinde schwer „drückten" (11), und die Kirchenschiffe sind leere, gebetslose Hallen, „der Gnade der Beichte und Lossprechung entzogen" (12). In der 4. Episode, die als ganze die Gewalt und Brutalität der Welt des Kaiserreichs inszeniert, heißt es dann, Sankt Nikolai werfe „seinen schweren lutherischen Schatten in die Hunnenstraße" (23, dazu 83: „im Schatten des Turms von Sankt Nikolai").

In drei verschiedenen Perspektiven (Küster, Mutter und Sohn) wird die symbolische Dimension der Kirchtürme 'vertieft'. In der Perspektive des Küsters hat der hohe Turm von Sankt Nikolai, der ihn offensichtlich zur Demut vor seinem Herrgott (und seiner Kirche) ruft, etwas Bedrohlich-Appellatives:

> „Auch der Küster von Sankt Nikolai ist ein sehr ernster Mann, schwarzer Gehrock, schwarze Krawatte, schwarzer Seelenhirtenhut. Ist auch sein Taschentuch schwarz, winkt er schwarz gegen den Himmel? Antwortet dem schwarzen Mann sein schwarzer Himmel? Der Küster blickt zum hohen Turm hinauf. Von der See kommt das Wetter. Der Blitz des Herrgotts trifft jeden, der vermessen sein Haupt hebt." (23)

Anders die Mutter: Für sie, die ihre Stadt liebt und sich unkritisch-naiv den gesellschaftlichen Anforderungen fügt, geht von den „altvertrauten Türmen der Stadt" (34) keine Bedrohung aus. Bei der Beerdigung ihrer Mutter sah sie, so der Erzähler, die Türme der Stadt,

> „die sie garnicht bedrückten, die sie nicht fliehen wollte, die hohen roten Dächer von Sankt Marie, von Sankt Jakobi, von Sankt Nikolai" (34).

Auf dem „Altar der hämischen Göttin Sitte" (19) gebrandmarkt, ist von der Mutter ein „Sprung vom hohen Nikolaiturm" (19) erwogen worden, nachdem alle Abtreibungsversuche gescheitert sind. Mit dieser lakonisch-dramatischen Notiz des Erzählers am Ende der 3. Episode wird der Turm von Sankt Nikolai zu einer Art symbolischen Lokalisation der von Anfang an problematischen, weil nicht erwünschten eigenen Existenz. In der letzten Episode des Buchs wird nochmals von diesem Turm gesprochen, und die Klammer zur 3. Episode ist ganz offensichtlich. Mit einem - vom Kontext der 52. Episode her sich nahelegenden - gebrochenen Anspiel auf die Versuchungsgeschichte Jesu (Mt 4, 1-11 parr) wird der Turm von Sankt Nikolai zu einem Ort, an dem sich - hoch über der Stadt - die besondere Bestimmung des von seiner Mutter und seiner Gesellschaft Verstoßenen erweist. Sie liegt darin, als Ausgestoßener das zu sehen, was seine Gesellschaft nicht sehen will, „die großen Untergänge, die kommen sollten" (142):

> „Der Anthroposoph stieg mit mir auf den Turm von Sankt Nikolai und schrie, Sie sind der Teufel. Als er mich würgte, sah ich die See. Sie schwankte grau unter einem grauen Himmel." (130f)

3.5.2. „Ich sah die großen Untergänge, die kommen sollten": Religion als Deutepotential der Biographie

Ich komme in diesem Abschnitt zu der Frage, wie Religion auf der Ebene der Deutearbeit des Erzählers thematisch und erzähltheoretisch relevant wird. *Jugend* ist ein Buch des Zitats oder besser: ein Buch der Anspielungen. Auf Schritt und Tritt sind Motive aus der Malerei (Caspar David Friedrich, 11), der modernen Literatur (Alfred Döblin, 66), aus antiken Mythen (74: „Gäa" und 77: „Päan"), Märchen (144: „und das Kind, dieser Riese") und nicht zuletzt der biblischen Tradition - mehr oder weniger deutlich, in keinem Fall jedoch ausdrücklich oder typographisch kenntlich gemacht - anzutreffen. Ich beschränke mich auf die Motive der biblischen Tradition.

Auffallend ist, wie stark auf biblische Traditionen im ganzen Buch, von Anfang bis Ende, angespielt wird. Da zumeist kulturell eingeschliffene und als (noch) bekannt vorauszusetzende Traditionen wie etwa Schöpfung und Fall, Kain und Abel, Hiob oder Prophetisches angesprochen werden, können diese grundsätzlich auch von Leserinnen und Lesern identifiziert werden, die nicht in der Bibel zu Hause sind. Dennoch leben diese Anspielungen von ihrer Undeutlichkeit: Es geht in und mit ihnen nicht um eine Auseinandersetzung mit biblischen Traditionen, sondern um ein Markieren eines letztgültigen Horizonts. Bei aller Undeutlichkeit sind jedoch spezifische Muster (der Selektion) und Strukturen (der biographischen Adaption) erkennbar, die die Rezeption der Anspielungen auf biblische Traditionen in gewisser Weise steuern und lenken. Das soll im folgenden rekonstruiert werden.

Der Erzähler greift, was gar nicht anders sein kann, nur auf ganz bestimmte biblische Traditionen zurück. Deutlich ist sein Interesse für die Urgeschichte, für die Figur des Mose, für Prophetisches, Jesuanisches und Apokalyptisches:

> *1. Urgeschichte*: Gen 1,1 (13, Zitat); Gen 2,7 (91); Gen 3 (Schlange, Paradies, Baum der Erkenntnis und Vertreibung: 9-11.26.32.102.144); Gen 1-4 (79); Gen 4,1-16 (Kain und Abel, 66); Gen 6-9 (Arche Noah, 76); Gen 11,1-9 („Festungen tollkühner Planung", 11f).

2. *Figur des Mose*: Ex 2f (Geburt und Berufung des Mose: 11.33f.53f.80); Ex 19 (Gesetztafeln: 26).
3. *Prophetisches*:; Mi 1,8 und Js 20,3 (127f), Js 42,7 (129); Mi 7(Klage über Verderbnis der Stadt: 130).
4. *Jesuanisches*: Mt 4,1-11 parr (130); Mt 6, 25-28 (25); Mt 22,21 (48.79); Lk 2, 41-52 (55f), Lk 12, 49 (129); Jh 19,30 (114).
5. *Apokalyptisches*: Dan 5 (52); Apk (Formel der Apokalypse: „Und ich sah...", 138.142); Apk 12 (34f).
6. *Sonstiges*: „ein Hahn krähte auf dem Mist" (9); „Hiobs Leiden" (33); „die alten Leviathane" (60); „ein blasser ehrgeiziger Judas" (82), „die Bergpredigt" (110); Dekalog („das Gebot, du sollst nicht töten": 112); „oder vom Bruder, für den es keine Auferstehung gab" (113).

Wie nun werden diese verschiedenen biblischen Traditionen literarisch relevant? Es sind im wesentlichen zwei Funktionsweisen zu differenzieren. Zunächst ist erkennbar, daß biblische Traditionen aufgegriffen werden, um Ereignisse 'religiös' zu chiffrieren und damit den kritischen Erzählduktus zu verschärfen.[63] Daneben wird, und das betrifft die Mehrheit, auf biblische Traditionen angespielt, um Biographie typologisch zu deuten und Lebensgeschichte ins Mythische zu transponieren, ohne den metaphysischen Hintergrund konstitutiv zu setzen.

Ich greife, um das zu verdeutlichen, noch einmal auf das Schema der thematischen und strukturellen Grundkonstellation des Buches zurück und lokalisiere in diesem Schema die biblischen Anspielungen:

1 Eingangssequenz (Nachkriegszeit)	Verlorenes Paradies (11),
	Figur des Mose (10f)
2-8 Sequenzen der Vorkriegszeit	Schöpfung und Fall (Mutter),
	Figur des Mose (Erzähler)
9-19: Zeit des Krieges	
20-25: Ende des Krieges	Jesus und Maria (51f),
	Figur des Mose (53f)
26 Achsensequenz (Nachkriegszeit)	Kain und Abel (66)
27-32 Nachkriegszeit I	
33-51 Nachkriegszeit II	
52 Nachkriegszeit III	Prophetisches (Micha)
	Apokalyptisches (Johannes)
53 Schlußsequenz (Nachkriegszeit)	Verlorenes Paradies

An diesem Schema wird folgendes deutlich: Eingangssequenz, Achsensequenz und Epilog statuieren die Situation des verlorenen Paradieses in der Zuspitzung des expressionistischen Satzes: „Zeugung drängte zur Schlachtung" (9): Das Buch beginnt in seiner Eingangssequenz mit diesem Verlust (in Differerenz zum Paradies der Mut-

---

[63] In nenne nur ein Beispiel. Unter Anspielung auf das Wort Jesu am Kreuz im JohEv heißt es: „es war gelungen, es war vollbracht, sie glaubten nun an diese Welt der Alten", 114.

ter: „doch ich fand nicht mehr den Garten Eden", 11), in seiner Achsensequenz stellt es die Folgen dieses Verlustes in gesellschaftlicher Perspektive als Situation einer paradox wirkenden Doppelidentifikation („ich bin Kain, aber ich bin auch Abel", 66) und in der Schlußsequenz in familiärer Perspektive als ein 'Schlachten' der Mutter (144: „dies ist die Hand, die dich streichelte, meine Hand, die das Messer nahm [...]") dar: Auf dieser Ebene der autobiographischen Kommunikation wird thematisch und erzählstrukturell der Satz inszeniert, der Biographie - einem grundlegenden Lebensgefühl einer Generation entsprechend - ins Mythische transzendiert: „Wir sind von Anbeginn verurteilt." (68)

Davon ist eine andere Kommunikationsebene zu unterscheiden, und zwar die Ebene der konkret berichteten und erzählten Lebensgeschichte (die Episoden 2-25 und 26-52). Diese beginnt mit einer kritischen Destruktion des naiven Schöpfungsglaubens der Mutter (13) und endet mit einem düsteren, das neue Jerusalem der biblischen Apokalypse (Apk 21) ausblendenden Blick des Sohnes (142), nicht ohne die Ersetzung Gottes durch Kriegsgeneräle festgehalten zu haben:

„es gibt Generale, die alles lenken, wir haben sie eingesetzt, nachdem uns Gott enttäuscht hat, oder wir uns von ihm abgewandt haben" (66).

Dazwischen ist ein Netz aus biblischen Traditionssplittern aufgespannt, in dem sich der Erzähler typologisch in den Figuren des Moses, Jesus und Johannes verortet und so die Geschichte seiner Kindheit und Jugend auf der Folie der biblischen, von der Genesis bis zur Apokalypse reichenden Heilsgeschichte als eine Geschichte der 'Berufung zum Unheil' stilisiert: Es ist, so suggerieren diese typologisierenden Anspielungen, als ob das Ausgestoßensein, das den Blick schärft, unabhängig macht und sensibel für „die großen Untergänge, die kommen sollten" (142), einen Sinn hätte. Im folgenden beschränke ich mich darauf, dieses 'unheilsgeschichtliche' Triptychon zu rekonstruieren. An der Art und Weise, wie es im Text konstituiert wird, erweist sich noch einmal in besonderer Weise der spezifisch schwebende Erzählstil des Buches.

Bild 1: Die Figur des Mose. Bereits in der Eingangssequenz wird auf die Figur des Mose typologisierend angespielt:

„und ich schaute auch die Großmutter wie ich sie wahrgenommen hatte mit Säuglingssinnen, ihr zu Tränen bereites Gesicht mit dem nun schon gewollten und erstarrten Ausdruck vergeblichen Grübelns, so beugte sie sich über den Korb, in dem ich lag, schenkte mir Liebe und Haß, ich empfand ihre aus meinem Anblick sich nährende und tödlich wuchernde Verzweiflung, denn meine Geburt sah sie wie ein letztes und endgültiges Siegel auf der Sippe Untergang gepreßt, auf den Verlust der Ehrbarkeit, auf die Hingabe von Land und Ansehen" (10f).

In dieser Passage wird, ausgelöst durch die fiktive Erinnerungsszene, das altertümlich anmutende Substantiv *Korb* und die biographische Problemkonstellation des nicht erwünschten, „wuchernde Verzweiflung" provozierenden Kindes, die biblische Geschichte des Mose (Ex 2f) aufgerufen. Das passsiert undeutlich, eher am Rande. Vielleicht stellt sich die Assoziation gar nicht bei der ersten Lektüre ein. Doch im Verlauf des folgenden Textes tauchen an verschiedenen Stellen Hinweise auf, die den Leser ein semantisches Netz der Mosefigur knüpfen lassen, ohne jedoch die literarische Funktion dieser Figur eindeutig zu erkennen zu geben: Mose wird neben Aristoteles

C. Fragment und Ganzheit - Klage und Lob

(80: „Moses gab es und den großen Aristoteles") namentlich genannt, auch in seiner spezifisch religiösen Funktion (26: „wie Mose die Gesetzestafeln"). Daneben wird, und das ist entscheidender, in zwei Szenen an die Eingangsszene variierend erinnert: In der Lazarettszene, der scheiternden Liebe zwischen Mutter und Kind (53-56), sieht der Erzähler in seiner Phantasie „die Läufe des Nils, auf dem Moses geschwommen war in einem Korb, *als er verstoßen wurde, Gott zu dienen*" (53f, kursiv von mir) und gegen Ende der Beerdigungsszene der Großmutter (30-34) sieht er noch einmal ihr Gesicht:

> „auch das Kind sah den Sarg, der hinausgetragen wurde, das Gesicht seiner Großmutter wie es über seine Wiege oder dem alten Korb oder die Kiste in der es gelegen gebeugt war, aufgegangen war, oft, für Stunden, für ewig, ein kleiner bleicher Mond mit Mondkrater, Mondseen, Mondschatten, Mondlicht von der Lampe oder vom Fenster, sehr deutlich, sehr klar, wie auf einer Mondkarte, lange bevor das Kind den großen Mond am Himmel erblickt hatte" (33f).

Dieses sprunghaft sich konstituierende semantische Netz der auf Mose anspielenden und direkt nennenden Passagen zeigt, wie in dem Buch *Jugend* mit religiösen Traditionen allgemein umgegangen wird. Offensichtlich wird auf die Figur des Mose typologisch angespielt, da seine Geschichte mit einem Ausgesetztsein in einem Korb beginnt. Dieses Ausgesetztsein ist etwas, was der Erzähler in seinem biographischen Konstrukt als etwas Letztangehendes plausibilisieren und kommunizieren will: So wie Mose, war auch das Kind - ja, schon der Säugling - ausgesetzt, wenn auch 'nur', anders als Moses, dem Blick der Großmutter: Das ist es, was seine Geschichte 'schicksalhaft' bestimmt hat. Dennoch ist diese Typologie (wie jede Typologie) deutlich gebrochen: Der Ich-Erzähler inszeniert eine problematische biographische Konstellation, die ihn aus der Welt hinaus in den Innenraum seiner Gefühle und Phantasien versetzt hat (eine Art psychologisierende Typologie). Mose hingegen ist ausgesetzt worden, „Gott zu dienen". Das jedoch trifft - jedenfalls auf den ersten Blick - nicht für den biographischen Erzähler zu.

Die Funktion dieses Typologischen kann, wie ich es nennen will, in einer Art Horizontmarkierung gesehen werden: Mit dem Anspielen auf biblische Traditionen wird ein Horizont des Letztangehenden markiert und gesetzt, ohne dessen metaphysischen Grund, oder biblisch: den heilsgeschichtlichen Gesamtzusammenhang, als konstitutiv mittransportieren zu wollen. Dennoch bleibt dieses Anspielen - und das scheint mir die spezifische kommunikative Anforderung des Buches *Jugend* zu sein - letztlich in der Schwebe, da der heilsgeschichtliche Kontext nicht ausdrücklich abgewiesen wird, im Gegenteil: Ein Hinweis darauf, daß dieses 'ausgestoßen, Gott zu dienen', das Mose zugeschrieben wird, nicht auch für das Selbstverständnis des Erzählers eine Rolle spielt, ist nicht erkennbar.

Bild 2: Die Figur des Jesus. Die Mosetypologie ist in der Eingangssequenz (Nachkriegszeit), der Vorkriegszeit und der 'Wendezeit' lokalisiert. Sie ist, worauf die Eingangssequenz bereits hinweist, an die Figur der Großmutter und Mutter gebunden: Das familiäre Nichtangenommensein des Kindes wird in einen umfassenderen, das Biographische tranzendierenden Sinnhorizont eingezeichnet. In der 'Wendezeit' als der Zeit kurz nach dem ersten Weltkrieg spielt neben Mose die Figur des Jesus und der Maria (Lk 2, 41-52: Der zwölfjährige Jesus im Tempel: „Warum habt ihr mich gesucht? Wißt ihr nicht, daß ich sein muß in dem, was meines Vaters ist?", V 49) eine Rolle, und zwar in der Lazarettszene (53-56): An Maria („gegen ihren jungen Leib, umklammerte ihn, er war schmal, wohl keusch, nicht warm", 55) und Jesus „ich war zwölf Jahre alt. Sie hatten mich kahl geschoren." 51) erinnern nur Streiflichter:

> „ich sah meine Mutter an, ich blickte nicht weg, ich lief ihr nicht entgegen, fiel nicht hin, faßte sie nicht an, weinte nicht, ich ersparte ihr nicht den Weg durch das Krankenrevier [...] und ich war ein kindischer Beobachter, vergiftet, boshaft geworden vom Sadismus des Systems: ich gab meiner Mutter die Schuld, daß wir beide hier standen, so arm, so entblößt in der Stille des Raums, der Kaserne, des Platzes, der Garnison, der öden Stadt. (55f)

In dieser Szene ist zunächst deutlich eine parodistische Tendenz erkennbar. Der Erzähler stilisiert sich „zur Negativfigur des christlichen Erlösers"[64]. Doch das ist nur die eine Seite. Die andere Seite zielt auf etwas, das typisch für das Buch als ganzes ist und das ich das Auslegen einer Sinnspur nennen will, die jenseits der parodistischen Kritik biblischer Traditionen liegt. 'Irgendwie' ist mehr angesprochen, und es ist nicht zufällig, daß dieses 'Mehr' in der Schwebe bleibt: Es ist und bleibt, da es in poetischer Offenheit inszeniert ist, undeutlich, nur die Richtung ist benennbar: Die Suche nach der Sinnhaftigkeit des Biographischen in und mit religiösen Erzähl-, Motiv- und Rollenmustern, aber auch jenseits ihres traditionellen Sinnuniversums.

Bild 3: Das Prophetische und Apokalyptische. Deutlicher als in dieser Phase der 'Wendezeit' sind die typologisierenden Verweise auf prophetische und apokalyptische Traditionen in der Nachkriegszeit (52. Episode): Als Jugendlicher beobachtet der Erzähler - wie etwa Micha (dazu Mi 7) - scharf das Unrecht in der Stadt (130). Sein Auftreten erinnert an prophetische Zeichenhandlungen, wie sie etwa Micha (Micha 1,8: „Darüber muß ich klagen und heulen, ich muß barfuß gehen und bloß dahergehen") aufgeführt hat:

> „Ich zog meine Schuhe aus, knüpfte sie zusammen, hängte sie über die Schulter, ging barfuß weiter. So fühlte ich die Stadt. Sie war unter meinem Fuß. Sie war hart und kalt. Die anderen merkten es nicht." (128)

Und er vollstreckt in seiner Phantasie, wie der lukanische Jesus (Lk 12,49: „Ich bin gekommen, ein Feuer anzuzünden auf Erden"), Gericht und läßt, wie der deuterojesajanische Gottesknecht (Js 42,7: „daß du die Augen der Blinden öffnen sollst und die Gefangenen aus dem Gefängnis führen und, die da sitzen in der Finsternis, aus dem Kerker"), die Heilszeit beginnen:

> „Ich zündete die Stadt an. Erdmanns Warenhaus brannte. Meine Stammrolle verbrannte. Das war gut. In Flammen stand das Gericht. Ich öffnete das Gefängnis. Ich verteilte die Waren der Geschäfte an die Armen und die befreiten Gefangenen." (129)

Die Rekonstruktion der Lebensgeschichte des Jugendlichen endet mit einem Blick, der über die Formel „ich sah" die Apokalyse des Johannes aufruft:

> „Ich sah die große graue See. Eine unendliche Grabplatte, wie aus Blei. Ich sah Seeschlachten, Versenkungen, Bombardierungen. Ich sah die großen Untergänge, die kommen sollten." (142)

---

[64] Führer, Ich 1982, 72.

3.5.3. „Ich spüre die Steine rund und hart":
Klage um den Verlust von Kindheit und Jugend

Dieses 'unheilsgeschichtliche' Triptychon, wie ich es zu rekonstruieren versucht habe, steht in Spannung zur mythischen, dem Kreislauf 'ewigen' Verurteiltseins zum Ausdruck bringenden Transformation der Biographie. Dabei tendieren Motivik (Schöpfung und utopische 'Blitzlichter') und Struktur des Autobiographischen auf eine 'Aufhebung' des Mythischen in den Modus der den Widerspruch aushaltenden, sich in einem schöpferischen Ursprung als Sinnhorizont verortenden Klage. Und zwar - vielleicht - deshalb, weil sich dieser Ursprung lebensgeschichtlich, in der Zeit der Kindheit und Jugend, zumindest als Spur bemerkbar gemacht hat, wenn auch nur in Form der Verzerrung. Der autobiographische Text evoziert eine solche Lesart, indem er die Empfindsamkeit des Kindes und die Aufbruchmentalität des Jugendlichen - gerade in ihrer lebensgeschichtlich erfahrenen Ambivalenz - als Hinweise auf das 'verlorene Paradies' ästhetisch inszeniert.

Zunächst zum Motiv der Empfindsamkeit des Kindes. Auffallend ist, daß Passagen, die diese Empfindsamkeit des Kindes thematisieren, präsentisch formuliert sind. Das Kind „merkt", das Kind „spürt", was die Erwachsenen, die „das sündige Kindsein" (22) ausrotten wollen, nicht merken (19):

> „Wie arme Kinderschädel ragen die Hunnenstraßensteine eng aneinander gestampft aus der Erde, naß oder trocken, warm oder kalt, ich spüre die Steine rund und hart unter den durchlaufenen Sohlen der Schuhe, durch die widerwärtigen kratzenden Wollstrümpfe, durch die zerissenen Sommersocken, barfuß glatt und kühl, es ist eine rumpelige Straße, meiner Haut preßt sie sich ein, ich bin noch nicht abgehärtet, alles liegt noch vor mir. [...] grüne blaue rote gelbe Mützen und die schwarzen Masken der frischen Wundbinden nach dem blutigen Kampf, scharf schneiden die Klingen der Mensur, ein hohes Pfeifen in der Luft, erstarrt über den verpflasterten Gesichtern, Schmerz tränkt die Haut, tränkt meine Haut, dringt tief in mein Fleisch, reißt es, daß es klafft, die Wunde bloßliegt, wie Feuer brennt" (20.24).

Andrea Beu meint, in diesen Passagen sei der „Versuch des epischen Ich (zu) sehen, das Vorstellungsvermögen bis zur sinnlichen Wahrnehmbarkeit auszudehnen, um die ganze Spielbreite menschlichen Erlebens am eigenen Leibe zu erfahren. Mit anderen Worten: Das Sich-hinein-Versetzen in einen auf der Mensur Verletzten impliziert den Wunsch, eine andere Biographie als die eigene zu erproben"[65]. Damit liefert Beu eine Art biographische Deutung dieser Szenen. Wie dem auch sei, kommunikationstheoretisch perspektiviert sehe ich in solchen präsentischen Passagen den Versuch, die Sensibilität und Verletzlichkeit des Kindes zunächst biographisch, dann jedoch auf einer tieferen Ebene autobiographisch insofern zu plausibilisieren, als diese Form der Empfindsamkeit in ihrer Ursprünglichkeit, Ungeschütztheit und Wahrhaftigkeit zum symbolischen Ausdruck von Kindheit (und ihrer Gefährdung in der Gesellschaft) schlechthin wird. Auf diese Lesart weist ein semantisches Netz des Buches, das sich über das Verb *spüren* (34.63.128) und *barfuß laufen* (63.70.126) konstituiert und durch ein Epiphanieerlebnis in seiner Bedeutsamkeit unterstrichen wird:

> „ich streifte mein Hemd ab, es war mein einziges Hemd, ich trug es in der Nacht und trug es am Tag, wir hatten auch eine Küche, die Küche war neben der Kammer, und ich lief durch die Kam-

---
[65] Beu, Koeppen 1994, 117.

mer und lief barfuß über den Ziegelboden der Küche, ich spürte unter meinen nackten Sohlen den Ziegelstein, kalt, [...] ich lief nackt in den knirschenden Schnee, über die splitternde Eisschollen der Pfützen, ich hing mich nackt an die krumme Teppichstange vor der Küchentür [...] und es durchfuhr mich ein Strahl vom Himmel, ein Feuerbrand von den Sternen ging durch mich durch" (62-64).

Von der Kindheit gibt es über diese Empfindsamkeit eine semantische Klammer zur Jugend:

„Ich zog meine Schuhe aus, knüpfte sie zusammen, hängte sie über die Schulter, ging barfuß weiter. So fühlte ich die Stadt. Sie war unter meinem Fuß. Sie war hart und kalt. Die anderen merkten es nicht." (128)

Wie die Kindheit machtlos der Macht der Erwachsenen ausgeliefert ist, ist auch die Jugend mit ihrer Aufbruchmentalität letztlich zum Scheitern verurteilt, weil sie, so der Kommentar des Erzählers, nicht ernst genommen wird (dazu 127). Exemplarisch kommt das in der tragik-komischen Jesusszene (140-142) mit ihrem biographischen Tiefgang gegen Ende des Buches in der 52. Episode zum Ausdruck. Ich gehe auf diese Szene etwas genauer ein, weil in ihr noch einmal das Spezifikum der literarischen Adaption religiöser Traditionen in Koeppens Buch deutlich wird.

Dieses Spezifikum sehe ich in der Sinnoffenheit des literarischen Adaptionsprozesses. Wie bereits an der Lazarettszene deutlich geworden ist, zielt das Typologische nicht auf parodistische Kritik der religiösen Tradition. Das gilt auch für die Jesusszene. In ihr stilisiert sich der Erzähler als Jugendlicher zwar unverkennbar als heilsgeschichtliche Negativfigur, indem er die imitatio Christi auf zweifache Weise ironisch „dementiert"[66]: Erstens, indem der Jugendliche, im 'Bann' eines Hypnotiseurs, Jesus spielt und den Armen der Hafengesellschaft damit das Geld aus der Tasche lockt:

„Er hieß mich Jesus sein, und ich war Jesus und ging unter die Säufer und unter die Huren und unter die Armen, und ich segnete sie und sprach zu ihnen und gab ihnen Bibelworte, und es war still in der Kneipe, man hörte nur das Geld in den Teller fallen, wenn mein Meister die Kollekte machte." (141)

Zweitens wird die imitatio Christi ironisch dementiert, indem die soziale Tat auf das Sehen des Elends reduziert wird, das in allgemeiner Tatenlosigkeit erstarrt. Der Jugendliche läßt sich mitnehmen und bleibt in den Nächten keusch:

„Ich schlief bei ihr. Sie hatte mich mitgenommen. Sie war ein Mädchen aus den Kneipen. Ich lag in ihrem Bett, in ihrer engen Kammer, sie zog sich aus, ich sah sie nackt im stockfleckigen Spiegel, ich sah in dieser Scherbe, daß sie mager war, ein hungriges Kind, und sie sah, daß ich sie ansah, sie deckte Brust und Scham mit der Hand" (142).

Doch mit dieser Ironie auf die imitatio Christi ist nur eine Sinnebene der Szene angesprochen. Davon lassen sich, da in ihr ganz offensichtlich mehr thematisch wird als nur die Kritik an einer dem Mammon ergebenen und darin ihren 'Herrn' verratenden Kirche, mindestens zwei weitere Erzählebenen abheben.

Zunächst ist da die Ebene der konkret biographischen Erzählung. Auf dieser Ebene kommuniziert die Szene das Scheitern der jugendlichen Aufbruchshoffnung: Nach Berlin aufgebrochen und damit aus dem Raum der Mutter in den Raum der Gesellschaft entlassen, nimmt der Jugendliche in der Revolutionsstimmung zwar die

---

[66] Fühner, Ich 1982, 72.

C. Fragment und Ganzheit - Klage und Lob

"Hungernden, die Frierenden, die Armen, die Desparaten" (132) als Form des entfesselten Theaters (132) wahr, doch er wird von ihnen schroff zurückgewiesen (132: „mach, daß du fort kommst"). Seine Theaterpläne scheitern (134: „Ich verschloß mich auch ihnen. Ich kroch wieder in mich hinein"), und von den Proletariern ist er enttäuscht: „Sie waren", so empfindet es der Jugendliche, „Bürger. Sie waren Bürger ohne Haus und Besitz." (139) In dieser Situation wird der Jugendliche, der „nicht zu essen und wieder kein Obdach" (139) hat, am Hafen von einem Hypnotiseur angesprochen:

„Er sagte, komm her. Ich setzte mich auf den Stuhl, und er blickte mir in die Augen, und ich sah in seinem Gesicht den Hunger, die Not und die Furcht und die Verderbnis, er faulte, sein Atem roch übel wie er schlaf, schlaf schlaf sagte" (140).

Nur aus Mitleid spielt der Jugendliche das Spiel mit. Doch sein entfesseltes Theater der Revolution (140: „Lenin spricht zu euch, erhebt euch, zerbrecht eure Ketten") provoziert den Widerspruch des Hypnotiseurs (140: „Das geht nicht, zischte er mir ins Ohr"). Nicht mit Revolution, sondern Religion sollen die Elenden der Gesellschaft 'unterhalten' werden. Dabei gerät der Jugendliche in den 'Bann' des Hypnotiseurs und damit des sich selbst reproduzierenden Elends:

„Er massierte mir die Schläfen, streichelte mich und befahl mir, du bist Jesus, stehe auf und wandele. Ich ging zu den Seeleuten mit einem heiligen Schritt, sie wichen zurück, und ich segnete sie. Sie waren ergriffen. Ich wollte lachen, aber da ergriff es auch mich. Ich war nicht hypnotisiert, ich tat nur so, doch war etwas geschehen, ein Funke war übergeschlagen." (140f)

Auf dieser konkret biographischen Ebene drückt diese Szene das Scheitern des Jugendlichen aus, seinen Platz in der Gesellschaft zu finden: Sein Traum von „Freiheit, Gleicheit, Brüderlichkeit" (139) zerbricht an den Strukturen einer Gesellschaft, die sich lieber von den tröstenden Worten der Religion in ihrem Elend einlullen läßt als sich den aufbrechenden Worten der Revolution hinzugeben.

Von dieser Ebene des konkret Biographischen ist die Ebene abzuheben, die den konkreten biographischen Einzelfall auf eine allgemeine Problematik hin ausleuchtet und darin ins Parabolische tendiert. Formal wird das an der hohen Literarizität der Szene deutlich: Das Biographische ist in einer spezifischen Weise in Szene gesetzt, und das dimensioniert nicht nur die parodistische Kritik an der imitatio Christi, sondern auch das Problem des Dämonischen der modernen, das Subjekt in seinen Autonomieansprüchen bedrohenden Gesellschaftstruktur. In der Einleitung der Szene wird das eindrücklich zur Sprache gebracht. Wie der wandernde Pinsler der Eingangssequenz hält der Erzähler das „im Kommenden Verborgene" (10) fest, wenn er mit Blick auf die „Untergänge, die kommen sollten" (142: also konkret: den 'Hypnotiseur' Hitler) schreibt:

„Er war nicht unheimlich; er war durchtrieben. Er nahm sich einen Matrosen, setzte ihn auf einen Stuhl, beugte sich über ihn und sagte schlafe, schlafe, schlafe, und der Matrose schloß die Augen, sein festes Gesicht war ohne Gedanken, und der Mann sagte, heb den Arm, der Matrose hob den Arm, der Mann sagte, du kannst den Arm nicht senken, du kannst ihn nicht runterkriegen, und der Matrose konnte es nicht. Da sagte der Mann, du bist ein Esel, und der Matrose scharrte mit den Füßen und schrie wie ein Esel. Die Männer lachten; nur ich lachte nicht." (140)

Von daher bekommt der Satz: „Ich wollte lachen, aber da ergriff es auch mich" (141) noch einmal ein ganz anderes, schweres, beinahe tragisches Gewicht, wäre da nicht, was sozusagen der Sinnhorizont des Typologischen markiert, das Sehen des Elends, das Wahrnehmen des Dämonischen als unmögliche Möglichkeit biographischer Sinnhaftigkeit.

3.6. „Wir sind von Anbeginn verurteilt": Autobiographie im Modus gebrochener Klage

In diesem Abschnitt will ich die einzelnen Bausteine der Analyse hinsichtlich der Frage nach religiösen Dimensionen der autobiographischen Kommunikation zusammensetzen.

Ich meine, Religion wird in dieser Autobiographie nur sekundär über die Ebene ihrer kulturell identifizierbaren Semantik bedeutsam. Ohne Zweifel spielen die biblischen, kirchlichen und zivilreligiösen Traditionen, wie ich im letzten Abschnitt versucht habe zu zeigen, eine zentrale Rolle. Sie sind in der Lebensgeschichte des Erzählers verankert und werden (nicht zuletzt auf diesem Hintergrund) zu einem zentralen Deutereservoir der eigenen Biographie. Doch es darf nicht übersehen werden, daß dieser Rekurs auf religiöse Traditionen nur ein literarisches Sinnsegment ist, das sich gegen jede Form einer interpretativ-isolierenden Extrapolation sperrt: Die Relevanz des Religiösen kommt nur angemessen in den Blick, wenn es innerhalb des erzählstrukturellen Arrangements des Buches verortet wird.

Wie gesehen, werden biblische und kirchliche Traditionen vielfältig und facettenreich zur Sprache gebracht. Relativ klar ist die literarische Funktion der kirchlichen Religion: Mit ihr, die als lebensweltlich in Kaiserreich und Weimarer Republik verankert dargestellt wird, ist ein 'Sinnraum' markiert, der in seiner protestantischen Ausgestaltung die Normen der Gesellschaft legitimiert und „der Gnade der Beichte und Lossprechung entzogen" (12) ist: Als solcher klar und nicht differenziert konturiert, kann das epische Ich in ihm - wie in dem der Gesellschaft und der Familie - keine 'Heimat' finden. Anders verhält es sich mit dem Rekurs auf biblische Traditionen: Greifbar und erkennbar (fast) nur in Anspielungen, sind sie, facettenreich, widersprüchlich und fragmenthaft, so etwas wie literarische Sinnsplitter ohne metaphysische Bodenhaftung. In ihrer Splitterhaftigkeit sind sie nicht plotbestimmend, eher eine Art symbolische Kommunikation ihrer metaphysischen Entwurzelung: Ihre literarische Funktion besteht darin, das Biographische in seiner Existentialität und Fragilität radikalisierend zu markieren: Die biblische Tradition fungiert weder als Bekenntnisbuch noch als Antibekenntnisbuch, sondern als Material eines literarischen Selbstdeutungsprozesses. Nicht mehr, aber offensichtlich auch nicht weniger. Dabei fällt auf, daß auf dieser Linie Traditionen der religiösen Autobiographik in spezifischer Weise gebrochen werden.

C. Fragment und Ganzheit - Klage und Lob

Das betrifft zentral die religiöse Tradition typologisierender Selbstauslegung.[67] Ich greife Hamanns Autobiographie *Gedanken über meinen Lebenslauf* (1758) als Beispiel auf: Für Hamann wird die Figur des Kain zum zentralen typologischen Selbstauslegungsmuster (seines Konversionserlebnisses):

> „ich konnte es nicht länger meinem Gott verheelen, daß ich der Brudermörder, der Brudermörder seines eingeborenen Sohnes war." (SW II, 41)

Bei Hamann ist diese typologisierende, im Mord an Christus radikal sich ausweisende Identifikation mit Kain nur möglich, weil diese Figur heilsgeschichtlich bereits eingeholt ist:

> „Ich erkannte meine eigenen Verbrechen in der Geschichte des jüdischen Volkes, ich las meinen Lebenslauf, und dankte Gott für seinen Langmuth mit diesem seinen Volk, weil nichts als ein solches Beyspiel mich zu einer gleichen Hoffnung berechtigen konnte." (40)

Hamanns Identifikation mit Kain ist nicht zuletzt der individuelle Ausdruck einer gesellschaftlich (noch) nicht zerbrochenen religiösen Grundgewißheit: Sie ist zwar, biographisch gesehen, nicht selbstverständlich und will dementsprechend lebensgeschichtlich erst errungen und adaptiert sein. Doch das religiöse Konstrukt des die Lebensgeschichte bergenden, schützenden und aufhebenden heilsgeschichtlichen Kosmos wird zumindest von der breiten pietistischen Milieuöffentlichkeit in Form des Bekennens, von der Gesamtgesellschaft in Form grundlegender Akzeptanz des Gottesglaubens, stützend plausibilisiert.[68]

Anders verhält es sich mit der typologisierenden Identifikation des epischen Ich in Wolfgang Koeppens *Jugend*: Aus dem „Fruchtwasser der Herrlichkeit" (79) als einem bergenden Sinnkosmos entlassen, wird es, nachdem kein Gott mehr über Täter und Opfer wacht („nachdem uns Gott enttäuscht hat oder wir uns von ihm abgewandt haben"; 66), zu Kain und Abel:

> „Du bist der Mörder, du bist das ausgewählte Opfer, ich hebe die Hand, schlage zu, oder ich lasse es geschehen, ich verstecke mich, ich bin Kain, aber ich bin auch Abel, und du bist Kain und Abel." (66)

In dieser Leserinnen und Leser stark involvierenden, sich sprachlich im Wechsel zwischen Ich und Du manifestierenden Doppelidentifikation wird das Identitätsmodell der religiösen Tradition sozusagen rollenkonfliktorisch unterlaufen und insofern radikalisiert, als jede einlinig funktionierende identifikatorische Selbstzuschreibung verworfen wird: Identifikationspunkt ist nicht die Täterfigur Kain oder die Opferfigur Abel, sondern „ich bin Kain, aber ich bin auch Abel". Von daher wird nicht zufällig die Zeugenschaft der heilsamen Taten Gottes am Menschen zur Zeugenschaft einer sich in ihrer eigenen Grenzenlosigkeit brutal hinrichtenden Welt.

Diese Radikalisierung der typologischen Selbstauslegungstradition ist jedoch nur ein Aspekt bei der Frage, in welcher Funktion biblische Tradition aufgenommen wird. Der andere Aspekt sind die auf Moses, Jesus und Johannes anspielenden Passagen. In ihnen wird, wenn auch nur undeutlich, im literarischen Geflecht des Buchs die Sinnspur

---

[67] Zur Typologie als Element der christlichen Auslegungstradition Hansen/Villwock, Einleitung 1988, 7-21.
[68] Zum soziologischen Verständnis des Plausibilitätsbegriffs Berger, Dialektik 1988, 45f.

einer typologisierend gewonnenen Antiheilsfigur konstituiert, die etwa so zu paraphrasieren wäre: Ausgesetzt wie Mose von Anfang an, ist das epische Ich, das wie Jesus keine Chance auf gesellschaftliche und familiäre Identität hat, dazu bestimmt, wie Johannes, der Apokalyptiker, die apokalyptischen Zeichen der Zeit zu beobachten und zu bezeugen, auch wenn seine Aussage „nicht retten" (68) wird.

Mit der harschen Kritik an der Kirche und der literarischen Konstitution solcher biblischen Sinnsplitter wird *Jugend* noch nicht zu einem letztangehenden Buch. Der Rekurs auf biblische und kirchliche Traditionen kann vielmehr zunächst nur kommunikationstheoretisch als Signal der Kontur des spezifischen Kommunikationskontextes (kulturelle Präsenz zentraler biblischer und kirchlicher Traditionen als lebensweltlicher und ästhetischer Erwartungshorizont des Buches) und produktionsästhetisch als Hinweis auf den literarischen Umgang des Autors Koeppen mit Religion (Kritik an Kirche, biblische Traditionen als moderne Typologien, Gottessymbolik), mit aller Vorsicht zudem biographisch als Indikator der spezifisch religiösen Sozialisation des Menschen Koeppen gelesen werden.

Dennoch meine ich, kann von einer religiösen Dimension dieses Buches gesprochen werden, insofern seine rezeptionssteuernden Erzählstrukturen in den Blick genommen werden. In diesem, Religion in der ästhetischen Kommunikation lokalisierenden Sinn (die Erzählstruktur) evoziert *Jugend* in Absetzung zum konventionellen Autobiographiemuster (der Erwartungshorizont) die Frage nach Wirklichkeit und Wahrheit des Biographischen (das Thema) als letztangehendes Problem, und zwar im Modus gebrochener Klage: Die Frage nach einer letzten Sinndimension des Biographischen wird ebenso destruiert wie ästhetisch beschworen, bleibt in dieser Schwebe letztlich unbeantwortet und spielt sie in die Hand derer zurück, die zum Buch gegriffen haben: der Leserinnen und Leser.

Wie nun ist diese Form der spätmodernen Klage in Koeppens Buch *Jugend* genauer zu fassen? Ich hebe fünf Aspekte hervor: Zunächst frage ich grundsätzlich nach der Rekonstruierbarkeit (1), dann stelle ich drei für eine Klage typische Strukturelemente zusammen: Mythisierende Allgemeinheit (2), thematische Leidenssituation (3) und symbolische Referenzebene (4) und verdichte diese Aspekte kommunikationstheoretisch unter dem Stichwort der metaphysisch gebrochenen Klage (5).

1. Das Buch bestimmt in keiner Passage, etwa mit einem illokutiven Verb, ausdrücklich die Sprechhandlung einer Klage. In seinen verschiedenen Formen der autobiographischen Metareflexion wird ein Profil erkennbar, das sich wesentlich als ein Ringen um das Autobiographische im Widerspruch zu seinen konventionellen Anforderungen zu erkennen gibt: In Form indirekter Metakommunikation werden Selbstrechtfertigung und Selbstruhm zurückgewiesen. Hinweise zum autobiographischen Selbstverständnis zentrieren sich in den juridischen Rollen des Zeugen und Klägers der 'Achsensequenz', die jedoch als Folge der konfligierenden Rollen zwischen Kain (Täter) und Abel (Opfer) in ihrer 'sinnstiftenden' Bedeutsamkeit unterlaufen sind:

   „Ich werde dich in den Zeugenstand rufen. Deine Aussage wird uns nicht retten." (68)

Zudem wird im Epilog die Erinnerungsarbeit einem grundlegenden Zweifel ausgesetzt. Auf diese Weise kommuniziert das Autobiographische auf der Ebene des Metareflexiven die Fragilität und Zweifelhaftigkeit der Bedingungen ihrer eigenen Möglichkeit.

Betrachtet man einzelne Sätze oder Passagen (wie zum Beispiel den Epilog), sind nach der Klassifikation von Jürgen Habermas Kommunikativa (143: „Ich darf nicht zugeben"), Konstativa (143: „es ereignete sich etwas"), Repräsentativa (143: „möchte hoffen, es war ein bestimmter Punkt") und Regulativa (143: „Aber wird man mich verstehen?", indirekt, da als Bitte lesbar, sich um Verstehen zu bemühen) nachweisbar. Ich meine jedoch, der Sprechhandlungstypus dieses autobiographischen Buchs kann nicht über ein summierendes Bilanzieren solcher Sätze oder Passagen bestimmt werden. Vielmehr ist nach dem illokutionären Akt des Autobiographischen auf der Basis des Textes als eines *perspektivischen Systems* zu fragen. Und auf dieser Basis gibt sich, so meine ich, das Buch als Form einer modernen Klage zu erkennen.

2. Ein Spezifikum des Buches *Jugend* ist seine Tendenz zum Parabolischen. Bereits der Titel markiert diese Tendenz: Zur Sprache kommt zwar der Ausschnitt einer individuellen Lebensgeschichte (Kindheit und Jugend des epischen Ich), doch in diesem Besonderen scheint etwas Allgemeines auf (das epische Ich bleibt namenlos), das nicht die Allgemeinheit eines gesellschaftlich Vorfindbaren meint, sondern eine Allgemeinheit, die eben solch geschichtlich Vorfindbares noch einmal transzendiert. Es ist, als habe der Erzähler in der Stadt seiner Kindheit und Jugend „den Wassertropfen" gefunden, „in dem sich die Welt spiegelt."[69] Wie an der Eingangssequenz und Achsensequenz deutlich wird, zielt das Autobiographische auf eine mythische Transposition der Lebensgeschichte: In einem konkret Besonderen wird erkennbar, was 'nie war, aber immer ist':

„Wir sind von Anbeginn verurteilt." (68)

Für sich genommen, ist dieser Satz ein philosophisches Konstativum. Aber im Zentrum eines (nicht auf ein Zentrum hin geschriebenen) Buches stehend, das von einer Leidengeschichte berichtet, gibt dieser Satz seine expressive Dimension zu erkennen. *Jugend* ist kein philosophisches Buch, sondern dichte Prosa, in der biographische Realien eine parabolische Dimension erhalten, indem beispielsweise Figuren (wie der Kohlenhändler, dazu 25: „böser Wintergott") und Konstellationen (wie die Familiensituation, dazu 9-13: Vertreibung aus dem Paradies) mythisierend poetisiert werden:[70]

„Koeppen hat kein philosophisches Buch geschrieben. Seine Wahrheit geht vom Konkreten aus und bewährt sich am Konkreten, seine Dichtung lebt vom Sinnlichen. Was hier metaphysisch gemeint sein mag, ist zugleich gegenständlich und anschaulich. Und das Gegenständliche und Anschauliche verweist immer auch auf eine andere Ebene, es hat noch einen zweiten Sinn, einen doppelten Boden: In seiner Prosa gewinnen die Realien die Qualität poetischer Symbole,

---

[69] Beu, Koeppen 1994, 176.
[70] In seiner autobiographischen Variation *Vom Tisch* spricht Wolfgang Koeppen von „Zurückdrängung der Direktheit", VT 297.

und die poetischen Symbole haben die Gegenwärtigkeit der greifbaren Realität. Mit anderen Worten: Was immer Koeppen erzählt, es gerät ihm, ob er es will oder nicht, zum Gleichnis."[71]

3. Mit dieser Tendenz zum Parabolischen ist ein wesentliches Element der Klage als einer öffentlich zugänglichen und praktizierbaren (in Differenz zur privaten, intrasubjektiven) Kommunikationsform im Blick. Wie beispielsweise an den Klagepsalmen der Einzelnen der hebräischen Bibel erkennbar, ist die (poetische) Balance zwischen individueller Konkretheit und formelhaft wirkender Allgemeinheit eine elementare Funktionsbedingung für den öffentlichen Gebrauch der Psalmen als (liturgische) Klageformulare (bis in die Gegenwart hinein).[72] Neben dieser poetischen Balance zwischen Konkretheit und Allgemeinheit weist *Jugend* ein weiteres Element einer Klage auf: die thematische Konstellation. Das Buch berichtet, wie dargestellt, von einer Geschichte der „frühen Teilhabe an Verlust und Leid" (10). Thematischer Kern ist der Verlust der familiären und gesellschaftlichen Identität und das Leiden an den Bedingungen, die den Verlust provozieren und unumgänglich machen: an der Brutalität der sich nicht ändernden Erwachsenengesellschaft und an der Opportunität der Mutter, die jede Liebe zerstört.

Dieser thematischen Grundkonstellation entsprechend, ist die erzählte biographische Welt raumhaft-dualistisch konzeptioniert: Den destruktiven 'Außenräumen' und ihren Figuren der Gesellschaft (Familie/Mutter, Kirche/Pastoren, Stadt/Standesgesellschaft) steht kontradiktorisch der 'Innenraum' des epischen Subjekts (als Fluchtpunkt) gegenüber, dessen 'Wirklichkeit' dementsprechend dauernd und abgrundtief gefährdet ist: Es lebt in Wachträumen, in denen „die Wirklichkeit der Alltagswelt"[73] verlassen ist. Die Klage, die sich auch satzrhythmisch in einer Art parataktischen Mimesis gesellschaftlicher Brutalität manifestiert (10. Episode), ist eine Form, in der Differenzierungen und Relativierungen keinen Platz haben.

4. Wie die religiöse Klage (etwa der Psalmen der hebräischen Bibel) weist das Buch eine die biographische Faktizität transzendierende Sinnschicht auf, Biographie wird mythisiert. Dabei fällt eine grundlegende Spannung auf, in und mit der die Differenz zur traditionell religiösen Klage deutlich markiert ist: Im biographischen Kern des Buches wird die Geschichte der Kindheit und Jugend in Form eines 'unheilsgeschichtlichen' Triptychons gedeutet (lineares Deutemodell), in der Eingangssequenz, 'Achsensequenz' und Schlußsequenz des Buches hingegen wird Biographie in den Mythos eines ewigen Verurteiltseins transformiert (zyklisches Deutemodell: Das Verbleiben im Raum der Mutter als Ausdruck des Verurteiltseins). Diese Spannung bestimmt das Buch als ganzes, es steht zwischen Fragment und Roman, Mythos und Geschichte. Diese Spannung kann und soll

---

[71] Reich-Ranicki, Wahrheit, weil Dichtung 1976.
[72] Siehe dazu im Überblick Kaiser, Einleitung [5]1984, bes. 335- 339. Der Hinweis auf die hebräischen Klagepsalmen zielt nicht auf den Nachweis einer Konkurenz mit der Erzählung Koeppens. Vielmehr soll dieser Hinweis nur auf den Aspekt der kommunikativen Funktionsbedingungen religiöser Klage aufmerksam machen.
[73] Berger, Dialektik 1988, 42.

nicht aufgehoben werden, sie ist, um mit Wolfgang Iser zu sprechen, eine Leerstelle, die die sinnkonstituierende Mitarbeit der Leserinnen und Leser provoziert. Es gibt allerdings, das habe ich bereits angedeutet, Hinweise im Text, die für das 'Bearbeiten' dieses Spannungsmoments eine Sinnspur legen. Ich meine insbesondere die Passagen, die das Schöpfungsmotiv überraschend konstruktiv einspielen (dazu 13: Marias naiver Schöpfungsglaube; 31: Künstlerin als „Geschöpf"; 126: Fräulein Lössin ein „Geschöpf der Einbildung"), besonders deutlich im Epilog:

> „vielleicht konnte ich nie mit dem umgehen, mit dem mich die *Schöpfung* ausstattete, und nur noch zufällig löst irgendeine ungewollte Erregung ein Bild aus dem Vorrat bewahrter doch vergessener gleichgültiger Eindrücke und macht es bedeutsam" (144, kursiv von mir).

Von diesem Schöpfungsmotiv her wird das mythische Biographiekonstrukt zwar nicht (schöpfungs-)geschichtlich aufgehoben, aber es tendiert zum Modus einer - wenn auch gebrochenen - Klage: Von daher gesehen erstarrt jedenfalls das „Wir sind von Anbeginn verurteilt" nicht in einem philosophischen Nihilismus, sondern formuliert expressiv ein grundlegendes Lebensgefühl, das dem Verurteiltsein nicht entkommen kann, aber den Blick nicht verlieren will für das, „was hier nicht zu finden" (77) ist. Klagen (im religiösen) Sinn kann nur, wer den Sinn für Gegenwelten nicht verliert. Diese blitzen in *Jugend* auf, jedoch immer nur am Rand, einer Sternschnuppe zwischen den Zeilen vergleichbar, so wie die 'Epiphanieszene' (63f: „doch mir jubelten die Engel...") oder das „weihnachtsglänzend" (76) in der 'Schaufensterepisode' (75-77). So hat diese Klage den Sinn für Gegenwelten, aber deren metaphysischer Grund (wie etwa der der biblischen Heilsgeschichte) ist ihr abhanden gekommen. In Andeutungen wird er noch markiert, und es hat manchmal den Anschein, als wolle der Erzähler, wenn schon das Wohin (der Zukunft) so dunkel ist, wenigstens am Woher (der urgeschichtlichen Vergangenheit) festhalten. Und in einem gewissen Sinn tut er es auch, beschwört sozusagen Kindheit und Jugend als eben solche Lebensphasen, die ein 'urgeschichtliches' Empfinden haben. Doch auch diese Sinnspur kann dem „Wir sind von Anbeginn verurteilt" letztlich nicht entgehen.
Diese Klage, wie sie der Text inszeniert, ist bis ins Bodenlose der Selbstdekonstruktion radikalisiert und darin weit davon entfernt, ein trivialromantisches, regressiv lamentierendes Wehklagen zu sein (wäre dem so, wäre der Erzähler im Raum der Mutter untergegangen). Das, was Kindheit und Jugend ausmacht, wird zwar in seinem lebensgeschichtlichen Verlust autobiographisch beschworen. Doch letztlich ist es dieser Akt des Schreibens selbst, - so will es das grausame Schicksal - der ratifiziert, was dem 'Stand' des Verlorenseins entspricht: Wie das (geschlechtliche) Zeugen (7), so drängt auch das Schreiben, die Arbeit des Zeugens (60), zur Schlachtung (144f). Diesem Teufelskreislauf unentrinnbar ausgesetzt, wirkt die mythische Transformation der Lebensgeschichte wie ein böser Fluch: Schreiben zu müssen und eben darin dem Tod nicht entkommen zu können, im Gegenteil: Ihn erst auf den Plan zu rufen. Was bleibt, ist die Klage als die Sprache des verzweifelt Nichtverzweifelbaren, die - eben als solche - an das Pa-

radies der 'Vorsprachlichkeit' (als Paradies der Vorreflexivität) erinnert,[74] ohne es je 'gehabt' zu haben.

5. Das Religiöse dieser Autobiographie als Form einer spätmodernen Klage bleibt auf der einen Seite an die Ebene ihrer kulturell vorfindlichen Semantik gebunden. Dennoch wird Religion für Leserinnen und Leser erst jenseits dieser semantischen Explikationsebene bedeutsam. Denn das Buch inszeniert ästhetisch (und nicht rational, nicht philosophisch, nicht theologisch) die Frage nach der Wahrheit von Biographie: Es stellt die Frage nach dem Woher (und damit nach dem Wohin) des Menschen, problematisiert dessen Anspruch auf autonome Subjekthaftigkeit und Zuverlässigkeit des Erinnerungsprozesses. Es stellt diese Fragen radikal, heftet sie an den Horizont des Letztgültigen, beantwortet sie aber nicht, zumal dieser Horizont nur eine Sinnspur des Woher markiert. In ihrer modernen Schwebehaftigkeit schafft diese Klage Nähe und Distanz, Emotionalität und Reflexivität: Nähe in ihren beinahe magischen Beschwörungen (Ich paraphrasiere: Ach wäre es doch so, daß Kinder Liebe - nicht Gewalt - zu spüren bekämen und Jugendliche - statt unbeachtet zerrieben zu werden - Gehör fänden!), Distanz vor allem in ihren Konventionsbrüchen, die die Fiktion der Unmittelbarkeit des Biographischen zerstören. Als Autobiographie zweiter Ordnung sperrt sich das Buch gegen die Rezeptionsform ästhetischer Identifikation: Der biographische 'Held', in Rondo und Raum seines Erzähltextes 'verschwunden', wird zu einer Suchfigur der Leserinnen und Leser: Sie werden herausgefordert, über das Ästhetische hinaus der eigenen Lebensgeschichte in ihrer Tiefendimension auf die Spur zu kommen, in der Spur des Buches, mit seinen ästhetisch evozierten Fragen, und über das Buch hinaus, vielleicht auch gegen das Buch, und darin ganz in seinem 'Sinn'.

---

[74] Dazu J 34: „das Kind spürte es, schrie aber nicht, es blickte ernst, wehrte sich nicht, gab auch nicht nach, sie verstanden sich. Und der Mond sprach zu ihm und das Kind antwortete. Keine Worte."

II. Mythische Kindheitslandschaft entdecken: Peter Handkes *Die Wiederholung* (1986)

> Der Schriftsteller „wiederholt, was immer schon da war. Und indem er es wiederholt, bewegt und erneuert er."[1]

Wolfgang Koeppens Buch *Jugend* ist in den literarischen Spuren von Döblin und Joyce geschrieben. Isolation, Zerrissenheit und das Gefühl, in die Rolle des Beobachters gezwungen zu sein, bestimmen das Weltempfinden dieser ästhetischen Tradition. Nicht zufällig artikuliert sich dieses die Krisen des 20. Jahrhunderts gleichsam in sich aufnehmende Weltempfinden autobiographisch im Modus poetischer Klage eines zerrissenen, metaphysisch nicht mehr beheimateten Subjekts.

Mit der spätkritischen,[2] mit der Erzählung *Langsame Heimkehr* (1979) beginnenden Prosa Peter Handkes wird ein deutlich anderer Ton in der Literatur angeschlagen. Biographie wird nicht im Modus expressionistischer Klage, sondern mit einem Gestus lobpreisender Dankbarkeit zur Sprache gebracht: „erst die Dankbarkeit", so resümiert Nova in ihrem Schlußmonolog des dramatischen Gedichts *Über die Dörfer* (1981) dieses ästhetische Grundanliegen, „gibt den Blick in die weite Welt" (ÜD 112) und ruft:

> „Erzählt einander die Lebensbilder. Was gut war, soll sein. Verlangsamt euch mit Hilfe der Farben - und erfindet: seht das Grün und hört das Dröhnen, und verwandelt eure unwillkürlichen Seufzer in mächtige Lieder." (ÜD 114)

Der 'hohe' Ton, der diese (dramatische) Prosa durchzieht, mag nicht nur auf den ersten Blick irritieren. Handke provoziert, indem er offen mit der inzwischen zur Konvention gewordenen Maxime bricht, Literatur habe Religion, wenn überhaupt, im Modus der Kritik zur Sprache zu bringen. So meint, um nur ein Beispiel zu nennen, Marcel Reich-Ranicki unter dem Leittitel *Peter Handke und der liebe Gott* vernichtend, das Buch *Langsame Heimkehr* dokumentiere dessen fatale, weil in die Irre führende „Hinwendung zu Gott":

> „Wenn sich Handke in seiner schwierigen Krise an Gott wendet, dann knüpft er, versteht sich, an eine uralte Tradition an. Aber seine (wohl etwas leichtsinnige) Hoffnung wurde enttäuscht; das Ergebnis beweist, daß die Krise sich eher vertieft. Denn in der Literatur gilt die aus protestantischem Geist geborene Einsicht: Hilf dir selbst, so hilft dir Gott."[3]

Solche Lesarten, die Handke eine literarisch-ästhetische Restitution eines gegenaufklärerischen, Welt und Geschichte verklärenden Mythos unterstellen, werden der komplexen Struktur seiner literarischen Texte nicht gerecht. Bei genauerem Hinsehen erweisen sie sich als Reflex auf - auch lebensgeschichtlich verortete und verortbare - Dissoziationserlebnisse und werden, insoweit sie erkennbar auf biographische Konstellationen Handkes rekurrieren, als eine weitere bedeutsame Facette autobio-

---

[1] Handke, in: Ich denke wieder 1987.
[2] Zu den verschiedenen Schreibphasen Handkes Renner, Handke 1985 und Pütz, Handke 1995.
[3] Reich-Ranicki, Handke und der liebe Gott 1979.

graphischen Umgangs mit Anforderungen der Moderne relevant. Auf der Suche nach einem Selbstverständnis, das in den herrschenden Konventionen nicht aufgeht, sehe ich in Peter Handke, wie in Wolfgang Koeppen, einen kritischen Mitarbeiter am Projekt spätmoderner Autobiographik:

> „Ich bin eben ein fast fanatischer Anhänger des Dritten: Dieses Dritte muß erst beschreibend, schauernd, entwerfend, erzählend, vielleicht betend, vielleicht psalmodierend, vielleicht heutzutage am ehesten weinend, trauernd gefunden werden."[4]

Im folgenden konzentriere ich mich auf das Buch *Die Wiederholung*. Für die Auswahl dieses Buches ist mein Grundinteresse entscheidend, Konturen der religiösen Dimension autobiographischer Kommunikation unter den Bedingungen der Spätmoderne auszuloten. Von diesem Interesse her greife ich auf das Buch als ein Element des autobiographischen Schreibprozesses Handkes zurück, dessen Analyse exemplarischen Charakter hat. Sicherlich wäre es möglich, dies an verschiedenen Büchern aus der spätkritischen Phase, etwa an der Tetralogie *Langsame Heimkehr*, zu zeigen. Doch deutlicher (weil konkreter) als darin kommt in *Die Wiederholung*, die als eine Art 'Summe' gelesen werden kann,[5] die Auseinandersetzung mit der Herkunft (das klassische Thema der Autobiographie) wie mit der literarischen Form (die klassische Struktur der Autobiographie der Moderne: das Schema des Bildungsromans) in den Blick. Da es nicht mein Ziel ist, das Problem der Religion im autobiographischen Schreiben Handkes werkgeschichtlich oder gar biographisch zu rekonstruieren, korrespondiert dieser Blick auf einen autobiographischen Ausschnitt mit meiner Ausgangsfrage.

Ich werde dazu zunächst das Buch *Die Wiederholung* als Element des autobiographischen Schreibprozesses genauer lokalisieren. Dabei nehme ich zwei wesentliche Konzentrationen vor: Ich konzentriere mich auf Handkes Prosa und innerhalb dieser Prosa auf das für die Tradition des Autobiographischen wesentliche Strukturmuster des Bildungsromans. Auf diese Weise kommen *Der Kurze Brief zum langen Abschied* und die Erzählung *Langsame Heimkehr* und damit zwei entscheidende Wendepunkte in Handkes Arbeit als Schriftsteller in den Blick (1.). In einem zweiten Schritt stelle ich dann, konzentriert auf das Problem des Religiösen, den Forschungsstand zu *Die Wiederholung* dar (2.). Im dritten Schritt werde ich dann *Die Wiederholung* pragmatisch auf ihre religiösen Dimensionen ausloten (3.).

1. *Die Wiederholung* als Element des autobiographischen Schreibprozesses

Anders als Koeppen, ist Peter Handke, geboren am 6. Dezember 1942 in Altenmarkt/Griffen (Österreich), spätestens seit Ende der 60er Jahre einer breiten literarischen Öffentlichkeit bekannt. Seine literarische Karriere beginnt 1966 mit einem aufsehenerregenden Auftritt vor der *Gruppe 47* in Princeton und dem Erscheinen seines ersten Romans *Die Hornissen* (1966) beim Suhrkampverlag: Handke bricht sein Jura-

---

[4] Handke, in: Ich denke wieder 1987.
[5] So beispielsweise Lüdke, Heimkehr 1986.

Studium ab und arbeitet fortan als Schriftsteller. *Die Hornissen*, in der Tradition des *noveau roman* sprachkritisch und experimentell geschrieben, werden jedoch mehr von Kritikerinnen und Kritikern als von Leserinnen und Lesern wahrgenommen. So wird Handke vor allem mit seinen Sprechstücken *Publikumsbeschimpfung* (1966), *Kaspar* (1968) und *Das Mündel will Vormund sein* (1969) sowie den Büchern *Die Angst des Tormanns beim Elfmeter* (1972), *Der kurze Brief zum langen Abschied* (1972) und *Wunschloses Unglück (1972)* bekannt. Seit der Publikation seiner Tetralogie *Langsame Heimkehr* (1979-1981) gilt er, einst Kultautor und literarischer Zeitgeistseismograph der 70er Jahre, neben Botho Strauß als „einer der umstrittensten deutschen Autoren der Gegenwart"[6].

Ähnlich wie bei Koeppen, ist Handkes Literatur grundlegend „von der begriffsauflösenden und damit zukunftsmächtigen Kraft des poetischen Denkens" (AW 76) bestimmt. Doch im Unterschied zu Koeppen manifestiert sich dieses kritisch-poetische Anliegen Handkes deutlicher in verschiedenen Variationen und Facetten, zunächst sprachkritisch (die sprachexperimentelle Phase bis etwa 1972), seit 1972 formkritisch (die formexperimentelle Phase bis 1979), seit 1979 dann konzentriert auf eine Ästhetik der Ganzheit und Schönheit. Man spricht in diesem Zusammenhang von einer „klassischen Wende" Handkes.

Handke selbst verhält sich gegenüber Versuchen, sein literarisches Schaffen in verschiedene Phasen zu differenzieren und lebensgeschichtlich zu verorten, eher skeptisch. Von Volker Hage auf den Wendepunkt 1972 angesprochen, gibt er mit Blick auf sein Buch *Wunschloses Unglück* (1972), eine biographiekritische Biographie seiner Mutter und ihres Selbstmordes, zu bedenken:

„Daß ein Schriftsteller mal einen Wendepunkt hat, ist auch, glaube ich, eine Ideologie der bürgerlichen Literaturbeschreibung. Das geht bei mir viel widersprüchlicher vor sich. Jetzt habe ich eine Geschichte geschrieben, die hat nicht mehr diesen utopischen Glanz, einfach, weil es mir dann nicht mehr entsprochen hat. Das geht so hin und her."[7]

Diese Distanz korrespondiert mit einer grundsätzlichen Kritik an psychologischen und lebensgeschichtlichen Erklärungsmustern. In diesem Sinn beginnt Handke beispielsweise seine Rede zur Entgegennahme des Salzburger Literaturpreises 1986 mit der Passage:

„Es gibt Lebensläufe, bei denen im großen und ganzen eintrifft, was durch Geburt, Herkunft und Umgebung vorgezeichnet ist. Das ist wohl, zumindest in einer Friedenszeit, die Regel. Daneben gibt es seltsame Leben, die man weniger 'Läufe' nennen kann als 'Sprünge', 'Versetzungen' oder 'Fälle'. So ein Fall bin vielleicht ich." (LS 86)

Neben dieser kritischen Sicht auf Normalbiographie fällt, insbesondere in der spätkritischen Phase, ein mythisch-antigeschichtliches Selbstverständnis auf: Handke stellt seine „Herkunft aus der Geschichtslosigkeit" (VJ 25) heraus und bekennt sich in einem Gespräch mit Herbert Gamper zu Formen ritueller Identitätsvergewisserung:

„Es ging mir oft so - vor allem in späteren Jahren -, daß im Teilnehmen oder im Dabeisein bei einer religiösen Feier oder sagen wir Meßfeier ich mich weit mehr selber gemeint fühle als in den Schemata der - wie man sagt - Psychoanalytik oder wie auch immer man das nenne... Also in der

---

[6] Elm, Handke 1994, 565.
[7] Handke, in: Die Fiktion ist nötig 1982, 115.

Anonymität einer Rituals, dessen Wirklichkeitskraft ich irgend einmal doch entdeckt habe, hab ich mich einfach auf eine andere Weise und auf eine erhebende Weise erkannt gefühlt als im Analysiertwerden. Beides hat seine Richtigkeit, aber das Ritual hat darüber hinaus ein ... gibt mir einen Schubs, also auch einen Ruck über mich hinaus, als würde da etwas übersprungen werden, was die Analyse so aufdröselt: was dann mich unfähig macht, diesen Sprung zu tun." (Z 136f)

Dieser Distanz in Handkes Selbsteinschätzung zum Trotz lassen sich doch unschwer Wendepunkte in seinem Schreiben erkennen. Mit Recht geht die Forschung im wesentlichen von drei Phasen aus,[8] wobei die Zäsuren mit zwei Büchern markiert werden, die die autobiographische Identitätsproblematik in kritischer Adaption der literarischen Tradition des Bildungsromans zu bearbeiten versuchen: *Der kurze Brief zum langen Abschied* (1972) und *Langsame Heimkehr* (1979).

Der kurze Brief zum langen Abschied dokumentiert Handkes „Wende von der Literatur als Terrain der Zeit- und Zeichenkritik zur Wahrnehmung der Poesie als Ichrettender Gegenwirklichkeit"[9]. Dieses Buch markiert auch insofern eine deutliche Zäsur, als mit und seit ihm das autobiographische Moment stärker (erkennbar) hervortritt und sich zunehmend als poetisierende Selbstsuche in einer mythischen Welt zu erkennen gibt.[10]

Wie der *Kurze Brief* weist auch die Erzählung *Langsame Heimkehr* das Strukturmuster des traditionellen Bildungsromans auf. In drei Kapitel unterteilt, wird in chronologischer Abfolge verschiedener Reisestationen die innere, sich an Krisensituationen entzündende 'Progression' eines Helden auf der Suche nach Identität erzählt. Doch dieses literarische Grundmuster 'täuscht': Ähnlich des kritischen Traditionsanschlusses in *Der Kurze Brief* werden auch in *Langsame Heimkehr* auf verschiedenen Ebenen Brechungen erkennbar, die die Spätmodernität dieser Erzählung konturieren: Unter Rekurs auf Antike (Homer), Romantik (Eichendorff) und Realismus (Stifter) sowie in Absetzung zum Diskurs der literarischen Moderne (besonders Kafkas *Prozeß*, wahrscheinlich auch dessen Kurzerzählung *Vor dem Gesetz*) wird ein mythisches, sich in kreisenden Formen manifestierendes Modell biographischen Selbstverständnisses entworfen, das dem modernen Programm eines krisenhaft reifenden, sich zielgerichtet entfaltenden Selbstfindungsprozesses widerspricht. Am Ende der Erzählung ist der 'Held' nicht, auch nicht bei sich selbst, angekommen, seine - langsame - Heimkehr steht noch bevor, die Erzählung ist, wie Handke in einem Gespräch mit Gamper herausstellt, ein Fragment.[11] Dieser Form entspricht, daß die Suchbewegung des Helden wesentlich im Modus klagender („Ich will [...] ein mächtiger Klagekörper sein"; 147) Beschwörung von „Harmonie" (147) versprachlicht ist.[12] Dabei erscheint gegenüber dem *Kurzen Brief* das Autobiographische noch mehr in der Schwebe gehalten. Das Religiöse hingegen ist bereits auf der Ebene seiner kulturell eingeschliffenen Semantik

---

[8] Umstritten ist dabei, ob der Prozeßcharakter des Werks, der allgemein anerkannt wird, eher im Modell andauernder Selbstrevision (Pütz) oder eher im Modell von Dekonstruktion und Rekonstruktion (Bartmann) beschrieben werden soll.

[9] Elm, Der kurze Brief 1993, 293.

[10] Zu einer genaueren Analyse beider Bücher siehe Friedrichs, Psalmodieren, Diss. Marburg 1997, 129-140.

[11] Handke, in: Z 35.

[12] Diese und die folgenden Zitate sind, wenn nicht anders vermerkt, der Erzählung *Langsame Heimkehr* (1979) 1984 entnommen.

sehr viel stärker präsent und bedeutsam, wie schon die Eingangssequenz zu erkennen gibt:

> „Sorger hatte schon einige ihm nahe gekommene Menschen überlebt und empfand keine Sehnsucht mehr, doch oft eine selbstlose Daseinslust und zuzeiten ein animalisch gewordenes, auf die Augenlider drückendes Bedürfnis nach Heil. Einerseits zu einer stillen Harmonie fähig, welche als eine heitere Macht sich auch auf andere übertrug, dann wieder zu leicht kränkbar von den übermächtigen Tatsachen, kannte er die Verlorenheit, wollte die Verantwortung und war durchdrungen von der Suche nach Formen, ihrer Unterscheidung und Beschreibung, über die Landschaft hinaus, wo ('im Feld', 'im Gelände') diese oft quälende, dann auch wieder belustigende, im Glücksfall triumphierende Tätigkeit sein Beruf war." (9)

Die Eingangssequenz ist literarisches Programm. Die Sprache der Religion markiert die Sehnsucht nach Heil, das jedoch nur auf dem Weg sinnkonstituierender, die Landschaften der Seele erfindender, darin einen bergenden Kosmos aufrufender Subjektivität erschrieben werden kann. Als Grund dafür nennt die Erzählung die metaphysische Entwurzelung der Moderne. Die Religion Sorgers, die keinen Adressaten kennt (64: „'Wem dankbar sein?'"), ist eine Augenblicksreligion, höchst fragil und höchst variabel, was ihre 'Gegenständlichkeit' betrifft:

> „Sorgers Glaube war an nichts gerichtet; er bewirkte bloß, wenn er ihm gelang, ein Teilhaftigwerden an 'seinem Gegenstand' (einem durchlöcherte Stein, aber auch einem Schuh auf dem Tisch, einem Nähfaden auf dem Mikroskop) und begabte ihn, den oft Bedrängten, der sich nun wirklich als Forscher fühlen konnte, mit Humor: in ein stilles Vibrieren versetzt, schaute er sich dann einfach seine Welt näher an." (17)

Dabei ist auffallend, daß diese Augenblicksreligion biographisch im Raum der Kindheitserinnerungen (an das Geheimnis der Eucharistie) verortet ist (141: „Ich habe mich heute an eine Erlösung erinnert").[13] Erzählstrukturell gesehen, wird das Suchen nach Heimat so zum Appell einer existentiellen Selbsterkundung, zum ästhetisch gesetzten Impuls für Leserinnen und Leser, der je eigenen Heimat auf die Spur zu kommen.[14] In *Die Geschichte des Bleistifts* (1982), einem Arbeitsjournal Handkes aus der Zeit zwischen 1976 und 1980, formuliert Handke, der jeden Menschen als (schreibenden) Künstler sieht, in diesem Sinn:

> „Es ist klar: ich kann mir eine Heimat nicht zusammenfinden durch Sehen, Hören, Riechen, Erinnern - ich muß sie mir erschreiben, erfinden (sag auch nie: 'meine Heimat', aber doch: 'meine Art Heimat'" (GB 34).

Handke selbst versteht die Erzählung als „Schwellenbuch"[15], mit dem erst sein Schreiben begonnen habe:

> „Ich denke oft, daß mit 'Langsame Heimkehr' eigentlich erst mein Schreiben angefangen hat, was andere nicht so denken. Daß ich endlich hab' Ernst machen können, und daß das ein fürchterlich schwieriger Prozeß war, der eigentlich gegen meinen Willen passiert ist. Also diese sogenannte Wende war nicht die meines Willens. Ich hab' mitten im Schreiben erlebt, daß es anders werden muß; daß ich ganz anders denken, ganz anders fühlen muß. Aber, daß dieses Fühlen und Denken schon immer in mir da war. Aber, daß diese Art von Denken und Fühlen eben so weit abgesunken

---

[13] Das Autobiographische erhärtet sich, wenn das Buch im Zusammenhang der Tetralogie *Langsame Heimkehr* gelesen wird. Dazu Marschall, Mythen 1993, 91f.
[14] Zur romantischen Tradition, in der *Langsame Heimkehr* steht, Eifler, Romanform 1985, 101-131.
[15] Handke, in: Ich denke wieder 1987.

war, seit der Kindheit, daß ich sie fast wie ein Archäologe im Schreiben hab' ausbuddeln müssen."[16]

Der Erzählung *Langsame Heimkehr* sind mit *Die Lehre der Sainte-Viktoire* (1980), *Kindergeschichte* (1981) und *Über die Dörfer* (1981) noch drei Bücher gefolgt, die Handke im Klappentext von *Über die Dörfer* zu einer Tetralogie zusammenfassend als *Langsame Heimkehr* verstanden wissen will:

> „Zuerst die Geschichte von Sonne und Schnee; dann die Geschichte der Namen; dann die Geschichte eines Kindes; jetzt das dramatische Gedicht: alles zusammen soll 'Langsame Heimkehr' heißen."

In der *Lehre der Sainte Victoire* (1980), einer Art Kommentar zur *Langsamen Heimkehr* in Form einer narrativen Poetik in den Spuren Paul Cézannes und Adalbert Stifters, bekennt sich Handke zum ästhetischen Programm einer „Verwandlung und Bergung der Dinge in Gefahr" (LSV 66),[17] das autobiographisch im religiösen Erlebnis der Kindheit verortet wird:

> „Ich will es beschreiben, denn es gehört hierher.
> Dieses Bild war ein Ding, in einem bestimmten Behältnis, in einem großen Raum. Der Raum war die Pfarrkirche, das Ding war der Kelch mit den weißen Oblaten, die geweihte Hostien heißen, und sein Behältnis war der in den Altar eingelassene, wie eine Drehtür zu öffnende und zu schließende vergoldete Tabernakel. - Dieses sogenannte 'Allerheiligste' war mir seinerzeit das *Allerwirklichste*.
> Das Wirkliche hatte auch seinen wiederkehrenden Augenblick: sooft nämlich die durch die Worte der Wandlung sozusagen Gottes Leib gewordenen Brotpartikel mitsamt ihrem Kelch im Tabernakel geborgen wurden. Der Tabernakel drehte sich auf; das Ding, der Kelch, wurde, schon unter Tüchern, in die Farbenpracht seiner Stoffhöhle gestellt; der Tabernakel drehte sich wieder zu - und jetzt der strahlende Goldglanz der verschlossenen konkaven Wölbung.
> Und so sehe ich jetzt auch Cézannes 'Verwirklichungen' (nur daß ich mich davor aufrichte, statt niederzuknien): Verwandlung und Bergung der Dinge in Gefahr - nicht in einer religiösen Zeremonie, sondern in der Glaubensform, die des Malers Geheimnis war." (LSV 66)

In der *Kindergeschichte*, die die ersten zehn Jahre im Leben eines Kindes (der Tochter Handkes Amina) und die Geschichte eines Erwachsenen (des Schriftstellers Peter Handke) erzählt,[18] wird dieses ästhetische Programm 'realisiert' (ein Ausdruck Cézannes), das sich in *Über die Dörfer* (1981) geradezu zu einer Ästhetik der „Dankbarkeit" (ÜD 112) aufschwingt. Programmatisch hat Handke in seiner Rede zur Verleihung des Franz-Kafka-Preises (1979) formuliert, es sei „inzwischen" seiner Ansicht nach Aufgabe der Literatur, „die flüchtigen Augenblicke eines je als Gesetz erfahrenen ANDEREN Lebens zu einem sanft nachdrücklichen Seins-Entwurf ineinanderzuphantasieren" (EF 158).

Wie *Der Kurze Brief zum langen Abschied* und *Langsame Heimkehr* ist auch das Buch *Die Wiederholung* (1986) in kritischer Adaption des Bildungsromanschemas geschrieben. Der 'Held', Filip Kobal, ist, modellhaft reduziert, „eine starke Leerstelle" (Z 82). Damit wird die Tendenz der *Langsamen Heimkehr* als einer Art magischmodernen Aufrufprosa thematisch wie strukturell aufgenommen wie verstärkt:

---

[16] Handke, in: Wir müssen fürchterlich stottern 1988.
[17] Dazu Graf, Verwandlung 1985, 276-314 und Marschall, Mythen 1993, 85-104.
[18] Zur *Kindergeschichte* als einer Form des Autobiographischen Hattemer, Das erdichtete Ich 1989, 142-145.

C. Fragment und Ganzheit - Klage und Lob

„Sinn für die Wiederholung kriegen!" (LH 205)

Nach Erscheinen von *Die Wiederholung* hat Handke seinen autobiographisch zentrierten Schreibprozeß facettenreich fortgesetzt, so zum Beispiel in dem „Mammutwerk"[19] *Mein Jahr in der Niemandsbucht. Ein Märchen aus den neuen Zeiten* (1994), in dem die Motivspur der Verwandlung aufgenommmen und ausgezogen wird.

Ich resümiere und verdichte: Das Buch *Die Wiederholung* ist der dritten Werkphase Handkes zuzuordnen. Bei allen deutlich erkennbaren Brüchen weisen diese Werkphasen auch Kontinuitäten auf. Eine dieser Kontinuitäten ist die schreibende Suche nach Identität des Schriftstellers Peter Handke in wechselnden (Such-)Formen und (stellvertretenden) Figuren. „Was ich schreibe", so Handke im Gespräch mit Gamper, „ist ja nur meine geformte Existenz." (Z 247) Dabei spielen dessen Kindheit und Herkunft aus einem Dorf in Südkärnten offensichtlich eine zentrale Rolle:

„Und als sei die Herkunft der Konfliktimpuls seines Schreibens, drängt es ihn seit jeher dorthin zurück. Von den autobiographischen Reminiszenzen der *Hornissen*, des *Kurzen Briefs* und der Biographie seiner Mutter (*Wunschloses Unglück*) bis hin zu den Internats- und Familientraumata im Roman *Die Wiederholung* gilt für ihn: 'Es wirkt und wirkt der Ort, an dem ich aufgewachsen bin, er bestimmt die Sätze, die ich schreibe" (Die Welt, 9. Oktober 1987)."[20]

Handkes Literatur ist, trotz oder gerade wegen seiner „fiktionalen Stellvertreter"[21] so durch und durch autobiographisch bestimmt. 'Autobiographisch' meint mehr, als daß Literatur, wie Handke es im Gespräch mit Heinz Ludwig Arnold formuliert, „aus dem Durcheinander, aus dem Verworrenen, Undefinierbaren des eigenen Lebens"[22] entsteht. In diesem Sinn wäre letztlich jeder Roman autobiographisch, ganz so, wie Koeppen einmal sagt: „Ich glaube, jedes Buch ist der Roman des Verfassers."[23] Doch damit wäre das spezifische Profil autobiographischen Schreibens bei Handke nicht hinreichend bestimmt. Handke, so kann man zugespitzt formulieren, schreibt autobiographisch, indem er seine eigene Biographie permanent fiktionalisiert und dabei zunehmend mythologisierend ausleuchtet. Es ist, als konstituiere sich dessen Ich gleichsam in einem 'Dazwischen', im spannungsvollen Raum zwischen phantasiereichen Erfindungen und lebensgeschichtlichen Faktizitäten. Was Handke programmatisch als Aufgabe der Literatur sieht, kann somit auch für dessen Modell biographischer Selbstthematisierung gelten:

„Die naturalistischen Formen zerdenken, bis sich die didaktischen, zeigenden (Brecht) ergeben; die didaktischen Formen zerdenken, bis sich mythische ergeben (mein Schreiben)." (GW 277f.)

Der autobiographische Grundzug, der Handkes Erzählungen, Essays, Dramen und Lyrik bestimmt, wird in seiner seltsamen Schwebe zwischen Fiktion und Realität bereits am Profil seiner literarischen, je mit Symbolnamen ausgestatteten 'Helden' ablesbar: Ob Gregor Benedikt (*Die Hornissen*, 1966) oder Gregor Keuschnig (*Die Stunde*

---

[19] Hage, in: Gelassen wär' ich gern 1994.
[20] Elm, Peter Handke 1994, 567f.
[21] Fuchs, Sehnsucht 1993, 127.
[22] Handke, in: Arnold II 1990, 149.
[23] Koeppen, in: ES 93.

der wahren Empfindung, 1975), ob Valentin Sorger (*Langsame Heimkehr*, 1979) oder Filip Kobal (*Die Wiederholung*, 1986), immer sind diese Figuren - wie auch der Ich-Erzähler in *Der kurze Brief zum langen Abschied* oder der Erzähler im *Versuch über die Jukebox* (1990) - in ihrer Identitätsproblematik und Suche nach authentisch-bergenden Lebensformen, autobiographisch grundiert. Sie sind, um mit Bartmann zu sprechen, eine unabgeschlossene literarische „Interpretantenreihe"[24] des Autors und Menschen Peter Handke. Wie schon in einem Gespräch mit Arnold 1975,[25] präzisiert Handke diese Art Literatur in einem Gespräch mit dem *Spiegel* 1994 im Sinn eines Schreibaktes existentieller, Subjektivität in seiner Tiefenschichten auslotender Selbsterkundung:

„Ich selbst kann ein Buch nur lesen, wenn ich ein Ich spüre. Wie steht dieses Ich zu sich und zu den anderen? Nur indem ich bei mir bleibe, kann ich von der Welt erzählen. Das Ich muß so tief in sich hineingehen, daß es anonym wird. Je mehr ich nach innen gehe, desto weiter werde ich."[26]

2. Zwischen neoromantischer Kunstreligion und postmoderner Mystik: Tendenzen der Forschung

In diesem Abschnitt will ich Tendenzen der Forschung zum Buch *Die Wiederholung* skizzieren, um meine Lesart in der Handke-Forschung zu verorten. Dabei ist allgemein und grundsätzlich zu sagen, daß das Buch, anders als andere Werke Handkes, literaturwissenschaftlich bisher eher selten,[27] theologisch fast gar nicht wahrgenommen, geschweige denn genauer untersucht wurde. Das ist, was die Literaturwissenschaft betrifft, nicht recht verständlich, da das Buch bereits bei seinem Erscheinen als eine Art Summe der Literatur Handkes gesehen worden ist. Die Zurückhaltung der Theologie hingegen ist Ausdruck einer allgemeinen Reserve gegenüber der Literatur Handkes, die in ihrem Diskurs bisher nur in Ansätzen eine Rolle spielt. Es gibt, so kann man sagen, im Bereich theologischer Literaturrezeption eine Art Standardrepertoire,[28] das, von Autorinnen und Autoren wie Brecht, Böll, Grass oder Kaschnitz besetzt, nur - aus welchen Gründen auch immer - sehr selten überschritten wird.

Im folgenden gebe ich zunächst, um das Buch in seinem Kontext ernstzunehmen, einen Kurzüberblick zur Forschungslage der Frage des Religiösen im Werk Handkes. Erst dann gehe ich zum Buch *Die Wiederholung* über, und zwar mit Blick auf die Probleme zunächst des Autobiographischen, dann des Religiösen.

Schon ein eher flüchtiger Blick in Werke der spätkritischen Phase weckt die Aufmerksamkeit auf das Problem der Religion,[29] insbesondere auf mythische, mystische

---

[24] Bartmann, Suche nach Zusammenhang 1984, 144.
[25] Handke, in: Arnold II 1990, 175-177.
[26] Handke, in: Gelassen wär' ich gern 1994.
[27] Dazu Kern, Auswahlbibliographie 1989, 138-148 und Riedel, Sekundärliteratur 1995, O-Z 16 (Anhang zu Pütz, Handke 1995).
[28] Dazu exemplarisch Kuschel, Vielleicht hält Gott 1991 (Porträts von: Heine, Kafka, Rilke, Roth, Hesse, Schneider, Celan, Sachs, Böll und Hochhuth).
[29] Lenz, Überwindung der Einsamkeit 1985, 25-30, sieht das Grundmotiv der Poetik Handkes auf dem Hintergrund des Christlichen: „So wird immer wieder die Düsternis durchschritten, ein Weg,

und rituelle Elemente.³⁰ Dennoch hat sich die Literaturwissenschaft damit bisher nur am Rand beschäftigt. Neben einzelnen kleineren Aufsätzen zum Thema ist die Arbeit von Susanne Marschall *Mythen der Metamorphose - Metamorphose des Mythos bei Peter Handke und Botho Strauß* (1993) zu nennen. Marschall untersucht das Motiv der Verwandlung (Mythen der Metamorphose) und das Problem des Mythos (Metamorphose des Mythos). Sie konzentriert sich, was Handke betrifft, auf dessen Buch *Die Abwesenheit. Ein Märchen* (1987), *Die Wiederholung* kommt nur in einzelnen Ausschnitten in den Blick. Mythisches wird an Motiven wie Blindheit (69-72), Kindheit (75-83) oder Erzählen (67-69) verortet, das darin zu einer „Kunstreligion" (99) gerinnt. Der romantische Hintergrund wird stellenweise aufgehellt, ohne Differenzen zu benennen.³¹ Marschalls Ergebnis ist, „daß die zentralen Begriffe Wiederholung, Verwandlung, Zusammenhang, Spiel und Schwelle von Handke in einen mythischen Kontext gestellt sind." (137) Darin wird Handkes Werk als Versuch gesehen, „zu der ursprünglichen Unmittelbarkeit, Verbindlichkeit und Notwendigkeit der Kunst zurückzufinden." (98) Mit Grassi macht Marschall eine ontologische Dimension der Literatur Handkes aus (97-99), ohne die vielfachen Brechungen, die erst die These einer „indirekt gesellschaftspolitischen Relevanz" (137) fundieren, dabei zu berücksichtigen.

Die Rückkehr der Religion in die Literatur,³² wie sie sich auf diese Weise bei Handke andeutet, wird in der Literaturwissenschaft kontrovers, zumeist jedoch kritisch gesehen. Durzak diagnostiziert 1976 Handkes „Absprung in die Mystik"³³. Pikulik verortet 1988 den Schriftsteller als Hauptrepräsentanten einer neoromantischen „Mythos-Welle"³⁴ in der New-Age-Bewegung, von Küchler 1994 insofern präzisiert, als dieser im Rekurs auf den Mythos einen Ausdruck einer postmodernen, das „Moment hermeneutischer Totalisierung"³⁵ aufschiebenden Konzeption sieht. Küchler stellt eher nüchtern fest, Pikulik hingegen registriert in Handkes Literatur ein zukunftsweisendes, innovatives Potential in der „Konvergenz mythischen und aufgeklärten Denkens" (250), das in seinem Spannungsmoment von Gabriel auf Chancen und Grenzen hin ausgelotet wird.³⁶ Nicht selten wird jedoch dessen Literatur als Ausdruck einer neokonservativen „Ideologie der Gegenaufklärung"³⁷ kritisiert und kann dabei sogar in die Nähe eines „quasireligiösen Fanatismus"³⁸ gerückt werden.

In der katholischen und evangelischen Theologie ist Handkes Werk bisher nur spärlich rezipiert worden. „Seltsam", so stellt Pöhlmann zu Beginn eines kleinen Aufsatzes

---

  der im Sinn christlicher Lehre als die Errettung des Sünders anmutet, um den sich die Klarheit der Vergebung ausbreitet." (26)

[30] Stern, Zwischen Mythos, Mystik und Verzicht 1988, 835-848; Hörisch, Brot und Wein 1992, 264-282; Kurz, Gott in der modernen Literatur 1996.

[31] Zum Verhältnis Handkes zur Romantik Sommerhage, Romantische Aporien 1993.

[32] Dazu Schröer, Die religiöse Frage 1988, 421.

[33] Durzak, Gespräche 1976, 360.

[34] Pikulik, Mythos 1988, 236.

[35] Küchler, Von blinden Fenstern 1994, 167.

[36] Gabriel, Neoklassizismus 1991, 99-109.

[37] Elm, Handke 1994, 577. Ähnlich Wischenbart, Beschwörung der Ordnung 1985, 45-74, nicht ohne entsprechende Polemik.

[38] Fuchs, Sehnsucht 1993, 130 A 12.

zu Recht fest, „daß sich die Theologie bisher noch kaum ernsthaft mit Peter Handke auseinandergesetzt hat. Und das, obschon sich dieser Schriftsteller zunehmend theologischen Themen zuwendet."[39] Soweit ich das Feld übersehe, hat Pöhlmann recht: die theologische Literatur zu Handke ist gut überschaubar. Ich nenne zunächst die kleineren Beiträge: Kuschel verweist summarisch-kurz auf mystische Tendenzen und den „neuen Verkündigungsstil"[40], Kaufmann versucht, unter Rekurs auf die Ästhetik der Tetralogie *Langsame Heimkehr* theologische Begriffe neu unter der Perspektive eines kreativen 'Freiphantasierens' zu erschließen,[41] und Goergen spürt der Funktion der religiösen Sprache in der *Kindergeschichte* und den *Versuchen* nach,[42] mit Sensibilität, fast schon meditativ, dabei auch die Rolle des Lesers mit in den Blick nehmend: „Der Leser", so kommentiert Peter Goergen eine Passage aus der *Kindergeschichte*, „träumt mit, wo er Eigenes entdeckt oder allgemein Ansprechendes, Archetypisches etwa." (158)

Daneben sind zwei Dissertationen zu nennen. Zunächst Harald Baloch, *Untersuchungen zu Religion und Ritus in Werken Peter Handkes bis 1983* (1989, Universität Graz, nur maschinenschriftlich). Diese Arbeit versteht sich als „eine Ausweitung von BARTMANNS prozessualer poetologischer Betrachtungsweise um das Thema Religion" (VIII), und das bedeutet: Baloch versucht, das Problem der Religion, verstanden als „die Glaubens- und Liturgieformen der katholischen Kirche" (X), werkgeschichtlich zu rekonstruieren, wobei sich Bartmanns These darin konkretisiert, „daß Handke seine Poesie [...] an das gesamte 'System' des Christentums heranführt," (235) und zwar im Sinn einer „*Repoetisierung oder Remythisierung des jüdisch-christlichen Glaubens*" (276, im Original gesperrt). Die Arbeit, die nicht zuletzt auf Recherchen vor Ort basiert (und darin zuweilen etwas skurril anmutet, dazu etwa 431 A 131), weist einen seltsamen, jedenfalls im wissenschaftlichen Diskurs nicht üblichen Zug auf: Sie ist, nach ihrem eigenen Selbstverständnis, ein „Rühmen seines Werks" (417, dazu 412), durchsetzt von emotionalen Eindrücken,[43] und verzichtet dabei nicht auf subjektive (religiöse) Bekenntnisse (dazu das Nachwort). Ich erspare mir eine genauere Auseinandersetzung, da das Buch *Die Wiederholung* nur im Zusammenhang mit der Rekonstruktion der religiösen Sozialisation herangezogen wird (5-7.16-18), freilich ohne die Problematik des Autobiographischen zu reflektieren.

Sodann ist Irene Kann *Schuld und Zeit. Literarische Handlung in theologischer Sicht. Thomas Mann - Robert Musil - Peter Handke* (1992) zu nennen, die versucht, von Literatur als „gestalteter Erfahrung" (31) her den Problemzusammenhang Schuld und Zeit moraltheologisch auszuleuchten. Kann, die gegen Bahr, Sölle und Mieth das Verhältnis von Ästhetik und Moraltheologie eher „assoziativ und experimentierend" (34) angehen will, kommt in ihrem Fazit zu dem Schluß: „Im Grunde liegen in der

---

[39] Pöhlmann, Meister 1993, 40. Pöhlmann sieht biblische Grundanliegen (die „Stillen", 42) und moderne Grundbefindlichkeit („Religion ohne Kirche", 41) in Handkes Literatur angesprochen.
[40] Kuschel, Gottesbilder 1985, 46f.50f.63f. Zum Mystischen auch Rotzetter, Neue Innerlichkeit 1992, 117-128, am Beispiel von Handkes *Gedicht an die Dauer* (1986).
[41] Kaufmann, Evangelium der Fälschung 1988, 445-457.
[42] Goergen, Verklärtes Bewußtsein 1995, 158-171.
[43] Dazu etwa 116: „[...] berührende Tatsache, daß Handke die eigentliche *Funktion* des christlichen Auferstehungsglaubens ganz genau begriffen hat", Orginal gesperrt.

theologischen Ethik die Wurzeln zu einem Denken bereit, das die Probleme moderner Literatur integrieren könnte; sie müssen nur ausgegraben werden." (276) Da die Arbeit ein sozialethisches Interesse verfolgt, zudem *Die Wiederholung* nur kurz erwähnt (250f), breche ich mit dieser Kurzvorstellung ab und wende mich nun der Forschungslage zum Buch *Die Wiederholung* zu.

Die Literatur Handkes stand von Anfang an „im Zeichen einer Polarisierung der Meinungen."[44] Diese Polarisierung zeichnet sich, wie ein Blick in verschiedene Rezensionen deutlich macht, auch hinsichtlich des Buchs *Die Wiederholung* ab. Ich nenne exemplarisch Otto Lorenz und Benjamin Henrichs. Lorenz lobt das Buch in hohen Tönen, da es poetisch „bündelt, was unser gegenwärtiges Denken bestimmt":

„Handkes Erinnerungsarbeit ist Wiederholung und Korrektur der Vergangenheit zugleich, ein Gegenentwurf zur Zwiespältigkeit der Welt, ein Modell für einen ganz anderen Umgang mit der eigenen Biographie, mit der Sprache, mit den Dingen und den Lebewesen auf diesem Stern."[45]

Ganz anders urteilt Henrichs, für den das Buch - „Predigt und Buchhaltung, Schwärmerei und Pedanterie, Bibelton und Amtsdeutsch" - eine „Lesefolter" ist:

„Handkes fatale Neigung zu einem gravitätischen Landpfarrerdeutsch ('Und es genügte die Vorstellung, von meinem vertrauten Deutsch umgeben zu sein, und ich fühlte Geborgenheit'), zu einer Orgel-und-Weihwasser-Prosa, hat in der 'Wiederholung' noch einmal beklemmend zugenommen. [...] Zuletzt haßt der Leser den Dichter, der immerzu sein Retter sein will."[46]

Auch die literaturwissenschaftliche Fachliteratur zeigt sich polarisiert, das Buch wird, nicht zuletzt, da es „Vokabelhefte des unzeitgemäßen Wortgebrauchs"[47] anlege, als Ausdruck einer „solipsistischen Wahnwelt"[48] wie einer biographischen Utopie mit einer „über dem Abgrund von Bedrohungen mühsam errungenen Harmonie"[49] gelesen. Über den Begriff der Wiederholung, dem auch werkgeschichtlich nachgegangen werden kann,[50] wird das Buch im Kontext der Postmoderne verortet. Exemplarisch nenne ich Küchler,[51] der das Postmoderne am Verständnis von Heimat, Subjekt und Schrift festmacht. Dabei erweist sich die „post-metaphysische Konzeption" zentral „in der Dekonstruktion des klassischen, metaphysisch begründeten Denkens von Wiederholung als Wieder-(zurück-)holung vergangener Präsenz in einer als defizitär empfundenen Gegenwart" (156).

---

[44] Fischer, Handke 1989, 505.
[45] Lorenz, Auf der Spur des Bruders 1986. Ähnlich wohlwollend Lüdke, Die wirkliche Heimkehr 1986; Bolz, Erinnern, wiederholen, auslöschen 1986; Haider, Ins Herzland 1986; Kurz, Poetische Landnahme 1986; von Matt, Schlafen bei der großen Mutter 1986; Kaiser, Handkes hohe Heimatkunst 1986.
[46] Henrichs, Der Evangelimann 1986. Ähnlich, wenn auch nicht ganz so kritisch (und polemisch) Winkler, Private Mysterien 1986; Groß, Ein Buch wie ein Fausthieb? 1986; Grünwald, Dem verschollenen Bruder auf der Spur 1986; Vollbrecht, Peter Handke, 1987; Schneider, Handke und das Volk der Mäuse 1987.
[47] Fuchs, Sehnsucht 1993, 115.
[48] Gamper, Stellvertreter 1993, 180.
[49] Wallas, Spiegelbild 1989, 338.
[50] Dazu Egyptien, Heilkraft ^{5}1989, 42-58; Schmiedt, Analytiker und Prophet ^{5}1989, 82-92; Gabriel, Neoklassizismus 1991, 102-104; Bonn, Idee der Wiederholung 1994.
[51] Küchler, Von blinden Fenstern 1994, 151-168. Dazu auch Renner, Konstellation 1988, 369-387; Wagner-Egelhaaf, Mystik der Moderne 1989; Schmitz-Emans, Wiederholung 1993, 255-287: Poetologische Säkularisierung des theologischen Weltschriftgedankens.

Das Buch hat keinen Gattungshinweis. Insofern besteht, was an den Rezensionen gut zu erkennen ist, Unklarheit über die Gattungszugehörigkeit. Nicht anders ist das in der Fachliteratur, die zwischen Roman, Roman mit autobiographischem Hintergrund und Erzählung schwankt. Ich werde unter Abschnitt 3.3. das Problem näher erörtern und zu begründen versuchen, warum ich das Buch für eine Form der autobiographischen Kommunikation halte.

Das Problem des Religiösen wird, wenn ich recht sehe, neben der Frage des Mythischen (Marschall 1993) in zwei weiteren Richtungen wahrgenommen. Zunächst spielt die Frage der Repristination einer romantischen Kunstreligion eine Rolle. Nach Jürgen Egyptien, der dies bisher am deutlichsten vertreten hat,[52] geht es in Büchern wie *Die Wiederholung* weniger um eine „theologisch-religiöse Aufladung" als um „eine Art Kunstreligion" (54). Die Werke Handkes wollen, so Egyptien, „die Worte Moses' sein, der geheime Dekalog unserer Zeit, die Fortsetzung der Heiligen Schrift" (54). Darin sieht er „den problematischen Glaubenskern von Handkes Poetik" (54), die in Selbstreferentialität zu erstarren droht:

> „Sein obsessiver Glaube an die Heilkraft der Sprache und deren Vermögen zur dialektischen Positivierung materieller Geschichte ist in seiner Vermessenheit rein behauptend und nähert sich gefährlich einer retrospektiven Exkulpation." (54)

Sodann ist das Buch auf seine mystische Dimension hin befragt worden, und zwar in der Arbeit von Martina Wagner-Egelhaaf *Mystik der Moderne. Die visionäre Ästhetik der deutschen Literatur im 20. Jahrhundert* (1989). Wagner-Egelhaaf untersucht auf der Basis eines strukturellen Begriffs von Mystik (3f) deren Ausprägungen in der Literatur des 20. Jahrhunderts am Beispiel von Rilkes *Malte Laurids Brigge* (1910), Musils *Der Mann ohne Eigenschaften* (1930-1952), Kolbenheyers *Das gottlose Herz* (1938) und Handkes *Die Wiederholung* (1986). Ihr Ergebnis zur Mystik Handkes:

> „Am Beispiel seiner Erzählung 'Die Wiederholung' läßt sich zeigen, wie Handke das religiöse Zeichensystem als Modell universellen Zusammenhangs und umfassender Bezüglichkeit [...] zum Textprinzip erhebt. Das heilsgeschichtliche Muster von Schuld und Erlösung wird auf die Tätigkeit des Schreibens bezogen, wodurch der Schreibende in die Position des Sünders *und* die Christi, in die des Erlösungsbedürftigen *und* in die des Erlösers gerät. Auf diese Weise entsteht eine paradox-mystische Subjektstruktur, die ihre Identität und ihr Selbstverständnis an den Schreibprozeß bindet. [...] Dabei läßt das Netz wechselseitiger Bezüglichkeit einen Signifikanten eine ganze Reihe weiterer Signifikanten zitieren, ohne ein begründendes Signifikat anzusprechen. D.h. das von der gedanklichen Struktur vorgegebene Gesetz, das die Einheit von Schrift und Natur begründen könnte, bleibt inhaltlich unbesetzt." (221)

Was an dieser Zusammenfassung deutlich wird, ist dies: Wagner-Egelhaaf nimmt das Buch unter einer systematischen Perspektive, der Frage nach seiner mystischen Ausprägung, wahr. Damit ist letztlich nicht der Erzählzusammenhang, sondern das Motiv der Mystik der bündelnde Fokus, was formal daran erkennbar ist, daß Wagner-Egelhaaf das Buch immer auch auf dem Hintergrund des Werkkontextes interpretiert. Der Blick auf das Mystische, das zeigt diese Arbeit auf ihre Weise beeindruckend, nimmt einen Grundzug des Buches profiliert wahr. Dennoch erscheinen die Rekonstruktionen an manchen Stellen schematisch-gezwungen, es kommt, worauf ich später noch eingehe (dazu 3.5.), zu deutlich überzogenen Deutungen. Zudem ist der Text,

---

[52] Egyptien, Heilkraft ⁵1989, 42-58.

wird er als eine Form der autobiographischen Kommunikation verstanden, keineswegs so offen-unverbindlich, wie Wagner-Egelhaaf ihn bestimmt: Er weist Spuren biographischer Verwurzelung auf, wobei sich für Leserinnen und Leser auf der Basis einer subjektiven Authentizität eine Form von Verbindlichkeit aufbaut, die mit dem postmodernen Blick gar nicht in Sicht kommt. Damit bin ich bei meinem eigenen Ansatz, der auf eine kommunikationstheoretische Erkundung der religiösen Dimension des Buchs zielt. Mit diesem Ansatz wird nicht nur postmoderne Offenheit eingegrenzt, es kommt auch Religion, wird sie wirkungsästhetisch rekonstruiert, anders als eine Form der Repristination von Kunstreligion in den Blick.[53]

3. „Ein einsames Spiel, ein wildes Spiel": Religiöse Dimensionen des Buchs *Die Wiederholung*

Das Buch *Die Wiederholung* hat viele Gesichter: Es kann als romantisches Märchen, als mythische Abenteuergeschichte oder als religiöse Heimkehrparabel gelesen werden. Für jede dieser Lesarten gibt es deutliche Anhaltspunkte im Text: Der Ich-Erzähler sucht nach Sinn und Identität in der „Wildnis" (236), entdeckt einem „Märchengesetz" (266) entsprechend sein Traumland in der Fremde, sehnt sich wie „der erschöpfte Odysseus" (111) nach Ruhe und Geborgenheit und macht sich, dem verlorenen Sohn aus dem biblischen Gleichnis entsprechend, auf den Heimweg, da er seine „Schuld, nicht daheim" (318) zu sein, nicht aushalten kann.

In diesem Nebeneinander von Märchen, Mythos und Religion als bedeutsamen Sinnfolien des Buches wird durch die vielen facettenreichen Anspielungen auf biblische und kirchliche Traditionen die Aufmerksamkeit auf das Problem der Religion gerichtet: Die Welt des Erzählers ist eine Welt der Bildstöcke, Kapellen und Prozessionen, der kirchlichen Feste (wie Taufe oder Ostern) wie der gottesdienstlichen Rituale und Kommunikationsformen (wie das Klagen und Loben). Es werden biblische Überlieferungen wie die Schöpfungstradition, die Sinaitradition oder die Jesustradition literarisch eingespielt, ebenso die Mythen und Rituale einer Art weltbezogenen Mystik (Meditationen und Erscheinungen) erkennbar. Von daher ist es nur angemessen, wenn der Frage nach der literarischen Funktion solcher biblischen und kirchlichen Traditionen genauer nachgegangen wird. Anders als etwa bei Wolfgang Koeppen erschöpft sich dieser facettenreiche Rekurs auf religiöse Traditionen offensichtlich nicht in einem Markieren einer Letztbedeutsamkeit abseits traditionell kirchlicher wie theologischer Sinnzuschreibungen.

Dennoch ist dieses Problem der religiösen Motivik nur ein Baustein in der Frage nach der religiösen Dimension des Buches. Diese kommt in kommunikationstheoretischer Perspektive erst als Frage nach den religiösen Implikationen der ästhetischen Erzählstruktur, oder mit Wolfgang Iser formuliert: der Aktstruktur der Lektüre in den Blick. Von daher ist, wie bei Koeppens Buch *Jugend*, eine Analyse des Gesamttextes erforderlich. Ich werde deshalb im folgenden zunächst ein erstes Profil des Buches

---

[53] Zur Kritik an der These der Kunstreligion Weiss, Religiöse Motive 1989, 227-235. Weiss rekonstruiert eine Poetik der Frage und sieht Handke darin in der Tradition unter anderem von Musil und Kafka.

erstellen, indem ich dessen thematische Konstellation skizziere (3.1). In einem zweiten Schritt gehe ich der Eingangssequenz in ihrer rezeptionsästhetischen Steuerungsfunktion nach (3.2.). Danach wende ich mich den Konturen der autobiographischen Kommunikation zu (3.3.) und versuche in einem vierten Schritt, der erzählstrukturellen Komposition des Buches auf die Spur zu kommen (3.4.). Nach diesen eher ästhetisch ausgerichteten Aspekten fokussiere ich meinen Blick auf Religion im engeren Sinn, indem ich nach der Funktion der religiösen Begriffe und Motive auf den Ebenen der erzählten (die Konstruktion der biographischen Welt) und erzählenden (die Deutewelt des Erzählers) Welt frage (3.5.). Erst im letzten Schritt fasse ich die verschiedenen Bausteine der Analyse zu einer kommunikationstheoretischen Erkundung der religiösen Dimension der autobiographischen Erzählung *Die Wiederholung* zusammen (3.6.).

3.1. Auf den Spuren des verschollenen Bruders: Zur thematischen Konstellation

Das Buch *Die Wiederholung* weist eine übersichtliche Makrostruktur auf. An seinem Ende werden in einem Inhaltsverzeichnis drei Abschnitte genannt, deren Überschriften seltsam, ja geheimnisvoll klingen: 1. Das blinde Fenster (9-97), 2. Die leeren Viehsteige (101-222) und 3. Die Savanne der Freiheit und das neunte Land (225-334). Diese Überschriften zentrieren die einzelnen Abschnitte thematisch und erweisen sich darin als drei wesentliche, die Lektüre des Buchs bündelnde Leitmotive. Das blinde Fenster und die leeren Viehsteige werden in ihrer Bedeutsamkeit als „Siegel des versunkenen Reichs" (272), das als Land der Maya (Savanne der Freiheit, 214) und als Sagenland Sloweniens (das neunte Land, 317) erzählt wird, ausdrücklich hervorgehoben. Auffallend ist, daß die drei Abschnitte je ihr eigenes literarisches Profil haben: Kapitel 1, das Kindheit und Jugend als Hintergrund der Slowenienreise entfaltet, hat in Thematik und Stil Affinität zum traditionellen, auf psychologische Deutungsmuster zurückgreifenden Familienroman: Es ist, da darin konventionelle Lektüremuster aufgerufen werden, relativ 'gut' lesbar. Das ändert sich in Kapitel 2 und Kapitel 3, da diese Kapitel, stark durchsetzt von Metareflexionen, ganz auf die subjektive Innenwelt und die endlos anmutenden, nur durch die Lektüre der beiden Bruderbücher (Kapitel 2) und die verschiedenen Reisestationen (Kapitel 3) strukturierten Assoziationen und Erinnerungen des Ich-Erzählers konzentriert sind.

Der übersichtlichen Makrostruktur entspricht ein klar erkennbarer und als Reisegeschichte lesbarer plot: Ein 45jähriger Ich-Erzähler 'wiederholt' erzählend und schreibend eine Reise, die er als etwa 20jähriger von seinem Heimatdorf Rinkenberg in Südkärnten aus nach Slowenien unternommen hat. Diese Reise ist eine Spurensuche nach dem im Krieg verschollenen Bruder Gregor, der neben Briefen, Notizzetteln und einem Rock vor allem zwei Bücher, sein Werkheft aus der Lehrzeit und ein slowenisch-deutsches Wörterbuch, hinterlassen hat. Im ersten Kapitel bricht der Ich-Erzähler nach Jesenice, einer Grenzstadt zwischen Österreich und Slowenien, auf. Dabei werden als Motiv dieser Reise Verlusterlebnisse in der Jugendzeit deutlich. Im zweiten Kapitel studiert der reisende Ich-Erzähler zunächst in einem Gasthof in Bohinska Bistrica das Werkheft, dann in der Einsamkeit der Tischebene Dobrawa das Wörterbuch des Bruders, dessen Lektüre Kindheitserinnerungen des Erzählers freisetzt. Im dritten Kapitel reist der Ich-Erzähler über das obere Isonzotal, Kobarid und die Vipavaebene in die Karstlandschaft Sloweniens. Nachdem er seinen Bruder dort zweimal, auf einer Türschwelle und in einem leeren Bahnhofsbett, tagtraumhaft gesehen hat, tritt er über Maribor, den ehemaligen Studienort des Bruders, seine Rückkehr nach Österreich, Rinkenberg und in das Elternhaus an.

Trotz dieser klaren Grundstruktur bleibt auch nach mehrfacher Lektüre eine genaue thematische Rekonstruktion des Buches schwierig, da dessen makrostrukturelle Übersichtlichkeit mikrostrukturell sozusagen permanent unterlaufen wird. Im folgenden konzentriere ich mich auf eine nacherzählende Rekonstruktion der thematischen Konstellation des Buchs. Die Ausführlichkeit, mit der ich das tue, hat ihren Sinn darin, in das Buch als solches einzuführen und zumindest ansatzweise auf das Problem des Religiösen aufmerksam zu machen. Dabei ist zu berücksichtigen, daß der Aspekt der ästhetischen Komposition, der an dieser Stelle noch weitgehend unbedacht bleibt, in Abschnitt 3.4. entfaltet wird.

I. Das blinde Fenster: Aufbruch aus dem Haus des Vaters

Im ersten Kapitel wird der Aufbruch des Ich-Erzählers von seinem Heimatdorf Rinkenberg nach Slowenien, besonders jedoch die Motivation zu diesem Aufbruch, erzählt.

Der Erzähler, „im Zwiespalt" (9) und mit einem Fluchwort des Vaters im Ohr (14) aufgebrochen, kommt an einem „warmen Abend Ende Juni 1960" (11) in der Grenzstadt Jesenice an, fühlt sich im „Graukreis" (12) der Stadt aufgehoben und kann dementsprechend in der Bahnhofsgaststätte von Jesenice seinen Tagträumen nachhängen. In diese Träume mischen sich Erinnerungen an die Zeit der Grundschule, des katholischen Internats und des Gymnasiums in Klagenfurt. Die Schulzeit wird als eine Zeit grundsätzlicher Bedrohung erzählt, aus der ihn die Mutter mit ihrem entschiedenen Handeln, so der Ich-Erzähler, zweimal „buchstäblich gerettet" (22) habe. Mit der Feindschaft eines Nachbarkinds aus dem Dorf konfrontiert, entdeckt der Erzähler das Böse in sich (29: „Ich wurde böse"), kann dem „Kindheitsfeind" (29) jedoch entkommen, da ihn die Mutter „unter dem Vorwand, Priester und Lehrer hätten sie überredet" (30), in ein katholisches Internat hinein 'rettet'. In der Begegnung mit einem Lehrer, der nicht Priester ist, erlebt der Jugendliche dort zunächst eine Art „Erweckung" (35), dann aber kippt das besondere Verhältnis, der Konflikt mit dem „kalten Vollstrecker" (37) spitzt sich bis zum einem „auf der Bauchhöhle, dem Zwerchfell, den Lungenflügeln, der Luftröhre, dem Kehlkopf" (38f) lastenden Sprachverlust zu, und es ist die Stimme der Mutter, die 'rettet', indem sie machtvoll den Wechsel zum Gymnasium in Klagenfurt verfügt: „Ich wollte", so die Erinnerung und kommentierende Reflexion, „widersprechen, und widersprach auf einmal nicht mehr. Die Stimme der Mutter war die einer Rechtsprecherin." (40)

Die Zeit im katholischen Internat ist, so resümiert der Erzähler, „eine Erzählung nicht wert. Es genügen die Wörter Heimweh, Unterdrückung, Kälte, Gemeinschaftshaft." (33) In dieser Zeit, in der das Internat „die Fremde" (43) war, richten sich die

Fluchtgedanken „immer nur auf den Heimatbezirk" (44). Die Aufbrüche nach Hause, die nur „zu den heiligen Zeiten" (41) stattfinden, haben etwas „Heiliges", das sich in einer Übereinstimmung der Innenwelt mit der Außenwelt manifestiert:

> „Es war, als brauchte ich gar nicht mehr eigens zu atmen, so belebt war mein Inneres, bis hinauf in die Nase, von jener Fahrtluft; den Jubel, den die Nebenleute aus sich herausschrien, den ich aber nur still in mir hatte, hörte ich dafür, statt von meiner eigenen Stimme, ausgedrückt von den Dingen der Außenwelt, tönen aus dem Stampfen der Räder, dem Rattern der Schienen, dem Klacken der Weichen, den wegbahnenden Signalen, den wegsichernden Schranken, dem Knistern in dem ganzen dahinbrausenden Eisenbahnwerk." (42)

Mit Anfang und Ende der Internatszeit verbinden sich besondere, je im Zusammenhang mit einer Autofahrt stehende Erinnerungsbilder: Ein „Bild der Einheit" (31) mit der Mutter nach der Aufnahmeprüfung bei der „Nachtfahrt, hinten auf dem Blechboden" (31) eines Wagens in Richtung Maribor, und ein „'Licht'"bild (41), entstanden auf dem Heimweg nach Rinkenberg nach der Internatszeit „unter einem sehr hohen Himmel, in einer Helligkeit, als sei das Autodach aufgeklappt" (40). Auf diesem Heimweg sang der Nachbar „aus ganzer Kehle Partisanenlieder" (40), begleitet von einem Summen der Mutter und ihrem feierlichen Ausrufen von Namen der 'vorbeifliegenden' Ortschaften.

Der Erzähler erkennt, daß ihm mit der Zeit im Internat die Zugehörigkeit zum Dorf und damit auch seine Jugend „unwiederholbar" (47) abhanden gekommen ist. Zwischen dem Dorf Rinkenberg und der Stadt Klagenfurt hin und her pendelnd, erlebt er das Dorf „nicht mehr als einen Zusammenhang, sondern nur noch als eine Streusiedlung." (44) Der „aus dem Zusammenhang Geratene" (45) sucht nach Wegen, dem „Abseits", das er sich als Schuld zurechnet, zu entkommen: Er gesellt sich als „Erzähler" (48) zu den Kindern, entdeckt in der Randexistenz des malenden Wegmachers ein „Beispiel" (52) und nimmt in seiner Schwester, die „immer finster allein gewesen" (53) ist, nach Jahren der Fremdheit nun eine Art Komplizin wahr. Doch können Kinder und Randexistenzen aus Dorf und Familie, im Tagtraum zu Luftgestalten eines „grenzenlosen Weltreichs" (50) emporgehoben und in die „Dorfmitte" (50 und 56) transponiert, „nicht den verlorenen Ort ersetzen" (57). Da dem „Sohn eines 'Zimmermanns', eines 'Landwirts', eines 'Wildbacharbeiters'" (59) die Stadt (Klagenfurt) wie die Schule (Gymnasium Klagenfurt) in ihrem bürgerlichen Milieu fremd bleiben, wird „das Fahren, das Warten an Haltestellen und Bahnhöfen, überhaupt das Unterwegssein" (63) zu seiner „Heimstatt" (63): Unter Fahrgästen, Reisenden, Passagieren fühlt sich der Erzähler aufgehoben, zum „Hauptschauplatz" wird ihm der Busbahnhof, der in seiner Ereignisarmut „die Fülle" (66) ist:

> „Was geschah, war freilich nur der Geruch des von schwarzem Öl glänzenden Bretterbodens in der Baracke, das Sausen in dem Weisenofen dort, das Knallen der Türflügel, das Schwappen der Plakate draußen an den Ständen, das Schüttern eines startenden, das Knistern und Knacken eines abgestellten Busses, das Wehen von Staub, Blättern, Schnee und Zeitungen durch die windige Straße." (66)

Aus dem Heimweh der Internatszeit ist das Fernweh der Gymnasialzeit geworden. Dabei entdeckt der Erzähler, daß dieses Gefühl, Heimat in der Fremde finden zu müssen, in der Familientradition verwurzelt ist: Nach der „Hauslegende" (69), von dem verschollenen, von der Mutter zum Partisanenkämpfer erhobenen Bruder überliefert, stammen die Kobals von „Gregor Kobal, dem Anführer des Tolminer Bauernaufstands" (70) ab, dessen Nachkommen nach seiner Hinrichtung vertrieben worden waren und es einen dieser Vertriebenen „über die Karawanken nach Kärnten verschlagen" (70) hatte. Diese „Stammestradition" (72) wird innerfamiliär verschieden gedeutet: Für den Vater, der im Krieg in Slowenien war, stehen Knechtschaft, Exil und „Schicksalsergebenheit" (73), für die Mutter hingegen, die nie in Slowenien war, „Ziel und Anspruch" (72) einer „Landnahme" (73) in Zentrum: „Was in der Nacherzählung des Vaters", so die Erinnerung des Erzählers, „der bloße, Jammer und Zorn erregende Name eines Kriegsschauplatzes war, das machte die zuhörende Mutter erst erfinderisch; was bei ihm Verwünschung war - 'verdammter Ternowaner Wald!' -, das verwandelte sich bei ihr in eine Stätte der Erwartung." (77) In dem Vater, der in seiner Ruhelosigkeit zum „Haustyrannen" (78) wird, sieht der Erzähler die Figur, die ihm „in den letzten Schuljahren das Heimkommen verdarb." (82) Der Schüler verliert „vor dem Haus" des Vaters seine Träume, dementsprechend verlieren „die Zeichen ihre Kraft" (83).

Erst die Krankheit der Mutter verwandelt das Haus in eine „Arche" (89) der Selbstverständlichkeit und Gemeinschaft, die nur nachts, in den Träumen des Erzählers, zerbricht. In einer Nacht jedoch träumt der Erzähler seinen Traum von der Familie als einem „Kreis" der Sich-nicht-Berührenden:

„Und auch nur so, unter Tränen, im leeren Zimmer kreuz und quer irrend, ohne sich einander nähern, ohne einander berühren zu dürfen, mit hängenden Armen, konnten wir Kobals eine Familie sein; und eine Familie konnte man überhaupt nur im Traum sein." (90)

Am Tag vor seiner Abreise nach Slowenien erlebt der Aufbrechende allerdings „mit wachen Augen die Gültigkeit des Traumgesichtes" (90), nachdem er, bereits zum Bahnhof aufgebrochen, ein blindes, an den verschollenen Bruder, der seit Kindheit auf einem Auge blind ist, erinnerndes Fenster erblickt, infolgedessen seine Reise um eine Nacht verschoben und seine Familie in seltsamer Ausgelassenheit angetroffen hatte.

Das erste Kapitel endet mit einer Reflexion des blinden Fensters, das in seiner Bedeutung zunächst „unbestimmbar" (97) bleibt, im Bahnhof von Jesenice jedoch eine klare Bedeutung annimmt: „'Freund, du hast Zeit!'" (97)

II. Die leere Viehsteige: Auf den Spuren der Kindheitslandschaft

Im zweiten Kapitel, das mit einer Metareflexion über das Erinnern als ein erzählendes „Am-Werk-Sein" (101) und damit über das eigene Schreibprogramm beginnt, werden zunächst die erste Nacht (in einem Tunnel), der erste Vormorgen (im Tal von Jesenice) sowie der erste Morgen (in der Grenzstadt Jesenice) in der Fremde erzählt (102-142). Dann bricht der Erzähler nach Bohinska Bistrica auf (142-154): Dort studiert er in einem Gasthof das Werkheft seines verschollenen Bruders (154-190), auf einer nahegelegenen Tischebene dann dessen slowenisch-deutsches Wörterbuch (191-222). Bei diesem Studium der Bücher wird der Erzähler zum Entdecker der slowenischen Sprache und darin zum Entdecker und Erforscher seiner Kindheitslandschaft.

Kurz vor Mitternacht bricht der Erzähler von der Bahnhofsgaststätte auf und sucht nach einer Übernachtungsmöglichkeit. Er folgt einer „Karawane" (105) von Militärfahrzeugen, entdeckt einen Eisenbahntunnel in den Karawanken und denkt: „'Mein

Stall!'" (106) In der Nacht wird der Erzähler, der sich wegen seines Alleinseins schuldig fühlt, von „endlosen Schreckensträumen" (107) überfallen. Er sieht in ihnen das Haus seines Vaters als „Ruine" (107) und sich selbst in der Rolle des Erzählers zu einem „stammelnden Zwangsarbeiter" (109) verdammt:

> „Im Schlaf ging die mit dem Verlassen der Bahnhofsgaststätte unterbrochene Erzählung in mir weiter, jedoch, anders als im Wachen, unsanft, sprunghaft, zusammenhanglos. Sie schwang sich nicht mehr aus mir heraus, mit einem 'Und', einem 'Dann', einem 'Als', sondern verfolgte mich, hetzte mich, preßte mich, hockte mir auf der Brust, würgte mich, bis ich nur noch Wörter einzig aus Mitlauten hervorbrachte." (109)

Diese Schreckensträume werden nur kurzfristig durch Geborgenheitsbilder des Halbschlafs aufgefangen (111: Odysseus auf der „Flocke des Schlafs"), da diese sich im Erwachen als Trugbilder erweisen. Es ist, so der Erzähler ausdrücklich, das Alleinsein, das ihn in ein allgemeines Verstummen, in eine „gleichsam außerweltliche Sprachlosigkeit" (112) stürzt. Erst mit dem Verlassen des Tunnels in der Vormorgenzeit, dem Aufstieg aus der 'Unterwelt' der Angstträume in die „Oberwelt" (113) des Tals von Jesenice, bekommt der Erzähler wieder Boden unter die Füße, die Umrisse der Vormorgenlandschaft werden ihm zu einer Art letztvergewissernden, darin entsühnenden und eine „Vorstellung von einem Gott" (114) aufrufende Weltschrift:

> „War mit dem ersten Schritt zum Stollen hinaus das Steingewicht von den Schultern und das Metallgefühl aus den Zähnen verschwunden, so wurden mir jetzt die Augen gewaschen, nicht von der Flüssigkeit, vielmehr deren so eigentümlichem Anblick. In mich aufgenommen hatte ich die Einzelheiten des Tals auch zuvor, nun aber erschienen sie mir in ihrer Buchstäblichkeit, eine im nachhinein, mit dem grasrupfenden Pferd als dem Anfangsbuchstaben, sich aneinanderfügende Letternreihe, als Zusammenhang, als Schrift." (114)

Auf diese Weise entdeckt der Erzähler in der Industriestadt Jesenice am Vormorgen die „Schwelle" (119) zu einem Land, das in seiner Fremdheit zu seinem eigenen Land wird, so daß er enthusiastisch spricht: „'Mein Land!'" (114).[54] Dabei bekennt sich der Erzähler ausdrücklich zu einem die Welt verklärenden Blick (120).

Nach diesem 'Welterlebnis' in der Vormorgenstunde geht der Erzähler zum Frühstück vor einem Gasthaus in der Nähe des Bahnhofs. Er nimmt die graue Industriestadt Jesenice als das „Vorausbild" (126) seines Landes, des Landes seiner Herkunft, wahr. Um dem Erschrecken über eine gelungene „Ahnenbeschwörung" (128) seines verschollenen Bruders zu entfliehen, fädelt sich der Erzähler „in den Passantenstrom" (128) von Jesenice ein. In diesem „Zug von Menschen" (128), der den Kleinhäuslersohn in eine Art bergende Anonymität eines 'Weltstadttreibens' versetzt, fühlt sich der Erzähler aufgehoben, weil er zwar wahrgenommen wird, nicht aber in die gleichsam auffressende Blickfalle seines tatsächlichen Herkunftslands gerät:

> „Diese Falle traf mich nicht als ein Blick, sondern als ein Starren, oder überhaupt als Augen- und Gesichtslosigkeit, aus welcher zum Beispiel, als das einzige Organ, ein monströser Mundrüssel sich vorstülpte und mit einem Wort, immer einsilbig, immer unhörbar, immer, auch in einer typischen Dialektform, ablesbar, über mir zuschnappte. Ja, in den einheimischen Städten konnte man sich, wenn man auf die Straße trat, in keinen Zug einreihen, sondern wurde, wie mir vorkam, unverzüglich eingesackt und eingelocht von den schon seit Ewigkeiten, samt ihren Hunden, auf der

---

[54] Dazu Eduard Mörike, 'Gesang Weylas', abgedruckt und interpretiert in: Kaiser, Augenblicke deutscher Lyrik 1987, 269-282.

C. Fragment und Ganzheit - Klage und Lob

Lauer böse im Kreis Gehenden, die sich, unbeirrbar, wie es die Art solch zum Kreisgang Verdammter war, bei dem allem am Platz und im Recht fühlten." (129)

Demgegenüber nimmt der Erzähler in Jesenice Augen wahr, „die, statt einen abzuschätzen, allein ihre Farben, und in diesen Farben, das Schwarz mit dem Braun mit dem Grau, 'die Welt'" (131) offenbaren. „Es war", so der rückblickende Kommentar auf dieses Erlebnis, „eine Leere, die mir offenstand" (133). Diese sinneröffnende Leere, die der Erzähler in einem blinden Fenster gebündelt wahrnimmt (136f), bleibt jedoch ein fragiles Augenblicksmoment, das bereits bei einem „Seitenblick" (137) entzaubert wird und darin die „Stunde der Sonnenfinsternis" (138) beginnen läßt: „Es war, als hätten wir alle das Gedächtnis verloren." (138) In dieser Krise, die Filip Kobal „schrittzählend" (138) zu überstehen versucht, denkt er an Rückkehr, doch Risse im Asphalt werden ihm zum Symbol und lassen ihn plötzlich seine Identität als „Ausländer" (141) erkennen. Dementsprechend reist er nicht nach Österreich zurück, sondern nimmt einen Zug Richtung Südwesten.

Der Erzähler entdeckt in der Wochein, eigentlich eine „betriebsame Gegend" (148), einen „Fluchtraum" (147), eine „weite Talschaft" (147) und darin einen idealen Leseplatz für das Studium der beiden Bruderbücher. Er übernachtet in Bohinska Bistrica, in dem Gasthof *Zur Schwarze Erde*. In einem Zimmer dieses Gasthofs studiert er zunächst das Werkheft seines Bruders. Dieses Werkheft stammt aus dessen Ausbildungszeit an der Landwirtschaftsschule in Maribor, handelt als „Lernheft und Lehrbuch" (161) besonders vom Obstbau und ist, da der Bruder das Slowenische als „Muttersprache" (180) entdeckt hat, auf slowenisch geschrieben. Der Erzähler, etwa in dem Alter seines Bruders damals, erlebt beim Entziffern dieses Heftes „die Kraft der Wörter" (164), und zwar im Übersetzen „ohne Umweg ins Bild" (165), und formuliert fast euphorisch mit einem Satz des Bruders einen „Kampfruf des Lesers": „'Wir werden nicht für den Schatten gearbeitet haben!'" (164)

Die Übersetzungsarbeit löst Erinnerungen an den Obstgarten des Bruders „weit außerhalb des Dorfs" (165) in Südkärnten aus, die zu einer Art lebensgeschichtlichem Gleichnis des verlorenen Kindheitsparadieses gerinnen und sich abschließend zu einer Reflexion des Erzählprogramms verdichten: Nach Jahren der Abwesenheit evoziert der Anblick des völlig heruntergekommenen Gartens, „als Nutzgarten in natürlichem Absterben begriffen" (174), nur kurz das Bild eines „zum Himmel ragenden Klagegerüsts" (174). Denn nicht im Klagen, sondern im Erzählen sieht der Erzähler seine Aufgabe: Der Brudergarten wird ihm zum „Werk, einer die Menschenhand überliefernden und würdigenden Form, mit dem Nutzen, von einer anderen Hand in eine andere Form übertragbar zu sein, zum Beispiel in Schriftzeichenform" (174).

Nach dem Werkheft studiert der Erzähler das slowenisch-deutsches Wörterbuch aus dem Jahr 1895 (198), das ihm der Bruder, der sein Taufpate ist, als Taufgeschenk hinterlassen hat (210), und zwar in der Einsamkeit einer Hochebene mit Namen *Dobrawa* (191). Mit diesem Wörterbuch und den Anstreichungen des Bruders darin wird der Erzähler zum Entdecker der slowenischen Sprache, der er bis dahin, mit Ausnahme der slowenischen Liturgie in der Messe (195f), mit Skepsis gegenüberstand. „Kraft der Wörter" (201) nimmt der Erzähler die Slowenen als ein mythisches, „unbestimmtes, zeitloses, außergeschichtliches" (201) Volk wahr, das schöpferisch

„im Benennen der Zuflucht-, Verborgenheits- und Überlebensstätten, wie sie sich nur die Kinder erträumen können" (202), ist und dem er sich, Entzifferer einer „Kindheitslandschaft" (202) geworden, zuzählen will. Das Wörterbuch wird dem Erzähler zu einer „Sammlung von Ein-*Wort*-Märchen, mit der Kraft von Weltbildern" (205): Er erkennt darin, trotz der „Ereignisse des letzten Weltkriegs" (208), ein Weltmuster, in dem das Böse nicht zum Sieg kommen kann, „ja einen Plan, welcher das Land-Volk und das Dorf-Haus vom Anfang zum Weltvolk und Weltstadthaus" (206) macht. Beim Übersetzen des letzten Worts, das der Bruder angestrichen hat, wird das Wörterbuch zu einer „Rampe" (210), die den Blick auf eine leere Viehsteige lenkt, die in einer visionären Überlagerung mit einer Maya-Pyramidentreppe zum „Siegel" (218) eines jede gewaltsame Vernichtung (wie die des Bruders, 215) übersteigenden Sinnanspruchs wird (216). Dieses letzte Wort bedeutet, übersetzt, „*sich stärken* als auch *die Psalmen singen*." (216) Der Erzähler versenkt sich in dieses Wort, und für einen Augenblick flimmert „am Berg" (217) eine Familie, Dorffeinde und Lehrer mit dem Erzähler-Ich versöhnende „Bilderschrift" (218). Diesem Erlebnis entsprechend, endet das zweite Kapitel mit einem Ritual (Hochstemmen und Küssen des Buchs, Verbeugen vor dem Berg und Anfertigen einer 'Stele' mit der Aufschrift: „'Dobrawa, Slovenija, Jugoslawija 1960'", 221) und einem Bekenntnis (zum friedensstiftenden 'Ton') des Bilderschriftlesers.

III. Die Savanne der Freiheit und das neunte Land: Suche nach Herkunft und Rückkehr in das Haus des Vaters

Im dritten Kapitel reist Filip Kobal über Kobarid und die Vipava-Ebene in die Karstlandschaft Sloweniens. Dort erlebt er seine bleibende Initiation zum „Weltkind" (284). Über Maribor nimmt er dann den Rückweg in sein Heimatdorf Rinkenberg. Das Buch endet mit einem Hymnus auf die Erzählung.

Das dritte Kapitel beginnt mit dem Entschluß, in den literarischen Widerstandskampf zu gehen. Dies ist von einer Häuserinschrift in Bohinska Bistrica motiviert, die den slowenischen Widerstand gegen den Faschismus in Erinnerung hält (225f). Darin nimmt der Erzähler eine Spur seines Bruders (wie seines Urahnherrn Gregor Kobal) auf, der, jedenfalls nach der Version der Mutter, als Widerstandskämpfer in Slowenien verschollen ist.

Nach einer Zeit der ruhigen, beinahe traumlosen Nächte der Geborgenheit im Tosen eines nahen, die Angstzustände der Internatszeit aufhebenden Bachs (231) macht sich Filip Kobal auf den Weg und entscheidet sich auf dem Bahnhof, auf dem er das „Atmen eines milden Geistes" (233) spürt, das Gebirge in Richtung Süden zu Fuß zu überqueren. Bei diesem Gebirgsüberqueren, bei dessen Abstieg dem Jugendlichen „im Stand der Gnade des Wahnsinns der Unschuld" (242) sein Ich in Ganzheit erscheint, scheitert der Versuch, „vor dem ersten Licht" (238) das Kindheitsgefühl abenteuerlichen Daseins im Unterwegssein mit dem Vater zu „wiederholen": Stattdessen wiederholt der „Gebirgsüberquerende" (236) „nun im Morgengrauen, über Felsbrocken und Wurzeln stolpernd, frierend und schwitzend in einem, bis auf die Knochen durchnäßt, den feuchten Klumpen des Seesacks als immer schwereren Tornister im Rücken, das

C. Fragment und Ganzheit - Klage und Lob

Sich-Schleppen des Soldatenbruders durch die Ödnis hin zu einer Schlacht, die schon im voraus verloren war" (239).

Nach zwei Tagen in dieser Wildnis und einer Nacht und einem Tag in Tolmein, dem Hauptort des oberen Isonzotals, macht sich der Erzähler auf und kommt nach Kobarid, dem „Inbild des Südens" (247), in dem er ein „Funkeln der Verwegenheit" (247) verspürt. Im Halbschatten auf Beobachtungsposten, nimmt er in diesem Ort, von seinem Bruder und ihm folgend der Mutter als Herkunftsort ausgemacht und beschworen, sein Heimatdorf Rinkenberg als „ein Exilsdorf" (250) wahr, doch sein Herkunftsenthusiasmus (247: „'Hier ist meine Herkunft!' Ich bestimmte es so.") wird mit dem Anblick eines Busses in Richtung „Alpenrepublik" (250) fraglich (251: „Ort meiner Herkunft?"), die Dörfler erscheinen ihm als „grobschlächtig und profan, unentwegt zigarettenpaffend, schleimspuckend, sich die Geschlechtsteile kratzend" (251). Kobarid bleibt dem Erzähler letztlich fremd, nicht nur, da sich in dessen Kindheitslandschaft Zypressen nicht finden, sondern auch und besonders insofern, als die Bauformen des Dorfs nach dessen Entzauberung nicht mehr „nach oben" (251) weisen und in ihrer „Parallelstruktur in der Waagerechten" (251) die Kommunikationsform des Fluchs erfordern: Der Erzähler kann „keine Leitlinien", sondern nur „Hohlformen verklebt mit Straßenstaub und Spinnennetzen" (251) entdecken und bricht dementsprechend in Richtung Karst, dem Ziel seiner „Spurensuche" (249), auf. Bevor er in der Karstlandschaft ankommt, entdeckt Filip Kobal, bei dem die Frage nach Identität dringlich geworden ist „wie ein Stoßgebet" (255), im Bus durch die Vipavaebene in einem fremden Soldaten und dessen Wachsamkeit, Nachdenklichkeit und den 'Umspringbildern' seiner Miene (259) den Doppelgänger seiner Kindheittträume (255-262). Als er ihn am Fenster der Kaserne in Vipava als dem Ort, den der Erzähler „immer wiedersehen will, um nicht zu vergessen, daß ich die Welt werden kann" (258), in Umrissen sieht, denkt er „an die Augen eines Forschers, der nichts entdecken will, dafür Bekanntes unbekannt machen" (262) möchte.

Neben dem verschollenen Bruder ist, wie der Erzähler ausdrücklich hervorhebt, der Karst „der Beweggrund dieser Erzählung." (266) Damit ist eine Zäsur gesetzt, und was nun kommt, ist eine solche Karsterzählung (262-319), die jedoch mehrfach gebrochen ist. Es wird nicht einfach nur eine Landschaft Sloweniens erzählt, sondern es werden die biographischen Hintergründe der Karstsehnsucht benannt, die Anfangsstrukturen einer solchen Landschaftserzählung reflektiert, das Lebensgefühl der Freiheit, das diese Landschaft auslöst, erklärt und gegen mögliche Einwände geschützt, und nicht zuletzt wird diese Landschaft in ihrer Dolinenform und das Gehen in ihr, diesem „Herzland" (298), konkret erzählt, bevor es, zurück auf der Ebene des plots, zu einer Vertreibung aus diesem Paradies und damit zu einer Flucht über Maribor zurück in das Heimatdorf kommt.

Die Ankunft in der Karstlandschaft ist „märchenhaft" (265). Beim Aufwachen „kein Erschrecken, sondern Verzauberung" (264): Filip Kobal, der nicht weiß, wo er ist, wird in einem Dorf von einer älteren Frau irrtümlich als „'Sohn des verstorbenen Schmieds'" (265) aufgenommen. Bei ihr, die später als „Indianerin" (300) apostrophiert wird, fühlt sich Filip Kobal erstmals „sowohl gemeint als auch erkannt" (300).

Die Karstsehnsucht, so der Erzähler, hat ihren Grund in einem Irrtum: Schon als Kind hatte er „die schüsselförmige Senke, in der sich der Obstgarten des Bruders befand, für eine Doline, die am meisten augenfällige Erscheinung des Karsts, gehalten" (266). Dabei war die Sehnsucht, die sich mit dieser Erdform verband, der „Kinderglaube" (267), stärker als die Aufklärung seines Erdkunde- und Geschichtslehrers, dessen Ansatz, Geschichte als Erdforschung zu betreiben, er nun, wenn auch nicht ungebrochen, für den Anfang seiner Karsterzählung übernimmt. Dementsprechend werden die „Karstleuten" (270), die in Dolinen arbeiten, in Grotten ihre Zufluchtstätten und ihre Heiligtümer „auf kahlen Kuppen" (269) errichtet haben, nicht als ein „eigenes Volk" (271), sondern als „Prozession von Indianern" (269) gesehen, als „eine Einwohnerschaft, für die in allen Himmelsrichtungen 'unten' oder 'draußen' ist, ein Miteinander und ein Ortsbewußtsein entsprechend dem einer Weltstadt, mit Unterschieden von Dorf zu Dorf genau wie dort zwischen einzelnen Bezirken (im Wörterbuch des Bruders hatte der Karst von ganz Slowenien die meisten Sprachfundorte), nur daß jeder Stadtteil für sich allein, eine Fußstunde vom nächsten, im Niemandsland liegt, und keiner den Ruf des Elendsviertels, des Viertels der Bürger oder des der Reichen hat" (271). Der Karst mit seinen Menschen, zu denen der Erzähler träumend den Kellner aus Bohinska Bistrica und den Soldaten aus Vipava zählt (270f), wird zum Ort der Freiheit, an dem es unnötig ist, nach leeren Viehsteigen und blinden Fenstern als „Siegel des versunkenen Reiches" (272) zu suchen.

Als Antwort auf die Frage, woher diese Freiheit kommt, wird der „Karstwind" (272) genannt, ein den Gehenden tragender „Aufwind" (273), der, indem er in das „Welt-Gesetz" (274) als Freude am Dasein (275: „Ich bin einverstanden, geboren zu sein.") einweiht, als ein „Taufwind" (275) verstanden wird, der bis in die Schreibgegenwart hinein bedeutsam ist: „der Taufwind", so der Erzähler, „gilt wie am ersten Tag, und der Gehende erfährt sich, von ihm umfangen, noch immer als Weltkind." (284) Dabei sind Gegenwind und Windstille keine Hindernisse, denn der Gegenwind, der aus Norden blasende Burja, steigert nur die Aufmerksamkeit für die kulturellen, als Huldigung an die „Mutter Doline" (278) verstandenen 'Wiederholungen' des Runds der Dolinenschüsseln, und die Windstille ist es, die beibringt, „was eben nur eine Weltstadt einem Dörfler beibringen kann: einen Gang." (281) Und in diesem Gang wird der Erzähler zum Entdecker, zum „kindischen Finder" (284) von „Urbildern" (277), die insofern nicht einer vergangenen Epoche angehören, als sie als Vorformen ein „Modell für eine mögliche Zukunft" (285) bilden.

Zwei Urbilder einer möglichen Zukunft werden konkret erzählt: Zunächst eine „urplötzlich" (286), auf jeden Fall wie im Märchen zufällig gefundene (285: „Eines Tages habe ich mich da verirrt..."), die Kindheitserinnerung an die Feldhütte des Vaters auslösende Dolinenschüssel mit einem „leeren Grundkreis" (287), in der Menschen mit „vollendeter Langsamkeit" (287) arbeiten und in dieser Form ein - verläßliches (290: „Bild? Chimäre? Fata Morgana? - Bild, denn es ist in Kraft.") - Friedensbild des Erzählers evozieren:

> „So freundlich war der Raum, in den ich hinabblickte, und eine solche Kraft stieg aus der Tiefe empor, daß ich mir vorstellen konnte, selbst der Große Atomblitz würde dieser Doline nichts anhaben; der Explosionsstoß würde über sie hinweggehen, ebenso wie die Strahlung." (289)

In einer Traumerzählung macht der Erzähler deutlich, daß es sich bei diesem Karst-Freiheits-Hochgefühl nicht um „Entrückung" (291), sondern um Erdverbundenheit mit einem „'Fruchtland'" (293) handelt, das sich, in Wirklichkeit ein „Mangelgebiet" (293), als Landschaft erst im Gehen den Sinnen öffnet. Von der Ich-Perspektive in die Du-Perspektive wechselnd, entwirft der Erzähler dieses Gehen durch den Karst als ein weiteres, im kreativen Beanspruchen der biblischen Bundeslade-Tradition gipfelndes (297f) Urbild des Friedens:

> „Du kannst nun nackt gehen; die Wildsau, ein einziger mächtiger schwarzbrauner Buckel, der grunzend und schnaubend aus dem Unterholz zur Rechten bricht und, gefolgt von zwei hasenkleinen Jungen, weiterpoltert in das zu deiner Linken, hat keine Augen für dich, deine Beine stampfen die Erde, und deine Schultern schwingen sich auf, und deine Augenhaut rührt an Himmel." (295)

Zwei Wochen etwa ist Filip Kobal im Karst unterwegs. Dabei ist er fast jeden Tag ein anderer, er ist „Tagelöhner, Hochzeiter, Betrunkener, Dorfschreiber, Totenwächter" (298), nicht zuletzt aber auch „Spurensucher" (298). Als solcher entdeckt er (visionär) zweimal seinen verschollenen Bruder. Zunächst sieht er seinen Bruder bei einem Kirchtag durch ein Hofportal treten:

> „Unbeweglich standen wir einander die Ewigkeit lang gegenüber, in der Entfernung, unerreichbar, unansprechbar, vereint in Trauer, Gelassenheit, Leichtsinn und Verlorenheit. Ich spürte die Sonne und den Wind an den Stirnknochen, sah das festliche Treiben beidseits des dunklen Durchlasses mit dem Bruderbild und wußte mich in der Mitte des Jahres. Heiliger Vorfahr, Märtyrerjüngling, liebes Kind." (314)

Dann ist es ein leeres Bahnhofsbett, das ihm von Gregor, seinem fahnenflüchtigen Bruder erzählt (314-316). Spuren des Bruders entdeckt der Erzähler zudem an der Kapellenfassade von Maribor, dessen Schulort in der Vorkriegszeit, aus, nachdem ihn finstere Schuldträume, nicht zuhause zu sein, „aus dem vermeintlichen Paradies" (318) vertrieben haben, der Taufwind seine Kraft verloren und er beschlossen hat, „von einem auf den andern Augenblick, heimwärts zu flüchten." (319) Bei seiner Rückkehr gerät der Erzähler, zunächst noch enthusiastisch gestimmt (323: „Das Wiedersehen mit Österreich machte mich froh. [...] und ich fühlte Geborgenheit"), ins „Getriebe der Gesellschaft" (324) und verspürt in ihrer „Häßlichkeit und Unförmigkeit" (325) „ein Lechzen nach dem einen, ja, christlichen Blick" (326). Am Wegdreieck, der Dorfgrenze von Rinkenberg, ist er froh, mit dem Seesack „beschwert zu sein; es hätte mich sonst in die Lüfte gehoben." (329) Doch zu Hause angekommen, wird er nicht empfangen (dazu näher 3.4.). Das Kapitel endet mit einem Lobpreis auf die Erzählung als dem „Allerheiligsten" (333).

3.2. „... und ich gehörte mit meinem Spiegelbild zu diesem Volk":
Die Eingangssequenz

Neben Titel und, wenn vorhanden, Untertitel und Motto ist die Eingangssequenz einer Erzählung ein entscheidender „illokutionärer Indikator"[55] mit rezeptionssteuernder Funktion. In der Regel werden darin, da es mit ihr zu einer Erstbegegnung der Leserinnen und Leser mit der Welt der Erzählung, ihrem Erzähler, Thema, Grundtempo

---

[55] Salzmann, Kommunikationsstruktur 1988, 16f.

und Stil kommt,[56] die Weichen der folgenden Lektüre gestellt. Mit einer solchen Eingangssequenz ist zunächst ganz formal die Anfangspassage eines Buchs gemeint. Offen ist dabei die Frage nach deren Abgrenzung. In dem Buch *Die Wiederholung* ist diese Anfangspassage formal in einem engeren Sinn durch einen Absatz (auf Seite 9: Aufbruch nach Jesenice), in einem weiteren Sinn durch einen Abschnitt (auf Seite 11: Zäsur nach der Grenzepisode) markiert. Über diese formalen Kriterien hinaus kann die Anfangspassage in einem noch weiteren Sinn die folgenden fünf Abschnitte (bis Seite 22: Zäsur vor Beginn der Erinnerungen an Kindheit und Jugend) mit umfassen. Ich gehe von dieser letzten Abgrenzung der Eingangssequenz aus, in und mit der Leserinnen und Leser insofern auf das Folgende eingestimmt werden, als darin ein erzählstrukturelles Spannungsmoment zum Ausdruck kommt, das das Buch als Ganzes bestimmt.

Auf den ersten Blick ist die Eingangssequenz in Thema und Stil konventionell. Dennoch lassen sich verschiedene Anzeichen erkennen, die dieser Konventionalität biographischer Sinn- und Erzählmuster zuwiderlaufen. Eines davon ist der episodal-assoziative Aufbau der Eingangsszene. Zwar wird grundsätzlich chronologisch, den Stationen der Slowenienreise folgend, erzählt. Doch dieses chronologische Prinzip wird, indem Reisestationen zum Ausgangspunkt facettenreicher Erinnerungs-, Assoziations- und Reflexionsarbeit werden, episodal unterlaufen. Auf diese Weise durchläuft der Erzähler, psychologisch nicht profiliert, sozusagen als abstraktes Bewußtsein verschiedene, symbolisch aufgeladene Orte und Zeiten: Die Grenze als Ort der Weisheit, den Dorfhügel als Ort des Fluchs, die Nische der Bahnhofsgaststätte als Ort des Träumens und die Zeit zwischen Tag und Nacht, die Dämmerung, als Zeit des Erwachens sinnstiftender Erzählarbeit. Das Problem der Religion, in seiner ästhetischen Dimension begriffen, partizipiert an diesem erzählstrukturellen Spannungsmoment: Es deutet sich in der Eingangssequenz als Appell an Leserinnen und Leser an, die abstrakt bleibenden Textspuren des Erzählers, seine Suche nach Identität als Suche nach Heimat, mit eigenen biographischen Suchbewegungen gleichsam aufzufüllen. Das will ich im folgenden näher ausführen. Ich konzentriere mich dabei auf das Problem der Religion. Das bedeutet, daß ich viele motivische Spuren, die bereits in der Eingangssequenz erkennbar sind, vernachlässige.

Das Buch weist zunächst einen eher traditionellen, jedenfalls ästhetisch nicht ausgefallenen oder gar, wie in moderner Literatur nicht selten anzutreffen, mehrfach gebrochenen, manieristisch anmutenden Auftakt auf. Einer szenischen Eröffnung ähnlich,[57] wird von einem Ich-Erzähler eine Reiseszene, seine Ankunft in Jesenice vor 25 Jahren, blitzlichthaft kurz und dabei mit einer Selbstverständlichkeit aufgerufen, die die subjektive, existentielle Bedeutsamkeit des vergangenen Ereignisses, unterstrichen durch den Hinweis auf seine Gegenwärtigkeit, herausstellt und bereits darin Perspektivität und Position des Erzählers von Anfang an deutlich markiert:

„Ein Vierteljahrhundert oder ein Tag ist vergangen, seit ich, auf den Spuren meines verschollenen Bruders, in Jesenice ankam." (9)

---

[56] Dazu Gelfert, Roman 1993, 74f.
[57] Zur szenischen Eröffnung Gelfert, Roman 1993, 83f.

C. Fragment und Ganzheit - Klage und Lob

Dieser szenischen Eröffnung, die als Thema des Buchs eine Slowenienreise als Spurensuche nach dem verschollenen Bruder andeutet, folgen in Form eines Kurzabrisses Hintergrundinformationen, die dann im ersten Kapitel näher entfaltet werden. Diese haben zunächst die Funktion, das Erzähler-Ich in eine fiktionale Welt einzubetten und es darin vor einer Identifikation mit dem Autor Peter Handke zu schützen.[58] Dennoch bleiben diese Informationen, was ich im nächsten Abschnitt zeigen werde, in ihren Grundkonstellationen autobiographisch lesbar. Der Erzähler, aus Rinkenberg in Südkärnten kommend, ist damals im Zwiespalt von Zuhause aufgebrochen, nicht nur, weil er sich, den „Einzelgänger" (9) spielend, allein auf den Weg macht und das Slowenische kaum beherrscht, sondern auch, weil er mit seiner Abreise einer schwierigen Familiensituation den Rücken kehrt:

„Ich war noch nicht zwanzig und hatte in der Schule gerade die letzte Prüfung hinter mir. Eigentlich hätte ich mich befreit fühlen können; denn nach den Wochen des Lernens standen mir die Sommermonate offen. Aber ich war im Zwiespalt weggefahren: Zuhause in Rinkenberg der alte Vater, die kranke Mutter und meine verwirrte Schwester." (9)

In und mit diesem traditionellen, auf Selbstvorstellung des Erzählers und Hintergrundinformationen seiner Erzählung zielenden Auftakt manifestiert sich ein konventionelles Muster biographischer Sinnsuche, das in den folgenden Passagen der Eingangssequenz konkretisiert wird. Der Ich-Erzähler macht sich nach Abschluß des Gymnasiums „Ende Juni 1960" (11) auf die Reise, und was er sucht, ist letztlich sein „Platz" in Familie und Gesellschaft: Von „dem geistlichen Internat erlöst" (9), lotet er mit seinem Geschichte- und Geographielehrer, der Märchen schreibt (12), berufliche Perspektiven aus (12: „Sollte ich gleich den Militärdienst ableisten, oder mich zurückstellen lassen und ein Studium anfangen, und welches Studium?"), nimmt an der Grenze einen Grenzsoldaten wahr, der kaum älter als er selbst war „und doch schon deutlich, in Haltung, Stimme und Blick, seinen Platz gefunden hatte" (13) und muß demgegenüber, blickt er auf seine Familiensituation zurück, feststellen, noch keinen solchen Platz gefunden zu haben: Der Vater spricht beim Abschied einen Fluch aus und meint, aus seinem Sohn werde, wie aus dem verschollenen Bruder, „nichts werden" (13). Und die Mutter, die „von Anfang an" (20) an ihrem Sohn zweifelt, blickt ihn stumm und darin erkennend und verurteilend an. Immer fühlt sich der Erzähler, der schon früh das Bedürfnis hat, „gesehen, wahrgenommen, beschrieben, erkannt zu werden" (21), fremdbeschrieben und, mit Ausnahme einer Banknachbarin in der Schule, darin nie wirklich erkannt im Sinn eines aufhebenden, freisprechenden Erkennens: „Als ich", so erinnert sich der Erzähler, „nach den Jahren im geistlichen Internat, wo wir allesamt nur mit unseren Familiennamen angeredet worden waren, in der öffentlichen Schule zum ersten Mal von der Banknachbarin ganz beiläufig meinen Vornamen hörte, erlebte ich das als eine Beschreibung, die mich freisprach, ja als Liebkosung, unter der ich aufatmete; und jetzt noch leuchten mir die Haare der Mitschülerin." (22) Von daher kann der Erzähler die Eingangssequenz, die thematisch auf das Reisen als Suche nach einem Platz, nach einer Identität stiftenden und sichernden Heimat zentriert ist, mit dem Satz beenden:

---

[58] Zu dieser Funktion Gelfert, Roman 1993, 78.

„Nein, seit ich die Blicke der Mutter entziffern konnte, wußte ich: Da ist nicht mein Platz." (22)

Auf den ersten Blick erscheint die Eingangssequenz so nicht nur thematisch, sondern auch erzähltechnisch in ihrer Perspektivität (Ich als Zentralfigur) und ihrem Stil (kein Sarkasmus, keine Ironie, sondern eine Art existentielle Emphase) eher traditionell. Leserinnen und Leser werden einem Sujet ausgesetzt, wie es dem klassischen Bildungsroman entspricht: Ein Mensch, der auf ein schwieriges familiäres wie kulturelles sozialisatorisches Milieu zurückblickt, bricht zu einer Reise in die Fremde auf, die insofern eine Bildungsreise ist, als es sich bei ihr um die Suche nach dem Platz in der Gesellschaft, die Suche nach Sinn und Identität in einer biographischen Umbruchsphase handelt. Hinter diesem konventionellen Erzählmuster jedoch werden verschiedene Phänomene erkennbar, die auf eine ästhetische Komposition jenseits dieser biographischen und literarischen Konvention weisen. Darauf macht bereits die im zweiten Absatz entfaltete, seltsam anmutende Grenzszene (9-11) aufmerksam.

Seltsam wirkt diese Szene, weil offensichtlich nicht die Handlung des Grenzübertritts entscheidend ist, sondern das Sinnpotential, das sich aus diesem Grenzübertritt ergibt: Indem der Grenzübertritt als eine Lehrszene erzählt wird, wird dieser zu einer symbolischen, das konkrete Ereignis transzendierenden, die weitere Lektüre in diese Richtung sensibilisierenden Szene verdichtet. Zunächst, im ersten Absatz des Buchs, bleibt der Ich-Erzähler namenlos. Erst mit dem Überschreiten der Grenze wird sein Name genannt, und zwar von einem Grenzsoldaten in Jesenice, der den Grenzüberquerer über dessen Name aufklärt: „Kobal sei doch ein slawischer Name, 'kobal' heiße der Raum zwischen den gegrätschten Beinen, der 'Schritt'; und so auch ein Mensch, der mit gespreizten Beinen dastehe. Mein Name treffe demnach eher auf ihn, den Soldaten, zu." (10) Zu einer Lehrszene wird dieses Grenzüberschreiten jedoch erst, als ein älterer Beamter, „in Zivil, weißhaarig, randlose runde Gelehrtenbrille" (10), die Erklärungen seines Kollegen präzisiert, indem er, über „eine überraschende Bildung" (10) verfügend, nicht nur einen Zusammenhang mit dem Vornamen *Filip*, sondern auch mit dem slowenischen Volkshelden *Gregor Kobal* herstellt: Dieser sei „vor einem Vierteljahrtausend" (10), genauer „im Jahr eintausendsiebenhundertunddreizehn einer der Führer des Großen Tolminer Bauernaufstands gewesen und im Jahr darauf mit seinen Genossen hingerichtet worden. Von ihm stamme der heute noch in der Republik Slowenien für seine 'Frechheit' und 'Verwegenheit' berühmte Satz, der Kaiser sei nichts als ein 'Diener', und man werde die Dinge selbst in die Hand nehmen." (10)

In dieser Lehrszene, in der der Erzähler über etwas belehrt wird, was er, wie er gegen Ende bemerkt, längst weiß (10), sind Motive gebündelt, auf die im folgenden immer wieder angespielt wird: Der Name *Kobal* (dazu 235.240 und 253), der Aufständische *Gregor Kobal* (dazu 70 und 181), wie dessen Eigenschaften der Frechheit und Verwegenheit (dazu 131f und 247). Dieses Verweisnetz markiert die Suche nach Sinn und Identität als eine Suche, die wesentlich Spuren der familiären Tradition, insbesondere des verschollenen Bruders, folgt. Das wird auch dadurch hervorgehoben, daß die Spurensuche nach dem verschollenen Bruder, der die Geschichte des vor einem *Vierteljahrtausend* lebenden Gregor Kobal aus Slowenien mitbrachte (dazu 181), vor einem *Vierteljahrhundert* stattfand. Darüberhinaus und insbesondere für die Komposition der Eingangsszene ist bedeutsam, daß diese Lehrszene, in ihrer seltsamen, ihre Ästhetisierung gar nicht verbergenden Künstlichkeit so betont am Anfang stehend, den Lektüreblick zunächst auf das sinnstiftende Moment bestimmter Orte (wie etwa die *Grenze* als Ort von Weisheit und Lehre), dann aber auch auf das bestimmter Zeiten lenkt. Von daher gesehen, sind es symbolisch lesbare Orte wie Grenze, Bahnhof oder Bahnhofgaststätte und in ihrer Unbestimmtheit mythisch anmutende Zeiten wie etwa die Zeitangaben *vor einem Vierteljahrtausend, vor einem Vierteljahrhundert oder einem Tag* oder *in der Dämmerung*, die die Eingangssequenz strukturieren und diese darin zu einer Form der symbolischen, die Suche nach Identität an den Diskurs einer mythischen Reise bindenden Kommunikation werden lassen:

I. Vor einem Vierteljahrhundert oder einem Tag
   Aufbruch nach Jesenice (9)
II. Auf der Grenze bei Jesenice
    Sinnsuche in den Spuren der Familientradition (10f)
III. Am Abend vor dem Bahnhof in Jesenice
     Aufgehoben im Graukreis der Stadt (11f)
     Worte des Abschieds: Lehrer (Märchenerzählen, 12f) und Vater (Fluchen, 13f)
IV. In der Dämmerung im Dröhnen des Durchgangsverkehrs
    Entdecken des Erzählers in sich (14-16)
V. Nachts in der Bahnhofsgaststätte in Jesenice
   Aufgehoben im Zug der Gesichtslosen (Traum, 16-18)
   Der Blick der Mutter in der Kellnerin (Spotten und Verurteilen, 18-22)

Diese Strukturskizze, die sich neben den Kriterien von Raum und Zeit an den formalen Abschnitten der Eingangssequenz orientiert, macht deutlich, wie stark die Suche nach Sinn und Identität in Auseinandersetzung mit den Ansprüchen der Eltern verläuft. Dabei fällt auf, daß sich mit den strukturgebenden Räumen und Zeiten Kommunikationsformen verbinden, die auf dem Hintergrund der kulturell eingeschliffenen Semantik als religiöse Kommunikationsformen identifizierbar sind. Ich fokussiere dementsprechend nun meinen Blick auf das Problem der Religion, die sich bereits in der Eingangssequenz als eine wesentliche Sinnfolie des literarischen Textes zu erkennen gibt. Ich nenne vier Auffälligkeiten.

1. Religion wird als kirchlich-institutionelle Religion zunächst auf der Ebene der erzählten biographischen Welt in Form ihrer sozialisatorischen wie kulturellen Präsenz sichtbar und bedeutsam: Der Erzähler, von einem „Priester" (21) beschrieben (und darin auf etwas fixiert, was seinem Selbstverständnis widerspricht), bemerkt eingangs, er sei „von dem geistlichen Internat" (9) erlöst. Von einem Besuch seines Lehrers in Villach ist ihm das „Gleißen eines Strahlenkranzes über dem Kopf einer Marienstatue" (13) in Erinnerung geblieben.

2. Daneben wird Religion in Form ihrer kirchlichen Präsenz in Kultur und Gesellschaft auf der Ebene der erzählenden Welt, der Deutearbeit des Erzählers, bedeutsam. Dabei fällt auf, daß sich dieses religiöse Deutungspotential in spezifischer Weise mit den strukturgebenden Räumen der Eingangssequenz verbindet.

Die Aufmerksamkeit auf die symbolische Qualität von Räumen wird, wie bereits skizziert, durch die Künstlichkeit der Grenzszene geweckt: Die Grenze erscheint als Ort weisheitlicher, auf die Aneignung von Familientradition zielender Lehre. Nach der Grenze ist es der Ort „vor dem Bahnhof" (11), dem eine besondere Bedeutung zu kommt: An ihm spürt der Erzähler, konrastreich plausibilisiert, sein Aufgehobensein im Grau der Industriestadt Jesenice (12: „und je länger ich da stand, umso gewisser wurde ich, in einem großen Land zu sein."). Dabei erinnert er sich an die Abschiede von seinem Lehrer in Villach und, noch bedeutsamer, von seinem Vater. Ähnlich der Grenzszene ist die Abschiedsszene vom Vater symbolisch aufgeladen, was nicht zuletzt durch die Verwendung biblisch-kirchlicher Sprache markiert wird: Der Vater verabschiedet sich in einer feierlich-tragischen Szene am „Morgen" der Abreise von seinem Sohn auf dem Rinkenberger „Waldhügel" (13), und zwar zunächst mit einer Umarmung, dann mit einem Fluchwort, das der Erzähler zu einem Segenswort ummünzt:

> „In der Erinnerung aber wurde ich dann von der Umarmung des Vaters gehalten, nicht bloß an jenem Abend vor dem Bahnhof in Jesenice, sondern auch über die Jahre, und seinen Fluch hörte ich als Segen. In Wirklichkeit war er todernst gewesen, und in der Vorstellung sah ich ihn schmunzeln. Möge seine Umarmung mich auch durch diese Erzählung tragen." (14)

Der nächste strukturgebende Raum ist die Bahnhofsgaststätte, in der sich der Erzähler bis kurz vor Mitternacht aufhält. Dieser Raum ist ein Raum der Träume und Erinnerungen an die Mutter. In einem Tagtraum wird der Zug der Reisenden, den der Erzähler nur in Umrissen „durch ein in den Glaswänden gespiegeltes Gesicht, das meines war" (17), wahrnimmt, zu einem Zug von unablässig und friedlich durch die Nacht wandernden Menschen. So, wie dieser Zug durch die Nacht erzählt wird, nimmt dieser das Profil einer Prozession an, nicht zuletzt deshalb, da der Erzähler seinen Traumort, die Nische der Gaststätte, eingangs mit „einem Chorgestühl" (17) in Verbindung bringt:

> „Es war ein leichter, lichter, scharfer Traum, in dem ich von all den schwarzen Gestalten Freundliches dachte. Keine von ihnen war böse. Die Alten waren alt, die Paare waren Paare, die Familien waren Familien, die Kinder waren Kinder, die Einsamen waren einsam, die Haustiere waren Haustiere, ein jeder einzelne Teil eines Ganzen, und ich gehörte mit meinem Spiegelbild zu diesem Volk, das ich mir auf einer unablässigen, friedfertigen, abenteuerlichen, gelassenen Wanderung durch eine Nacht vorstellte, wo auch die Schläfer, die Kranken, die Sterbenden, ja sogar die Verstorbenen mitgenommen wurden." (18)

Dieses Traumbild, mit seinem Spiegelbild Teil eines Ganzen zu sein, wird jedoch von einem identitätsfixierenden Titobild in der Gaststätte, das in dieser Funktion im folgenden noch mehrmals auftaucht und im Zusammenspiel mit verschiedenen militärischen Realitätsausschnitten zu einem Symbol traumstörender Realitätsbilder wird (dazu 138.227 und 270), gestört:

> „Ich richtete mich auf und wollte diesen Traum wahrhaben. Es störte ihn dann nur das überlebensgroße Porträt des Staatspräsidenten, das genau in der Raummitte, über der Theke, hing. Der Marschall Tito zeigte sich da sehr deutlich, mit einer betreßten, ordenbehängten Uniform. Er stand vorgebeugt an einem Tisch, auf dem seine geballte Faust lag, und blickte mit starrhellen Augen auf mich herunter. Ich hörte ihn geradezu sagen: 'Dich kenne ich!', und wollte antworten: 'Aber ich kenne mich nicht.'" (18)

C. Fragment und Ganzheit - Klage und Lob

Doch das Titobild kann das Träumen grundsätzlich nicht abbrechen: In der Kellnerin der Gaststätte und ihrem spottenden Blick nimmt der Erzähler tagträumend seine Mutter wahr und sieht diese „dann, an der fremden Frau, so genau wie noch nie" (19): Ihr Lachen, so der Erzähler, sei Ausdruck eines „Rechtsprechens" (20). In diesem Zusammenhang rekonstruiert der Erzähler seine Identitätsproblematik unter Rückgriff auf den juridischen Diskurs, er fühlt sich von seiner Mutter erkannt und „verurteilt" (21), von einer Banknachbarin in der Schule hingegen in ihrer „Beschreibung" freigesprochen (22). Dabei nimmt dieser juridische Diskurs insofern eine religiöse Dimension an, als mit dem erkennenden und verurteilenden Blick der Mutter die biblisch-kirchliche, den juridischen Diskurs als Interpretament in sich aufnehmende Tradition des letzterkennenden Blicks Gottes ins Spiel kommt, zumal der Erzähler meint, diesen verurteilenden Blick seit seiner Geburt zu verspüren:

„Immer wieder war ich ja bisher von jemandem beschrieben worden, einem Priester, einem Lehrer, einem Mädchen, einem Schulfreund; doch von jenen stummen Blicken der Mutter fühlte ich mich in einer Weise beschrieben, daß ich mich davon nicht bloß erkannt, sondern verurteilt sah. Und ich bin sicher, daß sie mich nicht erst mit der Zeit, durch die äußeren Umstände, so anschaute, sondern von dem Moment meiner Geburt. Sie hat mich emporgehoben, mich ins Licht gehalten, beiseite gelacht und mich verurteilt. Und ebenso hat sie später, um sich zu vergewissern, das im Gras strampelnde und vor Daseinslust kreischende Kleinkind aufgenommen, es in die Sonne gehalten, es angelacht und wieder verurteilt." (21)

3. Neben diesen biblisch-kirchlichen Ausdrucksformen wird Religion zudem in abstrakterer Gestalt als existentiell angehende Thematik erkennbar. Diese Form der Präsenz von Religion hat sich deutlich bereits in dem Traumbild als Sehnsucht nach Aufgehobensein in einem sinnstiftenden Zusammenhang („Volk"), nicht ganz so deutlich in dem Gefühl, im Graukreis der Stadt Jesenice aufgenommen zu sein, gezeigt. Daneben ist auffallend, daß Religion in dieser Form in Passagen der Eingangssequenz zur Sprache kommt, die mit strukturgebenden Zeitangaben eingeleitet werden. Zunächst ist die Zeitangabe „ein Vierteljahrhundert oder ein Tag" (9) zu nennen. Sie schafft, indem sie zeitüberschreitend die Vergangenheit der Reise mit der Gegenwart (des Schreibens) und der Vorvergangenheit (des Bauernaufstands unter Gregor Kobal) miteinander verknüpft, eine Art mythische Aura, die die erzählte Welt, die Reise nach Slowenien damals, von Anfang an mit einer symbolischen, das Ereignis der konkreten Reise sinnhaft überschreitenden Tiefendimension ausstattet. Dann ist die Zeitangabe „in der Dämmerung" (14) auffallend: Mit dieser Zeitangabe wird eine Grenzzeit markiert, die Zeit zwischen Tag und Nacht. Und an dieser Zwischenzeit haftet, erzählstrukturell gesehen, die erste Selbstvorstellung des Erzählers, die als indirekte Metareflexion seines Schreibprogramms lesbar ist und darin zu einem bedeutsamen Auftakt der facettenreichen, das ganze Buch durchziehenden Metareflexionen wird. Assoziativ mit der Umarmung des Vaters beim Abschied am Morgen verbunden, wird zunächst das Erzählen thematisiert: Der „Zwanzigjährige" (15) stellt sich das „Einander-in-die-Arme-Fallen, das Lieb-Haben, das Lieben als ein beständiges, so schonendes wie rückhaltloses, so ruhiges wie aufschreihaftes, als ein klärendes, erhellendes Erzählen vor" (15). Dementsprechend erzählt er, und zwar im Stillen, seiner

Freundin den ersten Tag seiner Reise, weder „Vorfälle noch Ereignisse, sondern die einfachen Vorgänge, oder auch bloß einen Anblick, ein Geräusch, einen Geruch." (15f) Dabei wird das Erleben zum eigentlichen Subjekt der Erzählung, das das Erzählersubjekt transzendiert und die Freundin als Hörerin verwandelt:

„Und der da erzählte, das war gar nicht ich, sondern es, das Erleben selber. Und dieser stille Erzähler, in meinem Innersten, war etwas, das mehr war als ich. Und das Mädchen, dem seine Erzählung galt, verwandelte sich dabei, ohne zu altern, in eine junge Frau, so wie auch der Zwanzigjährige, mit dem Gewahrwerden des Erzählers in sich, zum alterslosen Erwachsenen wurde." (16)

Gleichsam im Zwischenraum zwischen dem Fluchwort des Vater und dem verurteilenden Blick der Mutter plaziert, wird der Lektüreblick besonders auf diesen Abschnitt der Eingangssequenz, in dem das sinnstiftende Potential des Erzählens pointiert zum Ausdruck kommt, gerichtet. Nicht zufällig wird dann dieser Abschnitt mit einer Art Erzählkostprobe beendet, die unter Anspielung auf die Christnacht im Erzählen des Alltäglichen sozusagen die Geburt welterlösenden Sinns ausmacht:

„In dem gelblichen Fabrikhimmel über Jesenice erschien ein Stern, für sich allein ein Sternbild, und durch den Straßenrauch unten flog ein Glühkäfer. Zwei Waggons knallten aufeinander. In dem Supermarkt wurden die Kassiere abgewechselt von den Putzfrauen. An dem Fenster eines Hochhauses stand ein rauchender Mann im Unterhemd." (16)

4. Bereits in der Eingangssequenz deutet sich die religiöse Dimension des Buchs auf der Ebene seiner spezifischen Erzählstruktur an. Das wird exemplarisch an der Erzählerfigur deutlich. Der Erzähler, katholisch sozialisiert, chiffriert sein Identitätsproblem unter Rückgriff auf Sprachmuster, die kulturell als religiöse Sprachmuster identifizierbar sind. Dabei zeigen sich, nimmt man dessen sozialisatorische Nähe zum Katholizismus als Ausgangsperspektive, verschiedene Abstraktionsgrade des Religiösen: Das Identitätsproblem wird auf familiärer Ebene biblisch-kirchlich (Fluchen und Verurteilen), auf subjektiver Ebene jedoch unter Abstraktion von spezifischen Inhalten chiffriert, zunächst strukturell als eine Art säkulare Liturgie (Aufgehobensein in der Prozession der Gesichtslosen), dann funktional als eine Art säkularer Mythos (Erzählung als zusammenhangstiftendes Sinnpotential) identifizierbar.

Mit diesen seltsam anmutenden, konventionelle Sinnmuster störenden Abstraktionstendenzen stimmt das abstrakt bleibende Profil des Erzählers zusammen. In seiner Suche nach Identität, seinem Aufbruch in die Fremde ist er zwar, indem ein konventionelles biographisches Muster aufgegriffen wird, eine literarische Identifikationsfigur; doch dessen Identifikationspotential bleibt, da kein psychologisches Profil entwickelt wird, auf dieses Grundmuster beschränkt. In und mit seiner höchst subjektiven Assoziations- und Traumexistenz tritt dieser Erzähler als ein seltsamer 'Heiliger' auf, der Leserinnen und Leser, motiviert durch das Markieren der Letztbedeutsamkeit der Identitätsproblematik, allenfalls die Rolle selbsttätig Mitreisender zuschreibt. Doch genau an diesem Punkt setzt, wie ich meine, die religiöse Dimension dieses Buches ein, der weiter auf die Spur zu kommen in den folgenden Abschnitten versucht werden soll.

3.3. Erzählen und Erfinden: Das Profil der autobiographischen Kommunikation

Das Buch *Die Wiederholung* wird in seiner Zugehörigkeit zu einer literarischen Gattung nicht näher spezifiziert: Es gibt keinen präzisierenden Untertitel, auch Titel und Motti lassen, jedenfalls zunächst, noch keine spezifischen Rückschlüsse zu. Damit wird, was bei Büchern Handkes nicht immer der Fall ist,[59] ein wesentliches, die Lektüre von Anfang an klassifizierendes und an bestimmte Rezeptionsmuster koppelndes Signal nicht gesetzt. Um was es sich bei diesem Buch handelt, muß sich mit seiner Lektüre erst herausstellen.

Wie schwer das letzten Endes ist, lassen die divergierenden Klassifikationsversuche der feuilletonistischen Literaturkritik erkennen, die zwischen Glücksmärchen (Henrichs, Die Zeit 3.10. 1986), Reiseroman (Kurz, Rheinischer Merkur 3.10 1986) und Entwicklungsepos (Kaiser, SZ 1.10. 1986) schwanken. Nach Otto Lorenz ist das Buch ein „ebenso schlichtes wie kunstvolles Gewebe aus autobiographischem Bericht und fiktivem Erinnerungsprotokoll" (DS 5.10. 1986). Mit der Metapher des Gewebes hält Lorenz ein zentrales Strukturelement des Buches fest: Autobiographie und Roman sind, ähnlich den verschiedenen Fäden eines Stoffgewebes, ineinander und miteinander verwoben. Irritierend jedoch ist der Modus des Berichtens und Protokollierens, den Lorenz ausmacht. Denn in und mit dem Buch wird ein biographisches Modell inszeniert, das im Widerspruch zum lebensweltlichen Erwartungshorizont berichtender Rekonstruktion Leserinnen und Leser dazu auffordert, Biographie und Autobiographie als eine fiktionale, lebensgeschichtliche Faktizität transzendierende Entdeckungsreise nicht nur zu begreifen, sondern selbst zu realisieren. Dabei ist auffallend, daß dieses autobiographische Gegenmodell, dessen lebensweltlicher Haftpunkt letztlich nur unter Rekurs auf textexterne Informationen erhärtet werden kann, literarisch komplex inszeniert und auf mehreren Ebenen zu plausibilisieren versucht wird. Das will ich im folgenden etwas genauer darstellen.

Das Buch weist in seiner thematischen und erzählstrukturellen Grundkonstellation Formen einer traditionellen Autobiographie auf. Ein Ich-Erzähler, der auf der Suche nach Sinn und Identität ist, erinnert sich an seine Jugendzeit (die Slowenienreise) und Kindheitswelt (Dorf in Südkärnten). Dieser Ich-Erzähler hat, jedenfalls in seinen Grundzügen, unverkennbar das Profil Peter Handkes: Wie von Handke aus anderen Zusammenhängen bekannt, stammt der Ich-Erzähler, der sich als „Häuslersohn" (152) versteht, aus der kleinbürgerlich-katholischen Dorfwelt Südkärntens,[60] wächst in der Ebene des „Jaunfelds" (148) als einem Grenzgebiet zwischen Österreich und Slowenien auf, besucht das katholische „Internat" (in Klagenfurt, 33), publiziert seinen ersten Text in einer „Zeitung" (143), verläßt sein Geburtsland Österreich für „Jahrzehnte" (171) und macht sich, nicht zuletzt in seiner Existenz als Schriftsteller, nach seiner

---

[59] Beispielsweise werden *Wunschloses Unglück* und *Langsame Heimkehr* in einem Untertitel als *Erzählung*, *Über die Dörfer* als *Dramatisches Gedicht*, *Die Abwesenheit* als *Ein Märchen* oder *Mein Jahr in der Niemandsbucht* als *Ein Märchen aus den neuen Zeiten* präzisiert.
[60] Zur religiösen Sozialisation: Handke, Ein autobiographischer Essay 1957, in: BET 11-16, bes. 11f.

„Rückkehr" (171) auf biographische, vor allem die Welt der Kindheit auslotende Spurensuche.[61]

Dennoch ist der Ich-Erzähler, dessen Name Filip Kobal ist, mit Peter Handke nicht identisch. Damit ist zwar auf der einen Seite ein zentrales Element des autobiographischen Pakts, so wie ihn Lejeune versteht, hinfällig. Aber auf der anderen Seite gibt es erzählstrukturelle Signale, die das Buch, jedenfalls in seiner Grundkonstellation, als eine Kommunikationsform der konventionellen Autobiographik erscheinen lassen. Als Beispiel nenne ich zunächst die verschiedenen, die Konsistenz der Zentralperspektivik stützenden Hinweise auf die Identität des Ich-Erzähers mit den Figuren seiner Vergangenheit, des Kindes und Jugendlichen. Diese Identität kommt zum Ausdruck, wenn beispielsweise „auch heute noch" (41 und 301), „noch heute" (160 und 230), „bis heute" (156), „bis jetzt" (243) und „immer noch" (222) formuliert wird. Daneben finden sich ausdrückliche Reflexionen. Als der Erzähler eine Landschaft Sloweniens, das Tal von Bohinska Bistrica, betrachtet, resümiert er dessen zeitüberschreitendes und darin identitätsstiftendes Potential und schreibt mit Blick auf diese „Talschaft":

> „Ein Kind bestaunt sie, ein Zwanzigjähriger beschaut sie, ein Fünfundvierzigjähriger überblickt sie, und alle drei sind in diesem Augenblick eins und alterslos." (152)

Die Ich-Erzählperspektive wird zwar mehrfach gebrochen, der Ich-Erzähler spricht beispielsweise von dem „Kind" (54) und dem „Jugendlichen" (241). Dennoch wird die Identität dieser Figuren ausdrücklich festgehalten: Auf die Frage, ob das „'er' oder 'ich' war", der schreibt, antwortet der Erzähler: „Ich bin es, immer noch." (219)

In Sätzen wie diesen deutet sich die Schreibsituation des Erzählers an. Ich komme damit zum Probem der Authentizität, an dem das Erzählprofil des Buchs besonders deutlich erkennbar wird. Das Problem hat drei Aspekte.

1. Zunächst kann in der Kommunikation der Schreibsituation als solcher ein Hinweis auf Authentizität im Sinn der klassischen Autobiographik gesehen werden. Denn diese Form der Kommunikation schafft eine besondere Nähe zu Leserinnen und Lesern: Es ist, als könne man dem Erzähler an seinem „Schreibtisch" (199) über die Schultern schauen und darin besonders intensiv an seinem Schreibprozeß teilnehmen. Im Zusammenspiel mit der Offenheit, in der Probleme des Erinnerungsprozesses (etwa 93: „Danach erinnere ich mich an nichts mehr als ein stundenlanges wortloses Dasitzen.") und die Unabgeschlossenheit der Schreibsituation (etwa 244: „in meinem Leben habe ich mich noch keinmal in einer Sicherheit gefühlt.") aufgegriffen werden, entsteht sozusagen eine Atmosphäre der Authentizität, die mit verschiedenen Entfiktionalisierungsstrategien untermauert wird (139: „Ich übertreibe nicht"): Indem der Erzähler Einblick in seine Situation gibt und dabei die Rolle des Skeptikers übernimmt, erscheint das, was er erzählt, als Form einer authentischen, auf seine existentielle Krise bezogenen Reaktion.

2. Damit stimmt zusammen, daß das Buch, das ist der zweite Aspekt, insofern von einer Authentizität bestimmt zu sein scheint, als das, was erzählt wird, allen abstrahie-

---

[61] Zur Heimkehr 1979 als einer biographischen Zäsur Hafner, Expeditionen 1993, 218: „Die Heimkehr nach Österreich bedingt auch eine Wiederaufnahme der Auseinandersetzung mit der Geschichte der eigenen Familie."

C. Fragment und Ganzheit - Klage und Lob

renden und fiktionalisierenden Tendenzen zum Trotz höchst subjektiv, geradezu privat, anmutet. Sehr markant kommt das in einer Passage zum Ausdruck, in der von dem Scheitern der Wiederholung eines Kindheitsgefühls erzählt wird:

„Vor dem ersten Licht ging ich los, oben auf dem Kamm entlang, Schritt für Schritt. Ich wollte es so; wollte endlich wieder, wie einst das barfüßige Kind auf dem Feldweg neben dem Vater, an der Grenze der Nacht jene Einzelheit unterscheiden, die den Anfang des Tages und zugleich alles bedeutete; wollte endlich wieder das Abenteuer 'Dasein' erleben. Doch das mißglückte: Seinerzeit hatte sich gerade mit den vereinzelten Tropfen eines Frühregens, die in den Wegstaub winzige Krater schlugen, die Urwelt eingeprägt; hier aber war gleich alles die Urwelt - der wie seit jeher dem dunklen Himmel entstürzende Regen, der von der schwarzen Erde wie aus Lavaspalten aufsteigende Rauch, das Grau-in-Grau des naßkalten Gesteins, die Fußfallen des Kriechgestrüpps, die Windlosigkeit -, und so konnte nichts die Gestalt jenes Musters im Staub annehmen. Es fehlte dazu vielleicht auch das Hand-in-Hand mit dem andern, und die Nähe des Bodens, die nur dem Erzähler jetzt nachfühlbar ist, nicht jedoch dem Nachfolger des Kindes dort oben auf dem Bergkamm". (238f)

Diese Passage ist eine Art Schlüsselstelle. An ihr wird, wie vielleicht an keiner anderen Passage des Buchs, die Besonderheit des biographischen Erzählstils deutlich. Der Grundkonstellation des Buchs entsprechend, erzählt der Ich-Erzähler einen Ausschnitt seiner Slowenienreise: Er versucht, in der Einsamkeit eines slowenischen Gebirges ein Gefühl der Kindheit zu „wiederholen" (239). Das aber scheitert. Und es ist dieses Scheitern, das der Erzähler nun in verschiedenen Schichten rekonstruiert und in seinen bedeutsamen Tiefenschichten auslotet. Zunächst wird das Kindheitsgefühl als das „Abenteuer 'Dasein'" beschrieben und in einem Erinnerungsbild konkretisiert. Dieses Bild wirkt authentisch, da in ihm gemeinsam mit allgemeinen Mustern, die zudem eine symbolische Tiefdimension (Gemeinschaft mit Vater und sinnliche Weltwahrnehmung) erkennen lassen, höchst subjektive, an - so wird suggeriert - biographisches Urgestein rührende Bilder aufgerufen werden: Das Kind, gemeinsam mit dem Vater auf dem Feldweg unterwegs, nimmt seine Welt in den Tropfen eines Frühregens, die auf den Wegstaub schlagen und ein Muster hinterlassen, als „Urwelt" wahr. Dann wird das Scheitern der Wiederholung dieses Gefühls in einem Kontrast erzählt: Die Idylle der Kindheitswelt wird dem einsamen Wanderer zur „Urwelt" des Schreckens, der sich satzrhythmisch im Stakkato von fünf hart aufeinanderfolgenden Einzelbildern in die Erzählung gleichsam einschreibt: „der wie seit jeher dem dunklen Himmel entstürzende Regen, der von der schwaren Erde wie aus Lavaspalten aufsteigende Rauch, das Grau-in-Grau des naßkalten Gesteins, die Fußfallen des Kriechgestrüpps, die Windlosigkeit". Schließlich mischt sich der Erzähler kommentierend ein, indem er, das Schreckensereignis resümierend („und so konnte nichts die Gestalt jenes Musters im Staub annehmen"), von der Situation im Gebirge Abstand nimmt, mögliche Ursachen des Scheiterns bedenkt („es fehlte dazu vielleicht auch das Hand-in-Hand mit dem andern") und sich nun, und zwar als Erzähler, dem erst die Nähe des Bodens „nachfühlbar" ist, neu auf den Kindheitsweg macht.

3. Authentizität, so wird an dieser Passage exemplarisch deutlich, wird im kommentierenden Zusammenspiel von allgemeinen Mustern und höchst subjektiven Erinnerungsbildern hergestellt, vielleicht auch nur suggeriert, denn, so ist nun als dritter Aspekt zu bedenken, dies alles passiert und funktioniert, trotz der Anlehnung an Mu-

ster des Autobiographischen, bisher nur im Rahmen einer literarischen, den Ich-Erzähler als Filip Kobal identifizierenden Fiktion (das Buch wäre, so verstanden, also eine fiktive Autobiographie). Das ändert sich erst, wenn der Erzähltext verlassen und mit textexternen Informationen zur Biographie Peter Handkes konfrontiert wird. Ich gebe im folgenden Hinweise, die mir für die Frage nach dem Profil der literarischen Kommunikation wesentlich erscheinen. Sie lassen sich in vier Punkten zusammenfassen:

a. Der Ich-Erzäher hat, wie bereits oben skizziert, in seinen Grundzügen das Profil Handkes. Das ist, jedenfalls für die, die dieses Profil kennen, ein starkes Signal, das Buch im Modus des Autobiographischen zu lesen,[62] zumal der Name des Erzählers, Filip Kobal, unverkennbar ein Symbolname ist (und darin in der Tradition des *Anton Reiser* von Karl-Philipp Moritz steht): Er markiert verdichtend das Selbstverständnis des Ich-Erzählers als eines Menschen auf der Grenze. Das Symbolische dieses Namens, mit dem Leserinnen und Lesern bereits in der Eingangssequenz konfrontiert werden, wird im Verlauf des Textes weiter präzisiert. So erinnert sich der Erzähler an eine „Gipfelrede" (240) seines Vaters, der den Namen im Sinn einer Grenznatur deutet:

„Auf der Kammlinie, hinter der Jugoslawien anfing, stellte sich der Vater einmal gegrätscht auf, den einen Fuß hier, den anderen dort, und hielt mir eine seiner kurzen Reden: 'Sieh her, was unser Name bedeutet: nicht *der Breitbeinige*, sondern *die Grenznatur*. Dein Bruder der Mittemensch, und wir zwei die Grenznaturen. Ein Kobal, das ist sowohl der, der auf allen vieren kriecht, als auch der leichtfüßige Kletterer. Eine Grenznatur, das ist eine Randexistenz, doch keine Randfigur."(235)

Beim Abstieg aus dem oberen Isonzotal Sloweniens spürt der Erzähler jene „Leichtfüßigkeit aus der väterlichen Gipfelrede" (240), doch als er zum Kletterer werden muß, setzt er sich zwar nicht von der Lehre, aber von der Person des Vaters, seiner Untertänigkeit, ab. Unvermittelt spricht der Ich-Erzähler seinen Vater in diesem Zusammenhang plötzlich persönlich an:

„Da war ich nun auf allen vieren, Vater, doch aufrecht, und spürte einen gemeinsamen Zug zwischen Fingerspitzen und Fußballen, wie bei den körperlichen Arbeiten, die du mir angeschafft hast, nie!" (240)

Ein letztes Mal wird dieses Motiv der Grenznatur in der Kobaridepisode ausdrücklich aufgenommen: Der Erzähler, der anders als seine Mutter und sein Bruder in diesem Dorf der Fremde, die auch eine Fremde der Sprache ist, letztlich seine Herkunft nicht sehen kann, resümiert mit Blick auf das Sprachproblem:

„Was für eine Expedition allerdings, für jeden erlebten Gegenstand neu das Gesetz seiner Benennung zu finden. Wohl euch Gläubigen! Verdammte Grenznatur!?" (253)

Mit dem Namen Filip Kobal kommt, so ist dieser Motivbefund zu deuten, programmatisch das Selbstverständnis des Ich-Erzählers zum Ausdruck. Das, was der Name bedeutet, wird ausdrücklich ausgesprochen und im Verlauf der Lektüre

---

[62] *Die Wiederholung* wird dementsprechend auch als Quelle biographischer Rekonstruktionen herangezogen, was angesichts ihrer gattungsspezifischen Unbestimmtheit nicht unproblematisch ist. Als Beispiel nenne ich Haslinger, Handke 1995, 21f.

präzisiert. Damit entsteht ein motivisches Verweisnetz, in und mit dem das Problem ästhetisch kommuniziert wird: Der Grenzbeamte von Jesenice wiederholt die Lehre des Vaters („10: „So belehrt - mit etwas, das ich schon wußte"), die der Sohn, auf der Suche nach seiner Herkunft, erinnernd wiederholt, jedoch in der Wildnis, abseits kultureller wie sozialisatorischer Einflüsse, selbständig deutet und damit erneuert. Die Übersetzungsarbeit, die sich mit dem slowenischen Namen Kobal stellt, ist eben mehr als nur die wiederholende Übernahme einer Lehre: Sie stellt vor die Aufgabe, zu einer Sinnzuschreibung jenseits familiärer und gesellschaftlicher Deutungsmuster zu kommen und darin die 'Verdammnis', aus dem Sinnkosmos geworfen zu sein, konstruktiv anzunehmen: „Verdammte Grenznatur!?" (253)

b. Nicht nur der Ich-Erzähler als Figur, sondern auch dessen Lebenswelt, insbesondere die seiner Kindheit, weisen deutlich auf den Menschen und Autor Peter Handke hin. Wie Peter Handke wächst der Ich-Erzähler Filip Kobal in der katholischen Dorfwelt Südkärntens in einem kleinbürgerlichen Milieu auf. In einem Gespräch mit der Zeitung *Die Welt* hat Handke auf Südkärnten als seine Heimat im Sinn eines elementaren Geborgenheitsgefühls („[...] spüre ich eine Art von Empfangensein") aufmerksam gemacht und dabei auf deren Bedeutung für sein literarisches Schaffen so reflektiert:

„Es wirkt und wirkt der Ort, an dem ich aufgewachsen bin, er bestimmt die Sätze, die ich schreibe. Mir geht es wie Stifter: Alles kommt von den Orten, die mir eingeboren sind."[63]

Dabei fällt auf, daß die Kindheitswelt Handkes in *Die Wiederholung* sehr zurückhaltend fiktionalisiert ist:[64] Statt in Griffen/Altenmarkt wächst der Erzähler in „Rinkenberg" (9), einem Dorf in Nachbarschaft zu „Humtschach" (24) auf, das Luftlinie nur etwa 9 km von Griffen/Altenmarkt entfernt ist, und statt der Hauptschule in Griffen, die Handke von 1952 bis 1954 besucht hat, ist es Bleiburg, Luftlinie etwa 5 km von Rinkenberg entfernt, in dem der Ich-Erzähler zur Hauptschule geht.

Diese Form zurückhaltender Fiktionalisierung schützt einerseits vor einer einfachen Identifikation mit Peter Handke, hält aber andererseits die Erzählung auf dessen Biographie und Lebenssituation hin offen.[65] Diese Offenheit wird insofern verstärkt, als sich nicht nur das „blinde Fenster" (96.136.140.150 und 315) biographisch verorten läßt,[66] sondern auch geographische Details wie etwa der „Schilfteich" (44), das „Wegdreieck" (329) oder der „Friedhof" (329) vor Ort tatsächlich ausmachbar sind. Haslinger, ein Ortskundiger, resümiert: Wer Handkes „engere Kärntner Heimat, den Markt Griffen, kennt, einmal selbst zum Schilfteich gewandert ist, diese besondere Landschaftsform, Schloßberg oben,

---

[63] Handke, in: Ich denke wieder 1987.
[64] Das trifft auch auf andere Werke zu, dazu Marschall, Mythen 1993, 91f. Marschall spricht in diesem Zusammenhang von einer Verabschiedung von Fiktionalität „zugunsten einer gesteigerten Form der Authentizität".
[65] Es fällt auf, daß die biographischen Daten beispielsweise um ein Jahr verschoben sind: So ist Filip Kobal 1941 (Handke 1942), sein Vater 1895 (Gregor Siutz 1896) geboren.
[66] Dazu Haslinger, Hornissen 1993, 98f.

Markt unten in der Talmulde, erlebt, das Stift, seine zwei Kirchen und den von einer mannshohen Wehrmauer umschlossenen Friedhof besucht hat, vor dem unter alten Kastanienbäumen drei Wege ineinander münden, wird manches Werk Handkes mit offeneren Augen lesen."[67] Das trifft insbesondere auf *Die Hornissen* (1966) zu.[68] Als eine Art avantgardistisches Gegenstück zum Buch *Die Wiederholung* reizt dieser erste Roman Handkes unter werkgeschichtlichen, ästhetischen wie biographischen Aspekten zu einem Vergleich.[69] Ein solcher Vergleich, den etwa Haslinger gemacht hat, schärft auf seine Weise noch einmal den Blick für das fiktionalisierende Ästhetisieren autobiographischer Grundkonstellationen, da, anders als in *Die Hornissen*, die Dorfwelt in *Die Wiederholung* zum Ausgangs- und Zielpunkt eines „utopischen Weltreichs"[70] stilisiert wird.

c. Unter diesen Gesichtspunkt fiktionalisierenden Ästhetisierens fällt, neben der Transposition geographischer Details wie etwa dem „leeren Viehsteighang" (214) von Salzburg nach Slowenien (dazu Handke, VJ 73), auch die Familienkonstellation. Die Familie, so wie sie in *Die Wiederholung* dargestellt wird, ist nicht identisch mit der realen Familiensituation Peter Handkes.[71] Handke ist am 6. Dezember 1942 geboren und am 8. Dezember 1942 katholisch getauft worden. Taufpate war sein Onkel Gregor, der Bruder der Mutter Handkes (geboren am 21. November 1913), der, da er im Krieg war (und bereits 1942 bei einem Fliegerangriff auf der Krim gefallen ist), in dieser Funktion von seiner Schwester Ursula (geboren am 13. Oktober 1915) vertreten wurde. Handkes Mutter, Maria Handke (geboren am 8. Oktober 1920), ist die Tochter der Ursula Karnaus und des Gregor Siutz (geboren am 11. März 1896, slowenischer Abstammung und von Beruf Bauer und Zimmermann). Handke hat seinen Namen von seinem Stiefvater Bruno Handke, einem Straßenbahnfahrer aus Berlin, der Maria Siutz am 26. November 1942 geheiratet und, nach dem Krieg mit ihr nach Griffen/Altenmarkt gegangen, bei seinem Schwager Georg Siutz Arbeit gefunden hatte. Zu einer Begegnung mit seinem Vater, Ernst Schönemann, einem Sparkassenangestellten, kam es erst Anfang der 60er Jahre. Peter Handke ist also zunächst in Berlin, dann in einem Dorf Südkärntens aufgewachsen, und zwar gemeinsam mit drei Halb-Geschwistern: Monika (geboren 1947), Hans Gregor (geboren 1949) und Robert (geboren 1957).

Diese Daten lassen bereits die Fiktionalisierungsstrategie in ihrem Grundzug erkennen: In dem Buch *Die Wiederholung* wird ein Familienmodell fiktional entworfen, das die Familienkonstellation der Mutter als „Grundkonstellation der eigenen Generation"[72] übernimmt: Der Vater (1895 geboren, dazu 198) trägt, wie etwa Passagen aus *Die Lehre der Sainte-Victoire* deutlich machen (LSV 69f), Züge des Großvaters, die Schwester, die in ihrem Altersunterschied dem Erzähler

---

[67] Haslinger, Handke 1995, 13.
[68] Dazu Widrich, Hornissen 1985, 25-35.
[69] Dazu Haslinger, Dorfwelt 1987, 238-253 und Haslinger, Hornissen 1993, 95-112.
[70] Haslinger, Dorfwelt 1987, 239.
[71] Zu den folgenden biographischen Daten Haslinger, Handke 1995.
[72] Haslinger, Handke 1995, 14.

fremd ist (54: „Den Bruder und sie trennte ein Jahr, und mich und sie zwei Jahrzehnte"), erinnert, zumal sie mit dem Namen „'Ursula Kobal' ihre Frührente" (158) quittiert, an die Taufpatentante Ursula, und der verschollene Bruder, dessen Spuren der Erzähler nachgeht, gibt sich zu erkennen als der Taufpate Gregor, der älteste Bruder der Mutter, der, so hebt Handke in seiner *Erinnerung an Slowenien* hervor, „jenseits der Grenze, im jugoslawisch-slowenischen Maribor den Obstbau studierte" (in: LS 182).

Die Nähe zu diesem Onkel/Bruder, der neben der Schwester als einziger mit Namen benannt wird, ist besonders auffallend. Handke hat auf diesen Onkel, der im Sinn eines vorbildhaften „Tiefenbilds" (LSV 80) wirkt, in dem autobiographischen Essay *Die Lehre der Sainte-Victoire* hingewiesen. Mit Blick auf die Hauptfigur einer Erzählung, in der sich Handkes ästhetisches Programm manifestieren soll, heißt es dort:

„Ich hatte schon ein Tiefenbild von einem solchen Menschen: ein später im Osten gefallener Bruder meiner Mutter, der auf einem Auge blind war und dessen Briefe aus dem Krieg, geschrieben in einer sehr klaren Schrift, ich als Kind immer wieder gelesen hatte. Auch als Heranwachsender hatte ich noch oft von ihm geträumt, und spürte jetzt geradezu ein Begehren, wieder er zu sein, und als er neu die blauen Hintergrundfarben an einem Bildstock zu erleben." (LSV 80)

Diese Textpassage liest sich wie ein ästhetisches Programm zum Buch *Die Wiederholung*. Aus dem Briefwechsel zwischen Handke und seiner Mutter, den Haslinger zugänglich gemacht hat, geht hervor, daß Handke tatsächlich, wie in der *Lehre der Sainte-Victoire* formuliert, die Feldpostbriefe seines Onkels gelesen und von diesem Onkel identifikatorisch geträumt hat: „ich war", so beschreibt Handke seiner Mutter in einem Brief vom 13. Januar 1963 einen Traum, „Onkel Gregor, ich meine damit: alles, was ihm widerfuhr, das erlebte ich an mir, ganz unbeschreiblich war das."[73] Kurz zuvor hatte Handke seiner Mutter in einem Brief mit Blick auf die Feldpostbriefe ihres Bruders, die er nun alle gelesen habe, geschrieben:

„Könnte man noch so wie er die Welt eine verfluchte nennen und daneben trotzdem Sehnsucht haben nach einem Unsagbaren, das für ihn eben die Heimkehr war! Und könnte man von Gott sprechen als Trost (oder wie man es nennen soll) und fröhlich sein und kindlich sein ohne Hintergedanken. Wer überhaupt kann das heute noch? Verdammte schöne arme Welt, sagte er."[74]

In einem Gespräch mit Haslinger hat Handke zudem bestätigt, daß er in *Die Wiederholung* an verschiedenen Stellen (dazu exemplarisch: 157.175.181-183) Textpassagen aus den Feldpostbriefen Gregor Siutz übernommen hat.[75] Das alles sind Hinweise, die sozusagen realbiographisch erhärten, was der Text als Form einer ästhetischen Kommunikation realisiert: Sich - sozusagen als Einlösung der Taufpatenschaft (189) - einen Wunschbruder zu erschaffen (190: „zu meinem Ahnherrn bestimmt"), um „neu die blauen Hintergrundfarben an einem Bildstock zu erleben" (LSV 80). Als literarisches Programm wird das zudem ausdrücklich

---

[73] Zitiert nach Haslinger, Handke 1995, 69.
[74] Zitiert nach Haslinger, Handke 1995, 68f.
[75] Dazu Haslinger, Dorfwelt 1987, 242.

kommuniziert. „Ich sah", so resümiert der Ich-Erzähler seine Spurensuche im Karst, „mich an einem Ziel. Nicht den Bruder zu finden hatte ich doch im Sinn gehabt, sondern von ihm zu erzählen." (317) Und das, was da erzählt wird, ist eben nicht der 'reale' Bruder, sondern der Bruder als eine „unzerstörbare Luftgestalt" (189). Insofern kommentiert Melzer zu Recht: Der Ich-Erzähler „begegnet dem Bruder nicht wirklich: stattdessen schafft die Erzählung nach und nach den Raum, in dem die Begegnung gleichsam auf hörerer Ebene zustandekommen kann: als phantasierter Einheitsmoment, der die *Idee* der Vereinigung zum Ausdruck bringt. Der Anspruch einer Idee ist nie endgültig einzulösen, und so sieht sich Kobal zuletzt nicht am Ziel schlechthin, sondern an 'einem Ziel' angelangt"[76].

d. Nicht zuletzt ist es das Land Slowenien, das die Frage nach dem Verhältnis von Realität und Fiktion stellt. In seiner Rede auf den slowenischen Schriftsteller Gustav Januš 1984 erinnert Peter Handke an seine Herkunft aus Südkärnten und damit an sein Verhältnis zum Slowenischen:

„Ich stamme selber aus dem ländlichen Südkärnten, und meine Mutter wie meine Großeltern waren Slowenen, wie Gustav Januš eine Slowene ist. Es sind nur unsere Täler verschieden: er kommt aus dem Rosental, ich komme aus dem Jauntal. Ich habe in der Schule ungern, weil gezwungen, die slowenische Sprache gelernt und bald wieder vergessen. Die slowenischen Gottesdienste in der Heimatkirche waren, durch ihre Inbrunst, ihren musikalischen Atem und ihr heiteres Gepränge, die einzigen bisher, bei denen ich einen Begriff von dem Wort 'Gottesdienst' bekam; die Litaneien waren kein Geleier, sondern wirkliche, begeisterte wie trauervolle Anrufe." (in: Langsam im Schatten 131)

Dieser biographische Rückblick stimmt im wesentlichen mit dem überein, was der Ich-Erzähler im Buch *Die Wiederholung* über sein Verhältnis zum Slowenischen zu erkennen gibt (dazu 195-198). Dabei ist Slowenien, wie es das Buch erzählt, ohne Zweifel die Fiktion eines Träumers, von der sich Peter Handke später angesichts der realen politischen Verhältnisse verabschieden muß: „Die Geschichtslosigkeit", so stellt er in seinem Text *Abschied des Träumers vom neunten Land* 1991 fest, „war Schein gewesen (wenn auch ein fruchtbarer?)" (LS 185). Entscheidend ist jedoch, daß das Buch *Die Wiederholung* die literarische Konstruktion Sloweniens als eines „mythischen Bezirks"[77] gar nicht verschleiert, im Gegenteil. Er habe, so gibt der Ich-Erzähler ausdrücklich zu bedenken, bei seiner Reise gar nicht das real existierende Slowenien entdeckt, sondern Slowenien als eine „Kindheitslandschaft" (202) mit einem mythischen Volk:

„Und dabei war es doch, recht bedacht, gar nicht das besondere slowenische Volk, oder das Volk der Jahrhundertwende, welches ich, kraft der Wörter, wahrnahm, vielmehr ein unbestimmtes, zeitloses, außergeschichtliches - oder besser, eins, das in einer immerwährenden, nur von den Jahreszeiten geregelten Gegenwart lebte, in einem den Gesetzen von Wetter, Ernte und Viehkrankheiten gehorchenden Diesseits, und zugleich jenseits oder vor oder nach oder abseits jeder Historie" (201f).

Ich fasse die vier Punkte mit Blick auf das Authentizitätsproblem zusammen: Mit dem Einspielen der textexternen Informationen wird das Authentizitätsproblem auf der Ebene der Authentizität einer inneren Autobiographik lokalisierbar. Mit den text-

---

[76] Melzer, Das erschriebene Paradies 1993, 58f.
[77] Hafner, Expeditionen 1993, 223.

C. Fragment und Ganzheit - Klage und Lob

externen Informationen werden zwar Differenzen zur realen Biographik Handkes in Form verschiedener Fiktionen erkennbar, doch erweisen sich diese Fiktionen auf verschiedenen Ebenen als absichtsvoll: Sie schützen, indem sie Distanz schaffen, vor einfachen Identifikationen mit Peter Handke (der Ich-Erzähler Filip Kobal), sie schaffen, indem sie reale Sozialisationsverhältnisse auf literarische Objektivierungen lebensbestimmender Gefühle hin überschreiten (Gregor Siutz als der verschollene Bruder Gregor Kobal), einen Erkundungsraum innerer Autobiographik und eröffnen, indem sie das Verhältnis realer und fiktiver Autobiographik in der Schwebe halten, Leserinnen und Lesern eine Art biographisches Anverwandlungsmodell jenseits gesellschaftlicher Konventionen: Denn der Erzähler Filip Kobal, der mit dem Autor Peter Handke nicht identisch ist und dennoch dessen Profil hat, steht exemplarisch für ein Modell prospektiver biographischer Arbeit, in der es nicht auf Rekonstruktion des Faktischen, sondern auf existentielles Ausloten und Erkunden eines biographisch noch ausstehenden Lebensraums (wie der einer mythischen Kindheitslandschaft) ankommt.

Dieses autobiographische Profil wird metakommunikativ präzisiert, indem der Erzähler als selbstreflexive Instanz sein eigenes Erzählprinzip und Schreibprogramm ausdrücklich thematisiert (siehe dazu beispielsweise 109f.188-190.219f und 333f). Ein markantes Beispiel dieser Metakommunikation ist zu Beginn des 2. Kapitels zu finden. Dort reflektiert der Erzähler auf das Verhältnis von Erzählen und Erinnern und schreibt mit Blick auf den „Zwanzigjährigen", für den alles noch „wirres Epos" (101) war:

> „Was der Zwanzigjährige erlebt hatte, war noch keine Erinnerung. Und Erinnerung hieß nicht: Was gewesen war, kehrte wieder; sondern: Was gewesen war, zeigte, indem es wiederkehrte, seinen Platz. Wenn ich mich erinnerte, erfuhr ich: So war das Erlebnis, genau so!, und damit wurde mir dieses erst bewußt, benennbar, stimmhaft und sprachreif, und deshalb ist mir die Erinnerung kein beliebiges Zurückdenken, sondern ein Am-Werk-Sein, und das Werk der Erinnerung schreibt dem Erlebten seinen Platz zu, in der es am Leben haltenden Folge, die immer wieder übergehen kann ins offene Erzählen, ins größere Leben, in die Erfindung." (101f)

In Formen impliziter bzw. indirekter Metakommunikationen, in symbolischen Szenen, die biographische Erlebnisse ästhetisieren (dazu exemplarisch die Tunnelepisode 103-113, die Obstgartenszene 169-176 und die Kirchen-Ruine-Szene 320f), Motivketten (beispielsweise des Spielens, der Augen oder des Doppelgängers), aber auch im Titel „Die Wiederholung", werden Schreibprogramm und Erzählprinzip gleichsam ästhetisch verdichtet kommuniziert. Um das zu verdeutlichen, greife ich den Titel des Buchs auf.

Dieser Titel lenkt die Aufmerksamkeit auf das Motiv der Wiederholung im Buch, das in spezifischer Weise sinnhaft aufgeladen ist. Dabei können drei Sinnebenen unterschieden werden. Zunächst wird mit dem Motiv einfach das Phänomen, der Vorgang des Wiederholens, angesprochen (62: eine Schulszene, 97: blinde Fenster, 104: Militärkarawane, 146: ein Ausruf des Lehrers und 225: Das Umdrehen im Gehen), wobei dieser Vorgang als Ausdruck einer Stereotypie negativ konnotiert sein kann (27: Das 'Nachäffen' des Kindheitsfeinds). Auf einer anderen Sinnebene wird mit dem Motiv der Wiederholung eine sinnhaft aufscheinende, Gegenstände, Tiere und Menschen umfassende Weltstruktur zum Ausdruck gebracht: Indem sich Farben und Formen in der Welt der Gegenstände und Tiere sowie Handlungen, Sozialstrukturen und Zeitstrukturen in der Welt der Menschen wiederholen,[78] wird dieser Welt, jedenfalls in der Perspektive des diese Welt so wahrnehmenden Subjekts, die Sinnstruktur von Zusammenhang und Kontinuität unterlegt. Dabei hebt sich das Motiv im Zusammenhang mit dem Erzähler-Subjekt davon insofern ab, als es, auf der Ebene der erzählten Welt, auf das Wiederholen von Kindheits- (dazu 131: „Gefühl stiller Frechheit" und 238f: Scheitern der Wiederholung des „Abenteuers 'Dasein'") und Jugendgefühlen (112: Gefühl des „Entsetzens", das sich im Erzählen „gewaltsamer, gefährlicher wiederholt", dazu 47: Jugend „unwiederholbar" verloren, auch 126), auf der Ebene der Erzählwelt hingegen auf den Akt des Erzählens selbst beschränkt bleibt: So wird in metakommunikativen Reflexionen das Erzählen zum Modus der Wiederholung von biographisch letztlich nicht wiederholbaren Erlebnissen (298: „Doch dann wird die Erzählung da sein und das Gehen wiederholen."), wobei das kreative Moment ausdrücklich hervorgehoben wird: „Erzählung", so ist in der hymnischen Schlußpassage zu lesen, „wiederhole, das heißt erneuere; immer neu hinausschiebend eine Entscheidung, welche nicht sein darf." (333) Mit dieser Motivkette wird das biographische, auf die Kindheitslandschaft zielende Erzählen als ein Akt weltschraffierender Kreativität markiert: Das Erzähler-Ich beansprucht, mit seinem Erzählen die Weltstruktur als einen sinnvollen Zusammenhang zu wiederholen. Am Ende des 2. Kapitels beschreibt der Erzähler mit Blick auf den leeren Viehsteighang, der ihm zu einer Maya-Pyramidenstufe geworden ist, diesen Akt so:

> „Ich schreibe auch nicht mehr, wie als Kind, in die Luft, sondern schraffiere über ein Papierstück, das den felsgrauen Stufen aufliegt, wie ein Forscher und zugleich Handarbeiter. Es ist die Bewegung, welche ich zu der meiner Erzählung bestimmt habe. Letter um Letter, Wort für Wort, soll auf dem Blatt die Inschrift erscheinen, in den Stein gemeißelt seit altersher, doch erkennbar und weitergegeben erst durch mein leichtes Schraffieren. Ja, meine weiche Bleistiftspur soll sich verbinden mit dem Harten, dem Lapidaren, nach dem Vorbild der Sprache meiner Vorfahren, wo der Ausdruck für den 'eintönigen Finkenlaut' abgeleitet ist von dem Wort für einen einzigen 'Buchstaben'." (219)

Mit diesem Programm durchbricht, das ist nun der letzte Aspekt, das Buch *Die Wiederholung* den literarischen und lebensweltlichen Erwartungshorizont (dazu 190).

Der literarische Erwartungshorizont wird zunächst mit der thematischen und strukturellen Grundkonstellation aufgerufen. Das Buch ist unverkennbar in der Tradition des (autobiographischen) Bildungsromans geschrieben, setzt sich jedoch insofern von diesem literarischen Muster ab, als es, worauf Gerhart Mayer aufmerksam macht, gleichsam dessen „Schwundstufe"[79] darstellt. Das soll im nächsten Abschnitt genauer analysiert und beschrieben werden. Zudem wird der literarische Erwartungshorizont mit dem Titel *Die Wiederholung* markiert, der an das Buch *Die Wiederholung. Ein Versuch in der experimentierenden Psychologie von Constantin Constantius* des dänischen Philosophen Sören Kierekaard erinnert, zumal sich der Ich-Erzähler als Leser

---

[78] Dazu 278: „Auffällig dabei, daß so viele Erzeugnisse der Karstleute die Hauptform der Landschaft, das Rund der Dolinenschüsseln, wiederholten" (und 93.136.176.233.278. 322); 153: „merkte ich, wie ich damit die Geste des Vaters wiederholte" (und 174.239); 199: „vor mir ein Volk zusammensetzte, in dem sich genau die Dörfler zuhause wiederholten" und 313: „mit dem Augenblick, seine Zeit, die Zeit vor dem ersten Weltkrieg, wiederholte".
[79] Mayer, Bildungsroman 1993, 102.

von *Furcht und Zittern* (1843) zu erkennen gibt (155f). In diesem Buch, das wie *Furcht und Zittern* 1843 erschienen ist, versucht Kierkegaard, den Begriff der Wiederholung als philosophische Kategorie im Sinn einer modernen (und darin christlichen) Entsprechung des griechischen Begriffs der Erinnerung zu fassen. Dabei fällt auf, daß Handkes Buch *Die Wiederholung* zwar ebenfalls grundlegend auf Kontinuität zielt, diese jedoch nicht, wie Kiekegaard, im religiösen Paradox,[80] sondern in der kreativen Ästhetik biographischen Erzählens verortet.

Der lebensweltliche Erwartungshorizont biographischer Reflexionsarbeit wird in Form einer ausdrücklichen Abgrenzung des Ich-Erzählers gegen die destruktiven Alltagsmechanismen einer medialen Gesellschaft, die sich ihrer selbst nur im Modus eines „'Es war einmal'" (285) ansichtig wird, mitkommuniziert. Gegen die Aushöhlung der Sprache (210), nicht zuletzt in den „schallenden Kommandoschreien in den Kasernenhöfen" (221), die Flüchtigkeit der „Schlagenzeilenwelt" (332, dazu auch 132.232f und 266) und den retrospektiven, Sinnhaftigkeit an die Rekonstruktion von Vergangenheit bindenden Reflexionsblick setzt der Ich-Erzähler sein Programm einer biographischen „Bilderschrift" (218), mit der „Kommendes" (285) modellhaft zur Sprache gebracht wird, das Drama, das Geschichtsdrama, dementprechend nur noch „das von den Dingen und Wörtern der lieben Welt" (219f) in Kraft steht. Mit diesem Anliegen wird ihm nicht nur der „Andächtige" (321) in der Kirchenruine von Maribor, sondern auch der Wegmacher seines Dorfs Rinkenberg, der in seiner Freizeit die Farben der Bildstöcke auf dem Feld auffrischt, zum „Beispiel" (52):

„Ja, so langsam, so bedächtig, so schweigsam, nicht beirrbar durch gleichwelche Gesellschaft, ganz auf mich allein gestellt, ohne Zuspruch, ohne Lob, ohne Erwartung, ohne Forderung, überhaupt ohne Hintergedanken, wollte auch ich später einmal meine Arbeit verrichten." (52)

Ich fasse zusammen, indem ich mich, wie bereits bei Koeppens *Jugend*, an den Kriterien des Autobiographischen orientiere, wie sie unter kommunikationstheoretischen Aspekten Madeleine Salzmann bestimmt. Das Buch *Die Wiederholung* weist Merkmale des konventionell Autobiographischen auf, ohne eine Autobiographie im klassischen Sinn zu sein. Die Differenz wird bereits, da der Ich-Erzähler als Filip Kobal auftritt, mit der Nichtidentität von Figur, Erzähler und Autor signalisiert. Dennoch ist die Grundkonstellation der Biographie Handkes erkennbar, der Ich-Erzähler und dessen Lebenswelt sind nur zurückhaltend und, was ein Blick in textexterne Materialien deutlich macht, absichtsvoll fiktionalisiert. Doch trotz nachweisbarer Übereinstimmungen auf der Ebene mikrostruktureller Referentialisierbarkeit zielt diese Form biographischen Erzählens nicht auf Rekonstruktion lebensgeschichtlicher Faktizität. Dementsprechend wird auch kein Material, das die Sanktionierbarkeit Peter Handkes zur Folge hätte, preisgegeben.[81] Letztlich gibt sich das Buch als eine Form der spätmodernen Künstlerautobiographik zu erkennen, deren Authentizität und Akzeptanz nicht in der ästhetischen Umsetzung literarischer und biographischer Handlungskon-

---

[80] Dazu Keil, Philosophiegeschichte II 1987, 163-167.
[81] Es gibt jedoch kleine Hinweise zur Frage der Sanktionierbarkeit. Zunächst ist, was eine öffentliche Debatte ausgelöst hat, Handkes (mythisches) Verhältnis zu Slowenien zu nennen. Dann weist Baloch auf einen Briefwechsel Handkes mit dem Kärntner Diözesanbischof Kapellari hin, in dem es um die Beschreibung der Internatszeit geht, Baloch, Religion und Ritus 1989, 424 A 16.

ventionen, sondern in deren „Entpragmatisierung" (Wolfgang Iser) wurzelt. Der Ich-Erzähler Filip Kobal ist, werkgeschichtlich gesehen, eine weiterer Interpretant der offenen biographischen Reflexionsarbeit des Autors und Menschen Peter Handke, die ihre Überzeugungskraft als Gegenmodell gegen die Handlungszwänge der medialen Gesellschaft generiert: Nicht die Rekonstruktion der faktischen Vergangenheit, sondern ein ästhetisches Erkunden der eigenen Herkunft, verstanden als Akt eines erneuernden Wiederholens der Kindheitswelt, wird als Garantin der Sinnhaftigkeit von Biographie kommuniziert. Darin wird Leserinnen und Lesern ein Angebot biographischen Selbstverständnisses gemacht, das insofern von besonderer lebenspraktischer Relevanz ist, als es eben nicht nur Fiktion, sondern in und mit der Biographie Peter Handkes verwurzelt ist.

3.4. „'Filip Kobal hat es mit dem Schein'":
Zur literarischen Komposition eines Lebensgefühls

Mit Wolfgang Iser verstehe ich, wie im methodischen Teil skizziert, literarische Texte als ein perspektivisches, sich aus Erzähler, Figurenkonstellation, plot-Struktur und Leserfiktion zusammensetzendes literarisches System. Der Organisationsmodus dieser inneren Textperspektivik ist das entscheidende Kriterium für die Rekonstruktion der Aktstruktur der Lektüre, wobei die Leserrollenanforderung unter dem Aspekt der ästhetischen Identifikation mit Hans-Robert Jauß (und über ihn hinaus) näher beschrieben werden kann.

Unter diesem Aspekt betrachtet, erweist sich das Buch *Die Wiederholung* von einer grundlegenden Spannung bestimmt, die Biographie appellativ im Modus eines subjektiv aufzufüllenden Aneignungsmodells kommuniziert. Diese Spannung ist ansatzweise bereits in der Eingangssequenz (episodales Unterlaufen der Konventionalität in Thema und Stil) und beim Profil der autobiographischen Kommunikation (fiktionales Unterlaufen konventioneller biographischer Muster) zu erkennen gewesen. In dem nun folgenden Abschnitt geht es darum, diese Hinweise aufzunehmen und mit Blick auf die Gesamtkomposition der Erzählung zu verdichten. Dabei wird sich herausstellen, daß Leserinnen und Leser auf der Basis eines lebensweltlich selbstverständlichen biographischen Musters zu einer eigenen autobiographischen Entdeckungsreise angestiftet werden, indem das konventionelle Muster, das sich literarisch im Schema des Bildungsromans manifestiert, in romantischer Tradition mythisierend ästhetisiert wird.[82] Anders als etwa bei Wolfgang Koeppen, geht es in Peter Handkes *Die Wiederholung* zentral nicht um literarischen Konventionsbruch, sondern um ein Ausloten des Sinnpotentials traditioneller Muster auf dem (spätmodernen) Niveau seiner Schreibzeit. Das hat, wie ich im folgenden zeigen will, Konsequenzen für die Leserrollenanforderung, bei deren Analyse ich mich an den einzelnen Textperspektiven orientiere: Ich frage nacheinander nach der Rolle des Erzählers (1.), der Funktion der Figurenkon-

---

[82] Romantische Motive sind: Reise als Auskundschaften der Seelenlandschaft, Natur als Märchenwelt, Ruinen als sinnstiftende Formen, Mittelalter als Stilideal. Dazu Daemmrich/Daemmrich, Themen und Motive 1987, 130f.210.

C. Fragment und Ganzheit - Klage und Lob

stellation (2.), dem strukturellen Profil des plots (3.) wie nach der Leserfiktion (4.), um auf der Basis dessen die Aktstruktur der Lektüre näher fassen zu können.

1. Das Buch ist in der Ich-Erzählperspektive geschrieben. Der Ich-Erzähler Filip Kobal, der sich durchweg deutend, reflektierend und kommentierend präsent hält (zumeist stehen seine Kommentare in Klammern), tritt zunächst in der Rolle des souveränen biographischen Erzählers auf: Als „Fünfundvierzigjähriger" (152) blickt er auf Stationen seiner Lebensgeschichte zurück, erzählt von seiner Kindheit im Dorf, seiner Schulzeit im Internat und seiner Suche nach einem „Platz" in seiner Gesellschaft. Doch diese Souveränität ist mehrfach gebrochen: Er ist sich seiner Rekonstruktionen nicht ganz sicher (142: „vielleicht"), gibt sich als Mensch innerer Zerrissenheit (dazu 189) in einer existentiellen „Zwangslage" (230) zu erkennen, aus der lebensgeschichtlich bedeutsame Entdeckungen wie der verschollene Bruder (190) oder der Kellner in Bohinska Bistrica (230) höchstens für einen Augenblick retten können, und erweist sich nicht zuletzt als ein Einsamer, dem, allein mit einer „oft traurigen Vernunft" (242), Ich-Ganzheit, so wie er sie einmal als Jugendlicher erfahren hat, nicht mehr möglich ist (242). Sein Erzählen, das ihm als einziger Ausweg bleibt, verschärft zudem diese existentielle Notsituation (dazu 109f.112.252 und 333). Mit Blick auf die erste Nacht in der Fremde, in einem Tunnel bei Jesenice, räsoniert der Erzähler dementsprechend:

> „Konnte ich damals mit ein paar Schritten hinaus ins Freie laufen, so muß ich heute in dem Tunnel, wo sich keine Ausweichstelle, keine Nische, keine Brüstung mehr zeigt, sitzen bleiben, und mein einziger Weg zu einer Menschheit ist es, den Dingen des stummen Planeten, dessen Häftling ich, Erzähler sein wollend - selbst schuld! - bin, die Augen eines mich begnadigenden Worts einzusetzen." (112)

Wie unsicher die Rolle des Erzählers ist, der auf keine Sicherheit mehr bauen kann (244: „Sicherheit? In meinem Leben habe ich mich noch keinmal in einer Sicherheit gefühlt."), wird an der folgenden, die Verdammnis, Häftling der Erde in ihrer Stummheit zu sein, präzisierenden Passage deutlich:

> „Sehe ich deshalb jetzt den kleinen Knäuel der im Gras vor dem Tunnel hockenden Leuchtkäfer zu einem feuerspeienden Drachen aufgeblasen, der den Zutritt in eine Unterwelt bewacht - ich weiß nicht, um von einem Schatz dort abzuhalten oder zu meinem Schutz?" (112f).

An der existentiellen Zwangslage des Erzählers und Schreibers wird so kein Zweifel gelassen. Wie im letzten Abschnitt bereits skizziert, wird mit der Transparenz der offenen Schreibsituation ein Stück autobiographische Authentizität im traditionellen Sinn suggeriert. Tendenziell deuten sich darin Konturen eines psychologischen, auf kathartische Identifikation mit dem leidenden 'Helden' zielenden Profils an, zumal der Erzähler mehrfach von eigenen Schuldgefühlen spricht: Filip Kobal fühlt sich gegenüber seiner Familie schuldig (318: „Schuld, nicht daheim, nicht bei den Meinen zu sein."), sieht sich von der Gesellschaft „eingeschätzt, beurteilt, schuldiggesprochen" (130), ohne „zu erkennen, was meine Schuld war" (130), verspürt als ein „noch Unschuldiger" (107, so der Lehrer) eine gewisse Schuld gegenüber der Kriegsvergangenheit seines Landes (dazu 106f.115f) und empfindet, nach dem Verlust der „Unschuld" (242), nicht zuletzt gegenüber sich selbst (108), seiner Rolle als Schreibender (dazu 143f) wie als „Einzelgänger" (9) eine Schuld, der als „Bestrafung" (111) ein Sprachverlust folgt.

Die Art und Weise, wie mit dieser Schuldthematik literarisch umgegangen wird, macht jedoch die Distanz zum konventionell psychologischen, längst in die Deutungskultur des Alltags abgesunkenen Biographiemuster evident: Schuld wird zwar in ihren verschiedenen Facetten thematisiert, jedoch nur am Rand, höchst unvermittelt, ohne die angerissene Problematik näher auszuleuchten. Der Ich-Erzähler bleibt abstrakt, durchschreitet als exemplarische Figur symbolisch aufgeladene Räume und Zeiten und konturiert damit auf seine Weise ein Profil seiner Seelenlandschaft, das parabolische Dimensionen annimmt: Er durchquert die Fremde als einen initiatorischen, ihn zum „Weltkind" aufnehmenden Ort (die Karstlandschaft Sloweniens) und erlebt den Morgen, nach einer Nacht der Schreckensträume, in seinem Übergang von Nacht und Tag als sinnstiftende, ja sogar Schuld entsühnende Zeit der „Buchstabensonne" (115) Als biographischer Erzähler, so kann das interpretiert werden, will Filip Kobal nicht erklären, sondern ein „Lebensgefühl" (120) expressiv zur Darstellung bringen, das Leserinnen und Leser auf Bahnen einer assoziativen, auf Teilhabe an einem imaginativ entworfenen Spielhandeln zielenden Identifikation lenkt (dazu 3.6.): „Ich bin einverstanden, geboren zu sein." (275) Indem der Erzähler dabei die Rolle des Selbstkritikers übernimmt, gibt er nicht nur Einblick in seinen spielerischen Zugang zur Biographie, sondern versucht für diesen Zugang, indem Einwände thematisiert werden, Verständnis auf der Ebene subjektiver Authentizität zu schaffen:

> „Daß es eine Täuschung war, das wußte ich schon damals. Aber solche Art Wissen wollte ich nicht, oder richtiger: Ich wollte es loswerden; und solchen Willen erkannte ich als mein Lebensgefühl; der Antrieb, den ich so aus der Täuschung erhielt, ist jedenfalls bis heute nicht vergangen." (120)

Unter diesem Gesichtspunkt der Abstraktionstendenz ist auch der Perspektivwechsel verständlich, mit dem der Erzähler erst zu einer Allgemeinheit beanspruchenden Figur wird:[83] So ist die Rede beispielsweise von „Filip Kobal" (9f.108.137 etc) als dem „Kind" (54), dem „Heranwachsenden" (42.48.198), dem „Jugendlichen" (241), dem „Gebirgsüberquerenden" (236), dem „Wanderer" (241) oder dem „Heimkehrenden" (83).

2. Der zentralen Ich-Erzählperspektive entspricht die Figurenkonstellation, die sich als funktionales Korrelat dieser Zentralperspektivik zu erkennen gibt. In der erzählten Welt, die nur in den spärlichen Hinweisen zur gesellschaftlichen Wirklichkeit Sloweniens zu Beginn der 60er Jahre, dem „Titobild" (18.138.227 und 270), dem „Mopedknattern" 173) dem „Kino" (299), dem „Supermarkt" (16) oder der „Coca-Cola" (17), ihr Gegenwartsprofil zu erkennen gibt, treten die Figuren nur in der Funktion auf, das Identitätsprofil des Ich-Erzählers zu konturieren. Von daher ist es nicht überraschend, wenn neben der Figur des Lehrers, der als Verfasser von „Märchen" (12) Kobals Hang zum „Schein" (137) lobt und tadelt, das Figurenquartett der Familie im Zentrum der Erzählung steht. Im folgenden beschränke ich mich auf

---

[83] Dabei markieren textinterne Differenzen zwischen Aussagen wie „ich war noch nicht zwanzig" (9) und „der Zwanzigjährige" (15) genau diese Tendenz.

dieses Familienquartett, da damit die Erzählfunktion der Figurenkonstellation exemplarisch zum Ausdruck kommt.

Wie der Erzähler, lassen auch seine Figuren kein psychologisches Profil erkennen. Sie heben sich insofern von anderen Figuren ab, als sie programmatisch (dazu 63f) über Stimme, Haltung und Blick profiliert werden. Auf diese Weise in ihrem Lebensprogramm verortet, repräsentieren diese Figuren auf der Ebene des Familiären ein Reservoir existentieller, sich in religiösen Kommunikationsformen verdichtender Sinnmuster, mit dem sich der Erzähler bei seiner Identitätssuche auseinandersetzt (dazu 3.6.). Nicht zufällig kommt es zu persönlichen Anreden im Verlauf der Erzählung: „Da war ich nun", so der Erzähler an seinen Vater gerichtet, „auf allen vieren, Vater, doch aufrecht" (240), und an seine Mutter gerichtet, formuliert der Erzähler am Ende des 2. Kapitels:

„Mutter, dein Sohn geht immer noch unter dem Himmel!" (222)

Leserinnen und Lesern wird damit Nähe suggeriert: Der Ich-Erzähler, ganz in der Rolle eines „epischen Integrationszentrums"[84], nähert sich literarisch seinen Eltern, es ist, als käme da ein klassisches Motiv der Autobiographie, die Rechtfertigung, zum Tragen: Es hat ganz den Anschein, als rechtfertige sich der Ich-Erzähler für seine literarische Existenz, mit der er letztlich, auch wenn es die Eltern anders sehen, deren Ansprüche an ihn einlöst (dazu 301f).

Doch diese Nähe täuscht: Die Familienfiguren sind in ihrer mythischen, letztangehende Handlungsmuster ansprechenden Dimension nur Figuren eines literarisch in Szene gesetzten existentiellen Sinnspiels. Diese mythisierende Ausstaffierung schafft Distanz, da diese Figuren nur in ihrer identitätsvergewissernden Funktion auftreten. Dabei wird ein elementares Defizit erkennbar: Letztlich fühlt sich der Ich-Erzähler, wie die Szene mit der alten „Indianerin" zeigt, nur jenseits familiärer wie gesellschaftlicher Ansprüche mit sich identisch (300f). Und von daher richtet sich seine Sehnsucht nicht auf Menschen mit einem individuellen Profil, sondern auf Menschen, die in und mit ihren schattenhaft bleibenden „Umrissen" (17) eine Art Sinnatmosphäre der Unbestimmbarkeit schaffen. Insofern sind es nicht die Zentralfiguren des mythischen Familienquartetts, sondern die Randfiguren, die Reisenden und Passagiere, die die Wertsphäre der Hauptfigur repräsentieren (und in Doppelgängern konkretisiert werden). Irritierend dabei ist, daß ihre Sinnhaftigkeit in der Unbestimmbarkeit, ihre Individualität in der Abwesenheit „ihrer Eigenheiten" gesehen wird:

„Und als Unbestimmbare waren sie in meinen Augen mehr als sonst: Ihren Eigenheiten enthoben, zeigten sie sich endlich allein, einmalig, jetzig, und wirkten in dem dahinbrausenden, schaukelnden Bus so viel richtiger an ihrem Platz als auf den daheim von ihnen behaupteten Kirchenstammsitzen, von der gemeinsamen Fahrt wie geadelt. Unbestimmbar geworden, gaben sie erst ihr Bild." (64)

Mit dieser Kontrafraktur zum konventionellen Individualitätsverständnis wird der Blick genau auf dieses Moment der Sinnhaftigkeit in der Unbestimmbarkeit gelenkt. Dieser Spur werde ich im nächsten Abschnitt noch genauer nachgehen.

---

[84] Mayer, Bildungsroman 1993, 102.

3. Nicht nur Erzählperspektive und Figurenkonstellation, sondern auch die plot-Struktur der Erzählung ist von einer grundlegenden, die literarische Kommunikation in Gang haltenden Spannung bestimmt. Das Buch handelt thematisch von Aufbruch, Reise und Rückkehr in die Heimat und erzählt dies zunächst im literarischen Schema des Bildungsromans. Das Verhältnis der Erzählung zu dieser Tradition wäre eine genauere Untersuchung wert, etwa in der Art, wie sie Theo Elm für das Buch *Der Kurze Brief zum langen Abschied* anhand gattungsspezifischer Topoi (Natur, Kunst und Bildung) vorgelegt hat.[85] Das kann und will ich an dieser Stelle nicht leisten. Ich beschränke mich auf einen Aspekt des Problems, die Frage nach der Komposition der Erzählung.

Wie der traditionelle Bildungsroman weist das Buch, wie bereits im ersten Abschnitt zur thematischen Konstellation dargestellt, einen dreiphasigen Aufbau auf, der drei verschiedene biographische Phasen voneinander abhebt. Das entspricht dem Grundmuster des traditionellen Bildungsromans, in dem die Phasen der Jugend, des Reisens und der „Anerkennung und Einordnung in die Welt"[86] nacheinander erzählt werden und, als Form der symbolischen Kommunikation verstanden, die „innere Progression des Protagonisten" auf der Folie eines objektivierbaren, chronologisch wie teleologisch ablaufenden Prozesses zum Ausdruck bringt. Diesem Grundmuster entsprechend, erzählt Filip Kobal von seiner Jugendzeit im Dorf Rinkenberg (Kapitel 1), von seiner Reise nach Slowenien (Kapitel 2) und, nachdem er den Karst durchwandert hat, von seiner Rückkehr, die ganz im Zeichen eines neuen, das Initiationserlebnis sozusagen auf die Probe stellenden Selbstverständnisses (323: „Und der Gehende gelobte, freundlich zu sein.") steht (Kapitel 3). So betrachtet, aktualisiert das Buch mit dem Grundschema des Bildungsromans auch dessen grundlegende Botschaft, die mit Blick auf das Zentralthema, die Identitätssuche, etwa so zu formulieren wäre: Identität, in und mit der Heimat nicht einfach gegeben, muß in der Fremde, ihrer Wildnis und Natur, erwandert werden, um sich dann als solche in der Heimat zu bewähren.

Doch dieses Aktualisieren eines traditionellen Schemas stellt sich als ein mehrfach gebrochener Akt dar, der auf ein mythisierendes Ästhetisieren des Traditionsmusters zielt.[87] Um das ansatzweise zu zeigen, verfolge ich drei dieser Brechungsspuren:

a. Wie bereits im letzten Abschnitt skizziert, bricht die Erzählung mit der eingangs evozierten Erwartung, Filip Kobal versuche, in Slowenien seinen „verschollenen Bruder" (9) zu finden. Am Ende seiner Erzählung hält der Erzähler fest, er habe nicht im Sinn gehabt, seinen Bruder zu finden, sondern „von ihm zu erzählen." (317) Mit dieser Notiz wird die Erzählung im Sinn einer die innere Progression ihres Erzählers verobjektivierende und darin spiegelnde Reisegeschichte problematisiert: Es geht nicht um die Reise, sondern um das Erzählen dieser Reise, und erst auf dieser Ebene wird das Buch zum Spiegel der Bewußtseinslandschaft seines Erzählers. Indem das Buch so eine Erzählung enthält, die sich letzten Endes selbst zum Gegenstand hat, fordert es eine Lektüre im Modus ironischer, sein

---

[85] Elm, Der Kurze Brief, 1993, 268-296.
[86] Schweikle, Bildungsroman ²1990, 55.
[87] Von daher halte ich eine Rekonstruktion im Sinn der mystischen Wegstruktur (Reinigung, Erleuchtung und Vollendung) für problematisch, gegen Wagner-Egelhaaf, Mystik 1989, 173f.

C. Fragment und Ganzheit - Klage und Lob

Identifikationsangebot zur Disposition stellender Identifikation mit seinem biographischen 'Helden'.

b. Damit stimmt zusammen, daß eine wirkliche, sich gleichsam in dramatischen inneren Kämpfen sich ereignende Progression des 'Helden' auf der Ebene der erzählten Welt gar nicht erkennbar wird: Wirklich „Neues" (128) entdeckt Filip Kobal nur in dem „Zug von Menschen" (128) in Jesenice und - zweifellos der Höhepunkt der Erzählung - bei seiner Initiation zum Weltkind in der Karstlandschaft, die in dem lobenden Bekenntnis gipfelt, mit der eigenen Geburt „einverstanden" (275) zu sein. Doch der Karst entpuppt sich als „vermeintliches Paradies" (318) und zwingt den Erzähler, in einem Schreckenstraum desillusioniert, heimwärts zu flüchten. Von daher ist eine wirkliche Progression nur auf der Ebene der divergierenden Erzählkompetenzen des 20jährigen und 45jährigen Filip Kobal auszumachen, die in metareflexiven Passagen ausdrücklich festgehalten wird. Das Buch, das keinen inneren Spannungsbogen erkennen läßt, ist dementsprechend als ein modernes, die verschiedenen Bewußtseinsräume seines Erzählers auslotendes 'Epos' zu klassifizieren, das in seiner epischen Sparsamkeit das subjektive Aneignungspotential seiner Leserinnen und Leser aktiviert.[88]

c. Ein starkes rezeptionsästhetisches Signal, das auf kritische Adaption eines traditionellen Musters hindeutet, ist das offene Ende der Erzählung. Formal auffallend ist bereits, wie knapp das Ende im Vergleich zu der Resterzählung gehalten ist (322-331). Filip Kobal, aus dem Paradies der Karstlandschaft vertrieben, macht sich auf den Heimweg. Er befiehlt seinem „Herzen die Langsamkeit" (328), ihm ist, wie retardierend bemerkt wird, „feierlich zumute" (328). Seine Erwartung, bis ins Himmlische gesteigert, nimmt Dimensionen eines kosmischen Empfangenseins an:

> „Die Sterne waren so zahlreich, deutlich sogar die Spiralnebel, daß die einzelnen Bilder ineinander übergingen und insgesamt eine die Erde umspannende Welt-Stadt vorstellten. Die Milchstraße erschien als deren Hauptverkehrsader, und die Sterne an der Peripherie säumten die Landebahn des zugehörigen Flughafens; die ganze Stadt bereit zum Empfang." (328)

Der Erzähler nähert sich schrittweise seinem Dorf und ist froh, in seinem Hochgefühl mit dem Seesack beschwert zu sein. Er nimmt das Dorf als ein „Weltstadthaus" (206) wahr, nicht zuletzt erkennbar an spezisch religiösen Formen: die Dächer erscheinen gestuft als „Pagoden", der Wegmacher als „Muezzin" auf einem „Minarett", und Kobal kann „nicht mehr unterscheiden, ob das Rauschen in meinem Ohr von dem Ventilator des Gasthofs oder von meinem Blut" (329) kommt:

> „Auf den Hausdächern, vor allem den verwitterten Schindeln, ein silbriger Glanz, in dem sie sich krümmten zu Pagoden. Der Wegmacher stand, bloßer Umriß, in seiner Pförtnertür, und seine Begrüßung an mich, eine zittrige Stimme, die erscholl wie aus der entrücktesten Ferne,

---

[88] In einem Gespräch mit der Süddeutschen Zeitung vom 23.6.1988 hat Handke das Buch in diesem Sinn klassifiziert: „Ich hab's einmal versucht. Noch mit meiner 'Wiederholung', so eine Art Totalität der Familie [...]. Ein Ort vor allem, ja das ist das Wort, ein Ort, wo man sein kann. Das hab ich einmal fast wie in einem Gesetz, strukturhaft, fast ohne episches Beiwerk, noch einmal in eine erzählerische Schwingung bringen wollen.".

ohne eine Antwort zu erwarten, hatte den rituellen Klang der Ermahnungen eines Muezzin, hoch oben auf dem Minarett." (329)

Diese ins Kosmische ausgezogene Erwartung, die sich mit der Rückkehr verbindet, wird jedoch jäh enttäuscht: Filip Kobal, „bereit zum Empfang" (328), wird - anders als bei Rückkehr des verlorenen Sohns im biblischen Gleichnis - von der Schwester zwar wahrgenommen, nicht aber begrüßt, und kann, ein Traumbild der ineinander verschlungenen Eltern sehend, erst in der Nacht eintreten, nachdem die Schwelle magisch, im Zählen des Auf- und Abgehens, überwunden ist:

„Hundertmal ging ich in der Nacht vor dem Haus auf und ab, bis ich eintreten konnte, zu den zweien, die ich, ihnen dankbar, geboren zu sein, liebte. - Und immer noch habe ich von dem, was folgte, kein Bild als heiß, riesengroß, meine leeren Hände, damit die Blicke der Eltern empfangend, lebenslang." (331)

Damit bricht die Erzählung, jedenfalls auf der Ebene der erzählten Welt, ab. Was noch folgt, ist eine Metareflexion auf das Erzählen, in und mit der sich der Erzähler von seinem Lehrer, der inzwischen vom Märchenschreiber zum Zahlenmagier 'konvertiert' ist, absetzt. Das bedeutet: Die Erzählung endet offen, insofern der Erzähler zwar nach Hause zurückkehrt, aber als ein Zurückkehrender gar nicht empfangen wird: Was ihm bleibt, ist nur die Erzählung seiner Traumbilder, das Erzählen seiner „leeren Hände, damit die Blicke der Eltern empfangend, lebenslang." (331)

Mit diesem offenen, die Frage der Bewährung in den Raum der Erzählung verlagernden Ende, das in der Metareflexion zu Beginn des zweiten Kapitels ausdrücklich vorbereitet ist (102: [...] ins offene Erzählen, ins größere Leben, in die Erfindung"), deutet sich das Profil der erzählstrukturellen Komposition insgesamt an: Ein traditionelles literarisches Muster, das des Bildungsromans, wird ästhetisiert, indem Heimat als letztangehendes Problem kommuniziert (stilistisch wird das durch Weglassen des Artikels inszeniert, dazu 328: „Heimweg durch die menschenleere Ebene") und im ästhetischen Programm einer „Luftschrift" (115) verortet wird: Heimat ist, dieser Erzählung nach, weder in der Fremde zu finden noch in der faktischen Heimat, sondern nur im Erschreiben eines mythischen Raums, der Kindheitslandschaft. Mit diesem ästhetischen Programm ist nicht nur die Differenz zu lebensweltlich Selbstverständlichem, sondern auch die zu Sinnmustern markiert, wie sie in der mythischen (Abenteuerliche Rückkehr des Odysseus) und religiösen Tradition (Rückkehr des verlorenen Sohns) zu finden sind.

4. Ich komme zum letzten Element der inneren Textperspektivik, der Leserfiktion. Diese ist in der Erzählung nicht stark präsent, dennoch kann an diesem Punkt noch einmal die grundlegende erzählstrukturelle Spannung aufgewiesen werden, die das Buch so seltsam in der Schwebe hält. Auf der einen Seite entsteht eine starke Nähe in den Passagen der Erzählung, in denen die Erzählperspektive verändert und ein „Du" angesprochen wird, in dem sich Leserinnen und Leser identifikatorisch wiederfinden können. Diese Passagen stehen an zentraler Stelle, und zwar dort, wo der Erzähler sein Gehen in der Karstlandschaft beschreibt:

"In Wirklichkeit ist der Karst ein Mangelgebiet, und der Übergang kein bizarrer Inidianerfels. Erst lang nach der Grenze wunderst du dich, daß bergauf etwas anders geworden ist [...]" (293).

Zudem können Leserinnen und Leser ihr Selbstverständnis in Passagen, in denen der Erzähler auf seine Rolle als Leser reflektiert, spiegeln und durchdenken (dazu 200.203.206.218 und 283).

Auf der anderen Seite wird die sinnstiftende Kommunikationsbereitschaft dieser Leserinnen und Leser stark in Anspruch genommen. Ich nenne vier Aspekte:

a. Die Erzählung arbeitet mit Rückverweisen, die sozusagen nicht gedeckt sind: So ist mit Bestimmtheit die Rede von „jener Sagenheld" (201), „sein König" (221) oder „die Schuld" (242), wobei unklar bleibt, wer oder was damit jeweils angesprochen und gemeint ist.

b. Das Buch ist durchsetzt mit poetischen Szenen, die stark auf assoziative Sinnarbeit der Leserinnen und Leser setzt. Ich zitiere exemplarisch eine dieser Szenen:

„Im Weitergehen oben auf der Straße fühlte ich eine wärmende Hand zwischen den Schulterblättern, und die Schuhe wurden zu langsam dahingleitenden Einbäumen." (246)

Mit dieser poetischen Durchsetzung der Erzählung korrespondieren die drei Motti des Buchs, deren Rätselhaftigkeit sich im Verlauf der Lektüre zwar zunehmend abbaut, deren Verhältnis zum Text letztlich jedoch offen, eben nicht eindeutig, bleibt. Zitiert werden *Der Sohar* („Die Könige der Urzeit sind gestorben, sie haben ihre Nahrung nicht gefunden."), *Epicharmos* („Bald war ich bei diesen, bald bei jenen.") und *Columella* („... laboraverimus"). Allenfalls *Der Sohar*, das Hauptwerk der Kabbala, kann als allgemein bekannt vorausgesetzt werden, vielleicht auch noch *Epicharmos*, der griechische Dramatiker des 5. Jahrhunderts vor Christus, aber sicherlich nicht *Columella*, ein römischer Militäroffizier, Grundbesitzer und Schriftsteller des 1. Jahrhunderts nach Christus, im Lateinunterricht mit seinem Werk *De re rustica*, einer literarischen Abhandlung über den Gartenbau, sozusagen programmatisch ausgespart. Die Erzählung selbst gibt Hinweise zum Verständnis der drei Motti, etwa über das Motiv „König" (221), die „frühgriechischen Wahrheitssucher" (88 und 205) oder die Zeitform der „Vorzukunft" (dazu 188.218 und 298). Doch eindeutig werden die Motti dadurch nicht, es entsteht, und das ist rezeptionsästhetisch gesehen entscheidend, ein dialogisches Hin-und-Her zwischen Erzähltext, Motto und, wenn herangezogen, textexternen Informationen (wie etwa „Glanz" als Übersetzung von Sohar, „Tradition" als Übersetzung von Kabbala oder Columellas Beschäftigung mit dem Obstbau, in Kapitel 3-5 seines Werks *De re rustica*). Zu diesem Hin-und-Her kann dann auch das Nachdenken über die Dreizahl der Motti gehören (etwa im Sinn einer Entsprechung zu den einzelnen Kapiteln), zumal das Motiv des magischen Zählens gegen Ende der Erzählung ausdrücklich reflektiert wird. Als rezeptionsästhetisches Signal noch vor der Lektüre des Buchs verstanden, schaffen die Motti, so interpretiere ich den Befund, eine Art Aura des Archaischen, in der Antike und Mittelalter als Referenzrahmen, als Sinnfolien im Hintergrund des Buchs, aufgerufen werden.

c. Mit der Lektüre des Buchs werden Leserinnen und Leser zunehmend in ein äußerst dichtes Motivgewebe verstrickt. Dieses Motivgewebe konzentriert zwar im Sinn einer Leitmotivik den Lektüreblick (in romantischer Tradition) auf das sinnliche Wahrnehmen von Ich und Welt (Augen, Farben, Geräusche und Muster), fordert aber eigenständige Sinndeutungsarbeit insofern heraus, als dessen Sinnhaftigkeit offensichtlich nur jenseits konventioneller Sinnmuster entsteht. Als Beispiel nenne ich das zentrale Erzählprogramm, „den Dingen des stummen Planeten, dessen Häftling ich bin, [...] die Augen eines mich begnadigenden Worts einzusetzten." (112) Was der Erzähler konkret damit meint, ist nicht deutlich, zumal Leserinnen und Leser durch das facettenreiche Spiel mit dem Motiv des Auges verschiedenen Sinnspuren ausgesetzt werden.

d. Auf verschiedenen Ebenen lassen sich Tendenzen zur mythisierenden Abstraktion ausmachen: Figuren (*der* Vater, *die* Mutter, dazu auch 185. „Mann und Frau") und Phänomene (durch Weglassen des Artikels etwa, 295: „Und deine Augenhaut rührt an Himmel") werden mythisiert, und zwar im Sinn einer parabolischen Abstraktion von lebensweltlicher Konkretion, was bedeutet: Leserinnen und Leser werden nicht mit einem zur Identifikation einladenden „Drama" (219), sondern mit einem „Modell" (285) konfrontiert, das zur subjektiven Aneignung reizt. Von daher ist es angemessen, wenn Gerhart Mayer in dem Buch „gleichsam die Schwundstufe des herkömmlichen Bildungsromans"[89] sieht. Da der Ich-Erzähler als eine „starke Leerstelle" (Handke, in: Zwischenräume 82) erscheint, ist es die Rolle der Leserinnen und Leser, auf den Spuren dieses Erzählers zum „Entzifferer" der „Buchstäblichkeit" (114) der Welt zu werden, ohne dabei sozusagen einen Seesack normativer Entschlüsselungsprogramme geschultert zu haben.

Ich fasse zusammen. Das Buch *Die Wiederholung* basiert thematisch und strukturell auf dem Modell des traditionellen Bildungsromans, das biographische Komplexität im Modus einer rekonstruktiven Zentralperspektivik reduziert: Ein Ich-Erzähler ist auf der Suche nach einem „Platz" in der Gesellschaft und setzt sich bei dieser Suche nach Identität insbesondere mit den Ansprüchen seiner Familie auseinander. Dennoch ist mit diesem Schema das literarische Profil des Buches nicht zureichend beschrieben. Mit Erzählperspektive, fokussierenden Leitmotiven und einer auf Selbstfindung zielenden Reisegeschichte werden zwar zentrale Strukturelemente dieses Schemas aktualisiert. Doch hinter dieser übersichtlichen und als solche auch identifizierbaren Makrostruktur wird eine mikrostrukturelle Komplexität erkennbar, die sich, wie bereits in der Eingangsszene, in der unendlich anmutenden Assoziations- und Erinnerungsarbeit des Ich-Erzählers manifestiert. Es fällt auf, daß eine über die Grundstruktur der Reisegeschichte hinausgehende Handlung kaum erkennbar ist und die Leitmotivik von einem dichten, material jedoch leerbleibenden Motivgewebe, das Leserinnen und Leser in ein unüberschaubares, nicht selten fremd anmutendes Assoziationsfeld verstrickt, gleichsam überflutet wird. Das Schema der Tradition wird mythisierend ästhetisiert, ohne direkte Anschlüsse an den griechischen Mythos oder die biblische Religion zu

---

[89] Mayer, Bildungsroman 1993, 102.

suchen. Diese stehen nebeneinander eher im Hintergrund; auf der Basis der Tradition wird ein eigenes Modell von Heimkehr und Heimat entworfen: Als letztangehendes Thema wird Heimat im zu erschreibenden Paradies der Kindheitslandschaft verortet. Dabei nimmt der Erzähler, der dieses Programm lebensweltlichen Konventionen entgegensetzt, die Rolle des Skeptikers ein, um dessen Plausibilität auf der Ebene subjektiver Authentizität zu erhöhen. Leserinnen und Lesern wird dabei, orientiert man sich an der funktionalen Systematik von Hans-Robert Jauß, eine höchst spannungsreiche, assoziativ-ironische Identifikationsrolle zugeschrieben.

3.5. Erzählen in der Höhlung des Bilderstocks:
Die Funktion religiöser Sprache und Motivik

Ich habe bisher versucht, mich dem erzählstrukturellen Profil des Buchs *Die Wiederholung* zu nähern, um unter dem Aspekt des Ästhetischen seiner religiösen Dimension auf die Spur zu kommen. Dabei ist deutlich geworden, daß sich Religion, so verstanden, in der Art und Weise, wie Heimat als existentiell angehendes Thema literarisch inszeniert wird, manifestiert. Das Problem des Religiösen in einem engeren, über seine kulturell eingeschliffene Semantik in Sprache und Motivik identifizierbaren Sinn ist dabei nur ansatzweise behandelt worden. In dem nun folgenden Abschnitt wende ich mich diesem Problem zu, das offensichtlich, wie der Blick in die Eingangssequenz hat deutlich werden lassen, kein Randproblem ist: Indem in der Erzählung facettenreich und vielschichtig Sprache und Motivik besonders der jüdisch-christlichen Tradition aufgenommen sind,[90] wird diese Tradition als eine ihrer zentralen, wenn auch unorthodox ins Spiel gebrachten literarischen Sinnfolien sichtbar.[91]

Wie bei der Analyse der Aspekte des Religiösen in Koeppens Buch *Jugend*, gehe ich dieser Frage funktional und darin erzähltheoretisch differenziert nach. Mich interessieren, so will ich das noch einmal ausdrücklich sagen, die religiösen Motive und Sprachmuster nicht als solche, sondern funktional in ihrer literarisch-ästhetischen Aneignung und Relevanz für den Erzähltext. Perspektivischer Fluchtpunkt meiner Rekonstruktionsarbeit ist somit nicht eine der christlich-religiösen Tradition entspringende, etwa mystische Traditionen aufspürende Systematik (so der Ansatz von Wagner-Egelhaaf), sondern die Erzählung in ihrer literarischen Eigenart selbst. Dabei unterscheide ich mit der neueren Erzähltextforschung die hierarchisch zu denkenden Ebenen der erzählten Welt, der Erzählwelt und der literarischen Kommunikation, wobei ich diesem letzten Aspekt, der auf einer Rekonstruktion der zwei anderen Ebenen basiert, erst im nächsten und damit letzten Abschnitt nachgehe. Diese erzähltheoretische Ebenendifferenzierung ist ein analytisches Konstrukt: Es beschreibt nicht die Erzählung als solche, sondern will den Blick für die Konstruktionsprinzipien dieser Erzäh-

---

[90] Neben dem Motivkomplex der Maya-Religion wird der jüdisch-christliche Horizont nur mit den tagtraumhaft erscheinenden „Pagoden" (329) wie dem Wegmacher, der als „Muezzin" (329) erscheint, überschritten.
[91] Wagner-Egelhaaf weist darauf hin, daß nicht zuletzt die Verwendung religiöser Sprache und Motive in der Handke-Kritik Stein des Anstoßes und Ausgangspunkt von Polemik ist. „Doch hat sich kaum jemand", so Wagner-Egelhaft mit Recht, „ernsthaft Gedanken über Intention und Effekt dieses religiösen Gestus' gemacht.", Mystik 1989, 174.

lung schärfen, die an einem zentralen Motiv, eben dem der Religion, im folgenden ausschnitthaft rekonstruiert werden sollen. Dabei ist ausdrücklich festzuhalten, daß ich mit dieser wirkungsästhetischen Perspektive nicht auf Vollständigkeit im Erfassen und Analysieren der religiösen Sprache und Motive aus bin.[92]

3.5.1. Die Welt der Bilderstöcke, Kapellen und Prozessionen: Religion als kirchliche Religion des Katholizismus auf der Ebene der erzählten Welt

Ich beginne mit der Ebene der erzählten Welt, der Welt der biographischen Erlebnisse und Ereignisse. Der Grundstruktur der Erzählung entsprechend, sind innerhalb dieser Ebene drei Unterebenen zu differenzieren: Die biographische Welt der Kindheit im Dorf Rinkenberg, der Jugendzeit mit Internat und Slowenienreise und die Schreibzeit des Erzählers. Diese drei Unterebenen lassen, was das Problem der Religion betrifft, je ein spezifisches Profil erkennen: Die Ebene der Kindheit ist von einem Milieukatholizismus bestimmt, von dem sich der Erzähler in der Phase seiner Jugend distanziert, um diesen auf der Ebene der Schreibzeit, was sich in der Jugendphase - so der Duktus der Erzählung - andeutet, auf einem strukturellen Niveau zu aktualisieren. Die Ebene der Erzählzeit ist, was biographische Erlebnisse und Ereignisse betrifft, auf die Schreibsituation begrenzt, dementsprechend ist die Grenze zum Erzähler als Deuter seiner Biographie an diesem Punkt besonders unscharf. Ich beschränke mich von daher auf die beiden Unterebenen der Kindheit und Jugend.

Auffallend ist, daß Religion auf diesen Ebenen der erzählten Welt als Form der kirchlichen Religion nur in Gestalt eines lebensweltlich verwurzelten, an Dorfstrukturen gebundenen Katholizismus zur Sprache kommt. Anders als etwa bei Koeppen wird eine diese Dorfstruktur übersteigende gesellschaftliche Relevanz der institutionellen Religion nicht thematisiert. Der Blick des Erzählers ist auf seine Herkunftswelt im engeren Sinn fokussiert, allgemeinere gesellschaftliche Zusammenhänge bleiben selbst dann noch, wenn diese Welt verlassen wird, ausgespart: Die Reise nach Slowenien zielt nicht auf das Erkunden einer anderen, damals eben kommunistischen Gesellschaftsform, sondern ist eine - in ihrer Weise - abenteuerliche Reise durch Bewußtseinslandschaften jenseits konkreter gesellschaftlicher Wirklichkeit. Von daher ist es alles andere als zufällig, daß der Katholizismus, wie er in dieser Erzählung zur Sprache kommt, unter den Aspekten von Raum und Ritual sozusagen rekonstruiert wird. Dieser Fokus kann als ein deutlicher Hinweis auf die „Akte des Fingierens" (Wolfgang Iser) gesehen werden, unter denen die biographische Welt selektierend, kombinierend und relationierend erst entsteht. So betrachtet, ist bereits die Art und Weise, wie diese biographische Welt erzählt wird, das literarische Produkt des seine Biographie deutenden Erzählers (und Autors).

Ich beginne mit der Welt der Kindheit. Diese ist eine Welt der Kapellen, Bildstöcke und Prozessionen. Das Kind wird mit Religion in Form eines im Dorf Rinkenberg

---

[92] Der Motivreichtum der Erzählung ist beinahe unausschöpflich. Ich blende beispielsweise die Frage nach der religiösen Dimension der Liebe aus.

selbstverständlichen Katholizismus konfrontiert. Dieser Katholizismus, nicht zuletzt durch die Eltern vermittelt (dazu 67-78),[93] haftet, räumlich gesehen, zunächst an der „Kirche" (44 und 75) von Rinkenberg, manifestiert sich jedoch auch jenseits des Dorfs in einer „Waldkapelle" (44) und an Bildstöcken auf den Feldern. Einer dieser Bildstöcke wird in der Erzählung besonders hervorgehoben. Er hat „die Form einer Kapelle" (51) und wird vom Wegmacher des Dorfs, der sich darin zu einem Maler „verwandelt", in seinen Farben aufgefrischt:

> „Der Wegmacher erschien noch in einer anderen Verwandlung. Er frischte an den Bildstöcken draußen auf den Fluren die Bemalungen auf. Eins der Feldheiligtümer hatte die Form einer Kapelle, mit einem Innenraum, allerdings zu klein, darin auch nur einen einzigen Schritt zu tun. In dieses Viereck an der abgelegenen Wegkreuzung gezwängt, nur vom Kopf bis zum Ellbogen sichtbar, den er auf die Brüstung der zu mir hin offenen Luke stützte, traf ich ihn immer wieder bei seiner Arbeit. Der Bildstock erinnerte dabei an einen ausgehöhlten Baumstamm, eine Führerkabine, ein Schilderhäuschen; und es war, als habe ihn der Mann auf seinen Schultern hinaus in die Menschenleere geschleppt. Der Maler hatte nicht einmal den Platz, zurückzutreten und, was er tat, zu überprüfen. Doch die Ruhe, in der er dastand, den Hut auf dem Kopf, von meinen Schritten keinen Moment lang abgelenkt, zeigte an, daß er einen solchen Spielraum gar nicht benötigte." (51)

Ich habe diese Passage in dieser Ausführlichkeit zitiert, weil in ihr markant das für die Erzählung typische Ästhetisieren biographischer Eindrücke und Erlebnisse zum Vorschein kommt. Dieses Ästhetisieren, das biographische Eindrücke in symbolischen Szenen verdichtet, wird an dem motivischen Verweisnetz erkennbar, das sich von solch einer Szene her aufbaut. Zunächst wird die Aufmerksamkeit auf einzelne Motive wie das des „Bilderstocks" (dazu 85.155 und 232), der „Menschenleere" (dazu 156) oder der „Führerkabine" (dazu 292) in der weiteren Erzählung gelenkt. Dabei erweist sich dann, daß diese speziellen Motive in einem Zusammenhang stehen mit Strukturmotiven, wie sie grundlegend in dieser biographischen Szene angesprochen werden: mit Formen, Farben, Bildern und Orten. Auf diese Weise entsteht ein dichtes, nicht selten unübersichtlich erscheinendes Geflecht, das seine Sinnhaftigkeit nicht zuletzt über bündelnde Knotenpunkte, wie das bei dieser Bildstockszene der Fall ist, generiert: Der Bildstock, offensichtlich ein Element der Lebenswelt des Kindes, wird mit seiner Kuppelform, seiner Hintergrundfarbe („blau", 85), seiner Bildersprache wie seinem besonderen Ort (auf den Feldern in der „Menschenleere", 51) zum symbolischen, die lebensgeschichtliche Konkretheit aufnehmenden wie transzendierenden Ausdruck des Selbstverständnisses des Erzählers als Erzähler (dazu 289). Für die folgende Rekonstruktion der biographischen Welt ist zu beachten, daß diese Welt, der Zentralperspektivik der Erzählung entsprechend, immer schon gedeutete, in ihrer Bedeutsamkeit bereits ausgelotete Welt ist. In diesem Sinn spielt das Religiöse in Ausdrucksformen des (dörflichen) Katholizismus offensichtlich eine entscheidende Rolle.

Das Kind, so wird erkennbar, nimmt Religion in diesem Sinn nicht nur über Räume, sondern auch und intensiver über das Erleben religiöser Rituale wahr. Es nimmt am

---

[93] Die Figur des Vaters repräsentiert Religion in Form traditioneller Kirchlichkeit (dazu 68.72f.79.81.88f und 134), die Figur der Mutter in Form einer entschiedenen Gottlosigkeit (dazu 32.73-75.88 und 185) und die Figur des Bruders in Form einer staunenden Weltfrömmigkeit (dazu 165.175f.181-186.216.218 und 317). Über Vater und Bruder werden besonders die Osterrituale aufgerufen (dazu 134 und 175). Die Figur der Schwester bleibt diesbezüglich dagegen fast konturlos (dazu 53.56f).

Gottesdienst, der katholischen Messe, teil (79), erinnert sich der „Lesung des Evangeliums" (28), nimmt den „Rosenkranz" (56) seiner Schwester, das Läuten der „Kirchenglocken" (169 und 313, auch 90: Schlagen der Kirchenuhr) wie die „heiligen Zeiten" (41) als zeitstrukturierende Signale wahr und erkennt in den „Feiertags- und Begräbnisprozessionen" (128) seines Dorfes eine Form der liturgischen Bewegung, die sich, wie er später bemerkt, von dem Passantenstrom in Jesenice deutlich absetzt. Mit Aufmerksamkeit registriert er die geheimnisvoll wirkenden Rituale der Osternachtsfeier (134) und fühlt sich in der Fremdheit der gottesdienstlichen Liturgie, die auf slowenisch gehalten wird, emotional aufgehoben:

> „Nur bei den Litaneien, mehr noch als bei den Gesängen, horchte ich auf. In all den Anrufen des Erlösers der Welt, der sich unser erbarmen sollte, und der Heiligen, die für uns bitten sollten, lebte ich vollkommen mit. In dem dunklen Kirchenschiff, gefüllt von den unkenntlich gewordenen Silhouetten der Dörfler, die sich mit ihren Stimmen an den Altar vorne wendeten, ging von den Silben der anderen Sprache, den wechselnden des Vorbeters und den immergleichen der Gemeinde, eine Inbrunst aus, als lägen wir insgesamt auf dem Erdboden und bestürmten, Aufschrei um Aufschrei, einen verschlossenen Himmel. Diese fremdsprachigen Tonfolgen konnten mir nie lang genug sein; sie sollten immer weitergehen; und war die Litanei zu Ende, empfand ich danach kein Ausklingen, sondern ein Abbrechen." (196)

Auch diese Szene hat, wie die Bildstockszene, eine symbolische, über das konkrete Ereignis hinausweisende Tiefenschicht, die sich als solche erst im Verlauf der Lektüre konkretisiert. In ihr zeichnen sich die identitätsstiftende Funktion ritueller Wiederholung (dazu 217f), die geborgenheitsstiftende Unbestimmtheit der Ritualgemeinschaft („Gefüllt von den unkenntlich gewordenen Silhouetten der Dörfler") wie die sinnstiftende Expressivität, wie sie im Ausrufen einer nicht verständlichen Sprache zum Ausdruck kommt („„Als lägen wir insgesamt auf dem Erdboden und bestürmten [...] einen verschlossenen Himmel"), als bedeutsam ab. Diese Form ritueller Sinnstiftung wird in ihrer Bedeutsamkeit noch dadurch unterstrichen, daß sie in einem Atemzug nicht nur gegen die medialen und schulischen, sondern auch gegen die nichtrituellen Formen kirchlicher Kommunikationsmuster ausdrücklich abgegrenzt werden:

> „Im Radio wurde die kurze tägliche Sendung in der Fremdsprache eingeschaltet wie eine Schreckensnachricht; in der Schule sinnleere Sätze, dem bloßen Einbläuen der Grammatik dienend; und in der Kirche wechselte der predigende Priester oft unwillkürlich ins Deutsche, das für diese Zwecke weit besser geeignet schien - ruhig setzte er fort, was er im Slawischen, Satz für Satz mit dem Klang einer Strafpredigt, erst hatte aufdonnern müssen." (195)

Demgegenüber ist die Figur des Priesters, wenn er seine rituell-liturgische Aufgabe erfüllt, für das Kind positiv besetzt. Dabei muß diese Aufgabe nicht grundsätzlich von weltlichen Aufgaben entheben, im Gegenteil: Es ist das Nebeneinander von Weltlichkeit und Heiligkeit, repräsentiert im Priester des Dorfs, das dessen priesterliche Aufgabe sozusagen kontrastiv plausibilisiert. So beschreibt der Erzähler in Absetzung von den Priestern, wie er sie später im Internat erlebt hat, seinen Dorfpfarrer auf folgende Weise:

> „Wie anders war es mit dem Pfarrer des Dorfs gewesen: Gerade hatte er noch vor meinen Augen die Kisten mit den Äpfeln in den Keller geschafft, die Radionachrichten gehört, sich die Haare aus den Ohren geschnitten - und jetzt stand er im Prachtornat im Gotteshaus und beugte das Knie, mochte dieses auch knacken, vor dem Allerheiligsten, entrückt uns übrigen, die aber gerade so zu seiner Gemeinde wurden." (33f)

C. Fragment und Ganzheit - Klage und Lob

Den Blick in dieser Art auf kirchlich Rituelles konzentriert, kann es nicht mehr überraschen, wenn die eigene Taufe, die mit dem verschollenen Bruder, der Taufpate war, verbunden ist, als Initiationsritual von elementarer Bedeutung ist (die Kommunion dagegen wird nicht erwähnt). Der Erzähler kann sich zwar nicht mehr an diesen Taufpaten erinnern, aber, so wird erzählt, ein „Spruch" - nicht der Bibel, sondern des Paten - aus dessen Feldpostbriefen wird für ihn bedeutsam und sozusagen Realität:

> „Wohl hat er mich, in Abwesenheit zu meinem Taufpaten ernannt, im Urlaub einmal gesehen; aber ich, damals ein kaum zweijähriges Kind, weiß davon nichts Bestimmtes mehr. 'Ich werde mich über den Täufling gebeugt haben', heißt es dafür in dem folgenden Frontbrief.
> In diesem Spruch, so viel greifbarer als meine Erinnerung, fühlte ich den Bruder immer wieder über mich gebeugt." (189)

Ich komme zur erzählten Welt der Jugendphase. Filip Kobal, auf diese Weise im Katholizismus eines Südkärntner Dorfs aufgewachsen, nimmt in dieser Phase, so kann man zusammenfassend sagen, seine Welt immer auch in ihren lebensweltlich vorfindbaren religiösen, christlichen, zumeist spezifisch katholischen Formen - ihren Bauformen und Kommunikationsformen - wahr.

Das „Weichbild" (44) seines Dorfes Rinkenberg, neben Obstgärten und Bauernhäusern von der Kirche bestimmt, hat sich für den Erzähler „kaum" verändert, aber mit seiner Internatszeit bricht das positive Verhältnis zur Kirche, vermittelt über den Dorfpriester (zu dieser Figur 30.33f.56.144 und 195f), ab. Filip Kobal, der dort ein geistliches Leben führen muß (dazu 33-38 und 220), macht die Erfahrung von „Unterdrückung, Kälte, Gemeinschaftshaft" (33), und diese Erfahrung ist mit den Priestern des Internats verknüpft, die „in der Rolle des Ordungshüters" (33) zu „Wärtern und Aufsehern" (33) werden und darin ihren priesterlichen Auftrag verraten. Das Internat wird für Kobal zum dunklen „Glaubensverlies" (35):

> „Das Priestertum, auf das wir alle angeblich abzielten, winkte mir keinmal als eine Bestimmung, und auch kaum ein andrer der Jugendlichen kam mir berufen vor; das Geheimnis, welches dieses Sakrament noch in der Dorfkirche ausgestrahlt hatte, wurde hier von morgens bis abends entzaubert." (33)

Die Fluchtgedanken, die Filip Kobal im Internat entwickelt, sind zwar „immer nur auf den Heimatbezirk" (44) ausgerichtet, konzentrieren sich jedoch auf Orte jenseits des Dorfs: „eine Scheune dort, die bestimmte Feldhütte, die Waldkapelle, den Schilfunterstand am See." (44)

In Tagtraumvisionen verdichten sich diese Fluchtgedanken zu einem jede vorfindliche Wirklichkeit transzendierenden „Zuhause" (42): Als Filip Kobal einmal in den Weihnachtsferien nach Hause kommt, sieht er sich auf dem Weg vom Bahnhof zum Dorf Rinkenberg „von etwas begleitet, in dem er damals das vom religiösen Kalender angekündigte Erlöserkind sah." (42) Dieses religiöse Erlebnis, das „nicht unmittelbar, und auch nicht mündlich, zu erzählen war" (43), beschreibt der Erzähler, indem er von der abstrahierenden Er-Erzählperspektive unvermittelt in die Ich-Perspektive wechselt:

> „Es geschah freilich nichts, als daß hinter den verschrumpelten Maisstengeln am Wegrand, indem er vorbeiging, die Zwischenräume aufblitzen. Diese zeigten sich in der Bewegung, Schritt für Schritt, von Zeile zu Zeile immergleich, leer, weiß, windig, und er hatte die Erscheinung, es sei ein und derselbe Raum, der ihn da nicht nur begleitete, sondern ihm ruckhaft vorausflog; ein Luft-

hauch, der in den Augenwinkeln jeweils vogelgleich aufschwirrte, auf mich wartete, dann wieder vorflog. An einem Brachacker wirbelte aus einer Furche eine Handvoll Maisspreu in die Höhe, die fahlgelben Blätter schwebten erst eine Zeit auf der Stelle, trieben dann langsam, in Säulenform, über den Erdboden, und im Hintergrund fuhr ein Zug, der, fast verschwunden im Nebel, auf dem Gleisdamm einmal zu stehen, einmal weit vorauszuschießen schien, ebenso ruckhaft wie das luftige Etwas an meiner Seite." (42f)

Mit der Zeit im Internat wird Filip Kobal aus dem sinnstiftenden Dorfzusammenhang quasi herauskatapultiert, „es war, als sei ein Schutzdach weggeflogen" (45). Er sucht nach einem Ersatz. Seine Sehnsucht nach einem umfassenden Aufgehobensein artikuliert sich nicht nur in solch religiösen, die christliche Tradition des „Erlöserkinds" höchst subjektiv aneignenden Augenblicksepiphanien, sondern auch tagtraumhaft etwa im nächtlichen Wanderzug der Gesichtslosen, der strukturell die Konturen der katholischen Kindheitsreligion erkennen läßt: Der Wanderzug durch die Nacht hat Züge einer säkularen Friedensprozession (dazu 3.2.).

Aus dem selbstverständlich in das kirchliche Leben des Dorfs Eingebundenen ist, da ihm in der - als problematisch empfundenen - Internatszeit das Geheimnis des Priesters (33f) wie der Liturgie (195f) „entzaubert" (33) wurde, ein distanzierter Beobachter des Religiösen geworden: So nimmt er auf seiner Reise nicht nur die Kirchen in der Jaunfeldebene (95), in Bohinska Bistrica (194), Kobarid (247) und in der Karstlandschaft (271.282 und 302) wahr, sondern auch - abgesehen von einzelnen Statuen (dazu 13.44.56f und 299), einem „Altartuch" (299) und einer Inschrift (277f: „IHS") - wiederum Rituale (310: „Rosenkranzbeten") und Feste (229: „Taufe" und „Hochzeit" und 313: „Kirchtag"). Exemplarisch kommt das in einer Szene der Karstlandschaft zum Ausdruck, in der Filip Kobal nacheinander eine „unverschlossene Kirche", die „Statue des heiligen Nepomuk" und ein „Kino" aufsucht, um sich dann, nach einem Gang durch „die Wildnis" der Karstlandschaft, „vor dem Sterbehaus des slowenischen Dichters Srecko Kosovel" zu verneigen, der, „fast noch ein Kind, die Heilkraft der Kiefern, Steine und stillen Wege seiner Gegend beschwor" (299). Diesem sozusagen hierarchisch-kulturellen, Kirche noch vor Kino, Karst und Kunst erkundenden Wahrnehmungsblick ist eine Szene vorangestellt, die im Zusammenspiel mit der Notiz zum blechernen Klang von „Mittagsglocken" (281), die aus Melancholie nicht aufwecken können, eine symbolische Dimension annimmt, indem Kirchen - das nun ist ein Signum der gesellschaftlichen und kulturellen Situation (Real-)Sloweniens, der jedoch sofort transzendiert wird - im Zustand des Verfalls wahrgenommen werden:

„Sah in Gabrovica die aus dem Kirchenturm gefallene Glocke, welche, die spielenden Kinder obenauf, schief in der Erde steckte" (299).

Auf seiner Reise nimmt Kobal zwar an Messen teil (310f), doch von einer wirklichen Beteiligung ist nicht die Rede, auch hier ist er offensichtlich zum Beobachter geworden, zumal die Abwesenheit der Kirche in ihrer ihm vertrauten Präsenz seine Aufmerksamkeit für die Welt stimuliert:

„Dadurch, daß die üblichen Kirchenuhren nicht schlugen, bekam ich erst das Feingehör für das Umliegende, und es war also kein beliebiges Land, sondern dieses bestimmte, dieses Mangelland, das sich mit der Fülle meines Gewohnheitslands vergleichen und so erst unterscheiden und als 'Welt' entziffern ließ." (135)

C. Fragment und Ganzheit - Klage und Lob

Bei diesem Beobachten von Religion fällt Filip Kobal in der „Talschaft" Bohinska Bistrica die Gelassenheit der Menschen beim Verrichten des kirchlichen Rituals auf (149: „[...] nahm sich gerade die Zeit, in sich hineinzugrinsen, und marschierte schon weiter zur Kniebank, um dort unverzüglich seine Bußgebete zu verrichten."), bei der „Indianerin" im Karst hört er eine Geschichte von einem Mann, der in der Kirche von Lipa „allein, hochaufgerichtet, mit einer so zarten wie festen Stimme die Psalmen gesungen habe" (302) und in Kobarid fühlt sich Filip Kobal von einem Priester in einem „schwarzen Reisehabit" (248) kurz beobachtet und stellt sich dabei vor, „es fiele ihm bei dem Anblick des fremden Burschen der Seminar-Flüchtling und Religionsverräter Kobal Filip ein. Wo der wohl gerade sein mochte?" (248)

Neben den Eltern (dazu 3.6.) und den verschiedenen Priestern erscheint Kobals Lehrer für Geschichte und Erdkunde als eine (religions-)sozialisatorisch bedeutsame Figur. Als Märchenschreiber (204f), der ein besonderes Interesse für verschwundene Völker wie das der Maya hegt, hat dieser Lehrer seinen ganz eigenen Zugang zu Fragen der Geschichte und Erdkunde, was für Filip Kobal und dessen Sinnsuche nicht ohne Folgen bleibt. Kobal, der sich in seiner Sehnsucht nach dem Rund der Dolinenform gegenüber den Aufklärungsversuchen seines Lehrers resistent zeigt (dazu 267), nimmt zwar die Grundanliegen seines Lehrers auf, sperrt sich jedoch gegenüber dessen magischen und doktrinären Vorstellungen: „Entsühnung" (115) der Kriegsschuld erweist sich allenfalls im Licht der „Buchstabensonne" (115), und die Vorstellung, Geschichte über „Erdforschung" (268) zu rekonstruieren, kann nur im Ansatz, da Kobal die Karstleute als eine „Prozession von Indianern" (269) wahrnimmt, übernommen werden.

3.5.2. Biographie in der Perspektive einer archaisch-modernen Schriftreligion: Religion als Deutepotential des Erzählers

Ich wende mich der Analyse der Deutewelt des Erzählers zu. Diese Deutewelt erweist sich als höchst facettenreich. Wie bereits erwähnt, ist die Erzählung, stellt man sich diese als ein Gewebe vor, aus verschiedenen Sinnfäden gesponnen, es werden nebeneinander und ineinander Bruchstücke aus Märchen (abenteuerliche Suche), Mythos (Heimkehr des Odysseus), Religion (Rückkehr in die Heimat) und Literatur (Antike, Mittelalter und Romantik) erkennbar. Sinn entsteht, da keiner dieser Fäden als roter Faden fungiert, im prozessualen Zusammenspiel verschiedener, subjektiv angeeigneter Traditionsmuster. Wenn ich mich im folgenden mit Religion als Deutepotential des Erzählers befasse, ist dies zu berücksichtigen: Es kommt damit nur ein - wenn auch zentrales - Sinnelement der Erzählung in den Blick.

Dennoch wird damit insofern Exemplarisches sichtbar, als der literarische Aneignungsakt biblischer, kirchlicher wie allgemeiner religiöser Sprache und Motive strukturell wiederholt, was für das Zusammenspiel der verschiedenen Traditionsmuster typisch ist: Sinnhaftigkeit entsteht prozessual in einer Biographie im Modus archaischmoderner Augenblicksreligion deutenden Perspektive, die im Entziffern der Welt als einer Kindheitslandschaft strukturell auf das Archaische rekurriert, um es material in Form einer modern-säkularen Schriftreligion zu überschreiten. Dieses spannungsvolle

Profil einer spätmodernen Religion als Deutepotential des Erzählers will ich im folgenden genauer herausarbeiten.[94]

Das Paradies im Jetzt: Zur subjektkonstituierenden Aneignung biblischer Traditionen

Ich beginne mit der Analyse der literarischen Aneignung biblischer Traditionen. Diese werden nicht über Zitate, sondern nur über Anspielungen zur Sprache gebracht. Das ist ein erstes Signal für den literarischen Umgangsmodus mit der biblischen Tradition: Mit ihr, die in ihren Grundzügen als bekannt vorausgesetzt wird, wird eine Art Sinnfolie im Hintergrund des Erzähltextes installiert, die in unterschiedlicher Weise bedeutsam wird. Neben einzelnen Hinweisen auf Jakob (83: „Jakobsleiter") und Hiob (92: Vater als „Hiob auf dem Misthaufen") werden besonders heilsgeschichtliche Grundereignisse aufgerufen, die über motivische Signale identifizierbar sind, ohne als solche zitiert, konkret benannt oder sogar im einzelnen rekonstruiert zu werden. Neben einem kritischen, die Geschichte vom Turmbau zu Babel quasi umkehrenden Kontrapunkt (207: „wie sinnvoll die angeblich so zerstörerische babylonische Sprachverwirrung") ist die Tendenz auffallend, daß diese heilsgeschichtlichen Ereignisse im Zusammenhang mit Fragen der Subjektkonstitution des Erzählers bedeutsam werden: Die biblische Tradition wird, so kann man generell sagen, in ihrer literarischen Aneignung radikal subjektiviert. Damit verbindet sich, anders als etwa bei Wolfgang Koeppen, deutlich der Anspruch, diese Tradition gegen ihre kulturell vorfindlichen Sinnfixierungen neu, und zwar auf der Höhe spätmoderner Subjektproblematik, auszuloten. Hinweise in diese Richtung gibt bereits eine Übersicht zum literarischen Ort biblischer Anspielungen im Aufbau der Erzählung:

I.	Aufbruch in die Fremde		
	Aufbruch aus dem Vaterhaus	Lk 15	Der verlorene Sohn (45)
	Familienlegende		Landnahme (72f)
II.	Reise in der Fremde		
	Übergang in die Fremde		Jesustradition („Mein Stall" 106)
	Im Passantenstrom Jesenices		„Hebräische Schriftrolle" (135)
	Die Welt der Bildersprache	Gen 1	Schöpfungstradition („Wortwinkel" 219)
III.	Im Märchenland und Rückkehr		
	Überqueren eines Gebirges	Gen 3	„Stand der Gnade" und „Schuld" (242)
	In Kobarid (Kultur)		Verdammnis („Verdammte Grenznatur" 253)
	Im Karst (Natur)	Ex	„BUNDESLADE" (298)
	Flucht heimwärts	Gen 3	Vertreibung aus „Paradies" (318)
	Rückkehr in das Vaterhaus	Lk 15	Der verlorene Sohn (318). Jesustradition (325f)

---

[94] Anzumerken ist, daß religiöse Sprachmuster auch in der Funktion, Sachverhalte als bedeutsam zu chiffrieren, verwendet werden, dazu 17 (Gaststättennische als Chorgestühl), 35 (Erkanntwerden als Erweckung), 53 (Irre als Schutzheilige), 144f (Publikation als Sündenfall), 155 (Leseplatz als Thron des Geistes), 186 (Verzagen als Sünde wider den heiligen Geist), 250 (Ausflügler als Pilger), 255 (Frage nach Identität als Stoßgebet), 278 (Landschaftsformen als sich wölbender Bauch einer Marienstatue) und 309 (Sich-helfen-lassen als Erlösung).

Die Übersicht suggeriert, in der Erzählung seien biblischen Tradition stark präsent. Das jedoch trifft in dieser Weise nicht zu. Sehr deutlich erkennbar ist nur die Schöpfungstradition, die jedoch nicht als solche, sondern im Modus ihrer kulturellen, auf ein archetypisches Stukturmuster zielenden Abstraktion eines Ursprungsmythos zur Sprache kommt. So verstanden, kann man sagen, daß die biblische Schöpfungstradition, die zudem noch in anderen Facetten bedeutsam wird, als ein die Grundthematik der Erzählung konturierendes Traditionsbruchstück fungiert. Das trifft, mit Ausnahme des Gleichnisses vom verlorenen Sohn, für die anderen biblischen Traditionen so nicht zu. Auf diese werden, was exemplarisch an dem „Mein Stall!" (106) der Tunnelepisode oder Landnahmetradition (73: „Auf, hin, nach Südwesten, zur Landnahme") ablesbar ist, nur unscharf und unspezifisch angespielt. Zudem werden, wie das plötzlich auftauchende Wort „BUNDESLADE" (298) am Ende der Karsterzählung zeigt, biblische Traditionen, die in der Literaturszene nicht etabliert sind, in einer unvermittelten Direktheit angesprochen, die irritierend wirkt.

Im folgenden will ich versuchen, den Umgang mit der biblischen Tradition in dieser Mehrschichtigkeit mit Blick auf seine kommunikationstheoretischen Implikationen zu präzisieren. Ich orientiere mich an der Übersicht über den literarischen Ort dieser Tradition und nenne fünf mir wesentlich erscheinende Aspekte:

1. Die biblische Tradition kommt, was gar nicht anders sein kann, in einer bestimmten Auswahl zur Sprache. Das Spektrum dieser Auswahl deutet auf eine Materialselektion im Sinn eines literarisch absichtsvollen Auswahlprozesses hin: Biblische Traditionen werden aufgenommen, um auf verschiedenen Ebenen der Erzählung Sinnhaftigkeit zu markieren, zu konturieren oder herzustellen. Dabei steht die Schöpfungstradition im Zentrum, daneben treten vor allem die Sinaitradition (Bundeslade) und Jesustradition (Gleichnis und typologisierende Aneignung). In und mit dieser Selektion zeichnet sich das Sinnprofil der Erzählung bereits ab: Es geht um die literarische Inszenierung eines Ursprungsmythos (Schöpfung), der zentral mit Sprache (priesterschriftlicher Schöpfungsbericht, Turmbau zu Babel), aber auch mit Gesetzhaftigkeit (hebräische Schriftrollen, Initiation ins Weltgesetz und Bundeslade) zu tun hat. Anders als etwa in Koeppens *Jugend*, daran sei verdeutlichend erinnert, spielt etwa die Tradition des Apokalyptischen in dieser Erzählung keine Rolle. Das ist kein Zufall.

2. Deutlich erkennbar ist, daß der Rahmen der Erzählung, Filip Kobals Aufbruch und Rückkehr, unter Anspielung auf das lukanische Gleichnis vom verlorenen Sohn erzählt wird. Die Anspielung baut sich über die Grundthematik von Aufbruch und Rückkehr in Verbindung mit dem Schuldmotiv, das im biblischen Text mit der Sündenthematik zur Sprache kommt, auf: „Das traf mich", kommentiert der Erzähler im ersten Kapitel den Verlust seiner Jugend in der Internatszeit, „als Schuld; ich hatte das Recht verspielt, hier zu sein." (45) Im dritten Kapitel wird dieser Faden wieder aufgenommen, Alpträume zwingen Filip Kobal, „heimwärts zu flüchten" (318):

   „Ich fürchtete mich vor dem Einschlafen; denn jeder Traum handelte von meiner Schuld, nicht daheim, nicht bei den Meinen zu sein." (318)

Mehr wird von dem biblischen Gleichnis nicht erkennbar. Dennoch profiliert der anspielende Rekurs auf dieses Gleichnis, indem das Grundthema der Erzählung in einen biblischen, Letztangehendes zur Sprache bringenden Horizont gerückt wird, die Problematik von Aufbruch und Rückkehr zum Ursprung in ihrer modernen Variante.[95] Im biblischen Gleichnis kehrt der Sohn in das Haus des Vaters zurück und wird, noch vor seinem Schuldbekenntnis, von dem ihm entgegenlaufenden Vater mit offenen Armen empfangen, es soll ein Fest der Rückkehr und des Wiedersehens geben. In der modernen Erzählung hingegen bleibt der Sohn, von seinen Schuldgefühlen gequält und nach Hause getrieben, unempfangen, das Fest bleibt aus. Dabei ist auffallend, daß mit dem Motiv der Schuld, wie es in der Erzählung thematisiert wird, nicht das biblische Gleichnis, sondern eine wahrscheinlich kulturell immer noch dominante Auslegungsoption des Gleichnisses, die die Schuld des Sohnes in seinem Aufbrechen ausmacht, aktualisiert wird.

3. Die Übersicht läßt erkennen, daß die Erzählung zentral auf die biblische Schöpfungstradition rekurriert. Dabei sind drei Facetten ihrer literarischen Aneignung zu differenzieren. Zunächst wird unter Rückgriff auf Motive der Schöpfungstradition (wie ihrer theologischen Auslegung im Sinn von Urstand und Fall) der Ausnahmezustand der 'Ich-Ganzheit', wie ihn Filip Kobal bei einer Gebirgsüberquerung erlebt hat, chiffriert: Die Sprache der Tradition präzisiert ein religiöses 'Ich-Erlebnis', das in der Schreibgegenwart des Erzählers ausbleibt. Als Filip Kobal in der Wildnis des oberen Isonzotales seine Angst in einem plötzlich Ich-Erlebnis überwinden kann, spürt er an sich - im Kontrast zu seinen Erlebnissen im Elternhaus und Internat - so etwas wie ein segnendes Schöpfungshandeln:

„Aus dem Grauen wurde ein Staunen (auf das für einmal jenes Beiwort 'grenzenlos' paßte), aus dem bösen ein guter Geist, und aus dem Auswuchs ein Geschöpf, auf das in meiner Vorstellung, statt des ominösen einen Fingers, eine ganze Segenshand weist - war es doch bei dem Erscheinen des Ich, als würde man gerade erschaffen: Augen, die sich rundeten, Ohren, die nichts taten als lauschen. (Heute allerdings will es sich mir nicht wieder zeigen; die Verwunderung über jenes unfaßbare 'ganz Ich!' scheint für immer von mir gewichen, und das hat vielleicht mit der Schuld zu tun, die, ein Teil des Fünfundvierzigjährigen geworden, diesen mit seiner oft traurigen Vernunft allein läßt, während ich den Zwanzigjährigen noch im Stand der Gnade des Wahnsinns der Unschuld sehe. Wahnsinn? Er heilte damals, dort in der Wildnis, die Angst". (242)

Sodann wird mit Rekurs auf die Schöpfungstradition ein Ursprungsmythos literarisch inszeniert. Die Schöpfungstradition, über Motive wie „Garten" (166), „Unschuld" (242), „Paradies" (318) oder 'Verdammnis' (318) aufgerufen, wird dabei radikal subjektiviert: Es geht nicht um ein kosmisches Weltgeschehen, sondern um das literarische Programm des Erzählersubjekts, biographischen Sinn über Erkundungsreisen der mythischen, in „einer Urverbundenheit von Wort und Ding"[96] wurzelnden Kindheitslandschaft zu generieren.

---

[95] Das Gleichnis vom verlorenen Sohn ist von der Literatur der Moderne immer wieder aufgenommen und bearbeitet worden, dazu etwa André Gide, *Le Retour de l'enfant prodigue* (1907), Rainer Maria Rilke *Die Aufzeichnungen des Malte Laurids Brigge* (1910) oder Franz Kafka, *Heimkehr* (1920). Dazu Brettschneider, Parabel 1978.
[96] Marschall, Mythen 1993, 68.

C. Fragment und Ganzheit - Klage und Lob

Der Obstgarten des Bruders, an den sich Filip Kobal erinnert, hat unverkennbar paradiesische Züge, worauf unspezifisch der „Bach der Vorzeit" (167), der „Traum vom Fruchtland" (171) wie die „Natter" (175), spezifisch biblisch das Motiv des Augen-Aufgehen-Lassens (166: „[...] vielmehr die Augen aufgehen ließen", dazu Gen 3,6f) verweist. Zudem aktiviert und realisiert die Karsterzählung gemeinsam mit ihrer metakommunikativen Reflexion das mythische, Kindheit und Unschuld assoziierende Ursprungsmotiv. Das Gehen im Karst versetzt Filip Kobal „in den Stand, die Dinge [zusammen] zu benennen" (275, dazu Gen 2, 20: „Und der Mensch gab einem jeden Vieh und Vogel unter dem Himmel und Tier auf dem Felde seinen Namen"),[97] er wird zum „kindischen Finder" (284) einer archaischen „Vor-Form" (285),[98] die paradoxerweise jede Form von Zeitlichkeit in ein mystisch-epiphantisches „'Jetzt'" (285) transzendiert, das, so der Kommentar des Erzählers in Klammern, ein „Paradiesgedanke" (285) ist. Der Karst, das ist der Garten Eden des seine Biographie mythisch auskundschaftenden, jede Form rationaler Geschichtlichkeit verweigernden modernen Subjekts, das im Archaischen das „Kommende" sieht, ohne dabei seine realsituative Gegenwart, die „Fabriken" oder „Supermärkte", zu verschleiern:

„Wie ich bei dem Anblick einer steinernen Dachrinne nie 'Mittelalter' dachte, sondern, wie bei keinem Neubau, hier wie dort, 'Jetzt!' (Paradiesgedanke), so empfand ich auch in Gegenwart eines Dolinentrichters nie den Vorzeit-Moment nach, wo sich die Erde da plötzlich gesenkt hatte, sondern sah, verläßlich, immer wieder, aus der leeren Schüssel etwas Kommendes aufsteigen, Schwade um Schwade eine Vor-Form: Man mußte dies nur festhalten! Nirgendwo habe ich bisher ein Land getroffen, das mir, wie der Karst, in all seinen Einzel-Teilen (samt den paar Traktoren, Fabriken und Supermärkten) als das Modell für eine mögliche Zukunft erschien." (285)

Doch der Karst entpuppt sich als „vermeintliches Paradies" (318). Im Rückblick auf seine Karstreise, wo er von Mal zu Mal „als ein Verworfener" (318) aufwachte, schreibt der Erzähler:

„So hell die Wachmomente, die nächtlichen wie die täglichen, damals im Karst, so finster die Träume. Sie vertrieben mich aus dem vermeintlichen Paradies und stürzten mich in eine Hölle, wo ich, ohne sonstige Gesellschaft, der Verdammte und der Böse in einer Person war." (318)

Die Tradition der Schöpfungsgeschichte wird, so ist unverkennbar, in ihrer archetypischen, den „Stand" einer jede Zeitlichkeit übersteigenden Sinnhaftigkeit des seine Welt wahrnehmenden und sinnlich erspürenden Subjekts festhaltenden Grundstruktur bedeutsam. Der „Paradiesgedanke",[99] der sich aus der biblischen Tradition speist, wird auf der Ebene seiner kulturellen, Letztangehendes thematisierenden Abstraktion aufgenommen und, in Absetzung etwa zum Modell einer regressiven Vergangenheitsfixierung, in Richtung einer mythisch-mystischen

---

[97] Dazu Blumenberg, Arbeit am Mythos 1996, 41: „Alles Weltvertrauen fängt an mit den Namen, zu denen sich Geschichten erzählen lassen."
[98] Der Wahrnehmungsblick Kobals, der deutlich auf religiöse Formen der kulturellen Lebenswelt gerichtet ist, ist ebenfalls mythisch dimensioniert, dazu Eliade, Das Heilige 1984, 23-60.
[99] Einen Überblick zum Motiv des Paradieses in der Literatur geben Daemmrich/Daemmrich, Themen und Motive 1987, 249-254. Paradies ist ein persisches Lehnwort, dazu Hld 4,13. Im Neuen Testament steht es für die himmlische Wohnung der Seligen, Lk 23,43; 2 Kor 12,4 und Apk 2,7.

Subjektidee präzisiert.[100] Dieser auf das Subjekt bezogenen und dabei höchst subjektiven Aneignung korrespondiert die kreative Variation traditioneller Motive wie etwa dem der „Schlange": Die Schlange der biblischen Tradition, die zudem in Alpträumen des Erzählers den Verlust des Paradieses symbolisch festhält (318: „der Garten Unkraut mit springenden Schlangen"), wird zu einer „Natter" (175), die sich, die Gewalt des Vaters symbolisierend, tagtraumhaft verflüchtigt und als solche Platz schafft für „die Augen eines Kinds", für das Erzählen selbst. Mit Blick auf einen „Haselstock, worauf der zu Tieren oft grausame Vater seinerzeit eine beim Mähen entzweigeschnittene Natter spießte" (175), bedenkt der Erzähler:

> „Sie, die nicht nur den ganzen damaligen Tag, sondern durch die Jahre sich in der Gabelung, an dem in den Boden gerammten Stecken, gewunden hatte, nachhaltiger ein Wahrzeichen des Orts als alle die Sonnenfrüchte, verflüchtigte sich nun, und an meine Vorfahren in der leersten Ecke des Gartens gerichtet und zugleich auf der Suche nach den Augen eines Kinds, von dem Ein-Ton der Totenklage abgebracht und aus dem 'ewigen Reich der Trennung' (so der Bruder) herausgeführt, sprach ich, statt mit triumphierender freilich eher mit versagender Stimme, wörtlich weiter: 'Ja, ich werde euch erzählen.'" (175f)

Auf einer noch anderen, dritten Ebene wird, was sich in dieser Passage andeutet, die biblische Tradition in ihrer auf Schöpfung durch das Wort zielenden Dimension bedeutsam. Der Erzähler greift diese Tradition auf, um sein Erzählprogramm, das mit Konventionen von Geschichtlichkeit, wie sie seit der Aufklärung gelten, ausdrücklich bricht, unter Hinweis auf Tradition zu plausibilisieren. In deutlicher Anspielung auf die Schöpfungserzählung der Priesterschrift (Gen 1) ist gegen Ende des 2. Kapitels zu lesen:

> „Denn ohne die Wortwinkel ist die Erde, die schwarze, die rote, die begrünte, eine einzige Wüste, und kein Drama, kein Geschichts-Drama will ich mehr gelten lassen als das von den Dingen und den Wörtern der lieben Welt - dem Dasein" (219f)

In diesen Zusammenhang gehört auch die Szene, in der Filip Kobal im Passantenstrom von Jesenice „plötzlich" die fremde Sprache versteht. Diese Szene, die eine Art Sprachinitiation des Erzählers darstellt (dazu 136: „und in mir hörte alles Sprachengewirr und Durcheinanderreden auf: Mein ganzes Wesen verstummte und las"), ist unter Anspielung auf die neutestamentliche Pfingsttradition stilisiert (dazu auch das Motiv des Geistes 222.233 und 242):

> „[...] es ergriff mich nur ein zweiter, von der eigenen Lunge ganz unabhängiger Atem, ein begeisternder Hauch, mit dem ich plötzlich die Überschrift einer an mir vorbeigetragenen Zeitung lesen konnte, im Slowenischen keine Schlagzeile, wie in meinem Deutschen, sondern, erfrischend wie die fehlende Trachtenbuntheit, reine Nachricht." (132)

4. Mit dieser das eigene Schreibprogramm biblisch legitimierenden Dimension kommt ein weiterer, diese Funktion noch überschreitender Aspekt in den Blick. Ganz unvermittelt wird die Karsterzählung (293-298) mit dem überraschenden Hinweis auf die „BUNDESLADE" (298) abgeschlossen. Als ästhetische Realisa-

---

[100] Dazu Wagner-Egelhaaf, Mystik 1989, 221f, Pikulik, Mythos 1988, 240 und Marschall, Mythen 1993, 33: „Bei Handke gehören die mythische Weltanschauung und die mystische Offenbarung oftmals zusammen."

tion des Selbstverständnisses des Erzählers kommt dieser 'Erzählung in der Erzählung' besondere Bedeutung zu: Sie steht, ganz zweifellos, im Zentrum des Buchs. Das wird ausdrücklich festgehalten (266), aber auch stilistisch an dem Wechsel der Erzählperspektive, der Leserinnen und Leser in einen traumhaft-fiktiven Gang durch die Karstlandschaft verwickelt, erkennbar: Wer sich nicht beirren läßt und auf dem Weg bleibt, so der Appell des Erzählers (294: „Bleib auf dem Weg"), der wird, indem er ganz in der Welt ist (297: „Nicht aus der Welt wirst du gewesen sein, sondern einmal ganz hiesig"), Himmel spüren (295: „und deine Augenhaut rührt an Himmel") und, wenn er mitschreibt, mit dem „Scharren" (297) seines Schreibgeräts ein Geräusch erzeugen, das „eins von den friedlichsten Geräuschen unter der Sonne sein" (297) wird. Mit Brot, Wein und Schinken bewirtet, wird er, so die Karsterzählung, volle Zufriedenheit erleben, und in diesem Sinn endet diese dann so:

„Mehr brauchst du jetzt nicht. Und eines Tages im Lauf deiner Jahre wirst du dann an die Stelle gekommen sein, wo tief unten am Horizont der besonnte Nebelstreifen das adriatische Meer sein wird; wirst da, Ortskundiger, die Frachtdampfer und Segler im Golf von Triest unterscheiden von den Kränen der Werft von Monfalcone, den Schlössern von Miramare und Duino und den Kuppeln der Basilika von San Giovanni am Timavo, und dann am Grund des Dolinentrichters zu deinen Füßen, zwischen zwei Felsbrocken, die ganz wirkliche, mehrsitzige halbverrottete Barke samt Ruder entdecken, und sie, den Teil für das Ganze, unwillkürlich, du bist nun so frei, bedacht haben mit dem Namen BUNDELADE." (298)

Dieses Ende der Karsterzählung mutet schon deshalb rätselhaft an, weil die Bundeslade mit einer Selbstverständlichkeit auftaucht, als sei schon vorher von ihr die Rede gewesen. Das aber ist nicht der Fall: Leserinnen und Leser werden so unvermittelt mit einem Motiv konfrontiert, das in der hebräischen Bibel eine zentrale Rolle spielt, im Erzähltext jedoch unmotiviert und, jedenfalls zunächst, ganz unbestimmt erscheint. Es ist jedoch gerade diese Unbestimmtheit, die die Aufmerksamkeit auf dieses Motiv lenkt und eine Spurensuche nach dem Sinn dieses Motivs in Gang setzt. Diese Spurensuche verläuft mindestens in drei Richtungen:

a. Zunächst wird diese Spurensuche von der Karsterzählung in ihrer atmosphärischen Besonderheit bestimmt: Sie verwickelt Leserinnen und Leser in eine Traumreise, die assoziativ strukturiert ist und ihre Sinnhaftigkeit nicht zuletzt über ein - der Mutter entsprechendes - liturgisches „Ortsnamenleiern" (75) generiert: Es ist, als ob der Erzähler, indem er dicht hintereinander von „Monfalcone", „Miramare", „Duino" und „San Giovanni am Timavo" spricht, das beschwörende Anrufen der Mutter wiederholt, als verbänden sich all diese Namen „zusammen zu einem einzigen, hochstimmigen, zarten Flehen" (75).

b. Sodann wird die Spurensuche zumindest ansatzweise über das Motiv der Barke konkretisiert. Dieses Motiv taucht noch einmal innerhalb der Karsterzählung auf: „Du hörst", heißt er dort, „im Traum von der Lache als einem See, und siehst dort eine Barke im Schilf, mit deinem Haselstock als dem Ruder, worauf aus der Leere nun ein Delphin taucht [...]" (296). Die Barke, die sonst in der Erzählung keine Rolle spielt, ist offensichtlich ein Traummotiv, das als solches deren symbolische, religionsgeschichtlich weit verbreitete Dimension assoziieren läßt, den Übergang, die Überfahrt vom Leben zum Tod. Mit dieser symbolischen Dimension ausgestattet, nimmt die „halbverrottete Barke" in einem spezifischen Sinn die Konturen eines - noch ausstehenden, aber mit Bestimmtheit sich konstituierenden (Zeitstufe der „Vorzukunft") - Heiligtums an. Mit dem Hinweis, die Barke sei „halbverrottet", wird innerhalb des Erzählzusammenhangs suggeriert, der verschollene Bruder habe eine Barke zurückgelassen, die der Erzähler Kobal als solche „entdeckt", nun aber nicht mehr benutzen kann. Dennoch hat diese Barke ihren Sinn, sie wird, so der Erzähler, mit dem Namen „BUNDESLADE" bedacht werden. Damit wird die Barke in ihrer allgemeinen, noch unspezifischen symbolischen Dimension präzisiert. Im Zusammenspiel mit dem Hinweis auf die Bundeslade, die als tragbares Heiligtum des wandernden Gottesvolks sozialintegrative, das Gottesvolk in seinen verschiedenen Generationen zusammenhaltende Funktion hatte, wird die „halbverrottete Barke" zu einem Heiligtum der - nach einem Zusammenhang (in ihrer familiären Herkunft) - Suchenden. Auf diese Weise verdichtet die Bundeslade, die zunächst so unvermittelt auftaucht, symbolisch das Selbstverständnis des Erzählers, der sich - zu Beginn seiner Reise - traumhaft in der Prozession gesichtloser Menschen aufgehoben fühlt, eine Prozession, in der auch „die Sterbenden, ja sogar die Gestorbenen mitgenommen wurden" (18). Eine solche jede Zeitlichkeit transzendierende, die Ahnherrn als solche mitnehmende Prozession deutet sich im Traum an und wird sozusagen Wirklichkeit in der Erzählung. Auf diese Weise motivisch vernetzt, wird die „halbverrotte Barke" zu einem Symbol für das zusammenhangstiftende, zeitliche und räumliche Grenzen übersteigende Erzählen selbst.

c. In diese Richtung weist der dritte Aspekt der Spurensuche, die durch das Motiv des Haselstocks initiiert wird. Die „halbverrottete Barke" hat, so der Erzählzusammenhang, ein Ruder, das im Traum als „Haselstock" (296) präzisiert wird und darin auf den Haselstock zunächst des Vaters (175: Symbol von Gewalt, siehe oben), dann jedoch auf den Haselstock, den der Erzähler in einer Art Zeichenhandlung zu seiner „Stele" (221) erklärt hat, verweist. Hat nun die Barke als Ruder diese Stele, so wird darin, so kann dieser symbolische Motivkomplex gedeutet werden, die archaische-mythische Ausrichtung des modernen Erzählens unterstrichen.

Dabei spielt nicht zuletzt die Bundeslade in ihrer Funktion, Aufbewahrungsort der Gesetzestafeln zu sein, die Mose der Überlieferung nach auf dem Berg Sinai empfangen hat, eine Rolle. Denn der Erzähler tritt mit dem Anspruch auf, in und mit seinem Schreiben das „Welt-Gesetz" (274) zu „schraffieren" (219), das sich ihm - so der deutliche Kontrapunkt zur biblisch-religiösen Tradition - nur in der Unbestimmtheit der Zeichen 'offenbart'. In diesem Sinn ist eine Passage des ersten Kapitels zu lesen, die mit der „BUNDESLADE" der Karsterzählung nicht zuletzt insofern verbunden ist, als ein Tankstellenemblem, „das PETROL-Schild" (135), in Großbuchstaben hervorgehoben ist. Auf den ersten Blick mag ein Zusammenhang zweifelhaft sein, doch ist es der Erzähltext selbst, der einen solchen herstellt: Es gibt nur fünf Worte, die in der

Erzählung in Großbuchstaben erscheinen, und das sind neben der „BUNDESLADE" und dem „PETROL-Schild" das morgendliche „E-O-A-E" (116), das dem Erzähler als „Weckruf" „die Sinne öffnen" soll „für den neuen Welttag, das Buchstäbliche, das Beschreibliche" (116), die Inschrift „IHS" (277 und 280) und der Schriftzug „GREGOR KOBAL" (321) an der Außenfassade der Kapelle in Maribor. Wie immer dieser doch sehr seltsam anmutende Befund zu deuten ist,[101] zumindest das wird deutlich: Mit „BUNDESLADE" und „IHS" (Jesus Christus Salvator) werden programmatisch die Heilskonzeptionen der hebräischen Bibel und des Neuen Testaments, des Judentums und Christentums, angesprochen, die, wie das Beispiel der Bundeslade zeigt, strukturell in Kraft bleiben (Heiligtum des wandernden Gottesvolks, liturgisches Sinnmuster), material jedoch neu, und zwar in einer das Welt-Gesetz in Übergängen (Weckruf am Morgen) und Unbestimmbarkeiten (Petrol-Schild) verortenden Weise, angefüllt werden:

„[...] aber vieldeutig erschien dann schon das PETROL-Schild einer Tankstelle, welches, durch das Geäst eines Baumes gesehen, an ein, nur im Traum erlebtes, China erinnerte, und eine gleichermaßen fremdartige Sinaiwüste öffnete sich hinter den Hochhausblöcken mit dem Anblick eines staubigen Fernbusses, von dessen Frontseite, wo die Walze mit den Zielangaben verrutscht war und genau in der Mitte zwischen zwei unleserlichen Ortsnamen stand, im Vorbeifahren das Fragment einer hebräischen Schriftrolle mir in die Augen sprang – ja, 'in die Augen sprang'; denn das Sich-Öffnen der Landschaft rund um das Schriftbild war begleitet von einem Erschrecken." (135)

Von diesem Gesichtspunkt der Unbestimmtheit her, der im Zusammenspiel mit Strukturen der Kindheitsreligion als Sinngenerator funktioniert, wird die Lektüre über die Inschrift „IHS" auch auf „das leere Grab" gelenkt, vor dem der Vater des Erzählers in einem Osternachtsritual in seiner Individualität verschwindet. Die „Würde", die Filip Kobal im Passantenstrom von Jesenice erfährt, erinnert an die des Vaters „in der Osternacht, in der Rinkenberger Kirche, wenn er, bekleidet mit einem bodenlangen, purpurnen Umhang, zusammen mit ein paar anderen Männern des Dorfs vor der Höhlung kniete, welche das leere Grab des Auferstandenen bedeuten sollte, sich dann, in einem Ruck, flach davor ausstreckte und, von dem wachsfleckigen Rot bedeckt, nicht wiederzuerkennen still auf dem Bauch lag." (134)

Der Erzähler, so fasse ich zusammen, rekurriert in seiner Funktion als Deuter seiner Biographie auf zentrale biblische Traditionen. Mit diesen Traditionen ruft er archetypische Grundmuster auf, die im Prozeß literarischer Aneignung ästhetisiert und subjektiviert werden. Dabei scheut sich der Erzähler nicht, seine Perspektive auf die Welt unter Verweis auf die Schöpfungstradition zu legitimieren

---

[101] Wagner-Egelhaaf versucht aus ihrer Sicht eine Deutung, die letztlich nicht den Spuren des Erzähltextes, sondern einer mystischen Systematik folgt. Dabei zeigt sich eine Tendenz zum Spekulativen, auch wirkt es gezwungen, wenn von der klassischen Elementenrose die Bundeslade mit Wasser identifiziert werden muß, das Petrol-Schild für den modernen Atheismus stehen soll oder die Erzählerfigur mit der IHS-Position besetzt wird, nachdem zuvor – wie auch immer – der Vater mit der Bundeslade, die Mutter mit dem Petrol-Schild und die Schwester mit dem E-O-A-E-Ruf in Verbindung gebracht wurden, Wagner-Egelhaaf, Mystik 1989, 195-199.

und, noch einen Schritt weiter, die Tradition der Bundeslade auf die Wirklichkeit seiner Sinnsuche hin zu öffnen. Dabei ist auffallend, daß das Gottessymbol nur, das füge ich diesem Befund noch an, am Rand auftaucht. Die „einzige Vorstellung von einem Gott", so formuliert der Erzähler einmal, ist ihm nur beim „Erscheinen der Welt" in ihrer „Buchstäblichkeit" geglückt (114).[102]

5. Ich komme zum fünften und letzten Aspekt, der literarischen Aneignung der Jesustradition. Die Jesustradition spielt keine zentrale Rolle,[103] es werden, neben dem Gleichnis vom verlorenen Sohn, nur Ansätze einer typologisierenden Adaption erkennbar.[104] Der Vater ist von Beruf „Zimmermann" (59 und 81), was betont herausgestellt wird. Als Filip Kobal in einem Tunnel bei Jesenice endlich Unterschlupf gefunden hat, ruft er aus: „Mein Stall" (106). Damit wird, indem die Jesusgeschichte auf diese Weise in ihrem symbolischen Anfang aufgerufen wird, am „'Beispiel eines Menschensohns'" (185) - so die „gottlose Mutter" (185) über den verschollenen Bruder - die Suche des Erzählers nach Heimat in ihrer existentiellen Dimension konturiert.[105] Zu diesem Motivkreis gehört, daß Filip Kobal sich mit der Figur des Judas im Sinn eines „Religionsverräters" (248) trotzig-positiv identifiziert und dabei in dessen Außenseiterrolle (61: „[...] daß einer 'falsch' war in dem Kreis.") den Sinn des Christlichen entdeckt. Bei seiner Rückkehr in das zermürbende und zersetzende Getriebe der österreichischen Gesellschaft gerät, verspürt der Erzähler ein „Lechzen" nach einem christlichen, die Außenseiter der Gesellschaft wahrnehmenden Blick (dazu 53: die Irren als die „Schutzheiligen"):

„In mir war geradezu ein Lechzen nach dem einen, ja, christlichen Blick, den ich hätte erwidern können. Idioten, Krüppel, Wahnsinnige, belebt diesen Geisterzug, nur ihr seid die Sänger der Heimat." (326)

Die Welt als Kindheitslandschaft entdecken: Konturen einer archaisch-modernen Religion

Die Erzählung greift nicht nur auf biblische Traditionen zurück. Daneben ist ein facettenreiches Netz religiöser Handlungsmuster erkennbar, die kein spezifisch biblisches, kirchliches oder theologisches Profil erkennen lassen. Es sind religiöse Handlungsmuster in einem allgemeineren Sinn. Dabei sind, was etwa an der literarischen

---

[102] Zum Gottessymbol siehe noch 66 (Held, der sich für Gott ausgibt) und 216 (Kaiser und Gott als Sinngaranten, die ausgespielt haben). Ansonsten ist das Gottessymbol mit der Figur der Mutter verknüpft, die als „entschieden gottlos" (73, dazu auch 74 und 185) dargestellt wird. Diese Gottlosigkeit wird einmal vertrieben, als Filip Kobal als „Erzähler" am Krankenbett die „Todesengel" vertreibt (dazu 87f).
[103] Anders Wagner-Egelhaaf, Mystik 1989, 179f.
[104] Auf den Begriff der „Auferstehung" (73) wird einmal zurückgegriffen, um das existentiell Angehende der Heimatthematik festzuhalten, nicht ohne einen ironischen Unterton, ist es doch die gottlose Mutter, die meint, das Dorf 'Karfreit' „werde nach unserer Heimkehr und Auferstehung aus der tausendjährigen Leibeigenschaft umgetauft werden in 'Kobalid'" (73).
[105] Mit Bezug auf die Kindergeschichte hat Goergen diesen Umgang mit der biblischen Tradition gut beschrieben: „Es geht nicht um Nachvollzug, es geht um die Tiefe der eigenen Wirklichkeit", Verklärtes Bewußtsein 1995, 162.

C. Fragment und Ganzheit - Klage und Lob

Aneignung der Schöpfungstradition deutlich geworden ist, die Grenzen zur biblisch-religiösen, nicht zuletzt auch zur kirchlich-religiösen Sprachwelt keineswegs trennscharf gezogen. Wenn ich mich im folgenden auf den Aspekt der literarischen Funktion des Religiösen in einem allgemeinen Sinn konzentriere, gehe ich damit letztlich demselben Problem nach, nur eben aus einer anderen Perspektive. Was dabei in den Blick gerät, sind Konturen einer archaisch-modernen Augenblicksreligion: Nach dem Verlust basaler biographischer Sinnräume (Haus des Vaters, Dorf und Kirche) richten sich die Suchbewegungen des Erzählers auf das Erkunden einer mythischen, Zeit und Raum transzendierenden Kindheitslandschaft, die strukturell an die Sinnmuster der realen Kindheit gebunden bleibt, in ihrer materialen Füllung jedoch diese spezifisch überschreitet. Auf der Ebene der Erzählung wird diese Augenblicksreligion des Erzählers in drei Schichten inszeniert: Der Erzähler wiederholt eine Reise der Jugend, bei der Muster einer Kindheit erlebt worden sind, wobei diese Kindheit nur im wiederholenden Erzählen entsteht.

Der Grenzgang zwischen Archaik und Moderne kommt, was das Problem der Religion betrifft, in der Maya-Religion-Szene (212-214) exemplarisch zum Ausdruck. Nur in dieser Szene, in der sich Filip Kobal an die Leidenschaft seines Lehrers für „verschwundene Völker" (212) erinnert, wird der Begriff der Religion verwendet. Er wird damit dem Bereich des Archaischen zugeschrieben. „Religion" wird beschrieben als einziger „Zusammenhalt des Volks" (213), der sich in spezifischen Mythen (Göttlichkeit der Himmelskörper, der erste Mensch ein „Maismensch"), Bauformen (Bauernhütte als „Tempel") und Ritualen („Prozessionen", „Stelen" für die Sonne und „Ahnen"-Kult) ausdrückt. Der Untergang dieser Religion wird von Kobals Lehrer im Aufkommen ihrer Privatisierung gesehen:

> „Der Untergang der Maya begann, als private Andacht die öffentliche Verehrung verdrängte. Die Familien, ohnedies, so der Lehrer, 'eher ungesellig, im Abstand zueinander', verbunden nur durch den geregelten Gottesdienst, gingen dazu über, jede für sich, willkürlich im Abseits, eigene Kapellen aufzustellen - vergessen die Vorstellung, daß ja allein schon das Haus etwas Geweihtes war -, und der Bund zerbrach. Nachzuerleben sei das an dem Abbrechen der Bilderschrift an den Stelen: 'Im Jahr 900 nach unserer Rechnung', sagte er, 'wurde in eine Säule unweit der Grasfläche, welche bei den Spaniern dann *Die Savanne der Freiheit* hieß, die letzte Inschrift gemeißelt." (214)

Die Maya-Religion-Szene steht im Kontext der Spurensuche nach dem verschollenen Bruder. Der Erzähler studiert auf der Hochebene das Buch des Bruders, das ihm zur „Rampe" (210) wird und seinen Blick auf einen leeren Viehsteighang lenkt. Dabei ist es die Leere, die seine Phantasie beflügelt,[106] und im Nachdenken über das letzte vom Bruder „im Feld'" (209) angestrichene Wort, das übersetzt „sowohl *sich stärken* als auch die *Psalmen singen*" (216) bedeutet, fällt ihm die Forschungsarbeit seines Geschichts- und Geographielehrers ein. Dieser Erzählkontext bettet die Maya-Religion-Szene konstitutiv in die Sinnsuche des Erzählers ein, der gerade, die Lehre seines Lehrers eigenständig aufnehmend (dazu 268f), in dem Verschollenen und Verschwundenen Sinnpotentiale entdeckt. Dabei wird, wie bei anderen zentralen Szenen des Buchs, die Sinnhaftigkeit über ein motivisches Verweisnetz aufgebaut, an dem er-

---

[106] Hinter diesem Motiv steht die romantische Tradition der Ahnung (dazu 164f), dazu Marschall, Mythen 1993, 72-74.

sichtlich wird, daß sich der Erzähler die Mythen, Bauformen und Rituale der Maya-Religion auf der Ebene der Moderne zu eigen macht. Er übernimmt den Mythos der „Himmelskörper" (213), aber im Modus zweiter Ordnung: Nicht die Sonne ist Gegenstand seiner Religion, sondern das Erzählen der Sonne (333: „Sonne der Erzählung"). In diesem Sinn strukturieren die Bauformen (Haus des Vaters, dazu 288f) und Rituale der archaischen Religion, Prozession (dazu 127f und 269-271), Stelenanfertigung (dazu 221, siehe oben) und Ahnenverehrung (dazu 127f), die Religion des Filip Kobal, die letztlich biographisch in der eigenen Kindheit wurzelt. Der Erzähler deutet damit seine Biographie im Sinn einer strukturellen Kontinuität der Kindheitsreligion, die sich im literarischen Erkunden einer mythischen Landschaft konkretisiert und darin sozusagen die Bilderschrift der Maya-Religion in ihrer sinnverbürgenden Archaik wiederholt. Nicht zufällig endet das Buch mit einer Zeichnung (wahrscheinlich von Handke selbst), die „an indianische Schrift- und Kerbschnitzereien auf Rindentafel erinnert"[107]. Zuvor jedoch wird die Erzählung als solche, die, anders als die magischen Praktiken des Lehrers, zum „Überlebensmittel" (332) des Erzählers avanciert, hymnisch gepriesen:

> „Erzählung, nichts Weltlicheres als du, nichts Gerechteres, mein Allerheiligstes. Erzählung, Patronin des Fernkämpfers, meine Herrin. Erzählung, geräumigstes aller Fahrzeuge, Himmelswagen. Auge der Erzählung, spiegele mich, denn allein du erkennst mich und würdigst mich. Blau des Himmels, komm in die Niederung herab durch die Erzählung. Erzählung, Musik der Teilnahme, begnadige, begnade und weihe uns. Erzählung, würfle die Lettern frisch, durchwehe die Wortfolgen, füg dich zur Schrift und gib, in deinem besonderen, unser gemeinsames Muster. Erzählung, wiederhole, das heißt, erneuere; immer neu hinausschiebend eine Entscheidung, welche nicht sein darf. Blinde Fenster und leere Viehsteige, seid der Erzählung Ansporn und Wasserzeichen. Es lebe die Erzählung. Die Erzählung muß weitergehen. Die Sonne der Erzählung, sie stehe für immer über dem erst mit dem letzten Lebenshauch zerstörbaren neunten Land." (333)

Die Maya-Religion-Szene verdichtet metakommunikativ die archaisch-moderne Religion des Erzählers. Dabei kommen jedoch nur deren Grundstrukturen, Mythen und Rituale, in den Blick. Im folgenden will ich das Profil dieser Religion konkretisieren, indem ich, der Logik der Erzählung folgend, fünf Facetten heraushebe:

1. Diese Religion basiert auf einem Inititationserlebnis, das unter Rückgriff auf biblisch-kirchliche Sprache als „Taufe" chiffriert ist. Filip Kobal erlebt den Karstwind als „Taufwind" (275), der ihn zum „Weltkind" (284) macht und ihn in das „Welt-Gesetz" (274) einweiht. Dementsprechend ist er „einverstanden, geboren zu sein." (275) Mit Bedacht, ja beinahe mit Vorsicht, greift er, um das beschreiben zu können, auf den Begriff der Taufe zurück:

> „Und der Karstwind? Ich wage das Wort: Er hat mich damals getauft (wie er mich heute wiederum tauft), bis in die Haarspitzen." (275)

2. Diese Religion ist eine Religion der mythischen, rituell abzuschreitenden „Kindheitslandschaft". Filip Kobal entdeckt, als er das Wörterbuch seines Bruders studiert, seine „ganze Kindheitslandschaft" (202) Dabei entdeckt er nicht nur Spuren seiner eigenen, sondern auch einer allgemeinen Kindheit, und zwar in Bildern, „die mir nie im Leben begegnet waren, und zugleich nur nachhause, zu uns,

---

[107] Haider, Ins Herzland 1986.

gehören" (203). In und mit dem Entdecken der slowenischen Sprache entdeckt er „die Kindheit der Wörter" (133), entdeckt ein mythisches Volks, „durchwirkt von Kinderausdrücken" (201). Dabei wiederholt sich die slowenische Gottesdienstliturgie seiner Kindheit im Erleben von „Kindschaft" (207), dem Erleben von Kindheit und Landschaft. Als sich beim Bedenken des letzten vom Bruder angestrichenen Worts der leere Viehsteighang und die Maya-Pyramiden ineinander verschieben, wiederholen sich die liturgischen Gefühle der Kindheit und werden dabei, von der Sonne durchflutet, aus der Finsternis des Kirchenraums herausgelöst:

„Die tönende Litanei der Gläubigen einst in der finsteren Kirche setzte sich nun fort in der tonlosen der so vieldeutigen Wörter der Sonne." (217)

Wie stark das Selbstverständnis des Erzählers in seiner Kindheit wurzelt, wird an dem Motiv der „Feldhütte" (289) des Vaters deutlich, die als Symbol kindlicher Geborgenheit (dazu 288f.44 und 333) die „Mitte der Welt" (289) repräsentiert, „wo in der bildstockkleinen Höhlung seit jeher der Erzähler sitzt und erzählt." (289)

3. Diese Religion ist als archaische Religion insofern modern, als mit ihrer Archaik nicht ein trivialromantisch-regressives, sondern modellhaft-progressives Moment verbunden ist. Der Erzähler, der mit den Einwänden seiner Leserinnen und Leser rechnet, antwortet auf die Frage, ob er als „kindischer Finder" (284) der Welt einen Glanz andichte, den sie gar nicht hat, so:

„Nein. Denn was zu finden war, ließ sich nicht mitnehmen; es ging nicht um die Dinge, die man, in den vollgestopften Taschen, wegschleppte, vielmehr um ihre Modelle, die sich dem Entdecker, indem sie sich zu erkennen gaben, einprägten in sein Inneres, wo sie, im Gegensatz zu den Tropfsteinen, aufblühen und fruchtbar werden konnten, zu übertragen in gleichwelches Land, und am dauerhaftesten ins Land der Erzählung. Ja. Wenn Natur und Werke des Karsts archaisch waren, dann nicht in dem Sinn eines 'Es war einmal', sondern eines 'Fang an!'" (284f)

4. Dabei hat diese Religion in ihrem mythisch-archaisch-modernen Zuschnitt ein spätmodernes Profil, da sich Sinnhaftigkeit über Leerstellen, Schwellen und „Zwischenräume" (dazu 38.42.152.193.199.217 und 230) generiert.[108] „So wie die Natur", so kommentiert der Erzähler einmal, „für das Ausformen von Kristallen die Zwischenräume nötig hatte, so das forschende Auge für das Innewerden von Urbildern." (277) Mit diesem Modell der Zwischenräume, das sich in den Leerformen als Sinngarantinnen (dazu 212.218 und 272) manifestiert,[109] wird Sinnhaftigkeit prozessualisiert: Sie kann zwar nur innerhalb der Welt kultureller Sinnmuster entstehen, aber innerhalb dieser Welt dann nur jenseits der vorhandenen und eingeschliffenen Deutungsmuster. Die literarische Aneignung der Schöpfungstradition wie der Tradition der Bundeslade sind auf ihre Weise Bei-

---

[108] Zum Motiv des Übergangs bzw. der Schwelle mit seiner mythischen Grundierung Marschall, Mythen 1993, 124-127.
[109] Das Motiv der Leere, das sich durch die ganze Erzählung zieht, ist ambivalent besetzt, es kann phantasieanregende Offenheit (133: „Leere, die mir offenstand") wie bedrohlichen Abgrund (304: „fiel ins Leere") meinen.

spiele dieser Form von Sinnkonstitution. Das Innewerden von Urbildern manifestiert sich besonders in Form von Erscheinungen (zu diesem Motiv der Erscheinung: 16.31f.42.51f.89.113f.242.259.276f.313.326).

5. Wird in dieser Weise Sinn prozessualisiert und an das Modell eines Ursprungsmythos, dem das entdeckende Subjekt auf die Spur zu kommen beansprucht (dazu das Motiv des Schraffierens, das diese Spannung zwischen Auffinden und Erfinden symbolisiert, 219), angeschlossen, kann es nicht verwundern, wenn diese spätmoderne Religion höchst fragil ist. Der Erzähler, aus allen schützenden und vergewissernden Deutungsgehäusen der Gesellschaft in die Zwischenräume einer einsam bleibenden Subjektivität herauskatapultiert, ist von Realitätseinbrüchen (das Titobild) ebenso bedroht wie von semiotischen Krisen (83: „Doch vor dem Haus dann verloren die Zeichen ihre Kraft.") oder „Schreckensträumen" (107), in denen seine Schutzlosigkeit symbolisch zum Ausdruck kommt:

„Ich fürchtete mich vor dem Einschlafen; denn jeder Traum handelte von meiner Schuld, nicht daheim, nicht bei den Meinen, zu sein. Ich sah dabei immer nur das Anwesen, nie einen Menschen dort. Und das Anwesen war Ruine, das Dach ins Haus gestürzt, der Garten Unkraut mit springenden Schlangen; von den Angehörigen keine Spur als ihre klagenden, sich entfernenden Stimmen, oder ein paar Flecken im Erdstaub, wie von geschmolzenen Eiswürfeln." (318)

3.6. „Ich bin einverstanden, geboren zu sein":
Autobiographisches Erzählspiel im Modus gebrochenen Lobs

Ich komme zum letzten Aspekt, der Frage nach der religiösen Dimension der autobiographischen Kommunikation. Es geht nun darum, die verschiedenen Bausteine der kommunikationstheoretischen Analyse aufzunehmen und zu einer Rekonstruktion der religiösen Dimension der Erzählung zusammenzusetzen. Ich werde dazu zunächst den Befund zur religiösen Sprache und Motivik zusammenfassen, dann den Aspekt der Ästhetisierung und Subjektivierung archetypischer Muster ansprechen, um auf dieser Basis die religiöse Dimension der autobiographischen Kommunikation zunächst über das Motiv des Spiels, dann über das Motiv des Lobs zu präzisieren. Damit nehme ich zwei Spuren des Erzähltextes auf, die bisher nur ansatzweise in den Blick genommen wurden, die jedoch in der Lage sind, das wirkungsästhetische Profil der Erzählung in ihrer religiösen Dimension fokussierend zu präzisieren.

Die religiöse Dimension der Erzählung kann über Religion in der Form, wie sie kulturell über religiöse Sprachmuster und Motive identifizierbar ist, nicht zureichend beschrieben werden: Wie Mythos und Märchen ist Religion, so verstanden, nur ein Sinnsegment neben anderen. Auf der Ebene der erzählten Welt wird mit ihr die katholische Sozialisation des Kindes wie die Distanzierung in der Internatszeit beschrieben. Dabei läßt die Art und Weise, wie die Sehnsucht nach Ganzheit und Kontinuität, die in dieser Zeit der „verlorenen Jugend" aufbricht, formuliert wird, eine strukturelle Kontinuität zur katholischen Tradition erkennen: Der Erzähler sehnt sich im Traum nach einem Aufgehobensein im Prozessionszug gesichtsloser Menschen, das im Passantenstrom der fremden Industriestadt Jesenice ansatzweise Wirklichkeit wird und damit an das Osternachtsritual seines darin seine Individualität verlierenden Vaters

C. Fragment und Ganzheit - Klage und Lob

erinnert. Auf der Ebene der Erzählwelt wird, auf diese Weise lebensgeschichtlich plausibilisiert, Religion wesentlich als Garantin von Sinn in ihrem archaischen, rituell-liturgischen Potential auf diesem Niveau einer strukturellen Kontinuität bedeutsam: Der Erzähler deutet seine Biographie in der Perspektive einer archaisch-spätmodernen Religion, die auf die religiöse Tradition nur im Modus einer konventionelle Sinnzuschreibungen überschreitenden Abstraktion bezogen bleiben kann. Bundeslade und leeres Grab werden als Zentralsymbole der jüdischen und christlichen Religion nicht als solche, sondern als Ausdruck einer sinnverbürgenden Traditionsform aufgenommen, deren Sinnhaftigkeit erst aufgespürt werden will, jedenfalls nicht mit den Deutungskonventionen der religiösen Tradition gegeben ist. Auf diese Weise wird die Bundeslade zum tragbaren und richtungsweisenden Heiligtum der Sinnsuchenden. Und das leere Grab, so wäre eine nicht deutlich ausgezogene Spur der Erzählung zu ergänzen, generiert Sinn erst in seiner Leere, die den Blick sozusagen offenhält für „Idioten, Krüppel, Wahnsinnige" (326), in denen die wirklichen „Sänger der Heimat" (326) gesehen werden. Hier deutet sich eine die christliche Tradition sozusagen im Sinn einer den jesuanischen, auf die „Flüchtlinge und Ausgestoßenen" (326) gerichteten 'Urblick' realisierenden Adaption an, doch das bleibt, wie gesagt, nur Andeutung. Auf dieser die literarische Kommunikation noch gar nicht berücksichtigenden Ebene kann Religion, über ihre kulturell vorfindliche und eingeschliffene Semantik erzähltheoretisch lokalisiert, als Indikator für ihre kulturelle wie biographische Präsenz gelesen werden: Nach wie vor sind es jüdisch-christliche Traditionen, die in einer zwar gebrochenen, aber eben nicht abgebrochenen kulturellen Selbstverständlichkeit ihre Spuren, biographisch vermittelt, in der Literatur auch des letzten Drittels des 20. Jahrhunders hinterlassen.

Doch, wie bereits bemerkt, Religion ist, so verstanden, nur ein Element des literarischen Erzähltextes. Die religiöse Dimension der Erzählung kommt, betrachtet man Literatur unter dem Aspekt eines sinnstiftenden Handelns, erst in den Blick, wenn man versucht, ihr erzählstrukturelles Gesamtarrangement auszuleuchten. In dieser Hinsicht kann von einer religiösen Dimension des Buchs *Die Wiederholung* gesprochen werden, da in und mit diesem Buch als einer spezifischen Form der autobiographischen Kommunikation Leserinnen und Leser zu einer Entdeckungsreise der Sinnhaftigkeit ihrer eigenen Biographie aufgefordert werden. Die Art und Weise, wie Leserinnen und Leser dazu motiviert werden, soll im folgenden kommunikationstheoretisch näher beschrieben werden.

Der Appell zur biographischen Selbsterkundung basiert auf der Ästhetisierung eines archetypischen Musters, mit der konventionelle biographische Handlungsanforderungen entpragmatisiert werden. Die Erzählung inszeniert, so ist bei der Analyse deutlich geworden, literarisch das Thema Heimat als ein letztangehendes, indem sie zunächst archetypische Muster (Paradies, Vater-Sohn-Verhältnis, Reise als Sinnsuche) anspricht,[110] um diese dann in einer ästhetischen, die Bedingungen der Spätmoderne einspielenden Perspektive erst bedeutsam zu machen. Damit gerät das Buch in eine selt-

---

[110] Zum Motiv der Reise als Symbol Tworuschka, Sucher 1991.

same Schwebe zwischen Tradition und Moderne, es liest sich wie eine philosophisch-poetische Wanderung durch die Bewußtseinslandschaften seines Erzählers.

Wie stark dabei zentrale Anliegen der Romantik aufgenommen werden,[111] wird auch am Erzählerblick deutlich, der in seiner Suche nach sinnstiftenden Formen von einer Ruine gefesselt wird, und zwar der Kirchenruine von Maribor. Das ist zu einer kleinen, die Eindrücke ästhetisierenden Episode ausgestaltet, in der die stark verwüstete Kapelle, ein „kleines Heiligtum", assoziativ einen Alptraum des Erzählers heraufbeschwört. Unter Aufnahme von bereits ins Spiel gebrachten Motiven entlarvt der Blick auf das Ruinenhafte die ursprünglichen Formen des Religiösen: Die Sichtbarkeit „oben auf einem Felskopf" (dazu 213 und 269), die runde Form der „Kapelle" (dazu 51f.), das „himmliche Bilderstockblau" (dazu 51f.232. 292 und 324) und die „Statue", deren Platz zumeist eine Nische im Kirchenraum ist (dazu 56f):

> „Es war, als beträte ich das dachlose, unbewohnbare Haus meiner Alpträume. Zerschlagen der Altarstein; die Fresken überschmiert mit den Namen der Gipfelstürmer (nur noch eine Ahnung von dem himmlischen Bildstockblau); am Boden, begraben unter Schutt und Brettern, die Statue des unter das Kreuz gefallenen Christus, daliegend mit abgehauenem Kopf, die Dornenkrone ersetzt durch Stacheldraht; die Eingangsschwelle zerrissen von Baumwurzeln." (320)

Mit dem Blick auf die Kirchenruine kommt nicht zuletzt eine Sehnsucht des Erzählers zum Ausdruck. Denn die Ruine ist Symbol in einem mindestens dreifachen Sinn:[112] Sie macht den Zustand kirchlicher Religion augenfällig, sie markiert die Situation der „Dachlosigkeit" des Erzählers, nicht ohne dessen Sehnsucht nach sinnstiftenden Formen festzuhalten. Von dem „starren Grinsen" aufgerüttelt, wie es einem Beter in der Ruine entgegengebracht wird, wird der Erzähler aus seinem „Traum von der Zeitlosigkeit" (321) herausgerissen, er erkennt in der Ausdrucksform des Beters, der das Kind („kindlich"), den Wegmacher („unbeirrbar"), die Mutter („im Recht") wie den 'Antivater' („hochaufgerichtet") wiederholt, den wahren Sinn von Geschichte:

> „Da erst riß es mich aus dem Traum von der Zeitlosigkeit, und ich bekam ein klares Bild der Geschichte, jedenfalls dieses Landes hier, und nicht etwa keine Geschichte wollte ich da, sondern eine andere, und der einzelne Andächtige erschien mir als deren Verkörperung, als deren Volk, hochaufgerichtet, wachen Sinnes, strahlend, gesammelt, unbeirrbar, unüberwindlich, kindlich, im Recht." (321)

Die Perspektive, unter der Biographie gedeutet wird, ist eine ästhetische. Das bedeutet: Für die Arbeit biographischer Sinnvergewisserung sind Formen entscheidend, Formen wie die der Ruine oder des einsamen Beters, der in seiner Haltung - in seiner Ausdrucksform - Repräsentant einer „anderen" Geschichte ist.

Dabei ist das Buch nicht einfach eine Repristination romantischer Ästhetik, wie beispielsweise die Flucht aus dem Karst als einem mythischen Bezirk erkennen läßt. Ein einfacher kulturkritischer Dualismus von Natur und Kultur wird in dieser Erzählung

---

[111] Dazu etwa Daemmrich/Daemmrich, Themen und Motive 1987, 131.210 und 252.
[112] Zum Motiv der Ruine Dällenbach/Nibbrig (Hg.), Fragment 1984. Zum Symbolischen der Ruine Daemmrich/Daemmrich, Themen und Motive 1987, 265f und Luther, Religion und Alltag 1992, 167: „Fragmente - seien es die Ruinen der Vergangenheit, seien es die Fragmente aus der Zukunft - weisen über sich hinaus. Sie leben und wirken in Spannung zu jener Ganzheit, die sie nicht sind und nicht darstellen, auf die hin aber der Betrachter sie zu ergänzen trachtet. Fragmente lassen Ganzheit suchen, die sie selber aber nicht bieten und finden lassen."

C. Fragment und Ganzheit - Klage und Lob

unterlaufen. So nimmt der Erzähler einen Stern „in dem gelblichen Fabrikhimmel über Jesenice" (16) wahr, und es ist, was jede Vorstellung einer Naturidylle stört, das „Gedröhn einer Hornisse", das frühkindliche Kriegserlebnisse, „ein ganzes Bombergeschwader aus dem Himmelsdunst" (289), evoziert.

Die Art und Weise, wie eine eindimensional kulturkritische Sicht unterlaufen wird, ist Hinweis auf das ästhetische Konstruktionsprinzip der Erzählung als ganzer: Es werden kulturell eingeschliffene Schemata aufgerufen, um sich auf der Basis dieser Schemata davon abzusetzen. Auf diese Weise werden archetypische Muster wie beispielsweise das der biblischen Schöpfungstradition (Paradiesmotiv als Symbol für Ganzheit und Harmonie) oder des lukanischen Gleichnisses (Rückkehrgeschichte als Form symbolischer Kommunikation der Sinnhaftigkeit der Herkunft) für die literarische Konstitution eines Ursprungsmythos bedeutsam. Ähnlich funktioniert die autobiographische Kommunikation, die auf der Basis des Traditionsschemas ästhetisiert wird: Das Grundmuster wird, da es in seiner Form offensichtlich Sinn macht, übernommen, jedoch in seiner materialen Füllung auf eine kreativ die Höhen und Tiefen der Seelenlandschaft auskundschaftende Reise hin überschritten. Somit werden Leserinnen und Leser im Rahmen einer Authentizität zweiter, einen Erkundungsraum innerer Autobiographik konstituierender Ordnung mit einem Modell von Biographie konfrontiert, das sich in seinem rituell-liturgischen, in seinem, wie es der Titel verrät, wiederholenden Abschreiten mythischer Kindheitslandschaft von den Anforderungen einer rationalen, auf rekonstruktiv-chronologisches Berichten der Vergangenheit zielenden Biographie provokativ unterscheidet.

Der sprechakttheoretisch zu präzisierende Modus, unter dem Biographie zur Sprache kommt, ist der der Expressivität eines grundlegenden Lebensgefühls, das Leserinnen und Leser nicht zur Übernahme einer Lehre, sondern zu einer Form sinnvergewissernder Partizipation 'zwingt', die von identifikatorischer Nähe wie Distanz zugleich bestimmt ist. Ich komme damit zu dem Aspekt eines offenen, den Alltag in seinen Handlungsanforderungen transzendierenden biographischen Spiels. Die verschiedenen Bausteine, die bisher erarbeitet worden sind, laufen unter diesem Aspekt in gewisser Weise zusammen, nicht zuletzt deshalb, weil mit diesem Aspekt der Blick auf das Problem der religiösen Kommunikationsformen, des Segnens und Fluchens, Klagens und Lobens, gerichtet wird. Diese Kommunikationsformen, die an den Figuren der Familienkonstellation haften, hätten bereits im Abschnitt zur Funktion biblischer Sprache thematisiert werden können, doch werden insbesondere Klage und Lob in ihrer kirchlich-liturgischen Form aufgenommen und können darin als ein spezieller Hinweis auf die religiöse Dimension der Erzählung als solcher gesehen werden. Insofern gehe ich erst jetzt darauf ein.

Das Motiv des Spiels wird in der Erzählung selbst mehrfach und facettenreich aufgenommen.[113] Es haftet zunächst an der Figur des Vaters, der leidenschaftlicher

---

[113] Ich gehe diesem komplexen Motivgeflecht nur in seinen Grundzügen nach. Ansatzweise seien zumindest ein paar Belege genannt: 16 (Erzählen: eins ins andere spielen), 28 (Schattenspiel), 45 (Dorf verspielt), 102f (Würfelspieler in Jesenice), 130 (Spielraum im Straßenvolk), 184 (Wortspiel) und 228 (Mienenspiel).

„Kartenspieler" (80) ist. Den Anspruch des Vaters an seinen Sohn, „ein guter Spieler" (14) zu werden, realisiert der Erzähler auf seine Weise, indem er dieses Spiel als ein literarisches (dazu den Ausruf des Erzählers 165: „'Ja, das ist jetzt *sein* Spiel!'") im Sinn eines existentiell entscheidenden Widerstandskampfes (133: „'Bilde einen Satz mit Kampf!'") begreift. Dementsprechend, ruft der Erzähler, der sich von der Sprache der Tatsachen, von Brutalität, Gewalt und Krieg seinen „Anspruch" auf Sinn nicht streitig machen lassen will, beinahe enthusiastisch, auf jeden Fall fest entschlossen aus:

> „'Das alte Recht!' Ja, wir hatten seit je einen Anspruch, der nicht verfallen durfte. Und er verfiel, sowie wir es aufgaben, ihn zu erheben. Aber von wem war unser Recht denn zu fordern? Und warum verlangten wir es immer von einem Dritten, der eine von einem Kaiser, der andre von einem Gott? Warum nahmen wir uns unser Recht nicht selber, beschieden wie es war auf die Selbsterhaltung, und niemandem sonst dazwischenkommend? Endlich ein Spiel, bei dem wir uns mit keinem zu messen hätten, ein einsames Spiel, ein wildes Spiel - Vater, das große Spiel." (216)

Mit dem Motiv des Spiels, das wird an dieser Passage deutlich, kommuniziert der Erzähler sein eigenes Erzählprogramm unter den Bedingungen metaphysischer, das Subjekt auf sich selbst zurückwerfender Entwurzelung: Das Erzählen, das sich keinem universalen, monarchischen oder religiösen Sinnkosmos mehr unterstellen und eben auch nicht mehr einen solchen ästhetisch darstellen kann, wird zu einem „einsamen", zu einem „wilden Spiel", das - sozusagen aus sich selbst heraus - einen Sinnkosmos zu entwerfen hat. Auf diese Weise sein eigenes Programm metakommunikativ präzisierend, bestimmt dieser Erzählmodus eines „wilden Spiels" auch den deutenden Umgang mit der eigenen Biographie. Das wird exemplarisch an dem ästhetischen Arrangement der Familienkonstellation deutlich, das Familie unter dem Blickwinkel eines rituell-liturgischen, verschiedene religiöse Kommunikationstypen repräsentierenden Spiels entwirft (dazu 87: „Zeremonie").

Der Vater ist der Fluchende (16.20 und 71), der in seiner Schicksalsergebenheit „mit geknickten Knien, hängenden Armen und den gichtverbogenen Fingern" (13) dasteht und dessen Blick „ohne Hoffnung, ohne Traum, ohne Vorstellung" (72) ist. Die Mutter hingegen, die sich hinter verschiedenen Dorfexistenzrollen als „das Bauernweib, die Landarbeiterin, die Stallmagd oder die Kirchgängerin" (32) verborgen hält, ist die Auslachende, mit ihrem Blick Verurteilende (19f). Anders als der Vater, ist die Mutter die Laufende (55f), „Handelnde" (30) und die, die slawische Litaneien psalmodiert (74f). Die Schwester ist die „Sitzende" (55), aber auch „'Tänzerin Klageweib'" (330), „kichernd und weinend Selbstgespräche murmelnd" (20), mit einem Blick „eher starr; nicht leer, eher klar; nicht versunken." (53) Und der Blick des Bruders, seit früher Kindheit auf einem Auge blind (97 und 179f), „geht nach Süden, nicht nach Norden" (178), er ist ein Sänger, „aber kein starrnackiger, in Reih und Glied, sondern einer mit schiefem, schwerem Kopf" (184).

An dieser Skizze wird deutlich, inwiefern die Figuren der Familien tatsächlich nur als Figuren in den Blick geraten, die sich kontrastreich über die Form ihrer religiösen Kommunikation voneinander absetzen. Der Erzähler inszeniert damit ein Spiel, bei dem er versucht, seine eigene „Rolle" (300) zu bestimmen. So stellt er seinen Bruder etwa, den er sich als „Luftgestalt" (189) literarisch erst erschaffen muß, ausdrücklich als „Gegenfigur zu der Mutter" (189) dar:

C. Fragment und Ganzheit - Klage und Lob 197

„Oft ist er da die Gegenfigur zu der Mutter gewesen. Wo sie am liebsten das Haupt verhüllen möchte vor dem, was sie als meine Zukunft voraussieht, blickt sein gesundes Auge mich mit freundlicher Aufmerksamkeit an und freut sich mit mir an der Sonne, und das blinde Auge weiß auch nicht mehr: ist eben blind. Das Lastende, sich über mich Stülpende der einen gegen das Luftige und den Schein des anderen: das ist noch heute der Kampf." (189)

An dieser Passage, in der mit dem präsens historicum die gegenwärtige Bedeutsamkeit des Vergangenen stilistisch zum Ausdruck kommt, wird deutlich, inwiefern der Ich-Erzähler seinen Platz in der Gesellschaft, seine Suche nach Sinn und Identität, in Auseinandersetzung besonders mit den Lebenskonzeptionen seiner Familie zu finden versucht. Dabei schafft der Erzähler mit seinen „Akten des Fingierens" (Wolfgang Iser) einen mythischen, das konkrete „Vaterhaus" (93) transzendierenden Familienraum, innerhalb dessen das Familienspiel liturgische Züge aufweist. Das wird in der folgenden Passage, die die Kommunikation im Haus des Vaters in den Horizont des „Dorfkirchenschiffs" rückt, besonders deutlich. Mit Blick auf die „slawische Litanei" (75) der Mutter formuliert der Erzähler:

„Es war, als sei jeder der Namen eine Anrufung und als verbänden sie sich alle zusammen zu einem einzigen, hochstimmenden, zarten Flehen, dem der Vater, so die Erinnerung, gar nicht widersprach, sondern in der Rolle des Volks - sehr kleines Volk - respondierte; und als würde davon das enge Vorhaus, mit Bretterboden, geländerumlaufener Holztreppe hinab zum Keller, Ausgang hinaus zur hölzernen Galerie, zum Schiff, mächtiger als je das Dorfkirchenschiff." (75)

Innerhalb dieses rituell-liturgischen Spiels bestimmt dann der Erzähler seine eigene Rolle: Von den divergierenden Ansprüchen des Vaters (14f) und der Mutter (20f) früh unter Druck gesetzt (dazu 22 und 146f), kommt Filip Kobal zu einem Selbstverständnis, das diese Ansprüche auf einer höheren Ebene, legitimiert durch den Bruder als literarischen „Ahnherrn" (190), integriert, dabei jedoch, was ausdrücklich benannt wird, mehr „von den Phantasien der Mutter" (78) als von den „väterlichen Kriegsberichten" (78) beeinflußt: Der Sohn tritt die Thronfolge des verschollenen Bruders an (dazu 291), indem er als „Forscher und zugleich Handwerker" (219, dazu 120f.263 und 279f) in den literarischen, letztlich die slawischen Litaneien der Mutter realisierenden Widerstandskampf geht. Dieser speist sich auch aus den Tagträumen des Erzählers. In einem dieser Tagträume, in dem er die abwesenden Familienfiguren nacheinander wie in einem Zug sieht - „die Mutter als die, 'die mit dem Magdsein aufhörte'; den Vater, als den, 'der nicht aufhörte, Knecht zu sein'; die Schwester als die 'Wahnsinnige', aus welcher durch eine kleine Lautverschiebung die 'Selige' wurde; [...] und, allen voran, den Bruder als 'den Frommen'" (218) - fragt Filip Kobal nach seiner eigenen Rolle im Familienspiel:

„Und ich? - erkannte mich, Leser und Zuschauer in einem, als jenen Dritten, auf den es ankam, und ohne den es kein Spiel gab, und der so an sich selbst den Hauptzug jedes Spielers miterlebte: die weißen Knechtsfüße des Vaters und den eingerissenen Lidwinkel des Bruders." (218)

Das biographische Spiel endet, was exemplarisch an der Familienkonstellation deutlich wird, offen, da der Erzähler Biographie nicht rekonstruktiv, sondern prospektiv entwirft. Das sinnstiftende Potential besteht dabei in einer literarischen Erkundung dessen, was realbiographisch noch nicht erschienen ist, vielleicht auch nie mehr erscheinen wird. In diesem Sinn löst der Erzähler als Erzähler die Sehnsucht, das Gebet, seines verschollenen Bruders literarisch ein:

„In einem Frontbrief erwähnt Gregor das sagenhafte Land [...] als das Ziel der gemeinsamen Sehnsüchte, in dem Satz:'Mögen wir uns eines Tages alle wiederfinden, in der geschmückten Osternachtskalesche, [...] - erhöre, Gott, meine Bitte!' Seinen frommen Wunsch sah ich nun übertragbar in die irdische Erfüllung: die Schrift." (317)

Die Erzählung, so fasse ich zusammen, inszeniert Biographie als ein Spiel, und zwar zunächst auf der Ebene der erzählten Welt (die Familienkonstellation als rituell-liturgisches Spiel), dann auf der Ebene der deutenden Erzählwelt (biographisches Erzählen als wildes Spiel). Dabei ist die Leserrollenanforderung, die dieses biographische Erzählspiel stellt, im Modus einer assoziativen Identifikation zu präzisieren. Nach Hans Robert Jauß ist unter einer assoziativen Identifikation ein ästhetischer Rezeptionsmodus zu verstehen, der „sich am reinsten mit der Übernahme einer Rolle in der geschlossenen imaginären Welt einer Spielhandlung verwirklicht."[114] Spielhandlung meint in diesem Zusammenhang „nicht die Darstellung *für* Zuschauer. Die assoziative Identifikation der Spielenden hebt vielmehr das Gegenüber von Darstellung und Betrachtung, Akteuren und Zuschauern, auf. Diese Bestimmung kann als die konstitutive Negativität des Spiels beschrieben werden: es unterbricht als Antithese zur Lebenspraxis die homogene Erfahrung des Raums und der Zeit, insofern es der Welt alltäglicher Zwecke und Bedürfnisse eine heterogene Spielwelt entgegensetzt, in der die Teilnehmer durch die Befolgung frei anerkannter Regeln eine vollkommenere Ordnung verwirklichen." (260) Dabei basiert die Offenheit der ästhetischen auf die lebenspraktische Dimension auf dem Prinzip des Spiels, das die Bereitschaft erfordert, sich in die Rolle anderer zu versetzen.

Ein assoziativer Identifikationsmodus in diesem Sinn ist nun insofern konstitutiv für den Erzähltext, als Leserinnen und Leser grundsätzlich zur Partizipation an einem biographischen Spiel, an einen den Alltag transzendierenden „imaginären Welt" (dazu 80f. und 86: Transzendieren von sozialen und zeitlichen Grenzen im Spiel), aufgefordert werden: Der Erzähltext, der die Regeln dieses Spiels ausdrücklich benennt (190: „'Der Schein, er lebe, und sei mein Stoff!'"), fordert zur „Übernahme einer Rolle" heraus, der Rolle des seine Biographie mythisch auslotenden Erzählersubjekts. Doch dies funktioniert letzlich nur - und damit wird der assoziative Modus in seiner reinen Form überschritten - auf der Basis einer ironischen, das Erzählspiel als solches entlarvenden Identifikation: Die Rollenübernahme, die Partizipation am biographischen Spiel, zielt nicht, trotz der Zentralperspektivik, auf eine - wie etwa im Drama - kathartische, ganz mit dem leidenden Helden mitgehende Identifikation. Vielmehr fordern die Brechungen der Erzählung, nicht zuletzt die metareflexive Kommunikation ihres eigenen Spielcharakters, eine nur zeitweise und damit probeweise Übernahme der biographischen Spielregeln. Auf diese Weise stellt sich der assoziative Identifikationsmodus gegenüber den Leserinnen und Lesern selbst ein: Indem sie - vorübergehend - in die Figur des Filip Kobal schlüpfen, können sie sich, indem sie die Rolle eines wiederholenden Erkunders mythischer Kindheitslandschaften ausprobieren, selbst zum Objekt werden, ihr biographisches Selbstverständnis aus einer gewissen Distanz heraus überprüfen. Die Form der assoziativen Assoziation, die sich damit abzeichnet,

---

[114] Jauß, Ästhetische Erfahrung 1991, 260. Jauß orientiert sich bei seiner Beschreibung dieses ästhetischen Identifikationsmodus an Huizinga und Mead.

C. Fragment und Ganzheit - Klage und Lob

ist die einer zweiten Ordnung: Es geht nicht um das Spiel, sondern um das Spiel des Spiels.

Um was konkret geht es nun aber in diesem biographischen Spiel? Es geht, und da folge ich einer weiteren motivischen Spur des Erzähltextes, um ein bestimmtes, weltbejahendes Lebensgefühl, das sich nicht von den gewaltsamen und kriegerischen Gegebenheiten der Welt, sondern von der Idee einer „anderen" (321) Geschichte bestimmen läßt, für die, wie oben bereits skizziert, die Form des Betenden in der Kapellenruine von Maribor exemplarisch steht. Dem Erzählzusammenhang zufolge wiederholt der Beter in Maribor eine religiöse Kommunikationsform der Kindheitsreligion, die dem Erzähler in ihren Formen und Strukturen zur Folie seiner mythischen Kindheitslandschaft wird. Von daher ist es nicht überraschend, wenn sich das weltbejahende Lebensgefühl, in diesem Sinn biographisch wie mythisch verortet, im Modus des Lobs ausdrückt. Dieses Loben, das jedem real vorfindlichen Sinnkosmos wie etwa der kirchlichen Religion des Katholizismus enthoben ist - der Erzähler ist ein Mensch in „transzendentaler Obdachlosigkeit" (Lukács) - ist ein traurig-gebrochenes Loben. Dieser Spur will ich etwas genauer folgen, indem ich versuche, dieses autobiographische Loben in seinen erzähltheoretischen Konturen näher zu fassen. Dabei sind drei Aspekte zu nennen:

1. Wie oben bereits skizziert, rekonstruiert der Erzähler das Familienquartett unter der Perspektive religiöser Kommunikationsformen, um darin spielerisch sein eigenes Selbstverständnis ausloten zu können. Von daher ist es das Deuten des Erzählers, das die semantische Spur des Lobens auslegt. An der Figur des knienden (dazu 13 und 240, auch 34: Priester), den Beter hebräischer Psalmen repräsentierenden Vaters (dazu Ps 22,30) haftet das Fluchen, das der Erzähler zu Beginn der Erzählung in Segen ummünzt (dazu 14). An der Figur der Schwester haftet das Klagen (dazu 330, aber auch die Eltern, 185 und 318), wobei das Klagemotiv sonst im Zusammenhang mit dem die Welt aus der Sicht des Scheins betrachtenden Selbstverständnis des Erzählers auftaucht. In Kobarid erscheinen Kobal „die Rillen einer Klagemauer" (250), die sich jedoch verflüchtigen (251: „In der Vorstellung ein Fluchen und Ausspeien: Nichts, was nach oben führte; die Klagemauer war Einbildung"). Aus dem „zum Himmel ragenden Klagegerüst" (174), das ihm beim Anblick des verfallenen Obstgartens des Bruders erscheint, wird eine Art Erzählgerüst: Wie bei der Ruine in Maribor leuchtet sozusagen hinter dem Verfall Zusammenhang, Kontinuität und Ordnung auf, und dementsprechend faßt der Erzähler „auf der Suche nach den Augen eines Kinds, von dem Ein-Ton der Totenklage abgebracht" (175), den Entschluß, zu erzählen, und zwar „von den Dingen und Wörtern der lieben Welt" (220). An der Figur der phantasiereichen Mutter wie der Figur des weltfrommen Bruders haftet dagegen die Kommunikationsform des Lobens: Die Mutter psalmodiert sehnsuchtsvoll „slawische Litaneien" (75), der Bruder streicht als „Sänger" (183) „'im Feld'" das Wort „*die Psalmen singen*" (216) an, und die zunehmende Verzweiflung des Bruders, die im Verfluchen der Welt gipfelt, will der Erzähler nicht „glauben" (187): „War es nicht schon immer", fragt er rhetorisch, „der Schein ('Filip Kobal hat es mit dem Schein'), der mich stärker bestimmt hat als jede noch so feststehende Tatsache?" (187)

Das biographische Spielfeld auf diese Weise absteckend, fühlt sich der Erzähler in der Nähe zu jenen, die „ein seltsam sanftmütiges Dank- und Klagelied, über die Süße der Kindheit, über die gestohlende Jugend" (326) singen (dazu auch 302: Psalmensänger in der Kirche von Lipa). Konzentriert kommt sein Weltgefühl zum Ausdruck, wenn der Erzähler, der seiner Mutter immer vorgeworfen hatte, ihn „geboren zu haben" (274), im Widerspruch zu „Hiob" (92, dazu 306: „Entfern dich vom Vater!") formuliert: „Ich bin einverstanden, geboren zu sein." (275)

2. Über diese semantische Spur hinaus kann die Erzählung insofern als eine Form autobiographischen Lobs verstanden werden, als ihre narrative Gesamtkomposition kommunikative Strukturen religiöser Loblieder, wie sie beispielsweise für die Dank- bzw. Loblieder des Einzelnen im hebräischen Psalter typisch sind,[115] erkennen läßt. Drei solcher Strukturelemente sind zu nennen:[116]

Zunächst weist die Erzählung eine Spannung zwischen Konkretheit und Allgemeinheit auf, die dem Formularcharakter der hebräischen Psalmen entspricht. Es wird existentiell Angehendes in subjektiver Authentizität erzählt, ohne dabei nur privat zu sein. Im Gegenteil, der Abstraktionsgrad der Erzählung ist, wie schon skizziert, so hoch, daß ein parabelhafter Grundzug nicht zu verkennen ist. In dieser Perspektive erscheint das Buch als eine Form der modernen Parabel über „ein Ort, wo man sein kann" (Handke). Diese Tendenz, Biographisches in einer Allgemeinheit zu erzählen, die das Subjektive auf Intersubjektives hin öffnet, entspricht der intentionalen Absicht des Autors Peter Handke, eine Literatur zu schreiben, in der „die anderen [...] schwingen, ich selber aber auch"[117]. In einem Spiegel-Gespräch bestimmt Handke dementsprechend seine Literatur als etwas, „in dem die Leute aus- und eingehen können."[118]

Als zweites Strukturelement ist die Korrespondenz von Thema und literarischer Form zu nennen. Das Buch ist in seiner Gesamtkomposition eine Form der symbolischen Kommunikation seines Themas. Das Buch thematisiert die Frage nach der Heimat des Menschen in ihrer existentiell angehenden Dimension auf dem Hintergrund der biblischen Schöpfungstradition und des Gleichnisses vom verlorenen Sohn. Mit dieser Tradition wird Heimat im Sinn der Rückkehr zu seinem Ursprung thematisiert, der zwar, einer modernen literarischen Aneignungstradition entsprechend, biographisch in der Kindheit verortet wird,[119] doch davon insofern unterschieden ist, als diese Kindheit als solche erst zu erzählen, und das bedeutet auch, zu erfinden ist. Diese thematische Konstellation, die auf eine Ästhetisierung konventioneller Biographiemuster zielt, spiegelt sich in der Grundstruktur der Erzählung, die auf Erzählebene, anders als das erwartbare Festende des lukanischen Gleichnisses, offen endet, nicht ohne das Erzählen selbst hymnisch gepriesen zu haben.

---

[115] Siehe dazu im Überblick Kaiser, Einleitung ⁵1984, 339f.
[116] Der Hinweis auf die hebräischen Danklieder zielt nicht auf den Nachweis einer Konkurenz mit der Erzählung Handkes. Vielmehr soll dieser Hinweis die kommunikative Plausibilität religiöser Loblieder transparent machen. Differenzen, nicht nur im Detail, sind unübersehbar.
[117] Handke, in: Arnold II, 1990, 175.
[118] Handke, in: Der Alltag ist schändlich leblos 1990
[119] Dazu Daemmrich/Daemmrich, Themen und Motive 1987, 251.

C. Fragment und Ganzheit - Klage und Lob

Dabei lassen sich thematisch Elemente dieser lobenden, weil weltbejahenden Aneignung der eigenen Biographie im Modus ästhetischer Rekonstruktion auf verschiedenen Ebenen ausmachen. Ich nenne neben den Motivketten „Sonne" (333) und „Glanz" (329) drei Beispiele. Einen ersten Hinweis geben die Feste, die immer wieder eine Rolle spielen (dazu 41.186.229.248.273f und 292f). Dann fällt auf, daß der erste Morgen in der Fremde, der Tagesanbruch mit dem Weckruf „E-O-A-E", ausführlich erzählt wird (113-120). Das ist nicht zufällig, denn der Tagesanbruch steht symbolisch für die Bereitschaft, sich auf die Welt einzulassen.[120] Neben der Konzentration auf Zeit in ihrer zyklischen Dimension ist zudem auffallend, daß der Lektüreblick besonders auf Bilder (dazu etwa 290: „Bild; denn es ist in Kraft"), Formen (mit Konzentration auf runde (Kreis-)Formen, dazu exemplarisch nur 278: „Rund der Dolinenschüsseln") und Farben gelenkt wird, wobei die Farbe blau als Himmelsfarbe besonders hervortritt. Es ist von daher kein Zufall, wenn der Erzähler in der „bildstockkleinen Höhlung" der „Feldhütte" des Vaters den Ort des Erzählers, seinen Ort, ausmacht: Hier kommen Bilder (die Welt als Bilderschrift), Formen (Hütte und Höhlung: Sehnsucht nach einem bergenden Raum, dazu 36.52.216.232 und 320) und Farben (blau als Himmelsfarbe, dazu 38.292.324 und 333) in einem Motivgeflecht zusammen, das das Erzählen in Richtung „Himmel" lenkt: „und deine Augenhaut rührt an Himmel." (295).

Als drittes Strukturelement ist die symbolische Organisationsebene (Todorov) zu nennen,[121] und zwar in dem übertragenen Sinn, daß das Funktionieren einer religiösen Kommunikation nicht zuletzt von dem Einspielen einer Ebene abhängig ist, die das Geschichtliche symbolisch transzendiert. In der jüdisch-christlichen Tradition ist das in der Regel das Gottessymbol, kann aber auch verschiedene Traditionselemente meinen, wie Todorovs Analyse einer Milzbrandbeschwörungsformel zeigt. Mit diesem Aspekt komme ich an meinen Ausgangspunkt zurück: Was macht, so die zentrale Frage, die literarische Kommunikation zu einer religiösen Kommunikation? Das Gottessymbol spielt in der Erzählung kaum eine Rolle. Die jüdisch-christliche Tradition wird, wie gezeigt, zwar höchst facettenreich aufgerufen. Doch damit ist, wirkungsästhetisch gesehen, nur ein Signal, nicht jedoch die religiöse Dimension an sich, markiert. Diese kommt erst mit der Leserinnen und Leser zur eigenen autobiographischen Entdeckungsreise impulsierenden literarischen Ebene in den Blick. Diese jedoch ist, wie ich versucht habe zu zeigen, kein zu isolierendes Moment: Sie setzt sich vielmehr aus Thema (Heimat), Erzählstruktur (Rückkehr) und Bezug zum Erwartungshorizont (gegen psychologisches Biographiemodell) zusammen.

3. Nicht zuletzt mit dem Element der Klage, das, wie bereits angedeutet, in dem Buch eine Rolle spielt, erweist sich die Erzählung als eine Form des Lobs. Denn für die Psalmen der hebräischen Bibel gehören Klage und Lob zusammen.[122] Dennoch sind nun auch die Differenzen festzuhalten. Die Erzählung, mag sie auch strukturell eine

---

[120] Zur literarischen Tradition dieses Motivs Daemmrich/Daemmrich, Themen und Motive 1987, 302. Das Motiv ist in der christlichen Dichtung, nicht zuletzt als Auferstehungssymbol, verbreitet.
[121] Todorov, Les genres 1978, 246-282.
[122] Dazu Kaiser, Einleitung ⁵1984, 335 (zum Lob des Klagelieds) und 340 (zur Klage des Danklieds).

hohe Affinität zur religiösen Kommunikation im Sinn eines klagenden Lobens haben, ist eine Erzählung der Spätmoderne. Als solche ist ihr Loben ein trauriges Loben eines einsamen Erzählersubjekts, das seine Verdammnis, aus den sinnstiftenden Baldachinen der Gesellschaft, aus Staat, Kirche und nicht zuletzt dem Dorf, herausgeworfen zu sein, beinahe trotzig (in der Tradition der Aufklärungsphilosophie, für die erst mit dem Sündenfall der Mensch Mensch wird) annimmt und in diesem Sinn formuliert (und damit seinem Namen alle Ehre macht):

> „Was für eine Expedition allerdings, für jeden erlebten Gegenstand neu das Gesetz seiner Benennung zu finden. Wohl euch Gläubigen! Verdammte Grenznatur!?" (253)

Das Lob, von Filip Kobal als einer Grenznatur ausgesprochen, ist eine Art mühsam errungenes Lob, es ist, als bespreche der Erzähler „die existentiell bedrohliche Sinnlosigkeit mit 'heiligen Worten'"[123].

Ich komme zum Ende. Wie bereits angedeutet, sehe ich die religiöse Dimension dieser autobiographischen Erzählung in ihrem erzählstrukturellen Arrangement, das Leserinnen und Leser auf der Basis einer expressiv-ästhetisierenden „Entpragmatisierung" (Iser) konventioneller biographischer Schemata auffordert, zum „kindischen Finder" (284) ihrer Heimat, ihres Ursprungs, zu werden. Damit übernimmt die Erzählung, begriffen als Ritual wiederholender Ursprungserinnerung (dazu besonders 87f: Erzählen als heilendes Vertreiben der Todesengel), eine mythisch-religiöse Funktion.[124] Denn in seiner klassischen Form „ist der Mythos stets Wiederbelebung und Wiederholung von Ursprungsgeschehen. Er ist in Gestalt einer auf dem kultischen Fest vorgetragenen Erzählung Garantie und Verpflichtung, daß die Gegenwart so treu wie möglich auf die Vergangenheit und die Zukunft so treu wie möglich auf die Gegenwart folge. Innovation kennt er deshalb nicht in einem absoluten, sondern nur relativen Sinn, als Erneuerung dessen, was schon immer dagewesen war. Und in diesem Schon-immer-Dagewesenen konstituiert sich für das mythische Bewußtsein das ewige Zuhause."[125] Im Unterschied zum klassischen Erzählen des Mythos im kultischen Rahmen ist das Buch *Die Wiederholung* jedoch Ausdruck eines offenen, den Ursprung auffindend-erfindenden Rituals, das, vorgetragen von einem Einsamen, sozial nicht plausibilisiert ist. Dennoch steckt gerade in dieser Offenheit des Rituals, in der subjektiv entworfenen 'Privatmythologie', seine Attraktionskraft, die zudem eine, wenn auch eher leise, Sprengkraft in sich trägt. Mit Lukács, der den Roman als ein ästhetisches „Reflexionsorgan einer Wirklichkeit, die zu sich selbst in Widerspruch geraten und auf der Suche nach einer Überwindung dieses Zustands ist"[126], bestimmt, sehe ich in dem spannungsvollen Erzählarrangement ein utopisches, widerständig-subversives Element, da es - in gewisser Weise wild, ja frech - der Realität und was dafür gehalten wird, den Blick „in Himmel" entgegensetzt. Gedeckt ist dieser Blick, wie in jeder modernen und spätmodernen Autobiographie, nicht mehr über einen allgemein akzeptierten Sinnkosmos, sondern nur über das Moment einer subjekti-

---

[123] Marschall, Mythen 1993, 231.
[124] Zu diesem Aspekt instruktiv Eliade, Das Heilige 1984, 177.
[125] Pikulik, Mythos 1988, 239.
[126] Durzak, Gespräche 1967, 79.

ven, sich selbst nur im Paradox begreifenden Authentizität.[127] Der Übergang von Ästhetik und Lebenspraxis ist in dieser Erzählung, die Leserinnen und Leser in ein biographisches Spiel verwickelt, strukturell angelegt, und zwar derart, daß, wie Handke einmal formuliert, „die Leute das nicht verschlingen, sondern daß die sich in den Texten selber lesen."[128]

---

[127] Dazu exemplarisch 241: „Und wieder der Ruck, der zugleich die Besinnung war. Mußte ich ihn mir selber geben, oder geschah er? Er geschah, und der ihn dem Irrenden gab, das war ich."
[128] Handke, in: Der Alltag ist schändlich leblos 1990.

D. Psalmodieren vor leerer Transzendenz: Theologische Herausforderungen

„Die Schriftsteller sind die Stellvertreter der Propheten, die verschollen sind."
Wolfgang Weihrauch.[1]

Ich habe aus der Vielfalt zeitgenössischer Autobiographien die Erzählungen von Wolfgang Koeppen und Peter Handke herausgegriffen und deren religiöse Dimension pragmatisch ausgelotet. Koeppens *Jugend* (1976) und Handkes *Die Wiederholung* (1986) gehören zum Typus der ästhetischen Autobiographik, an dem Phänomene des kommunikativen Wandels unter den Bedingungen der Spätmoderne am deutlichsten ablesbar sind: das Autobiographische wird zu einer prinzipiell offenen Suchbewegung ihrer Leserinnen und Leser. Kommunikatives Ziel dieser Autobiographik ist es nicht, grob betrachtet, zu berichten oder zu erklären (so der konstative Typus), auch nicht zu bitten oder zu ermahnen (so der appellative Typus), sondern Biographie expressiv im Modus gebrochener Klage (Koeppen) oder gebrochenen Lobs (Handke) zur Sprache zu bringen. Die religiöse Dimension, die damit angesprochen ist, habe ich in Fortsetzung des Ansatzes von Paul Tillich über ihren „Stil", das Zusammenspiel von Thema, Erzählstruktur und Erwartungshorizont, im Rahmen einer theonomen Kulturanalyse zu „entziffern" versucht.

Der theologische Aspekt, der damit bisher eher im Hintergrund der literaturwissenschaftlichen Rekonstruktionsarbeit stand, ist im folgenden hervorzuheben und genauer zu bedenken. Dabei kann es nicht darum gehen, den Befund, wie es Henning Schröer in seiner Studie *Moderne deutsche Literatur in Predigt und Religionsunterricht* (1972) pointiert formuliert, einem „theologischen Examen"[2] zu unterwerfen. Vielmehr ist zu überlegen, in welcher Weise die spätmoderne Autobiographik „Theologie herausfordert" (178). Meine Rekonstruktionen der Autobiographien von Koeppen und Handke legen es nahe, ihren theologischen „Herausforderungscharakter" (19) auf der Ebene der religiösen Kommunikationsformen (des Klagens und Lobens) anzusiedeln. Pointiert formuliert, sehe ich diesen mit dem Stichwort *Psalmodieren vor leerer Transzendenz* gegeben. Das will ich in drei Schritten entfalten.[3]

---

[1] Zitiert nach: Schröer, Literatur 1972, 27. Das Zitat ist aus: Wolfgang Weihrauch, Mein Gedicht ist mein Messer, München 1961, 25.
[2] Schröer, Literatur 1972, 178. Zitate im folgenden nach diesem Buch.
[3] Ausdrücklich hervorheben will ich, daß ich mich auf eine theologische Reflexion der spätmodernen Autobiographik beschränke: Ich will und kann von dieser Materialbasis her kein Gesamturteil über das Verhältnis von Theologie, Literatur und Ästhetik fällen, auch soll der literarische Befund nicht mit einer theologischen Metatheorie überhöht werden.

I. Der Ausgangspunkt:
Das ästhetische Defizit theologischer Wahrnehmung und Reflexion von Autobiographie

Fragen der Erzählstruktur moderner und spätmoderner Autobiographien sind theologisch bisher, wie die Arbeiten von Bayer, Gräb, Luther, Rosenau oder Sparn zeigen, nur ansatzweise aufgegriffen worden.[4] Dabei tendieren diese Ansätze, wie im Forschungsüberblick skizziert (A.II.), dazu, das Material unter einer theologisch-dogmatischen Perspektive wahrzunehmen. Demgegenüber ist es mein Anliegen, erst auf der Basis literaturwissenschaftlicher Rekonstruktion nach theologischen Implikationen und Herausforderungen zu fragen.

Noch zu Beginn der 90er Jahre ist von einem grundsätzlichen Defizit theologischer Wahrnehmung biographischer Religion ausgegangen worden.[5] Dieses Defizit war, worauf Henning Luther aufmerksam macht, Folge der anhaltenden Wirksamkeit der 'Dialektischen Theologie' mit ihrem Verdacht eines den Glauben in seiner extra-nos-Struktur unterlaufenden biographischen Subjektivismus:

> „Daß 'Biographie' für Theologie und Kirche überhaupt eine ernstzunehmende Rolle spielt, ist nicht selbstverständlich, im Gegenteil. Lange Zeit galt das Eingehen auf persönliche Lebensgeschichten und Erfahrungen der Menschen entweder als unwichtig gegenüber dem 'Wesentlichen' des Glaubens oder gar als gefährlich. Wenn es im Glauben gerade um das 'Ganz Andere' Gottes geht, dann ist die Berücksichtigung konkreter menschlicher Erfahrungen und Lebensverhältnisse, in denen der Glaube entsteht und sich entwickelt, dann ist die Lebensgeschichte des einzelnen für das, was den Glauben angeht, im besten Fall gleichgültig. Ja noch mehr: es konnte der Verdacht aufkommen, daß, je mehr der Mensch mit der Versenkung in die eigene Biographie auf sich blickt und sich mit sich beschäftigt, gerade in jenen störrischen Eigensinn des Sünders verfällt, der in sich verkrümmt bleibt und sich dem Anspruch Gottes gerade verschließt."[6]

Demgegenüber macht Henning Luther neben dem religionssoziologischen (Individualisierung von Biographie) und religionspädagogischen (Dynamik und Krisenhaftigkeit von Biographie) das im engeren Sinn rechtfertigungstheologische Argument des 'pro me' stark, das gegen eine solche Form des theologischen Umgangs mit Biographie spricht:

> „Die autobiographische Besinnung des einzelnen auf 'sein Leben' ist prinzipiell theologisch nicht verwerflich, sondern theologisch gerechtfertigt. Sie liegt auf der Spur jener christlichen Einsicht, daß jeder einzelne Mensch vor Gott unendlichen Wert hat. Die Rekonstruktion der eigenen Lebensgeschichte ist gedeckt durch den Glauben, daß vor Gott mein Leben nicht gleichgültig und sinnlos ist." (43)

Damit lokalisiert Luther das biographische Defizit in der theologisch nicht angemessenen Vernachlässigung der Subjektperspektive,[7] in und mit der die Pluralität christ-

---

[4] Hinsichtlich des Biographischen allgemein werden erzählstrukturelle Aspekte theologisch berücksichtigt bei: Mecking, Biographien 1983; Grözinger, Erzählen und Handeln 1989; Siller, Biographische Elemente 1984, 187-208 und Mautner, Das zerbrechliche Leben 1994. Eine Übersicht vor allem über die katholische Forschung dazu gibt: Klein, Theologie 1994, 104-106.
[5] Dazu Drehsen, Frömmigkeit 1990, 33-39 und Sparn, Dichtung und Wahrheit 1990, 24-28.
[6] Luther, Religion und Alltag 1992, 37.
[7] Für den Bereich der Volksreligiosität zeigt das eindrücklich Zimmermann, die von theologischen Diffamierungen individueller Religion spricht: „Die befremdliche Religiosität des Gegenübers wird an den eigenen dogmatisch-theologischen Kriterien gemessen und für unzulänglich befunden.", Wunder 1992, 7.

lich-religiöser Biographik (jenseits ihrer dramatisierenden Fixierung auf das Konversionsschema) in ihrer „alltäglichen Bewährung, ohne große Wandlungen und Wendungen"[8] ins Spiel kommt: Religiös und theologisch angemessen kann biographische (und autobiographische) Selbstreflexion auch dann sein, wenn sie nicht, wie es etwa Carsten Peter Thiede fordert, auf „aktualisierende Umsetzung paulinischer und augustinischer Modellhaftigkeit"[9] zielt. Damit ist Theologie, will sie das Schisma zwischen „Doxographie und Biographie" (Metz) nicht hinnehmen, grundsätzlich vor die Aufgabe gestellt, die religiöse Dimension moderner Biographik und Autobiographik in ihrer Vielgestaltigkeit wahrzunehmen.

Diese Wahrnehmungsaufgabe hat (protestantische wie katholische) Theologie inzwischen auf verschiedenen Ebenen, hermeneutisch wie empirisch, aufgenommen.[10] Der Zusammenhang von Biographie und Religion ist, wie Friedrich Schweitzer bereits 1993 notiert, „heute weithin bewußt geworden", in Religionspädagogik und Pastoralpsychologie werden die entsprechenden „praktischen Konsequenzen"[11] gezogen. Dennoch ist, trotz dieser Hinwendung der Theologie zum Thema Biographie und Religion, nach wie vor ein grundlegendes biographisches und autobiographisches Defizit auszumachen. Ich nenne zwei Aspekte, die für meinen Zusammenhang entscheidend sind:

1. Zunächst besteht dieses Defizit in der bisher kaum vollzogenen Wahrnehmung ästhetisch-erzählstruktureller Aspekte, die auf den funktionalen Wandel von Autobiographie, Biographie und Religion aufmerksam machen. Diesem Wahrnehmungsdefizit entsprechend werden nicht selten religiöse Deutungsmuster von (christlicher) Biographie, wie sie insbesondere im Pietismus ausgebildet und wirksam geworden sind, theologisch normativ gesetzt, ohne dabei Fragen des kommunikativen Wandels und damit das Problem der Plausibilität solcher Deutungsmuster unter den Bedingungen der Spätmoderne zu bedenken.[12]

2. Als Folgeproblem ist ein weiteres Defizit auf der Ebene theologischer Reflexion feststellbar. Denn nach wie vor tendieren theologische Ansätze dazu, im Bannkreis der Dialektischen Theologie Religion als Ausdruck subjektiver Produktivität kontradiktorisch von christlichem Glauben als Ausdruck transsubjektiver Passivität abzusetzen. Das wird exemplarisch an Friedrich Schweitzer deutlich, der sich auf der einen Seite intensiv mit religionspsychologischen Fragen auseinandersetzt, auf der anderen Seite jedoch christlichen Glauben als Geschenk „theologisch streng von religiösen Sinnkonstruktionen […], in denen der Mensch seine 'letzte Umwelt'

---

[8] Metz, Theologie 1976, 312.
[9] Thiede, Einleitung 1989, 6.
[10] Dazu exemplarisch Grözinger/Luther (Hg.), Religion und Biographie 1987; Schweitzer, Lebensgeschichte ²1991; Sparn (Hg.), Wer schreibt meine Lebensgeschichte? 1990; Suhr, Poesie als Sprache des Glaubens 1992; Volz, Sehnsucht nach dem ganz anderen 1994; Klein, Theologie 1994.
[11] Schweitzer, Biographie 1993, 41. Siehe dazu beispielsweise das Themenheft PTh 84, 1995: Psychologische Zugänge zur Religion in der Lebenswelt der Moderne.
[12] An diesem Punkt ist eine Parallele der Theologie zur Literaturwissenschaft auffallend, die nach wie vor stark von gattungstheoretischen, Autobiographien unter Rückbezug auf Goethes *Dichtung und Wahrheit* normativ definierenden Ansätzen bestimmt ist.

D. Psalmodieren vor leerer Transzendenz

(Fowler) selbst zu bestimmen sucht"[13], unterschieden wissen will. Demgegenüber ist im Anschluß an kulturprotestantische Tradition hinsichtlich des Phänomens autobiographischer Subjektivität „die ebenso christlich-theologisch inadäquate wie gedanklich inkonsistente Alternative von göttlicher Alleinwirksamkeit und menschlicher Passivität zu verabschieden."[14] Es geht, zugespitzt formuliert, um eine theologisch angemessene Konzeption der Rechtfertigungslehre auf dem Kommunikationsniveau der Spätmoderne. Das setzt voraus, mit Paul Tillich von dem Prinzip der Rechtfertigungslehre, nicht jedoch von einer objektiv vorhandenen und als solche umzusetzenden Lehre auszugehen (siehe dazu unten).

Auf dem Hintergrund dieser Defizitanzeigen sind meine Auseinandersetzungen mit Koeppen und Handke grundsätzlich der theologischen Aufgabe der Wahrnehmung und Reflexion von Autobiographie (und Biographie) verpflichtet. Dabei folge ich, wie im religionstheoretischen Abschnitt skizziert (B.II.3.), Paul Tillichs Ansatz einer theonomen Kulturanalyse, deren Ziel es ist, im Entziffern kultureller „Stile" (verborgenen) religiösen Dimensionen auf die Spur zu kommen. Mit diesem Ansatz sind, wie exemplarisch am Offenbarungsverständnis deutlich wird,[15] theologische Grundentscheidungen verbunden, die an dieser Stelle im einzelnen nicht diskutiert werden können, aber zumindest transparent werden sollen. Eine dieser Grundentscheidungen betrifft das Verständnis Gottes als eines Absoluten, das auf keine kulturellen Sonderbereiche (des Heiligen) einzugrenzen und dabei, von dem biblischen Bilderverbot her gesehen, nur jenseits gegenständlicher Objektivierungen zu 'fassen' ist.[16] In der Moderne (und Spätmoderne) sind dessen Manifestationen, wie Sölle im Anschluß an Troeltsch und Tillich feststellt, vor allem im Ästhetischen zu fassen:

„Wenn das Absolute welthaft vermittelt gedacht werden muß und unmittelbar nur magisch oder mystisch erfahren werden konnte oder kann, so ist eine seiner wesentlichen heutigen Vermittlungen die ästhetische."[17]

Konkret erweist sich das, so die These meiner Arbeit, an der spezifischen Form spätmoderner Autobiographik, an ihrem auf Ganzheit hin offenen Fragmentarischen (Koeppen) und ihrem Fragmentarität zulassenden Epischen (Handke), die darin in je spezifischer Weise das Absolute als ein Abwesendes präsent hält. Die Erzähler dieser Autobiographien haben das Profil radikaler Zweifler im Sinne Tillichs:

„Der Zweifler im religiös bedeutungsvollen Sinn ist derjenige Mensch, der mit dem Verlust der religiösen Unmittelbarkeit Gott, die Wahrheit und den Lebenssinn verloren hat oder auf irgendeinem Punkte des Weges zu diesem Verlust steht und doch nicht in diesem Verlust ausruhen kann,

---
[13] So Schweitzer, Lebensgeschichte ²1991, 221f.
[14] Wagner, Reflexionskultur 1992, 38.
[15] Dazu Moltmann (Hg.), Anfänge der dialektischen Theologie I ⁵1985, 165-218. Auch Tillich, Rechtfertigung und Zweifel (1924) 1980, 54-69. In Abgrenzung gegenüber Hirsch, Barth und Brunner formuliert Tillich: „Der Protestantismus hat ein Prinzip, und dieses Prinzip ist lebendige innere Dynamik von Wahrheitsglaube und Heilsglaube, von Grundoffenbarung und Gnadenoffenbarung." (69)
[16] Pannenberg, Das Irreale 1983, 22: „Der jüdische Protest gegen das Gottesbild erhebt sich um der unvertauschbaren Identität Gottes willen in Differenz von allen welthaften Medien seines Wirkens." Zu den anthropologischen Konsequenzen der Nicht-Objektivierbarkeit Gottes nach wie vor relevant: Bultmann, Welchen Sinn hat es von Gott zu reden? (1925) ⁴1961, 26-37.
[17] Sölle, Realisation 1973, 20.

sondern getroffen ist von der Forderung, Sinn, Wahrheit und Gott zu finden. Der Zweifler ist also derjenige, den das Gesetz der Wahrheit mit seiner ganzen rücksichtslosen Gewalt gepackt hat und der, da er dieses Gesetz nicht erfüllen kann, der Verzweiflung entgegengeht. Der Zweifler befindet sich also in der Lage dessen, der an seinem Heil verzweifelt, nur daß für ihn das Unheil nicht das Verwerfungsurteil Gottes, sondern der Abgrund der Sinnleere ist."[18]

II. Entpragmatisierung biographischer Konventionen: Das prophetische Profil spätmoderner Autobiographik

Nachdem ich versucht habe, das Wahrnehmen ästhetisch-religiöser Dimensionen von Autobiographie (und Biographie) als Aufgabe der Theologie verständlich zu machen,[19] ist nun konkret nach den theologischen Herausforderungen zu fragen, die sich mit dem Wahrnehmen der spätmodernen Autobiographik, wie sie bei Koeppen und Handke erscheint, stellen.

Die ästhetische Wirkung dieser Autobiographik basiert auf einer expressiven Entpragmatisierung konventioneller Handlungsmuster:[20] Biographie wird, unterschiedlich akzentuiert, nicht nach dem Muster eines chronologisch-lebensgeschichtlichen Handlungsverlaufs, sondern im Modus poetisch-assoziativen Erkundens innerer Bewußtseinsräume thematisiert. Damit ist, was die Reichweite und Publikumswirksamkeit dieser ästhetischen Autobiographik betrifft, zunächst eine Grenze markiert: Weder Koeppens *Jugend* noch Handkes *Die Wiederholung* sind, was nicht überraschend ist, zu literarischen Bestsellern geworden. Dennoch sehe ich in diesen Autobiographien literarisch-ästhetische Seismographen gegenwärtiger Kommunikationsbedingungen von Religion, die über diese Grenze hinaus bedeutsam sind. Die wirkungsästhetischen Rekonstruktionen dieser Arbeit zielen, was an dieser Stelle noch einmal ausdrücklich hervorzuheben ist, nicht auf empirische Rezeptionsmuster, sondern auf eine hermeneutisch rekonstruierbare Leserrollenanforderung, die in ihrer kommunikativen, zur je eigenen tiefenbiographischen Arbeit anstiftenden Struktur Theologie in besonderer Weise herausfordert. An Kunst und Literatur ist, da stimme ich mit Albrecht Grözinger überein, ablesbar, was es mit dem Phänomen der Moderne auf sich hat. Was Grözinger für die Moderne formuliert, kann ebenso für die Spätmoderne und ihre Autobiographik gelten:

„Was wir die 'Moderne' nennen, worin ihre Intentionen und Innovationen, ihre Leidenschaften wie ihre Friktionen bestehen, dies läßt sich am besten in der ästhetischen Dimension erkennen. Die Signatur der Moderne läßt sich mehr noch als etwa an den Entwicklungen der Technik und der Ökonomie an den Tendenzen der Kunst sichtbar machen. Ebenso wird sich der Stellenwert, den die Religion in der Kultur der Moderne einnimmt, mit dem Verhältnis von Kunst und Religion entscheiden."[21]

---

[18] Tillich, Rechtfertigung und Zweifel (1924) 1980, 58.
[19] Es ist an dieser Stelle daran zu erinnern, daß diese Aufgabe keineswegs selbstverständlich ist. Der Streit darum ist exemplarisch in der Debatte zwischen Karl Barth und Emil Brunner ausgetragen worden, dazu Brunner, Die andere Aufgabe der Theologie 1929, und Barth, Nein! 1934.
[20] In eine ähnliche Richtung, jedoch allgemein erzähltheoretisch perspektiviert und auf einem anderen theoretischen Hintergrund formuliert, gehen die Überlegungen von Mautner, Das zerbrechliche Leben 1994, 55-58: „Ästhetisches Erkennen als Erschütterung des Codes".
[21] Grözinger, Es bröckelt 1992, 126.

D. Psalmodieren vor leerer Transzendenz

Das ist nicht zuletzt deshalb so, weil die Literatur der Moderne die Funktion einer Haggadah, einer weitererzählenden Auslegung der jüdisch-christlichen Tradition, übernommen hat. Auf diesen Aspekt macht Dorothee Sölle aufmerksam:

„Christliche Pfarrer und Theologen durften, anders als die Rabbiner, Auslegung nicht als das Erzählen von Geschichten betreiben, ihre Talente waren an das dogmatische Nachdenken vorgedachter Wahrheit fixiert, und die Haggadah, die an die Bibel gebundene talmudische Erzähltradition, hat im Christentum keine Tradition, keine Kontinuität, keine Formgesetze und erzählerischen Spielregeln entwickelt. Weil aber keine kirchliche Tradition für die weitererzählte Geschichte bereitstand, konnten die Erzählkräfte literarisch fruchtbar werden."[22]

Die Analysen haben deutlich machen können, daß Koeppens *Jugend* und Handkes *Die Wiederholung* in diesem Sinn literarische Dokumente einer „externen Auslegungsgeschichte"[23] der biblischen Tradition (im Kontext einer nach wie vor jüdisch-christlichen Prägung von Kultur und Lebenswelt) sind, die „zwar heterodox wirkt, aber in der Intensität der Frage selten zu übertreffen ist." (179) In ihrer expressiven, Zerrissenheit und Ganzheit unter den Bedingungen von Gottverlassenheit zur Sprache bringenden, Leserinnen und Leser zu eigener religiöser Deutearbeit herausfordernden Dimension lassen ihre Autobiographien ein prophetisches Profil erkennen.

Einen ersten Hinweis in diese Richtung ist dem Selbstverständnis von Koeppen (Kassandra) und Handke (Johannes der Täufer) zu entnehmen (dazu B.I.2.). Doch nicht das Selbstverständnis der Schriftsteller Koeppen und Handke ist entscheidend, sondern das Profil ihrer autobiographischen Erzählungen. Wenn ich im folgenden dieses Profil mit der Kategorie des Prophetischen näher zu fassen versuche, gehe ich von strukturellen Ähnlichkeiten (und materialen Differenzen)[24] zur Schriftprophetie der hebräischen Bibel aus. Ich sehe diese Strukturähnlichkeiten im sensiblen Wahrnehmen, poetisch-sprachkritischen und reflexiv-traditionskritischen Deuten der je eigenen Gegenwartssituation. Ein Beispiel dafür, das sich im Rahmen dieser Arbeit nahelegt, sind die 'Confessionen' Jeremias,[25] in denen eine berufsbiographische Problemkonstellation (die Last der prophetischen Existenz) religiös kommuniziert wird:[26] auf dem Boden einer theokritischen Grundhaltung (dazu besonders Jer 15,18: „Du bist mir durch und durch zu einem trügerischen Bach geworden") werden kultische Sprachformen (besonders die Tradition der Klage des einzelnen, aber auch des Lobpreises) aufgenommen und insofern kritisch aktualisiert, als das spezifisch prophetische Element (dazu besonders Jer 17,15 und 20,7-9) erst in Kontrafraktur zu diesen Traditionen sichtbar wird.[27] Von diesen strukturellen Merkmalen her soll nun das prophetische Profil spätmoderner Autobiographik in vier Aspekten präzisiert werden.

---

[22] Sölle, Realisation 1973, 55.
[23] Schröer, Literatur 1972, 179; ders., Literatur und Religion 1991, 301f.
[24] Eine dieser Differenzen ist grundsätzlich mit dem Selbstverständnis der Schriftpropheten, im Auftrag Jahwes zu handeln, gegeben.
[25] Jer 11,18-23; 12,1-6; 15,10-12.15-21; 17, 14-18; 18,18-23 und 20,7-18. Die umstrittene Frage der Authentizität dieser Texte ist in diesem Zusammenhang nicht entscheidend.
[26] Zu den 'Confessionen' Jeremias siehe: Baumgartner, Klagegedichte 1917; Ittmann, Konfessionen 1981 und Pohlmann, Die Ferne Gottes 1989.
[27] Erkennbar ist das etwa am Motiv der Einsamkeit, das zum prophetischen Zeichen wird. Dazu auch Thiel, Ein Vierteljahrhundert 1986, 44: „Jeremia hat wie die Propheten vor ihm kultische Formen entlehnt und in den Dienst seiner Verkündigung gestellt."

1. Theokritischer Grundzug

Koeppens und Handkes autobiographische Erzählungen sind im Horizont radikalen Zweifels, im Horizont von Gottlosigkeit, geschrieben. In Koeppens *Jugend* wird das Gottessymbol als zivilreligiöse Legitimationsformel eines autoritären Protestantismus ironisch kritisiert (J 88: „und es ist der Gott Luthers und des kleinen Katechismus [...]") und die biographische Situation im Zeichen einer eindeutige Rollenzuweisungen aufhebenden (J 66: „ich bin Kain, aber ich bin auch Abel") Abwesenheit Gottes gedeutet, die verschieden verursacht sein kann (J 66: „nachdem uns Gott enttäuscht hat oder wir uns von ihm abgewandt haben"). Dennoch hält der Erzähler, aus dem „Fruchtwasser der Herrlichkeit" (79) herausgeworfen, zweifelnd-klagend an der Sinnhaftigkeit seiner Biographie fest. In Handkes *Die Wiederholung* wird das Problem sozusagen aus der Gegenperspektive thematisiert: Gott wird (zusammen mit dem Kaiser) als letzter Sinngarant des Biographischen im Kontrast zur Autonomie des Menschen zurückgewiesen (W 216: „Endlich ein Spiel, bei dem wir uns mit keinem zu messen hätten"), doch das Gottessymbol bleibt, wenn auch nur am Rand, jenseits seiner sozialisatorisch-katholischen Konkretionen (die Gottergebenheit des Vaters und die Gottlosigkeit der Mutter) darin bedeutsam, daß mit ihm das sinnstiftende Erscheinen von 'Weltschrift' symbolisch zum Ausdruck gebracht werden kann (W 114: „und solches Erscheinen der Welt war zugleich die einzige Vorstellung von einem Gott"). Damit ist jedoch, fühlt sich der Erzähler doch als „verdammte Grenznatur" (W 253), nicht eine neue, biographischen Letztsinn generierende und verbürgende Gewißheit formuliert, sondern eine höchst fragil bleibende, an Schwellensituationen und Leerstellen haftende Suchbewegung (W 133: „eine Leere, die mir offenstand"), die Sinn zweifelnd-lobend kindheitsbiographisch im Beschwören einer Bilderschriftbiographie zu evozieren versucht. In der Erzählung *Langsame Heimkehr* (1979) ist diese Art Suchbewegung markant zum Ausdruck gebracht:

> „Ich habe mich heute an eine Erlösung erinnert: dabei ist mir aber kein Gott in den Sinn gekommen, sondern die Kultur. Ich habe keine Kultur; und ich habe so lange keine Kultur, als ich nicht ausruffähig bin; solange ich mich beklage, statt streng zu klagen. Ich will kein im Jammer Verschwindender, sondern ein mächtiger Klagekörper sein. Mein Ausruf ist: Ich brauche dich! Aber wen rede ich an?" (LH 147)

2. Sprachkritischer Weltbezug

Je auf ihre Weise sind die Schriftsteller Wolfgang Koeppen und Peter Handke kulturkritisch eingestellt, als 'Handwerker' der Sprache wenden sie sich gegen die mediale Betäubung ihres Publikums durch die „immerwährende Information, die Public Relations des Todes" (Koeppen, in: ES 78), und die brutal-hohle „Drohnensprache eines Blechernen Zeitalters" (Handke, LSV 50). In ihren autobiographischen Erzählungen manifestiert sich dieser sprachkritische Grundzug konstruktiv in einem poetischen, lebensgeschichtliche Faktizität sinnhaft übersteigenden Zugang zur eigenen Biographie: In Koeppens *Jugend* wird auf der Suche nach (autobiographischen) „Büchern einer neuen Gesellschaft" (J 77) eine „rauschhafte, betörende Prosa"[28] geschrieben, und

---

[28] Greiner, Zum Sehen bestellt 1996, 51.

Handkes *Die Wiederholung* versucht programmatisch, hinter der als destruktiv empfundenen Sprache der Realität die „Kindheit der Wörter" (133) zu entdecken. In beiden Erzählungen wird Biographie jenseits von idealistischen Ganzheitsprojektionen und naturalistischer „Hinnahme des Gegebenen"[29] je auf ihre Weise expressiv versprachlicht: In Koeppens *Jugend* deutlich mit dem Akzent auf dem Fragmentarisch-Zerrissenen, in Handkes *Die Wiederholung* mit dem Akzent auf dem Episch-Ganzen, ohne ein solches Ganzes darstellen oder gar repräsentieren zu wollen oder zu können.

Das prophetische Profil dieser Autobiographik sehe ich in diesem expressiven Stil, der auf dem Hintergrund gegenwärtig bedeutsamer, von idealistischen (Identität als biographische Zielvorstellung) wie naturalistischen (Faktizität als Basis biographischer Rekonstruktionsarbeit) Implikationen durchsetzter biographischer Konventionen zu einer „produktiven Beunruhigung"[30] nicht zuletzt für Theologie wird: Diese Autobiographik, die sich selbst weder als religiös noch gar als christlich versteht, erinnert Theologie daran, daß Biographie vom christlichen Glauben her weder über die Vorstellung lebensgeschichtlich sich ausbildender Identität noch über eine Rekonstruktion lebensgeschichtlicher Faktizität zureichend beschrieben werden kann.

Die biblische Tradition kennt Biographie und Autobiographie im modernen Sinn nicht, die Lebensphase der Kindheit, die mit und seit Karl-Philipp Moritz' *Anton Reiser* Bedeutung erhält und bei Koeppen und Handke eine zentrale Rolle spielt, ist noch nicht im Blick. Von daher stellt sich Theologie die hermeneutische Aufgabe, Fragen und Probleme moderner Biographik und Autobiographik im Horizont biblischer Grundentscheidungen zu reflektieren. Diese Grundentscheidungen zu entdecken und auszuarbeiten, ist bereits Teil dieser hermeneutischen, von der Wahrnehmung der eigenen Gegenwartssituation mitbestimmten Arbeit. Im Rahmen eines solchen, Tradition und Situation miteinander verschränkenden Zirkels machen spätmoderne Autobiographien mindestens auf fünf biblische Grundentscheidungen in diesem Sinn aufmerksam, die ich an dieser Stelle als eine Art Suchprotokoll nur nennen, nicht jedoch im einzelnen entfalten kann.[31]

1. Grundsätzlich ist auffallend, daß in der biblischen Tradition ein besonderes Augenmerk auf Menschen gerichtet wird, die in ihrer Biographie scheitern: Das ist ein Grundzug, der sich von David über Mose, Jeremia und Hiob bis hin zu Petrus und Judas spannt und theologisch zentral in der Kreuzigung zum Ausdruck kommt. Dementsprechend erzählen die Evangelien letztlich keine Heiligenbiographie (im antiken Sinn), sondern sind, durchsetzt „mit einem hohen Anteil

---

[29] Tillich, Theologie der bildenden Kunst 1987, 232.
[30] Wuthenow, Autobiographie 1992, 1275. Dazu bereits Bahr, Poiesis 1961, 231: „Das spezifisch 'Moderne' an der modernen Kunst ist vielleicht die entschlossene Abkehr von allen humanistischen und idealistischen, und das heißt von allen harmonisierenden Existenz-Auffassungen. [...] Es geht um die Ergründung des Grundes, um Rückkehr zu den Ursprüngen." Zur Kritik an Bahrs Ansatz Schröer, Literatur 1972, 18-21.
[31] Es geht mir in diesem Zusammenhang nicht um den Entwurf einer biblisch-theologischen Biographik, sondern um das Markieren von biographisch bedeutsamen Grundlinien, die ergänzbar sind. Dabei sehe ich in der Nichteinheitlichkeit der biblischen Tradition ein konstruktiv-befreiendes, verschiedene Facetten religiöser Biographie spiegelndes und zulassendes Element.

theologischer Konstruktion und dichtender Phantasie"[32], ein „erzählender Kommentar zum Kerygma"[33].

2. Es ist von daher nicht zufällig, daß in der markinischen Tradition die Kreuzesnachfolge theologisch wie lebenspraktisch zentral ist. Im Zusammenhang mit dem Bekenntnis des Petrus und dessen Widerstand gegen das Leiden des Menschensohns wird an einer theologischen Schaltstelle des Evangeliums 'biographisch' bedeutsam formuliert:

> „Wer mir nachfolgen will, der verleugne sich selbst und nehme sein Kreuz auf sich und folge mir nach. Denn wer sein Leben erhalten will, der wird's verlieren; und wer sein Leben verliert um meinetwillen und um des Evangeliums willen, der wird's erhalten" (Mk 8,34f).

Neben diesem inhaltlichen Moment der Kreuzesnachfolge ist es, was den Bereich der ntlichen Evangelien betrifft, der parabolische Grundzug der spätmodernen Autobiographik, der den Blick auf die Ästhetik der Gleichnisverkündigung Jesu als einer spezifischen Form der religiösen Kommunikation lenkt. Als performatives, im Erzählakt die Gottesherrschaft bereits realisierendes Sprachereignis verstanden,[34] schärft diese Gleichnisverkündigung insofern das (biographisch) existentielle Selbstverständnis, als in und mit ihr (biographische) Sinnhaftigkeit über das Entpragmatisieren konventioneller Handlungsmuster generiert wird. Auf diesen Aspekt macht Wolfgang Harnisch aufmerksam, der die Gleichnisse als „ein Stück fiktionaler Literatur" versteht, „ein ästhetisches Objekt im kleinen", das „an der kreativen Macht metaphorischer Sprache" partizipiert.[35] Dabei ist „der Hörer aufgefordert, der Irritation der Spannung standzuhalten. Er hat das Widerspruchsverhältnis, mit dem er konfrontiert wird, zu 'bearbeiten', und dies geschieht, sobald er sich vom Erzählten nicht nur schockieren, sondern auch in Bewegung bringen läßt"[36]. Die spätmoderne Autobiographik zielt nicht auf Verkündigung des Reiches Gottes. Doch macht ihre Tendenz zum Parabolischen, das Leserinnen und Leser über autobiographische Konventionsbrüche „in Bewegung" versetzt, auf ein Grundelement biblisch-religiöser Kommunikation aufmerksam.

3. Von der biblischen Tradition her ist der Gottesbezug des Menschen das entscheidende Moment des 'Biographischen'. Dabei ist auffallend, daß Gott, wie etwa bei Jeremia, Judas und nicht zuletzt Jesus (am Kreuz) deutlich wird, einem radikalen Zweifel (im Sinn Tillichs) ausgesetzt werden kann. Nicht die 'Selbstverständlichkeit' Gottes,[37] sondern der radikale Zweifel an Gott ist ein biblischer Grundzug. Von daher ist die Klage (und das Lob, das strukturell zur Klage gehört) eine konstitutive religiöse Kommunikationsform der biblischen Tradition. Die Relevanz dieser Kommunikationsform wird nicht zuletzt an der literarischen, auf zentrale Motive des Psalters zurückgreifenden Konstruktion der Passionsgeschichten in den Evangelien erkennbar.

---

[32] Pannenberg, Das Irreale 1983, 33.
[33] Conzelmann, Grundriß [4]1987, 148.
[34] Zu diesem Aspekt Jüngel, Paulus und Jesus [5]1979, 162f.
[35] Harnisch, Die Mitte der Botschaft 1996, 38.
[36] Harnisch, Die Mitte der Botschaft 1996, 42.
[37] Zu diesem Aspekt Lochman, Die Frage nach Gott 1986, 138-148.

D. Psalmodieren vor leerer Transzendenz

4. Es gibt in der biblischen Tradition keine autobiographischen Texte im modernen Sinn. Dennoch lassen (neben Amos, Jeremia und Johannes) insbesondere die Selbstreflexionen des Paulus verschiedene Facetten der 'biographischen' Problematik erkennen. Neben dem Damaskuserlebnis, das in seinen literarischen Fassungen (Gal 1 und Phil 3) typische Züge einer sozialpsychologisch rekonstruierbaren Konversionserzählung aufweist,[38] und dem 'melancholischen' Gefangenschaftsbrief (Phil 1,22: „ich habe Lust, aus der Welt zu scheiden und bei Christus zu sein") halte ich insbesondere 2 Kor 5 für wesentlich, weil dort, wie schon in Phil 3 (V12: „Nicht, daß ich's schon ergriffen habe oder schon vollkommen sei"; dazu auch 1 Joh 3,2), das 'Biographische' grundsätzlich poetisch-eschatologisch verankert wird. Was Paulus dort formuliert, liest sich wie die biblische Fassung der 'Sehnsuchtsreligion' spätmoderner Autobiographik:

„Denn wir wissen: wenn unser irdisches Haus, diese Hütte, abgebrochen wird, so haben wir einen Bau, von Gott erbaut, ein Haus, nicht mit Händen gemacht, das ewig ist im Himmel. Denn darum seufzen wir auch und sehnen uns danach, daß wir mit unserer Behausung, die vom Himmel ist, überkleidet werden, weil wir dann bekleidet und nicht mehr nackt befunden werden." (2 Kor 5,1-3)

Die paulinische Rede vom 'alten' und vom 'neuen' Menschen (2 Kor 5, 17) ist von diesem eschatologischen Horizont her rechtfertigungstheologisch-dialektisch zu verstehen. Das ist ausdrücklich hervorzuheben, da es theologische Ansätze gibt, die dieses dialektische Moment insofern aufzuheben drohen, als das 'Neue' (als Kennzeichen des Christlichen) biographisch bereits feststellbar sein soll. Wird das, beispielsweise in einem fundamentalen „Bruch"[39] objektiviert, zu einer theologischen Norm des Biographischen erhoben, sehe ich darin mit Tillich die Gefahr einer vergegenständlichenden Aufhebung des reformatorischen Grundgedankens. „Wird der Durchbruch", so Tillich, „statt zum Korrektiv zum Prinzip erhoben, unter Verneinung der Realisierung, so geht mit der Realisierung zuletzt auch das Prinzip verloren."[40] Ich wende mich damit, nachdem die kulturprotestantische Tradition mit Nachdruck die Dogmatik als eine „Funktion der gelebten Religion und des religiösen Bewußtseins"[41] verständlich gemacht hat, gegen jede Spielart einer objektivierenden Applikation dogmatisch-theologischer Aussagen auf Biographie.[42]

---

[38] Gegen Barth, Phillipper 1979, 57-62. Zum sozialpsychologischen Ansatz Gremmels, Selbstreflexive Interpretation 1974, 44-57. Gremmels These ist, „daß der 'neue' Mensch durch die in reinterpretativer Aneignung sich vollziehende *Annahme* des 'alten' Menschen bestimmt ist, was unter einem identitätstheoretischen Aspekt bedeutet, daß der Ausdruck 'getötet' nicht einfach als das 'Abstoßen' älterer Identifikationen mißverstanden werden darf." (57) Ähnlich Stollberg, Tiefenpsychologie 1978, 215-226.

[39] Unter poimenischem Vorzeichen klassisch von Thurneysen, Lehre von der Seelsorge ⁵1980, 114-128, reflektiert. Grözinger versucht, die „Kategorie des Bruches *positiv* aufzunehmen", indem er sie im Sinn einer heilsamen Unterbrechung versteht. Dabei muß er diese Kategorie jedoch ausdrücklich über den von Thurneysen „vertretenen Argumentationshintergrund hinausheben" (185f), Grözinger, Seelsorge als Rekonstruktion 1986, 184-188. Zur Kritik an Thurneysen Fechtner/Friedrichs, Exorzismus 1996, 308-311.

[40] Tillich, Rechtfertigung und Zweifel (1924) 1980, 58.

[41] Wagner, Reflexionskultur 1992, 37.

[42] Hinsichtlich des biographisch bedeutsamen Vorsehungsglaubens formuliert Wilhelm Gräb dementsprechend: „Die transzendentale Einsicht, daß ich aus einer unmittelbaren, nicht hergestellten,

5. Einen gegenüber Paulus anderen eschatologischen Akzent setzt der Hebräerbrief. Das zentrale Motiv der Wanderschaft ist 'biographisch' insofern relevant, als mit ihm die christliche Existenz als ein Unterwegssein auf ein himmlisches Ziel hin begriffen wird. Ich halte von Hb 11,1 her dieses Motiv, das in seiner eschatologischen Zuspitzung der alttestamentlichen Tradition sein besonderes theologisches Profil erhält, auch für die individuelle Existenzform für bedeutsam. In Differenz zu Paulus ist die Paradoxie christlicher Existenz in Hb nicht vom Kreuz, sondern von der Transzendenz Gottes her motiviert.[43] Damit ist das hellenistische Element stärker als in anderen neutestamentlichen Schriften aufgenommen, doch „die Gottesfrage ist legitim im Sinn der alttestamentlichen Tradition, die die Zukunft und Unanschaulichkeit Gottes zur Grundlage hat, gestellt."[44] Hb 11,1 gibt eine Art Definition des Glaubens:

„Es ist aber der Glaube ein Feststehen bei dem Gehofften und ein Überführtsein von Dingen, die man nicht sieht."[45]

Festzuhalten bleibt dabei, daß dieser Glaube seinen Ort in den Leiden der Welt (Hb 11,32-38) und sein Exemplum in Jesus Christus (Hb 12,1-3) hat. Von daher erhält die Wanderschaft als Existenzform des Glaubens die Richtung eines immer wieder Herausgehens, so wie es Abraham (Hb 11,8), Joseph (Hb 11,22) und letztlich Jesus (Hb 12,1-3) getan haben. Diese Richtungsangabe wird eindrücklich in Hb 13,12-14 beschrieben:

„Darum hat auch Jesus, damit er das Volk heilige durch sein eigenes Blut, gelitten draußen vor dem Tor. So laßt uns nun zu ihm hinausgehen aus dem Lager und seine Schmach tragen. Denn wir haben hier keine bleibende Stadt, sondern die künftige suchen wir."

Auffallend ist, daß nicht nur der offene Transzendenzbezug, sondern auch das 'Weltgefühl' des Hb, „Gäste und Fremdlinge auf Erden" zu sein (Hb 11,13), eine hohe Affinität zum Differenzdenken, wie es in Autobiographien der Spätmoderne zum Ausdruck kommt, hat.

---

mir von jenseits meines bewußten Selbst- und Weltverhältnisses immer schon zukommenden, ursprünglichen Selbstvertrautheit lebe, legt sich theologisch im Vorsehungsgedanken aus, in dem sich wiederum die jede faktische Biographiekonstruktion begleitende Lebenszuversicht begründet.", Gräb, Aspekte neuer Religiosität 1994, 244. In diesem Sinn ist bei Koeppen und Handke, je verschieden akzentuiert, die providentia dei im Säkularisat des sprachlich sich aufbauenden Welt- und Selbstverhältnisses strukturell bedeutsam.

[43] Mit Käsemann, Das wandernde Gottesvolk ²1957, 20. Michel, Brief ¹⁴1984, 378: „Der paulinische Glaubensbegriff ist im Vergleich mit dem Hebr polemischer und antithetischer, auch christozentrischer auf das 'Ärgernis des Kreuzes' ausgerichtet."

[44] Michel, Brief ¹⁴1984, 376.

[45] Übersetzung mit Goppelt, Theologie ³1985, 598. Luther unterstreicht mehr das subjektive Element des persönlichen Überzeugtseins, wenn er übersetzt: „Es ist aber der Glaube eine feste Zuversicht auf das, was man hofft, und ein Nichtzweifeln an dem, was man nicht sieht." Exegetisch ist diese Übersetzung nicht haltbar, aber sachlich entspricht sie dem Hb eigentümlichen Nebeneinander von alttestamentlichen und hellenistischen Traditionen.

3. Fiktionales Erkunden von Ich und Welt

Mit der prophetischen Unterscheidung zwischen Wort Jahwes und prophetischer Interpretation ist grundsätzlich das Problem des Produktiven religiöser Kommunikationsprozesse aufgeworfen (wie die Frage nach dem Verhältnis von produktiver Interpretation und rezeptiver Inspiration).[46] Dabei machen innerbiblische Deutungsprozesse (wie etwa die prophetische Interpretation Abrahams in Gen 15,1-6) auf das realitätsvertiefende Potential literarischer Fiktion aufmerksam: Fiktionen können „der Erfassung der 'tieferen' oder eigentlichen Bedeutung bestimmter Ereignisse, Personen und Erfahrungen"[47] dienen. In diesem Sinn ist das prophetische Profil der spätmodernen Autobiographik in ihrem metareflexiven, die eigenen Gefährdungen nicht tabuisierenden Rekurs auf Fiktionalität zu sehen, die nicht als Widerspruch zur 'Real'biographie, sondern als literarischer, sich in mythopoetischen Erkundungen verdichtender Zugang zur Tiefenschicht biographischer Wirklichkeit begriffen wird. In Koeppens *Jugend*, dessen Erzähler gegenüber seinen Erinnerungen wie seiner Erinnerungsarbeit skeptisch ist und bleibt (J 144: „vielleicht konnte ich nie mit dem umgehen, mit dem die Schöpfung mich ausstattete"), behauptet das Gedichtete „sein Recht, wie das Geschehene" (J 7), und in Handkes *Die Wiederholung*, dessen Erzähler angsttraumhaft zum „stammelnden Zwangsarbeiter" (W 109) wird, schreibt das Werk der Erinnerung „dem Erlebten seinen Platz zu, in der es am Leben haltenden Folge, der Erzählung, die immer wieder übergehen kann ins offene Erzählen, ins größere Leben, in die Erfindung." (W 101f)

In diesem Zuschnitt ist die ästhetische Autobiographik im Sinn von Wolfgang Iser und Hans Robert Jauß kommunikationstheoretisch rekonstruierbar: Denn nach Iser ist Fiktion nicht mehr ontologisch (als Gegensatz zum Realen), sondern funktional (als Kommunikationsstruktur) zu verstehen,[48] wobei die Dichotomie des Realen und Fiktionalen triadisch durch Rekurs auf das Imaginäre aufzusprengen ist.[49] Hans Robert Jauß nimmt diese Spur auf und versucht, die Faszination des Imaginären, die bei Iser unbestimmt bleibt, aus dem anthropologischen Bedürfnis nach Vollkommenheit zu erklären,[50] das sich, aus der Religion in die Ästhetik entlassen, in der Moderne als dialektisches Phänomen erweist: „Daß sich", so Jauß mit Blick auf die Dekonstruktionen der modernen Ästhetik, „aber auch noch die Kunst unserer Moderne der ästhetischen Totalität des Vollkommenen widersetzen *muß*, ist der beste Beleg für die Stärke seiner Faszination und spricht dafür, daß das Bedürfnis nach dem Vollkommenen auch durch alle Aufklärung und kritische Reflexion nicht zum Erlöschen gebracht werden konnte." (308) Koeppens und Handkes Autobiographien sind, unterschiedlich akzentuiert, als Dokumente dieses Nichtabbrechens des Bedürfnisses nach Vollkommenheit, nach Ganzheit und Einheit, zu lesen. Skeptisch bin ich jedoch, was die Einschätzung des Säkularisierungsprozesses betrifft. Nach Jauß hat es den Anschein, als habe die

---

[46] Bei Jeremia ist das Kriterium die Frage, inwiefern mit der prophetischen Verkündigung die 'Ferne Jahwes' (Jer 23,23) zur Sprache kommt: „Ist mein Wort nicht wie ein Feuer, spricht Jahwe, und wie ein Hammer, der Felsen zerschmettert?" (Jer 23,29)
[47] Pannenberg, Das Irreale 1983, 33.
[48] Dazu Iser, Akt des Lesens ³1990, 87f.
[49] Dazu Iser, Akte des Fingierens 1983, 121-151 und ders., Das Fiktive und das Imaginäre 1991.
[50] Jauß, Ästhetische Erfahrung 1991, 303-359.

Ästhetik die Religion, wenn auch in gewisser Weise inkonsequent, abgelöst.[51] Doch wird Religion nicht, wie Jauß es tut, als Anspruch auf Vollkommenheit, sondern mit dem Anspruch, die Differenz zwischen Vollkommenheit und Unvollkommenheit, zwischen Ganzheit und Fragment, offen zu halten, verstanden, dann kann die spätmoderne Autobiographik als ästhetische Realisation von Religion verstanden werden.

Die theologische Herausforderung, die von diesem Befund ausgeht, sehe ich darin, daß Theologie in ihrer Reflexion des Biographischen und Autobiographischen Fiktionalität jenseits einfacher Dualismen und unkritischer Ablehnungen[52] in ihrem wirklichkeitsvertiefenden Potential wahrzunehmen und theoretisch (wie praktisch)[53] konstruktiv aufzunehmen hat. Ein erster Ansatz in diese Richtung ist bei Wolfhart Pannenberg zu finden, der von dem biblischen, in je spezifischer Weise auf Kontrafaktisches zielenden Glaubensverständnis (bei Jesaja, Paulus und im Hebräerbrief) her Imagination für unumgänglich hält.

> „Wenn schon die sprachliche Benennung und Erkenntnis der Dinge und Sachverhalte der Welt vorgreift auf eine künftige und definitive Erkenntnis ihrer Wahrheit, die doch schon die Wahrheit ihres gegenwärtigen Daseins ist, so verhält sich das religiöse Bewußtsein zu der Zukunft der Wahrheit selber, die die mögliche Übereinstimmung einer produktiven menschlichen Subjektivität mit der ihr vorgegebenen gegenständlichen Welt begründet. Das religiöse Bewußtsein überschreitet als Gottesbewußtsein das Gegebene in einer prinzipielleren Weise als das normale Gegenstandsbewußtsein, nämlich nicht nur in der Weise der Erfassung des Gegenstandes, sondern auch in seiner Gegenstandsintention selber. In desto höherem Maße wird es der produktiven Kraft der Imagination bedürfen."[54]

Eine ästhetisch verantwortete theologische Anforderung an Biographie und Autobiographie wäre, die „perspektivierende Funktion" von Fiktionalität anzuerkennen und darin der „objektivistischen Illusion" lebensgeschichtlicher Rekonstruktionsarbeit zu widersprechen:[55] Denn eine „'Ästhetisierung' des Faktischen" (325) oder genauer noch eine „Fiktionalisierung ist in geschichtlicher Erfahrung immer schon am Werk, weil das ereignishafte *Was* eines historischen Geschehens immer schon durch das perspektivische *Wann* seiner Wahrnehmung oder Rekonstruktion, aber auch durch das *Wie* seiner Darstellung und Deutung bedingt ist, in seiner Bedeutung also ständig weiterbestimmt wird." (325f) Die spätmoderne Autobiographik ist in diesem Sinn einer perspektivischen, Leserinnen und Leser an der Suche nach Wahrheit konstitutiv beteiligenden biographischen Arbeit verpflichtet. Das Wahrheitskriterium kann dabei, wie bereits an der wirkungsgeschichtlichen Kraft fiktionaler Deutungen innerhalb des

---

[51] Dazu Jauß, Ästhetische Erfahrung 1991, 324: „So scheint Vollkommenheit zwar ihre säkulare Geltung als ästhetische Norm eingebüßt zu haben, aber doch in heuristischer Funktion diesen Untergang zu überleben,"
[52] Nach Jeziorkowski verstehen sich religiöse Texte „als nichtfiktional. Sie übersetzen ihrem Selbstverständnis nach aus einer Transzendenz, die nicht nur Realität, sondern die wahre Realität und Wahrheit ist, in eine andere Realität, die gleichfalls nicht erfunden ist, sondern unsere Lebenswirklichkeit, die des Autors und des Lesers solcher Texte.", Zum Verhältnis von Theologie und Literaturwissenschaft 1986, 192. Ähnlich auch Kuschel, der Fiktion und Vertrauen gegeneinander ausspielt: Theologie und Literatur 1983, 113.
[53] Ein Beispiel wäre die bisher nicht aufgenommene und erörterte Frage nach fiktionalbiographischen Implikationen der Beerdigungsansprache. Zum Problem allgemein Grözinger, Es bröckelt 1992, 108-125.
[54] Pannenberg, Das Irreale 1983, 34.
[55] Mit Jauß, Ästhetische Erfahrung 1991, 334f.

biblischen Traditionsprozesses deutlich wird, nur in der „den jeweiligen Sachverhalt erhellenden Kraft" (32) liegen.

4. Subjektive Aneignung religiöser Traditionen

Die autobiographischen Erzählungen von Koeppen und Handke rekurrieren neben Mythos und Märchen auf Motive und Sprache der biblischen und kirchlichen Tradition. Mit den kirchlichen (und zivilreligiösen) Traditionen werden sozialisatorische Bedingungen (des Protestantismus und Katholizismus) markiert, die biblischen Traditionen hingegen fungieren als literarische Versatzstücke höchst subjektiver Deutearbeit der Erzähler. In Koeppens *Jugend* wird, indem die religiöse Tradition typologisierender Selbstauslegung radikalisiert wird, Biographie in einem letztangehenden Horizont verankert, in Handkes *Die Wiederholung* dagegen zeichnen sich Tendenzen ab, biblische Traditionen darüber hinaus, wie markant an der Bundesladetradition erkennbar wird, in ihrem sinnstiftenden Potential neu auszuloten.

Auffallend ist, daß in beiden Erzählungen ausgesprochen christliche Traditionen nur am Rand auftauchen,[56] die biblische Schöpfungstradition dagegen eine zentrale Rolle spielt und nicht zuletzt mit dem literarischen Erkunden von Kindheit als einem utopischen Lebensraum relevant wird:[57] In Koeppens *Jugend* wird hinter dem statuarischen Feststellen des verlorenen Paradieses (J 68: „Wir sind von Anbeginn verurteilt.") die Sehnsucht nach einer Kindheitsbiographie (und Jugendbiographie) jenseits religiöser Leere (des autoritären Protestantismus), familiärer Zwänge (in Form regressiver Ansprüche von Großmutter und Mutter) und gesellschaftlicher Brutalität (des Konformismus in Kaiserreich und Weimarer Republik) erkennbar, und in Handkes *Die Wiederholung* wird die Karstlandschaft zum Augenblicksparadies eines seine Biographie mythisch auskundschaftenden Erzählersubjekts, das jenseits rationaler, auf Faktizität und Folgerichtigkeit pochender Realitätsanforderungen im bildhaft Archaischen das „Modell für eine mögliche Zukunft" (W 285) sieht.

Die biblische Tradition wird, indem sie in dieser Weise biographisch-subjektiv adaptiert wird, ein Stück weit fremd: Sie wird nicht buchstabengetreu aufgenommen und umgesetzt, sondern, melancholisch radikalisiert in Koeppens *Jugend* und subjektivistisch forciert in Handkes *Die Wiederholung*, als sinnstiftendes Potential begriffen und Leserinnen und Lesern als solches zugänglich gemacht. Theologisch wären, bedenke ich nur Handkes Adaption der Bundesladetradition als Heiligtum von Sinnsuchenden, kritische Anmerkungen durchaus zu formulieren. Doch nicht darin ist die eigentliche theologische Herausforderung zu sehen, sondern in dem Prinzip der biographischen Aneignung, in und mit der religiöse Traditionen zu Sprachreservoires werden, die erst dann zu ihrem Sinn kommen, wenn nicht ihr 'Buchstabe' erfüllt, sondern ihr 'Geist'

---

[56] Auch mit diesem Befund kann Theologie sich herausfordern lassen, nach der Tragfähigkeit und Plausibilität der von ihr für angemessen und legitim erachteten und als solche in die kirchliche Verkündigung eingebrachten religiösen Symbolwelt zu fragen, dazu grundsätzlich Daiber, Alltagssynkretismus 1990, 107f.

[57] Daneben ist auffallend, daß nicht nur bei Koeppen und Handke, sondern auch bei Peter Weiss der Mosetradition eine sinnkonstitutive Funktion zukommt. Dieser Spur genauer zu folgen, wäre eine eigene Untersuchung wert.

aufgenommen, individuell realisiert und in kommunikativen Deutungsprozessen lebendig gehalten wird (wobei darüber zu streiten ist, was der 'Geist' der Tradition ist). In der Art und Weise, wie das insbesondere bei Handke geschieht, liegt, wie Goergen mit Recht formuliert, eine „unerhörte Anmaßung: daß die Erfahrung des Heiligen uns offen steht"[58].

Die Differenz zwischen Religion in ihren institutionell bereitgehaltenden Objektivationen und ihren individuellen Ausdrucksformen, wie sie sich derart in der spätmodernen Autobiographik zu erkennen gibt, ist ein bestimmendes Kennzeichen der neuzeitlichen Christentumsgeschichte. Als solches ist es prinzipiell ernstzunehmen und in seinem kritischen,[59] auf selbstemanzipatorische Generativität zielenden Potential theologisch fruchtbar zu machen.[60] Pointiert formuliert Schleiermacher in seinen *Reden über die Religion*:

> „Nicht der hat Religion, der an eine heilige Schrift glaubt, sondern der welcher keiner bedarf, und wohl selbst eine machen könnte." (68)

Damit arbeitet Schleiermacher gegenüber Herder die Notwendigkeit sinndeutender Subjektivität,[61] deren 'Instabilität' nur intersubjektiv bearbeitbar ist,[62] als konstitutives Element von Religion heraus. Zu bedenken ist dabei, daß gegenwärtig die gesellschaftliche Akzeptanz christlicher Religion gegenüber ihrem 'Stand' zu Beginn des 19. Jahrhunderts, von dem aus Schleiermacher argumentiert, deutlich abgenommen hat. Von daher hat es den Anschein, der (autobiographisch sich abzeichnende und forcierte) Rekurs auf das Prinzip religiöser, gegenwärtig nicht mehr von einem umfassenden christlichen Horizont umschlossener und 'aufgehobener' Subjektivität gefährde zusätzlich die Substanz des christlichen Glaubens und darin die Identität christlicher Theologie.[63]

Die Autobiographien von Koeppen und Handke spiegeln den gesellschaftlichen Plausibilitätsverlust christlicher Religion zwar in gewisser Weise, nicht jedoch radikal: Trotz erkennbarer 'Erosionen' halten Koeppens *Jugend* und Handkes *Die Wiederholung*, wie bereits angedeutet, nicht nur Religion, sondern auch deren jüdisch-christliche Ausdrucksformen auf der Ebene subjektiver Aneignung kommunikativ präsent. Überraschend ist das nicht, sind doch beide Erzähler unverkennbar christlich so-

---

[58] Goergen, Seitensprünge 1995, 162.
[59] Zum Religionsbegriff als ein „Instrument der Kritik an vorgegebenen Fixierungen" Birkner, Religionsbegriff 1970, 16.
[60] In diese Richtung lese ich Schleiermachers *Reden über die Religion*. Dazu Ringleben, Die Reden 1985, 236-258; auch Luther, Religion und Alltag 1992, 18: „Die durch die Reformation vorbereitete neuzeitliche Entdeckung der Subjektivität des einzelnen und Relativierung von Tradition und Institution befreit (christliche) Religion von Selbstmißverständnissen und Ideologisierungen, die ihren prophetischen Gehalt zu verschütten drohen."
[61] Dazu Herder, Von Religion 1798. Einen Überblick dazu gibt Wagner, Religion ²1991, 55-58.
[62] Dazu Gräb, Die unendliche Aufgabe 1985, 47-71.
[63] Im Namen theologisch unumgänglicher 'Objektivität' wird der Ansatz Schleiermachers etwa von Wagner, Subjektivität 1987, 323-334, kritisiert. Zur Kritik an Wagners Theorie trinitarischer Subjektivität: Luther, Rezension 1991, bes. 69f. Hinter Wagners subjektivitätsphilosophischen Ansatz greift Dalferth, Subjektivität 1994, 18-58, differenztheologisch zurück. Ich kann das hier nur andeuten, nicht jedoch diskutieren. Das Problem der Objektivität, das sich angesichts zunehmender Aufhebung des „individuellen Allgemeinen" noch verschärft, erhöht meines Erachtens prinzipiell die Anforderung, der (nicht aufgebbaren) Wahrheit in kommunikativen Austauschprozessen (und authentisch-expressiven 'Bekenntnissen') auf die Spur zu kommen.

zialisiert. Wie die Situation sein wird, wenn diese Art christlicher Sozialisation abbricht, ist eine offene Frage, der an dieser Stelle nicht nachgegangen werden soll. Auf jeden Fall hat sich, so die Konsequenz aus den vorliegenden autobiographischen Materialien, Theologie auf das Prinzip religiöser Subjektivität einzulassen: Denn neben den vermuteten Gefährdungen ist damit die Chance verbunden, neu zu entdecken, was zum christlichen Glauben wesentlich gehört: Die prophetisch-kritische Suche nach Gott jenseits seiner kulturellen und gesellschaftlichen Objektivierungen (und Domestizierungen), die nur individuell betrieben werden kann und kommunikativer, kultureller (in Literatur und Kunst) wie kirchlicher (in Verkündigung und Unterricht) Auslegungsprozesse bedarf. Ekklesiologisch hat das zur Folge, daß Kirche auch als „Ort religiöser Deutungskultur"[64] zu verstehen und zu konzeptionieren ist.

Ich fasse zusammen. Von der spätmodernen Autobiographik gehen prophetische Provokationen aus. Diese sind neben der theokritischen Grundtendenz im sprachkritischen Unterbrechen, im Entpragmatisieren transzendentaler Bedingungen konventioneller Biographik und Autobiographik auszumachen, die es gilt, in Theologie und Kirche konstruktiv aufzunehmen: gegen naturalistische, auf ein objektivistisches Biographieverständnis zielende Implikationen wird Fiktionalität in ihrem wirklichkeitsvertiefenden Potential reklamiert, und gegen idealistische, auf „offenbare oder verborgene Teleologie"[65] zielende Implikationen wird Zerrissenheit ästhetisch im Fragment (Koeppen) realisiert oder als biographischer Hintergrund der Sehnsucht nach Ganzheit transparent (Handke). Dabei werden religiöse Traditionen zu Versatzstücken expressiv-mythopoetischer Selbstdeutungsprozesse, die zwar in ihrer Tendenz, Biographie in „Raum und Rondo" (Koeppen) und „Kindheitslandschaft" (Handke) zu entgeschichtlichen, kritisierbar sind,[66] jedoch auf dem Hintergrund gegenwärtig herrschender rationaler Biographieanforderungen eine „leise abgründige Radikalität"[67] in sich tragen. Als Individualmythen stiften sie Leserinnen und Leser auf der Basis transzendentaler, die Erinnerungsarbeit radikal in Zweifel ziehender (Koeppen), in der Ästhetisierung archetypischer Muster sich manifestierender (Handke) Abstraktionen zu existentiellen Selbsterkundungen an, die zwar keinem religiösen Sinnkosmos mehr verpflichtet sind, aber jüdisch-christliche Traditionen in Form einer literarischen Haggadah lebendig und die Gottesfrage in spezifischer Weise offen halten. Dabei hat sich Theologie von dem alten Muster, in religiöser Subjektivität und Selbstkonstruktion in Kontinuität zur Dialektischen Theologie prinzipiell eine Form des 'Irrglaubens' zu sehen, zu verabschieden.

---

[64] Gräb, Kirche als Ort religiöser Deutungskultur 1993, 222-239.
[65] Jauß, Ästhetische Erfahrung 1991, 359. Zur Kritik am Identitätsbegriff unter Rekurs auf die ästhetische Kategorie des Fragments Luther, Religion und Alltag 1992, 160-182 und Grözinger, Theologie und Kultur 1989, 211f.
[66] Marti weist darauf hin, daß sich die „Dämonie der Kunst" nicht umgehen läßt, Gottesplanet 1988, 115. Bei Koeppen sehe ich das Dämonische in der bannenden 'Faszination' des Melancholischen, bei Handke in der Tendenz, in und mit seiner auf Verklärung zielenden Literatur eine neue Form gehaltvoll-belangloser Kunstreligion zu betreiben.
[67] Vom Hofe/Pfaff, Elend 1980, 66.

III. Klagen und Loben vor leerer Transzendenz: Theologische Verdichtungen

Ich komme zum letzten, das prophetische Profil dieser Autobiographik in gewisser Weise verdichtenden Aspekt, den expressiven Kommunikationsformen der Klage und des Lobs. Dabei nehme ich einen Impuls von Henning Schröer auf, der das Verhältnis von Theologie und Literatur mit Kurt Marti über die Kategorie „*Lob der Sprache vor dem Horizont der Sprachlosigkeit*"[68] zu fassen versucht und gegen Ende seiner Studie perspektivisch neben das Lob die Klage stellt: „Vielleicht müßte man", so Schröer, „die Kategorie Klage ebenso aufnehmen und Martis Definition 'Moderne Literatur ist Lob der Sprache vor dem Horizont der Sprachlosigkeit' so erweitern, daß sie das Lob der Sprache einschließlich der Möglichkeit der existentiellen Klage vor dem Horizont der Sprachlosigkeit erfaßt."[69] Von der spätmodernen Autobiographik her legt sich diese Erweiterung nahe: Die Gebrochenheit, mit der Biographie im Modus des Lobs (Handke) wie der Klage (Koeppen) zur Sprache gebracht wird, fordert Theologie dazu heraus, die spätmodernen Kommunikationsbedingungen von Religion aufmerksam wahrzunehmen.

1. Zwischen Mythos und Logos: Autobiographien im Zeitalter „transzendentaler Obdachlosigkeit"

Koeppens und Handkes Autobiographien thematisieren die Frage nach Herkunft (Koeppen) und Heimat (Handke) als letztangehende biographische Themen letztangehend (im Modus von Klage und Lob), rekurrieren dabei jedoch nicht, wie etwa noch Augustin, ausdrücklich auf Gott als letzte Sinninstanz des Biographischen. In je spezifischer Weise bleibt diese Stelle der Transzendenz unbesetzt (siehe oben). Die theologische Herausforderung, die darin von der spätmodernen Autobiographik ausgeht, will ich in ihrer ästhetischen Dimension romantheoretisch präzisieren. Dazu greife ich auf die Romantheorie des frühen Georg Lukács (1916) zurück.

Nach Lukács ist der Roman als „Ausdruck der transzendentalen Obdachlosigkeit"[70] des modernen Menschen, „die Epopöe eines Zeitalters, für das die extensive Totalität des Lebens nicht mehr sinnfällig gegeben ist, für das die Lebensimmanenz des Sinns zum Problem geworden ist, und das dennoch die Gesinnung zur Totalität hat." (47) Als literarischer Ausdruck des Dissenses zwischen Ich und Welt hat der Roman, dessen Helden „Suchende" (51) sind, die Form einer nicht zum Ziel führenden Suchbewegung:

> „Der Prozeß, als welcher die innere Form des Romans begriffen wurde, ist die Wanderung des problematischen Individuums zu sich selbst, der Weg von der trüben Befangenheit in der einfach daseienden, in sich heterogenen, für das Individuum sinnlosen Wirklichkeit zur klaren Selbsterkenntnis. Nach dem Erringen dieser Selbsterkenntnis scheint zwar das Ideal als Sinn des Lebens in die Lebensimmanenz hinein, aber der Zwiespalt von Sein und Sollen ist nicht aufgehoben und

---

[68] Schröer, Literatur 1972, 25.
[69] Schröer, Literatur 1972, 185. Zu Klage und Lob bereits Bahr, Poiesis 1961, 231f.294f.
[70] Lukács, Theorie des Romans (1916/1963) 1994, 32. Zitate im folgenden, wenn nicht anders vermerkt, nach diesem Text.

D. Psalmodieren vor leerer Transzendenz

kann auch in der Sphäre, wo dies sich abspielt, in der Lebenssphäre des Romans, nicht aufgehoben werden; nur ein Maximum an Annäherung, ein ganz tiefes und intensives Durchleuchtetsein des Menschen vom Sinn seines Lebens ist erreichbar." (70)

Damit wird der Roman, wie Durzak treffend formuliert, „zum Experimentierfeld, zum permanenten Versuch der Sinnaufspürung und gerade im Ausweichen vor einer nur oberflächlich geleisteten Synthese, im formalen Durchhalten der Dissonanz dokumentiert er seine künstlerische Wahrheit, wird die ästhetische Gestaltung zugleich zum ethischen Postulat."[71]

Lukács' Theorie ist zu Recht kritisiert worden, beispielsweise in ihrem philosophischen Universalismus, aber auch in ihrem Reduktionismus auf den Typus des problematischen Romans.[72] Auch der 'späte' Lukács hat sich kritisch dazu verhalten. In seiner Einleitung (zur Neuauflage 1963) verweist er zunächst auf die Entstehungszeit (1914), die „Stimmung der permanenten Verzweiflung über den Weltzustand" (6), dann auf den Deduktionismus der geisteswissenschaftlichen Methode (7), seinen philosophisch problematischen Standort zwischen Kant und Hegel, mit einem deutlichen „Kierkegaardisieren der Hegelschen Geschichtsdialektik" (12). Dennoch hat diese Theorie, nicht zuletzt in theologischer Hinsicht, ihr bleibendes Recht. Dieses sehe ich, neben der Einsicht in die komplexitätsreduzierende und darin sinnvergewissernde Form der biographischen Perspektive,[73] in der These der ästhetischen Provokation des „Anderswerdens der transzendentalen Orientierungspunkte" (31): Kunst und Literatur sind danach nicht mehr Abbild von Geschlossenheit, sondern ästhetische Realisationen eines „Trotzdem" (62). Auf diese Weise vermittelt der Roman als die „Epopöe der gottverlassenen Welt" (77) die „Erkenntnis einer Welt, in der der Sinn niemals Totalität zu erlangen vermag und die Wirklichkeit nicht als Ganzes ordnet. Er vermittelt aber auch die Erkenntnis, daß die Wirklichkeit ohne jeden Sinn gänzlich zerfallen würde."[74]

Mit dem, was Lukács für den modernen Roman formuliert, kann grundsätzlich auch das ästhetische Profil der spätmodernen Autobiographik beschrieben werden. Als ein ästhetisches „Reflexionsorgan einer Wirklichkeit, die zu sich selbst in Widerspruch geraten und auf der Suche nach einer Überwindung dieses Zustandes ist"[75], hat auch diese Autobiographik eine utopische Funktion, die sich in einem Reflexivwerden der (Roman-)Ästhetik (74: „Dieses Reflektierenmüssen ist die tiefste Melancholie jedes echten und großen Romans") in Form von Ironie als „negative Mystik der gottlosen Zeiten" (79) manifestiert:

---

[71] Durzak, Gespräche 1976, 21.
[72] Dazu Durzak, Gespräche 1976, 9-34 und Mautner, Das zerbrechliche Leben 1994, 59-64.
[73] Dazu Lukács, Theorie des Romans (1916) 1994, 71: „Die biographische Form vollbringt für den Roman die Überwindung der schlechten Unendlichkeit: einerseits wird der Umfang der Welt durch den Umfang der möglichen Erlebnisse des Helden begrenzt und ihre Masse durch die Richtung, die sein Werdegang auf das Finden des Lebenssinnes in der Selbsterkenntnis nimmt, organisiert; andererseits erhält die diskret-heterogene Masse von isolierten Menschen, sinnesfremden Gebilden und sinnlosen Begebenheiten eine einheitliche Gliederung durch das Beziehen jedes einzelnen Elementes auf die Zentralgestalt und das von ihrem Lebenslauf versinnbildlichte Lebensproblem." (71)
[74] Mautner, Das zerbrechliche Leben 1994, 63f.
[75] Durzak, Gespräche 1976, 17.

> „Die Ironie des Dichters ist die negative Mystik der gottlosen Zeiten: eine *docta ignorantia* dem Sinn gegenüber; ein Aufzeigen des gütigen und des böswilligen Wirkens der Dämonen; der Verzicht, mehr als die Tatsache dieses Wirkens begreifen zu können, und die tiefe, nur gestaltend ausdrückbare Gewißheit: in diesem Nicht-wissen-Wollen und Nicht-wissen-Können das Letzte, die wahre Substanz, den gegenwärtigen, nichtseienden Gott in Wahrheit getroffen, erblickt und ergriffen zu haben." (79)

Mit der Kategorie der Ironie, die nicht auf Ironie im stilistischen Sinn (wie etwa bei Thomas Mann) einzugrenzen ist,[76] ist in frühromantischer Tradition ein dialektisch zu verstehendes Konstitutionselement des Romans angesprochen, es bedeutet die „Freiheit des Dichters Gott gegenüber" (81), die sich nur in der ästhetischen Realisation der Differenz von Transzendenz (die der Roman in seiner Immanenz nicht erreichen kann) und Immanenz (die von Transzendenz in Anerkenntnis von Immanenz durchdrungen sein muß) ereignen kann: „die wirklichkeitsschaffende, transzendentale Werkform kann", so Lukács, „nur entstehen, wenn in ihr eine wahre Transzendenz immanent geworden ist." (81) Dementsprechend ist die „Einkehr in die Heimat aller Dinge" das entscheidende Kriterium der Ironie, die als „höchste Freiheit, die in einer Welt ohne Gott möglich ist" (82), verstanden wird:

> „Die leere Immanenz, die nur im Erlebnis des Dichters und nicht zugleich in dessen Einkehr in die Heimat aller Dinge verankert ist, ist nur die Immanenz einer die Risse zudeckenden Oberfläche, die aber nicht einmal als Fläche diese Immanenz halten kann und auch als solche löcherig werden muß. Für den Roman ist die Ironie diese Freiheit des Dichters Gott gegenüber die transzendentale Bedingung der Objektivität der Gestaltung. Die Ironie, die das von Gott Erfüllte der von Gott verlassenen Welt in intuitiver Doppelsichtigkeit zu erblicken vermag; die verlorene utopische Heimat der zum Ideal gewordenen Idee sieht und dieses doch gleichzeitig in seiner subjektivpsychologischen Bedingtheit, in seiner einzig möglichen Existenzform erfaßt; [...] die Ironie, die in dem Leidensgang der Innerlichkeit die eine ihr angemessene Welt suchen und nicht finden kann, zugleich die Schadenfreude des Schöpfergottes über das Scheitern aller schwachen Aufstände gegen sein mächtiges und nichtiges Machwerk und das über allen Ausdruck hohe Leiden des Erlöser-Gottes über sein Noch-nicht-kommen-Können in diese Welt gestaltet." (81f)

Koeppens und Handkes autobiographische Erzählungen lassen sich in ihrer ästhetischen Grundstruktur in dieser Romanästhetik verorten, sind jedoch in ihrer Spätmodernität davon noch einmal abzuheben. Das ironische Element im Sinn von Lukács ist in Koeppens *Jugend* und Handkes *Die Wiederholung* insofern konstitutiv, als in diesen Erzählungen eine „leere Immanenz" tiefenbiographisch je überschritten wird. Biographische „Risse" werden nicht tabuisiert oder „oberflächlich" harmonisiert, im Gegenteil: Zerrissenheit kommt direkt im Fragment (Koeppen) ästhetisch zum Ausdruck oder indirekt in einer Sehnsucht nach Ganzheit (Handke). Dabei manifestiert sich die „Einkehr in die Heimat der Dinge" erzählstrukturell im gebrochenen Rekurs auf Kommunikationsformen der religiösen Tradition: in der „Klage gegen Gott" (Koeppen) und im Lob der „Kindheitslandschaft" (Handke). Auf diese Weise wird, was als typisch spätmodern gelten kann und über Lukács hinausgeht, die „leere Immanenz" magisch-mythisch und reflexiv-argumentativ zugleich transzendiert: In dieser expressiven Gleichzeitigkeit des Ungleichzeitigen, in dieser Sprachmagie zweiter, sich selbst entlarvender Ordnung ist, so kann vermutet werden, die ästhetische Autobiographik nicht nur Seismograph der biographisch-religiösen Gegenwartssituation, son-

---

[76] Dazu Durzak, Gespräche 1976, 22-24.

dern richtungsweisend für die „Zukunft der Moderne". In diesem Sinn mutmaßt Lothar Pikulik:

> „Falls die Zukunft der Moderne tatsächlich in der Konvergenz mythischen und aufgeklärten Denkens liegen sollte, käme der Kunst also, insbesondere der Poesie, eine wichtige Funktion zu. Da sie einerseits aus dem Mythos hervorgegangen und eine 'Bewahrerin' des Mythos ist, sich andererseits aber in der Moderne zum Gefäß von rationaler Kritik und Erkenntnis erweitert hat, vermag sie gleichermaßen symbolisch-magisches Bild und analytisch-nüchterne Reflexion zu sein."[77]

Dabei kann die Gleichzeitigkeit des Ungleichzeitigen, das Nebeneinander und Ineinander von „symbolisch-magischem Bild" und „analytisch-nüchterner Reflexion" Theologie und Kirche dazu provozieren, jenseits eines Einforderns orthodoxer Bekenntnisse das Klagen und Loben in den Dimensionen mythischer und reflexiver Sprache zu entdecken: ein Klagen, das in seiner Sehnsucht nach Ganzheit kein Wehklagen wäre, und ein Loben, das in seinem Wagnis, „von den Dingen und Wörtern der lieben Welt" (W 220) zu sprechen, kein zynisch-enthusiastisches Schönreden wäre. Dabei wäre auf jeden Fall, sei es im Klagen oder sei es, was gegenwärtig vielleicht noch mehr Mut erfordert, im Loben, der Zweifel konstitutiv für eine Theologie des Gebets.[78] In diesem Sinn schreibt Walter Bernet:

> „Das Beten bezeichnet den Ort, an dem die Wahrheit menschlich und die Menschlichkeit wahr werden kann. Es ist allerdings ein Ort der Relativität. Eine Wahrheit, die sich nur als Frage zeigt, ist eine relative Wahrheit. Sie gibt weder letzte Sicherheit noch unbedingte Gewißheit. Sie ermöglicht keine unverrückbaren Programme. Sie ist eher Weg als Heimat, eher Unruhe als Geborgenheit."[79]

Zudem wird mit dem Bruch der biographischen Zentralperspektivik, wie er bei Koeppen direkt in der mehrperspektivisch-episodalen Erzählstruktur und bei Handke indirekt im fragil bleibenden Beschwören klassisch epischer Formen erkennbar wird, die Metapher der biographischen Autorschaft Gottes in ihrer theologischen Angemessenheit problematisch.[80] Das Problem stellt sich bei der Frage nach der theologischen Legitimität einer 'christlichen' Autobiographik. Nach Walter Sparn ist es Kennzeichen einer solchen Autobiographik, Gott als „Autor meiner Lebensgeschichte"[81] zitieren zu können. Sparn knüpft damit an den Ansatz einer poietischen Transformation empirischer Religiosität an, wie er exemplarisch bei Hamann und Kierkegaard zu erkennen ist.[82] Damit ist zunächst ein Gegenprogramm im Rahmen moderner biographischer Kommunikation formuliert: Abgewiesen werden die Ansprüche moderner Subjektivität, die Ansprüche auf „Autarkie der Persönlichkeit" (Rousseau, aber auch: Harnack, Schweitzer oder von Loewenich) wie Ansprüche auf „Autarkie als Expression"

---

[77] Pikulik, Mythos 1988, 250.
[78] Dieser Zweifel hätte sich ästhetisch in einer Kritik an einem Programm naiven Erzählens zu manifestieren, dazu grundlegend Grözinger, Erzählen und Handeln 1989, 63-101.
[79] Bernet, Gebet 1970, 102. Mir geht es mit dieser Theorie wie Ernst Lange: Sie hat etwas Faszinierendes wie Befremdliches zugleich, siehe dazu Lange, in: Bernet, Gebet 1970, 154-167.
[80] Zu diesem Aspekt Picard, Autobiographie 1978, 235f.
[81] Sparn, Autobiographische Kompetenz 1990, 61-65. Ähnlich auch Nipkow, Erwachsenwerden 1987, 112-115 und Grözinger, Ästhetisches Engagement 1990, 160f.
[82] Sparn, Dichtung und Wahrheit 1990, 19f: In Kierkegaards Selbstdarstellung „hängen Wahrheit und sprachliche Form, Inhalt und stilistische Komposition eng zusammen. Die *formale Komposition* und der *wahre Inhalt* seiner Lebensgeschichte fallen zusammen, und zwar in der Authentizität der autobiographischen Performation."

(Moritz, Moser, Handke, aber auch Christa Wolf). Als Ideal autobiographischer Kompetenz im christlichen Sinn hingegen wird der „*'Gehorsam des Kreuzes in ästhetischer Nachfolge'*"[83] (Hamann) gefordert, was bei Sparn auf eine ästhetische Realisation des protestantischen Rechtfertigungsglaubens in Form performativer Poiesis mystisch gedachter Identität hinausläuft.[84] Obwohl Sparn mit diesem Ansatz die Produktivität religiöser Subjektivität konstruktiv aufnehmen will, bleibt sein Ansatz dem Verdacht ausgesetzt, das Moment des 'Christlichen' objektivierend in einer Metapher 'festzustellen', deren Plausibilitätsstruktur unter den Bedingungen der Spätmoderne fragwürdig geworden ist.[85] In bezug auf die spätmoderne, sich in Klage und Lob artikulierende Autobiographik ist es naheliegend, statt auf die Metapher der Autorschaft eher auf die Metapher der Hörerschaft oder Leserschaft Gottes als Anwältin einer enthierarchisierenden Struktur der Religion zurückzugreifen,[86] wobei festzuhalten gilt, daß die 'leere Transzendenz' in Koeppens *Jugend* und Handkes *Die Wiederholung* entpersonalisiert erscheint: Ihr Klagen und Loben, ihr 'Beten' „dialogisiert nicht und monologisiert nicht. [Ihr] Beten erzählt."[87]

2. „Heilige Leere":
   Die offene Gottesfrage spätmoderner Autobiographik

In der spätmoderner Autobiographik bleibt die Transzendenz (als 'Ort' des Unverfügbaren)[88], traditionell mit dem Gottessymbol besetzt, leer: Das Klagen hat keinen Zielpunkt (Koeppen), das Loben keinen Haftpunkt. Doch in und mit dieser Gebrochenheit wird die Gottesfrage strukturell - ohne affirmatives Bekenntnis zu sein - autobiographisch offen gehalten: In Handkes *Die Wiederholung*, indem kulturelle Zwischenräume, Übergänge und Leerstellen (mystisch) lobend als Sinngeneratoren entdeckt werden (zugespitzt im „*leeren* Grab"), und in Koeppens *Jugend*, indem die Klage der Abwesenheit Gottes, verstanden als eine identitätsstiftende Instanz jenseits seiner kulturellen Festschreibungen, auf eine Hoffnung hin transparent bleibt (aufblitzend etwa in dem „weihnachtsglänzend" der Schaufensterepisode). In diesem spätmodern 'betenden'[89] Offenhalten der Gottesfrage (im Sinn einer theologia negativa)[90] sehe ich

---

[83] Sparn, Autobiographische Kompetenz 1990, 64.
[84] Sparn, Sancta simplicitas 1994, 103-110.
[85] Noch deutlicher greifbar wird dieses Spannungsmoment zwischen 'Christlichkeit' und Moderne bei Hartmut Rosenau, Christliche Autobiographie 1989, 11-16, dessen Ansatz von dem Kontrast zwischen Autobiographie als Ausdruck modernen Autonomiestrebens und Glauben als Ausdruck von Dankbarkeit und Demut bestimmt ist.
[86] Dazu Luther, Religion und Alltag 1992, 149: Luther plädiert in einer (nicht weiter ausgeführten) These für die Leserschaft Gottes mit dem Argument, daß in der biographischen Selbstreflexion die Differenz zwischen Ich und Gott erhalten bleiben soll: „Gott ist daher nicht der *Autor* meiner Lebensgeschichte, sondern ihr *Leser (Hörer)*." (149)
[87] Bernet, Gebet 1970, 137.
[88] Zum Transzendenzbegriff Blumenberg, Transzendenz 1962, 990-997.
[89] Nach Bernet, Gebet 1970, hat das Beten neben der situierenden eine reflektierende und eine erzählende Funktion. Es ist nicht zufällig, daß das Psalmodieren der spätmodernen Autobiographik in diesem Sinn unter Rekurs auf die distanziert-emanzipatorische Gebetstheologie Bernets rekonstruiert werden kann.
[90] Zur negativen Theologie Borgman, Theologie 1995, 154-165. Unter bibliodramatischem Aspekt Martin, Gott auf der Bibliodramabühne 1996, 107f.

eine zentrale prophetische Dimension, die (protestantische) Theologie, wie es Tillich bereits 1924 fordert, dazu anregen sollte, die biographisch bedeutsame Rechtfertigungslehre geschichtlich variabel zu denken. „Religiös erheblich", so Tillich in seinem Aufsatz *Rechtfertigung und Zweifel* (1924), „kann nur eine Verkündigung der Rechtfertigung sein, die das reformatorische Durchbruchsprinzip auch als Durchbruchsprinzip unserer Geisteslage kundtut. Diese aber ist bestimmt durch den Verlust der Voraussetzungen, die Mittelalter und Reformation gemeinsam hatten: der Gottesgewißheit und damit der Gewißheit der Wahrheit und des Sinnes."[91]

Albrecht Grözinger ist der Ansicht, Tillichs kulturtheologischer Ansatz sei sachlich unangemessen, da „die bahnbrechenden ästhetischen Objekte des 20. Jahrhunderts ohne 'Religion' auskommen"[92]. Doch damit geht Grözinger, wie an einer Passage Tillichs zum Phänomen der „heiligen Leere" deutlich wird, von einem anderen Religionsverständnis aus, seine Kritik an Tillich ist von daher grundsätzlich nicht plausibel:

> „Man gewinnt oft den Eindruck, daß nur solche kulturellen Schöpfungen Größe besitzen, in denen die Erfahrung der Leere ausgedrückt ist, denn sie kann machtvoll nur zum Ausdruck gebracht werden, wenn sie auf einem Fundament ruht, das tiefer ist als alle Kultur, das unbedingt ist, auch dann, wenn es die Leere bejaht, selbst die der religiösen Kultur. Wo dies geschieht, kann das Vakuum der Auflösung ein Vakuum werden, aus dem heraus Schöpfung möglich ist, eine 'heilige Leere' sozusagen, die die Qualität des Wartens, eines Noch-nicht, eines Von-oben-her-Gebrochenseins in all unsere kulturelle schöpferische Tätigkeit hineinbringt."[93]

Ich will kein Gesamturteil über die Ästhetik der Moderne und Spätmoderne fällen. Doch das, was Tillich mit dieser Kategorie der „'heiligen Leere'" anspricht, kann genau das präzisieren, was Spezifikum der spätmodernen Autobiographik ist: das expressiv-melancholische Erzählen der 'Leere', nicht ohne eine Vorstellung, was die 'Fülle' ist (Koeppen), und das expressiv-beschwörende Erzählen der 'Fülle', nicht ohne deren Unerfüllbarkeit zu sehen (Handke).

Ich gehe, indem ich Literatur auf diese Weise mit Tillich „theonom" verorte, grundsätzlich von einem Modell der „*Koexistenz*"[94] von Literatur und Theologie aus, rechne also im Bereich kulturell-literarischer Ästhetik mit Formen des Religiösen, die für den Bereich von Theologie und Kirche im Sinn einer „*Kritik am theologischen Mißbrauch der Sprache*"[95] zur prophetischen Provokation werden können. Koexistenz bedeutet ein fruchtbares Nebeneinander, das nach Gemeinsamkeiten Ausschau hält und Differenzen nicht verschweigt. Gemeinsamkeiten bestehen in der sprachkritischen, expressiv in Klage und Lob zum Ausdruck kommenden Frage nach der Wahrheit von Biographie. Eine grundlegende Differenz ist mit der konfessorischen Dimension religiöser Sprache angesprochen, die für Kirche und Theologie konstitutiv ist, in der autobiographischen Kommunikation der Spätmoderne in ihrer Spannung zwischen Mythos und Logos jedoch keinen Platz hat. Dabei erweist sich diese konfessorische Leerstelle

---

[91] Tillich, Rechtfertigung und Zweifel (1924) 1980, 54f. Damit ist dem Ansatz von Siller, Biographische Elemente 1984, 187-208, widersprochen, der das Autobiographische unter pragmatischer Perspektive eingeengt als „Bitte um Anerkennung" bestimmt.
[92] Grözinger, Theologie und Kultur 1989, 206, A 13. Zur neueren Diskussion der Tragfähigkeit des Ansatzes von Tillich: Schwebel, Wahrheit der Kunst 1988, 140f.
[93] Tillich, Religion und Kultur 1980, 94f.
[94] Schröer, Literatur 1972, 24.
[95] Schröer, Literatur 1972, 178.

religiös als höchst produktiv und kann Theologie und Kirche, ohne programmatisch-normativ übernommen werden zu müssen, zu einer kritischen Reflexion von Religion und ihren gegenwärtigen Kommunikationsformen herausfordern. In welche Richtung diese Herausforderungen gehen, habe ich versucht, unter der Kategorie des prophetischen Profils herauszuarbeiten. Die Abstraktionsprozesse, die damit in der Reflexion von Religion jenseits ihrer kulturell identifizierbaren Objektivierungen verbunden sind, können als Versuch gesehen werden, der „Krise der gegenwärtigen Selbstauslegung und -darstellung des Christentums"[96] konstruktiv über das Wahrnehmen der ästhetischen Dimension religiöser Autobiographik zu begegnen. Dabei macht die Autobiographik der Spätmoderne auf grundlegende Elemente einer christlichen Biographik im weiteren Sinn aufmerksam: Theologisch zentrale Begriffe wie Kreuz und Auferstehung werden von Koeppen, dem hoffenden Pessimisten, und Handke, dem traurigen Optimisten, autobiographisch zwar nicht 'realisiert'[97], aber ihre Erzählungen befinden sich, indem sie Zerrissenheit thematisieren (Koeppen) und Ganzheit nicht aus den Augen verlieren (Handke), in der Nähe zu dem, was mit diesen Begriffen theologisch angesprochen ist. Ich sehe die Autobiographien von Koeppen und Handke sozusagen auf dem Weg (der Grundoffenbarung mit ihren Zweideutigkeiten), nicht jedoch am Ende (der Christusoffenbarung mit dem Aufheben der Zweideutigkeit).[98] Als solche halten sie Religion biographisch perspektiviert in ihrer Grundspannung zwischen Fragment und Ganzheit unter den Bedingungen der Spätmoderne ästhetisch präsent (und tragen dazu bei, ein weiteres Muster religiös-christlicher Biographik 'sozial' zu plausibilisieren): In und mit der Entpragmatisierung konventioneller Biographiemuster und Handlungsanforderungen werden Leserinnen und Leser insofern zur existentiellen Selbstreflexion provoziert, als sie im Modus des Expressiven auf der Basis „heiliger Leere" für Brüchigkeit, die nicht in Sinnlosigkeit endet, und für Sinnhaftigkeit, die nicht mehr einfach gegeben ist, sensibilisiert werden.

---

[96] Pollack, Religiöse Dimensionen 1990, 184 A12.
[97] Schröer, Literatur und Religion 1991, 301 erwägt, „ob nicht besser als der Begriff der Realisation die Kategorie der Gleichzeitigkeit in ihrer sprachlichen Dimension, also der Begriff der Synchronisation, maßgeblich werden sollte." Ich halte jedoch den Begriff der 'Realisation' nach wie vor für angemessen, meine jedoch, man müsse ihn gegenüber Sölle 'universalisieren' und etwa in dem Sinn theologisch präzisieren, wie ihn Handke in *Die Lehre der Sainte Victoire* in seiner Spannung eines kreativen Freiphantasierens von etwas bereits Gegebenen als „Verwandlung und Bergung der Dinge in Gefahr" (LSV 66) 'erzählt'.
[98] Dazu Tillich, Rechtfertigung und Zweifel (1924) 1980, 66: „Die Grundoffenbarung ist die Befreiung aus der Verzweiflung des Zweifels und der Sinnleere. Insofern ist sie der Anfang der Heilsoffenbarung. Und die Heilsoffenbarung ist Befreiung aus der Verzweiflung des Widerspruchs und der Gottferne." (66)

E. Literaturverzeichnis

Die in Klammern angegebenen Jahreszahlen geben jeweils die Erstauflage eines Buchs an.

I. Autobiographien

1. Autobiographien bis 19. Jahrhundert

Augustinus, Aurelius, Bekenntnisse. Vollständige Ausgabe. Eingeleitet und übertragen von Wilhelm Thimme, München 1982

Goethe, Johann Wolfgang von, Aus meinem Leben. Dichtung und Wahrheit, 1809-1830, in: Erich Trunz (Hg.), Goethes Werke, Hamburger Ausgabe Bd. IX: Autobiographische Schriften I, und Bd. X: Autobiographische Schriften II, München ^{11}1989

Hamann, Johann Georg, Gedanken über meinen Lebenslauf (1758), in: Sämtliche Werke II: Schriften über Philosophie/Philologie/Kritik 1758-1763, Herder 1950, 11-54

Jung-Stilling, Johann Heinrich, Lebensgeschichte (1777-1817), in: Gustav Adolf Benrath (Hg.), Lebensgeschichte. Vollständige Ausgabe, mit Anmerkungen, Darmstadt ^{2}1984

Moritz, Karl Philipp, Anton Reiser. Ein psychologischer Roman (1785-1790), zitiert nach: Wolfgang Martens (Hg.), Reclam Lese-Klassiker, Stuttgart 1986

Paul, Jean, Selberlebensbeschreibung (1818), Stuttgart 1989

2. Autobiographien des 20. Jahrhunderts

Andersch, Alfred, Die Kirschen der Freiheit. Ein Bericht (1952) Zürich 1971

Ders., Der Vater eines Mörders. Erzählung (1980) Zürich 1982

Benjamin, Walter, Berliner Kindheit um neunzehnhundert. Fassung letzter Hand. Mit einem Nachwort von Theodor W. Adorno, Frankfurt/Main 1989

Bergman, Ingmar, Mein Leben. Aus dem Schwedischen von Hans-Joachim Maass, Hamburg 1987

Bernhard, Thomas, Die Ursache. Eine Andeutung (1975) München ^{12}1992

Ders., Der Keller. Eine Entziehung (1976) München ^{8}1990

Ders., Der Atem. Eine Entscheidung (1978) München ^{8}1992

Ders., Die Kälte. Eine Isolation (1981) München ^{5}1991

Ders., Ein Kind (1982) München ^{8}1992

Casals, Pablo, Licht und Schatten auf einem langen Weg. Erinnerungen. Aufgezeichnet von Albert E. Kahn (1970) Frankfurt/Main 1994

Drewitz, Ingeborg, Gestern war Heute. Hundert Jahre Gegenwart. Roman (1978) München ^{9}1988

Eppler, Erhard, Als Wahrheit verordnet wurde. Briefe an meine Enkelin, Frankfurt am Main und Leipzig 1994

Frisch, Max, Montauk. Eine Erzählung (1975) Frankfurt/Main 1981

Fussenegger, Gertrud, Ein Spiegelbild mit Feuersäule. Lebensbericht (1979) Stuttgart 1994
Green, Julien, Jugend. Autobiographie 1919-1930 (1984) München 1989
Harig, Ludwig, Weh dem, der aus der Reihe tanzt. Roman (1990), Frankfurt/Main 1994
Härtling, Peter, Nachgetragene Liebe, Darmstadt/Neuwied 1980
Ders., Herzwand. Mein Roman, Frankfurt/Main ^{2}1990
Herhaus, Ernst, Kapitulation. Aufgang einer Krankheit (1977) München 1980
Hermlin, Stephan, Abendlicht (1979) Berlin 1987
Lenker, Christiane, Krebs kann auch eine Chance sein. Zwischenbilanz oder Antwort an Fritz Zorn (1984) Frankfurt/Main 1993
Meckel, Christoph, Suchbild. Über meinen Vater (1980) Frankfurt/Main 1993
Novak, Helga M., Die Eisheiligen. Roman (1979) Frankfurt/Main 1989
Novak, Helga M., Vogel federlos (1982) Frankfurt/Main ^{2}1989
Plessen, Elisabeth, Mitteilung an den Adel. Roman (1976) Frankfurt/Main 1990
Richter, Jutta, Himmel, Hölle, Fegefeuer. Versuch einer Befreiung (1982) München 1992
Rinser, Luise, Den Wolf umarmen (1981) Frankfurt/Main 1991
Schwaiger, Brigitte, Der Himmel ist süß. Eine Beichte (1984) Reinbek 1992
Toller, Ernst, Eine Jugend in Deutschland (1933) Reinbek 1993
Ullmann, Liv, Wandlungen, Bern/u.a. 1976
Dies., Gezeiten (1985) München 1987
Weiss, Peter, Abschied von den Eltern. Erzählung (1961) Frankfurt/Main 1964
Ders., Fluchtpunkt. Roman (1962) Frankfurt/Main 1965
Wodin, Natascha, Einmal lebt ich. Roman, Frankfurt/Main 1989
Wolf, Christa, Kindheitsmuster (1976) Frankfurt/Main ^{18}1990
Zorn, Fritz, Mars. Mit einem Vorwort von Adolf Muschg (1977) Frankfurt/Main 1991
Zuckmayer, Carl, Als wär's ein Stück von mir. Horen der Freundschaft (1966) Frankfurt/Main 1994

II. Literatur zu Wolfgang Koeppen

1. Primärliteratur

- Sein Geschöpf. Antwort auf eine Umfrage: Wie stehen Sie zu Gott? (1951), in: GW V, Frankfurt/Main 1990, 229-230
- Unlauterer Geschäftsbericht, in: Uwe Schultz (Hg.), Das Tagebuch und der moderne Autor (1965) Frankfurt am Main/u.a. 1982, 5-19
- Vom Tisch (1972), in: GW V, Frankfurt/Main 1990, 283-301 (VT)
- Jugend (1976), Frankfurt/Main 1989 (J)
- Es war einmal in Masuren (1991) Frankfurt/Main 1995

2. Gespräche und Interviews

- „Der Schriftsteller hat rücksichtslos zu sein" (1974), in: Schriftsteller im Gespräch mit Heinz Ludwig Arnold I, Zürich 1990, 69-113 (Arnold I)
- Hermann, Ingo (Hg.), Wolfgang Koeppen: Ohne Absicht. Gespräch mit Marcel Reich-Ranicki in der Reihe „Zeugen des Jahrhunderts", Göttingen 1994
- Hans-Ulrich Treichel (Hg.), Wolfgang Koeppen: „Einer der schreibt". Gespräche und Interviews, Frankfurt/Main 1995 (ES)

3. Sekundärliteratur

Beu, Andrea, Wolfgang Koeppen „Jugend". Beiträge zu einer Poetik der offenen Biographie, Allgemeine Literatur- und Sprachwissenschaft 4, Essen 1994

Bräunlein, Jürgen, Ein Beginn und schon das Ende. Zum Tode des Schriftstellers Wolfgang Koeppen, in: LM 35 (1996) 24-25

Führer, Ruth, Das Ich im Prozeß. Studien zur modernen Autobiographie, Freiburg 1982

Friedrichs, Lutz, Appell zur Selbsterkundung. Religiöse Dimensionen poetischer Autobiographik bei Wolfgang Koeppen, in: PrTh 32 (1997) 30-41

Greiner, Ulrich, Zum Sehen bestellt. Ein Nachruf auf den Schriftsteller Wolfgang Koeppen, in: Die Zeit 13, 22. März 1996

Hielscher, Martin, Schreiben und Schlachten. Zu Wolfgang Koeppens Prosafragment „Jugend", in: Eckart Oehlenschläger (Hg.), Wolfgang Koeppen, Frankfurt/Main 1987, 318-332

Hielscher, Martin, Wolfgang Koeppen, München 1988

Hielscher, Martin, Zitierte Moderne. Poetische Erfahrung und Reflexion in Wolfgang Koeppens Nachkriegsromanen und in „Jugend", Heidelberg 1988

Oehlenschläger, Eckart (Hg.), Wolfgang Koeppen, Frankfurt/Main 1987

Siblewski, Klaus, Art. Wolfgang Koeppen, in: KLG, München 1992

Treichel, Hans-Ulrich, Fragment ohne Ende. Eine Studie über Wolfgang Koeppen, Reihe Siegen 54, Heidelberg 1984

Unseld, Siegfried, Auf dem Fantasieroß. Der Dichter Wolfgang Koeppen und sein Verleger, in: FAZ 87, 13. April 1996

Uske, Bernhard, Geschichte und ästhetisches Verhalten: Das Werk Wolfgang Koeppens, Analysen und Dokumente 17, Frankfurt am Main/u.a. 1984

Vom Hofe, Gerhard/Pfaff, Peter, Das Elend des Polyphem. Zum Thema der Subjektivität bei Thomas Bernhard, Peter Handke, Wolfgang Koeppen und Botho Strauß, Königstein/Ts 1980

Vormweg, Heinrich, Das Ende einer wahren Legende. Zum Tod des großen Schriftstellers Wolfgang Koeppen, in: SZ 64, 16./17. März 1996

Voss, Dietmar, Wahrheit und Erfahrung im ästhetischen Diskurs. Studien zu Hegel, Benjamin, Koeppen, Frankfurt am Main/Bern 1982

Ders., Metamorphosen des Imaginären - nachmoderne Blicke auf Ästhetik, Poesie und Gesellschaft, in: Andreas Huyssen/Klaus R. Scherpe (Hg.), Postmoderne. Zeichen eines kulturellen Wandels (1986), Frankfurt/Main 1993, 219-250

Ders., Ohnmächtige Wahrheit. Reflexionen über „Jugend" und andere Werke von Wolfgang Koeppen, in: Eckart Oehlenschläger (Hg.), Wolfgang Koeppen, Frankfurt/Main 1987, 332-359

4. Rezensionen zu Jugend

Blöcker, Günter, Der hochbewußte Träumer. Wolfgang Koeppen im Pandämonium seiner Kindheit, in: SZ 294, 18./19. Dezember 1976

Häussermann, Bernhard, Eine Sprache, die Träume wie Schlangen beschwört. Zu Wolfgang Koeppens lyrisch-dramatischer Erzähldichtung „Jugend", in: HAZ 4. Dezember 1976

Krolow, Karl „Mein Ziel war die Ziellosigkeit". Ein neues Werk von Wolfgang Koeppen: „Jugend", in: Darmstädter Echo 8. November 1976

Michaelis, Rolf, Schwarze Fahnen über dem Paradies. Wolfgang Koeppens Prosagedicht „Jugend", in: Die Zeit 12. November 1976

Reich-Ranicki, Marcel, Wahrheit, weil Dichtung. Wolfgang Koeppens vollendetes Fragment „Jugend", in: FAZ 20. November 1976

Reinhardt, Stephan, Rückblick auf frühe Erkenntnis der Wiederholung. Wolfgang Koeppens Prosastück „Jugend", in: FR 29. Januar 1977

Schafroth, Heinz F., Die unmögliche und die skeptische Hoffnung. Thomas Bernhard und Wolfgang Koeppen: Nachdenklicher Rückgriff auf die Jugend, in: Die Weltwoche 3, 19. Januar 1977

Siering, Johann, Wolfgang Koeppen: Jugend, in: Neue deutsche Hefte 24 (1977), 157-158

Tank, Kurt Lothar, Gedichtete Wahrheit, traumverloren, in: DS 17. Oktober 1976

III. Literatur zu Peter Handke

1. Primärliteratur

- Die Hornissen. Roman (1966), Frankfurt/Main 1977
- Wunschloses Unglück. Erzählung (1972) Frankfurt/Main 1974 (WU)
- Ich bin ein Bewohner des Elfenbeinturms, Frankfurt/Main 1972 (BET)
- Der kurze Brief zum langen Abschied (1972), Frankfurt/Main 1974
- Als das Wünschen noch geholfen hat, Frankfurt/Main 1974 (AW)
- Langsame Heimkehr. Erzählung (1979), Frankfurt/Main 1984 (LH)
- Die Lehre der Sainte-Victoire (1980), Frankfurt/Main 1984 (LSV)
- Kindergeschichte (1981), Frankfurt/Main 1984 (KG)
- Über die Dörfer. Dramatisches Gedicht (1981), Frankfurt/Main 1984 (ÜD)
- Das Ende des Flanierens (1980), Frankfurt/Main ^{2}1982
- Die Geschichte des Bleistifts (1982), Frankfurt/Main 1985 (GB)
- Der Chinese des Schmerzes (1983), Frankfurt/Main 1986 (ChS)
- Die Wiederholung (1986), Frankfurt/Main 1992 (W)
- Nachmittag eines Schriftstellers. Erzählung (1987), Frankfurt/Main 1989 (NES)

- Versuch über die Jukebox. Erzählung (1990), Frankfurt/Main 1993 (VJ)
- Langsam im Schatten. Gesammelte Verzettelungen 1980-1992 (1992), Frankfurt/Main 1995 (LS)
- Mein Jahr in der Niemandsbucht. Ein Märchen aus den neuen Zeiten, Frankfurt/Main 1994

2. Gespräche und Interviews mit Peter Handke

- Die Fiktion ist nötig. Interview mit Peter Handke (1972), in: Volker Hage, Die Wiederkehr des Erzählers. Neue deutsche Literatur der siebziger Jahre, Frankfurt am Main/u.a. 1982, 111-121
- Die Ausbeutung des Bewußtseins. Gespräch mit Peter Handke, in: FAZ, 13. Januar 1973
- „Nicht Literatur machen, sondern als Schriftsteller leben". Gespräch mit Peter Handke (1975), in: Schriftsteller im Gespräch mit Heinz Ludwig Arnold II, Zürich 1990, 139-177 (Arnold II)
- Für mich ist Literatur auch eine Lebenshaltung. Gespräch mit Peter Handke, in: Manfred Durzak, Gespräche über den Roman. Formbestimmungen und Analysen, Frankfurt/Main 1976, 314-368
- Peter Handke: Ich denke wieder an ein ganz stummes Stück. Interview mit Peter Handke, in: Die Welt 9. Oktober 1987
- Wir müssen fürchterlich stottern. Die Möglichkeit der Literatur - Gespräch mit dem Schriftsteller Peter Handke, in: SZ 23. Juni 1988
- „Der Alltag ist schändlich leblos". SPIEGEL-Gespräch mit dem österreichischen Schriftsteller Peter Handke über sein verändertes Leben, in: Der Spiegel 16. April 1990
- „Ich möchte leben im guten Sinne - höher, weiter". Peter Handke über Leben, Schreiben, die Poesie der Vorstädte - und den Bürgerkrieg, in: FR 31. Dezember 1994
- „Gelassen wär' ich gern". Der Schriftsteller Peter Handke über sein neues Werk, über Sprache, Politik und Erotik (Gespräch mit Volker Hage und Mathias Schreiber), in: Der Spiegel 5. Dezember 1994

Gesprächsbände:
- Peter Handke, Aber ich lebe nur von den Zwischenräumen. Ein Gespräch, geführt von Herbert Gamper (1987), Frankfurt/Main 1990 (Z)
- André Müller im Gespräch mit Peter Handke, Weitra 1993 (M)

3. Sekundärliteratur

Baloch, Harald, Untersuchungen zu Religion und Ritus in Werken Peter Handkes bis 1983, Dissertation an der Universität Graz, 1989 (ms)

Bartmann, Christoph, Suche nach Zusammenhang. Handkes Werk als Prozeß, Wien 1984

Bonn, Klaus, Die Idee der Wiederholung in Peter Handkes Schriften, Epistemata 124, Würzburg 1994

Egyptien, Jürgen, Die Heilkraft der Sprache. Peter Handkes „Die Wiederholung" im Kontext seiner Erzähltheorie, in: Heinz Ludwig Arnold (Hg.), Text und Kritik 24: Peter Handke, München ⁵1989, 42-58

Elm, Theo, Peter Handke, in: Gunter E. Grimm/Frank Rainer Max (Hg.), Deutsche Dichter 8, Stuttgart 1994, 565-581

Elm, Theo, Peter Handke: Der kurze Brief zum langen Abschied, in: Interpretationen, Romane des 20. Jahrhunderts 2, Stuttgart 1993, 268-296

Fischer, Ernst, Art. Handke, Peter, in: Walther Killy (Hg.), Literaturlexikon. Autoren und Werke deutscher Sprache 4, Gütersloh/München 1989, 503-505

Fuchs, Gerhard, Sehnsucht nach einer heilen Welt. Zu einer „Schreib-Bewegung" in den späteren Prosatexten Peter Handkes, in: ders./Gerhard Melzer (Hg.), Peter Handke: Die Langsamkeit der Welt, Graz/Wien 1993, 115-131

Gabriel, Norbert, Neoklassizismus oder Postmoderne? Überlegungen zu Form und Stil von Peter Handkes Werk seit der Langsamen Heimkehr, in: Modern Austrian Literature 24 (1991) 99-109

Gamper, Herbert, Stellvertreter des Allgemeinen? Über *Die Vernünftigen sterben aus* und das Erzählprogramm von *Die Wiederholung*, in: Gerhard Fuchs/Gerhard Melzer (Hg.), Peter Handke: Die Langsamkeit der Welt, Graz/Wien 1993, 165-194

Goergen, Peter, Verklärtes Bewußtsein. Wunschbilder des Heiligen bei Peter Handke, in: ders., Seitensprünge. Literaten als religiöse Querdenker. Mit einem Beitrag von Ludwig Harig, Solothurn und Düsseldorf 1995, 158-171

Graf, Volker, „Verwandlung und Bergung der Dinge in Gefahr". Peter Handkes Kunstutopie, in: Raimund Fellinger (Hg.), Peter Handke, Frankfurt/Main 1985, 276-313

Hafner, Fabjan, Expeditionen ins Neunte Land. Slowenien und die Slowenen im Werk Peter Handkes, in: Gerhard Fuchs/Gerhard Melzer, Peter Handke: Die Langsamkeit der Welt, Graz/Wien 1993, 215-227

Hage, Volker, Das Zittern der Gräser. Über Peter Handkes Mammutwerk „Mein Jahr in der Niemandsbucht", in: Der Spiegel 45, 7. November 1994

Hamm, Peter, Jetzt kann er „Ich" sagen. Über Peter Handke: „Der kurze Brief zum langen Abschied", in: Der Spiegel 26, 1. Mai 1972

Haslinger, Adolf, „Achtung, Hornissen!" Zu Peter Handkes früher Prosa, in: Gerhard Fuchs/Gerhard Melzer (Hg.), Peter Handke: Die Langsamkeit der Welt, Graz/Wien 1993, 95-113

Haslinger, Adolf, Peter Handke. Jugend eines Schriftstellers (1992), Frankfurt/Main 1995

Haslinger, Adolf, Von der Dorfwelt zum Weltreich. Peter Handkes Prosawerke „Die Hornissen" und „Die Wiederholung", in: Eduard Beutner/u.a. (Hg.), Dialog der Epochen. Studien zur Literatur des 19. und 20. Jahrhunderts, Wien 1987, 238-253

Hörisch, Jochen, Brot und Wein. Die Poesie des Abendmahls, Frankfurt/Main 1992

Jenny, Urs, „Ah, noch so früh!" - „Oh, schon so spät!", in: Merkur 26 (1972) 493-495

Kaufmann, Stefan, Peter Handkes 'Evangelium der Fälschung' oder: der 'Gott der Phantasie'. Die Tetralogie 'Langsame Heimkehr' als möglicher Beitrag zu einer theologischen Hermeneutik, in: EvErz 40 (1988) 445-457

Kern, Harald, Auswahlbibliographie, in: Heinz Ludwig Arnold (Hg.), Text und Kritik 24 (1989) 138-148

Küchler, Tilman, Von blinden Fenstern und leeren Viehsteigen: Zu Peter Handkes *Die Wiederholung*, in: seminar (30) 1994, 151-168

Kurz, Paul Konrad, Mit der Musikbox zum Gral. Federleichtes Spiel mit der Erinnerung: In seinem „Versuch über die Jukebox" entfaltet Peter Handke eine Poetologie des Erzählens, in: Rheinischer Merkur/Christ und Welt 24. August 1990

Lenz, Hermann, Überwindung der Einsamkeit, in: Gerhard Melzer/Jale Tükel (Hg.), Peter Handke: Die Arbeit am Glück, Königstein/Ts 1985, 25-30

Marschall, Mythen der Metamorphose - Metamorphose des Mythos bei Peter Handke und Botho Strauß, GiG 1, Mainz 1993

Mayer, Gerhart, Annäherung an den Bildungsroman. Peter Handke: Der kurze Brief zum langen Abschied, Langsame Heimkehr, Die Wiederholung, in: Nikolaus Hofen (Hg.), Und immer ist es die Sprache, Hohengehren 1993, 94-108

Melzer, Gerhard, Das erschriebene Paradies. Kindheit als poetische Daseinsform im Werk Peter Handkes, in: Gerhard Fuchs/ders. (Hg.), Peter Handke: Die Langsamkeit der Welt, Graz/Wien 1993, 47-62

Pikulik, Lothar, Mythos und „New Age" bei Peter Handke und Botho Strauß, in: WW 38 (1988) 235-252

Pöhlmann, Horst Georg, Der Meister der leisen Töne. Peter Handkes religiöser Schriftsinn, in: EvKom 26 (1993), 40-43

Pütz, Peter, Art. Peter Handke, in: KLG 1995, 1-24

Reich-Ranicki, Marcel, Peter Handke und der liebe Gott. Zu der Erzählung „Langsame Heimkehr", in: FAZ 269, 17. November 1979

Renner, Rolf Günter, Peter Handke, Stuttgart 1985

Renner, Rolf Günter, Wiederholung und Wiederfindung: Peter Handke, in: ders., Die postmoderne Konstellation. Theorie, Text und Kunst im Ausgang der Moderne, Freiburg 1988, 369-387

Riedel, Sekundärliteratur, in: KLG, Anhang zu Artikel Peter Handke, 4/1995

Rotzetter, Anton, P. Handkes „Gedicht an die Dauer" - eine säkulare Spiritualität, in: ders., Neue Innerlichkeit, Mainz und Stuttgart 1992, 117-128

Schmiedt, Helmut, Analytiker und Prophet. Die Wiederholung in Peter Handkes Prosatexten „Wunschloses Unglück" und „Die Wiederholung", in: Heinz Ludwig Arnold (Hg.), Text und Kritik 24: Peter Handke, München ⁵1989, 82-92

Schmitz-Emans, Monika, Die Wiederholung der Dinge im Wort. Zur Poetik Francis Ponges und Peter Handkes, in: Sprachkunst 24 (1993) 255-287

Sommerhage, Claus, Romantische Aporien. Zur Kontinuität des Romantischen bei Novalis, Eichendorff, Hofmannsthal und Handke, Paderborn 1993

Stern, Martin, Zwischen Mythos, Mystik und Verzicht. Peter Handkes neues Schreiben, in: Schweizer Monatshefte 68 (1988) 835-848

Thuswaldner, Werner, Handkes Heimkehr. Verfahrensweisen früher und heute, in: Gerhard Melzer/Jale Tükel (Hg.), Peter Handke: Die Arbeit am Glück, Königstein/Ts 1985, 31-44

Wagner-Egelhaaf, Martina, Die Heilige Schrift: Peter Handke, „Die Wiederholung" (1986), in: dies., Mystik der Moderne. Die visionäre Ästhetik der deutschen Literatur im 20. Jahrhundert, Stuttgart 1989, 172-207.

Wallas, Armin A., „und ich gehörte mit meinem Spiegelbild zu diesem Volk". Peter Handke als Schöpfer eines slowenischen Mythos, in: Österreich in Geschichte und Literatur 33 (1989) 332-338

Weiss, Walter, Religiöse Motive. Poetik des Fragens bei Peter Handke, in: Sprachkunst 20 (1989) 227-235

Welzig, Werner, Besprechen und Behalten. Noch einmal zu: „Langsame Heimkehr" von Peter Handke, in: Die Presse 9514, 7./8. Dezember 1979

Widrich, Hans, Die Hornissen - auch ein Mosaik aus Unterkärnten, in: Raimund Fellinger (Hg.), Peter Handke, Frankfurt/Main 1985, 25-35

Wischenbart, Rüdiger, „Hören Sie mich an." Über die Beschwörung der Ordnung bei Peter Handke, in: Gerhard Melzer/Jale Tükel (Hg.), Peter Handke: Die Arbeit am Glück, Königstein/Ts 1985, 1985, 45-74

4. Rezensionen zu *Die Wiederholung*

Bolz, Norbert, Erinnern, wiederholen, auslöschen, in: tageszeitung 12. November 1986

Groß, Roland, Ein Buch wie ein Fausthieb? Peter Handke hat ein neues episches Werk vorgelegt: „Die Wiederholung", in: General-Anzeiger 30. September 1986

Grünwald, Peter, „Wiederholung", Roman von Peter Handke. Auf der Suche nach einer neuen Poesie und Sprache: Dem verschollenen Bruder auf der Spur, in: Welt am Sonntag 47, 23. November 1986

Haider, Hans, Ins Herzland, in den Karst! Peter Handkes wiederholter Aufbruch, in: Die Presse 20./21. September 1986

Henrichs, Benjamin, Der Evangelimann. Glücksmärchen, Wanderpredigt, Lesefolter: Die Wiederholung" - Peter Handkes neues Buch, in: Die Zeit 41, 3. Oktober 1986

Kaiser, Joachim, Peter Handkes hohe Heimatkunst. „Die Wiederholung" - ein respektgebietendes Entwicklungs-Epos, in: SZ 1. Oktober 1986

Kurz, Paul Konrad, Poetische Landnahme: Peter Handkes Reiseroman. Du darfst die Erde lieben, in: Rheinischer Merkur/Christ und Welt 41, 3. Oktober 1986

Lorenz, Otto, Auf der Spur des Bruders, in: DS 40, 5. Oktober 1986.

Lüdke, Martin, Die wirkliche Heimkehr des Peter Handke. Sein neuer, großer Roman „Die Wiederholung", in: FR 227, 1. Oktober 1986

Matt, Peter von, Schlafen bei der großen Mutter. Peter Handkes Prosaarbeit „Die Wiederholung", in: FAZ 224, 27. September 1986

Schneider, Michael, Handke und das Volk der Mäuse, in: Die Weltwoche 48, 26. November 1987

Vollbrecht, Peter, Peter Handke: Die Wiederholung, in: Neue deutsche Hefte 34 (1987), 378-381

Winkler, Willi, Private Mysterien, in: Das Kulturmagazin 11/1986

IV. Literaturwissenschaftliche, religionstheoretische und theologische Literatur

Adorno, Theodor W., Ästhetische Theorie. Herausgegeben von Gretel Adorno und Rolf Tiedemann, Frankfurt/Main ^{11}1992

Aichinger, Ingrid, Art. Selbstbiographie, in: Werner Kohlschmidt/Wolfgang Mohr (Hg.), Real-lexikon der deutschen Literaturgeschichte III, Berlin/New York 1977, 801-819

Albrecht, Horst, Die Religion der Massenmedien, Stuttgart/u.a. 1993

Alheit, Peter, Religion, Kirche und Lebenslauf - Überlegungen zur „Biographisierung" des Religiösen, in: ThPr 21 (1986) 130-143

Anderegg, Johannes, Sprache und Verwandlung. Zur literarischen Ästhetik, Göttingen 1985

Andreotti, Mario, Die Struktur der modernen Literatur. Neue Wege in der Textanalyse. Einführung Epik und Lyrik, Bern/Stuttgart ^{2}1990

Baacke, Dieter, Autobiographische Texte als Beitrag zur Ich-Konstruktion, in: Neue Sammlung 26 (1986), 350-367

Bahr, Hans-Eckehard, Poiesis. Theologische Untersuchung der Kunst, Stuttgart 1961

Baltz, Ursula, Notizen zu Christa Wolf. - Die 'Grenze' als Ort der Annäherung zwischen 'Religion' und 'Dichtung' - , in: ThPr 18 (1983) 79-88

Dies., Theologie und Poesie. Annäherungen an einen komplexen Problemzusammenhang zwischen Theologie und Literaturwissenschaft, EHS XXIII, 216, Frankfurt/Main 1983

Dies./Luther, Henning, Von der Angewiesenheit des Theologen auf literarische Kultur, in: ThPr 18 (1983) 49-54

Dies., 'Religion' und 'Literatur' - Theologie und Literaturwissenschaft. Hermeneutische und didaktische Perspektiven, in: JRP 4 (1988) 21-41

Baltz-Otto, Ursula, Zum Dialog zwischen Theologie und Literaturwissenschaft, in: PrTh 30 (1995) 247-251

Barner, Wilfried, Literaturtheologie oder Literaturmythologie?, in: Jens, Walter/Küng, Hans/Kuschel, Karl-Joseph (Hg.), Theologie und Literatur. Zum Stand des Dialogs, München 1986, 146-163

Barth, Gerhard, Der Brief an die Philipper, ZBK NT 9, Zürich 1979

Baumgart, Reinhard, Authentisch schreiben. Deutsche Literatur der 70er Jahre, in: Rolf Grimminger/u.a. (Hg.), Literarische Moderne. Europäische Literatur im 19. und 20. Jahrhundert, Reinbek 1995, 608-636

Baumgartner, Walter, Die Klagegedichte des Jeremia, Bh ZAW 32, Gießen 1917

Bayer, Oswald, Wer bin ich? Gott als Autor meiner Lebensgeschichte. Zum 250. Geburtstag von Johann Georg Hamann am 27. August 1980, in: Theologische Beiträge 11 (1980) 245-261

Bayer, Oswald, Zeitgenosse im Widerspruch. Johann Georg Hamann als radikaler Aufklärer, München 1988

Beißer, Friedrich, Mythos und christliche Theologie, in: Bernd Jasper (Hg.), Bibel und Mythos, Fünfzig Jahre nach Rudolf Bultmanns Entmythologisierungsprogramm, Göttingen 1991, 74-90

Benjamin, Walter, Der Erzähler. Betrachtungen zum Werk Nikolai Lesskows, in: Rolf Tiedemann/Hermann Schweppenhäuser (Hg.), Walter Benjamin, GS II/2, Frankfurt/Main 1980, 438-465

Benrath, Gustav Adolf, Art. Autobiographie, christliche, in: TRE IV (1979) 772-789

Berger, Peter L., Zur Dialektik von Religion und Gesellschaft (1967) Frankfurt/Main 1988

Ders., Auf den Spuren der Engel. Die moderne Gesellschaft und die Wiederentdekkung der Transzendenz (1969). Aus dem Amerikanischen von Monika Plessner und Klaus Nientiedt, Freiburg 1991

Ders., Der Zwang zur Häresie (1980) Freiburg 1993

Ders., Robert Musil und die Errettung des Ich, in: ZfS 17 (1988) 132-142

Ders./Luckmann, Thomas, Die gesellschaftliche Konstruktion der Wirklichkeit. Eine Theorie der Wissenssoziologie (1969), Frankfurt/Main 1991

Bergmann, Klaus, Lebensgeschichte als Appell. Autobiographische Schriften der 'kleinen Leute' und Außenseiter, Opladen 1991

Bernet, Walter, Gebet. Mit einem Streitgespräch zwischen Ernst Lange und dem Autor, TT 6, Stuttgart und Berlin 1970

Birkner, Hans-Joachim, Beobachtungen und Erwägungen zum Religionsbegriff in der neueren protestantischen Theologie, in: Dietrich Rössler/u.a. (Hg.), Fides et communicatio. FS Martin Doerne, Göttingen 1970, 9-20

Bleicher, Joan, Die Autobiographie der Gegenwart, in: Carsten Peter Thiede (Hg.), Christlicher Glaube und Literatur 3, Thema: Autobiographie, Wuppertal und Zürich 1989, 59-75

Dies., Literatur und Religiosität. Untersuchungen zu deutschsprachiger Gegenwartsliteratur, Forschungen zur Literatur- und Kulturgeschichte 35, Frankfurt am Main/u.a. 1993

Blumenberg, Hans, Art. Transzendenz und Immanenz, in: RGG 6 (^{3}1962) 990-997

Ders., Arbeit am Mythos (1979) Frankfurt/Main 1996

Borgman, Erik, Negative Theologie als postmodernes Sprechen von Gott, in: Conc 31 (1995) 154-165

Brettschneider, Werner, Die Parabel vom verlorenen Sohn: Das biblische Gleichnis in der Entwicklung der europäischen Literatur, Berlin 1978

Bronson, David, Autobiographien der siebziger Jahre: Berühmte Schriftsteller befragen ihre Vergangenheit, in: Paul Michael Lützeler/Egon Schwarz (Hg.), Deutsche Literatur in der Bundesrepublik seit 1965, Königstein/Ts. 1980, 202-214

Bruss, Elizabeth W., Die Autobiographie als literarischer Akt, in: Günter Niggl (Hg.), Die Autobiographie 1989, 258-279

Bultmann, Rudolf, Welchen Sinn hat es von Gott zu reden? (1925), in: GuV I, Tübingen ^{4}1961, 26-37

Bürger, Peter, Das Verschwinden der Bedeutung. Versuch einer postmodernen Lektüre von Michel Tournier, Botho Strauß und Peter Handke, in: Peter Kemper (Hg.),

'Postmoderne' oder Der Kampf um Zukunft. Die Kontroverse in Wissenschaft, Kunst und Gesellschaft, Frankfurt/Main 1988, 294-312

Conzelmann, Hans, Grundriß der Theologie des Neuen Testaments, bearbeitet von Andreas Lindemann, Tübingen ⁴1987

Cornehl, Peter, Zur Bedeutung von Literatur für Theologie (und Ausbildung) - Ein Statement -, in: ThPr 18 (1983), 54-58

Ders., „In der Tiefe ist Wahrheit". Tillichs „Religiöse Reden" und die Aufgabe der Verkündigung, in: Hermann Fischer (Hg.), Paul Tillich. Studien zu einer Theologie der Moderne, Frankfurt/Main 1989, 256-278

Daemmrich, Horst S./Daemmrich, Ingrid, Themen und Motive in der Literatur. Ein Handbuch, Tübingen 1987

Daiber, Karl-Fritz, Religion in deutschen Heftromanen, in: ÖZS 11 (1986), 80-93

Ders., Suchen nach dem Sinn des Lebens. Zum Umgang mit Bürgerreligion und Volksreligiosität, in: LM 25 (1986), 176-181

Ders., Reinkarnationsglaube als Ausdruck individueller Sinnsuche. Das Beispiel: Shirley MacLaine „Zwischenleben", in: Hansjacob Becker/u.a. (Hg.), Im Angesicht des Todes. Ein interdisziplinäres Kompendium I, Pietas Liturgica 3, St. Ottilien 1987, 207-225

Ders., Alltagssynkretismus und dogmatische Tradition. Zur religiösen Kultur unserer Gesellschaft und einiger Defizite im protestantischen Glauben, in: Wolfgang Greive/Raul Niemann (Hg.), Neu glauben? Religionsvielfalt und neue religiöse Strömungen als Herausforderung an das Christentum, Gütersloh 1990, 101-113

Ders., Predigt als religiöse Rede. Homiletische Überlegungen im Anschluß an eine empirische Untersuchung. Predigen und Hören 3, München 1991

Ders., Erleben, ja erleben! Sinnkrise und Sinnsuche in der Erlebnisgesellschaft, in: LM 32 (1993) 29-32

Ders., Religion unter den Bedingungen der Moderne. Die Situation in der Bundesrepublik Deutschland, Marburg 1995

Ders., Diffundierende Religion - religionstheoretische Aspekte im Vorfeld und aus der Rückschau, in: Lutz Friedrichs/Michael Vogt (Hg.), Sichtbares und Unsichtbares. Facetten von Religion in deutschen Zeitschriften, Religion in der Gesellschaft 3, Würzburg 1996, 47-67

Ders., Religiöse Gruppenbildung als Reaktionsmuster gesellschaftlicher Individualisierungsprozesse, in: Karl Gabriel (Hg.), Religiöse Individualisierung oder Säkularisierung. Biographie und Gruppe als Bezugspunkte moderner Religiosität, Gütersloh 1996, 86-100

Dalferth, Ingolf U., Religiöse Rede von Gott, BEvTh 87, München 1981

Ders., Wirkendes Wort. Handeln durch Sprechen in der christlichen Verkündigung, in: Hans-Günter Heimbrock/Heinz Streib (Hg.), Magie. Katastrophenreligion und Kritik des Glaubens. Eine theologische und religionstheoretische Kontroverse um die Kraft des Wortes, Innen und Außen 1, Kampen 1994, 105-143

Ders., Subjektivität und Glaube. Zur Problematik der theologischen Verwendung einer philosophischen Kategorie, in: NZSTh 36 (1994) 18-58

Dällenbach, Lucien/Nibbrig, Christiaan L. Hart (Hg.), Fragment und Totalität, Frankfurt/Main 1984

Dilthey, Wilhelm, Der Aufbau der geschichtlichen Welt in den Geisteswissenschaften. Einleitung von Manfred Riedel, Frankfurt/Main ^{4}1993

Drehsen, Volker, Art. Säkularisierung, Säkularismus, in: ders./u.a. (Hg.), Wörterbuch des Christentums, Gütersloh und Düsseldorf 1988, 1108-1109

Ders., Lebensgeschichtliche Frömmigkeit. Eine Problemskizze zu christlich-religiösen Dimensionen des (auto-)biographischen Interesses in der Neuzeit, in: Walter Sparn (Hg.), Wer schreibt meine Lebensgeschichte? Biographie, Autobiographie, Hagiographie und ihre Entstehungszusammenhänge, Gütersloh 1990, 33-62

Durzak, Manfred, Gespräche über den Roman, Formbestimmungen und Analysen, Frankfurt/Main 1976

Eco, Umberto, Die Grenzen der Interpretation. Aus dem Italienischen von Günter Memmert, München/Wien 1992

Eggers, Theodor, Erinnerungen an Gott. Lehrstücke für Religionslehrer in Selbstzeugnissen von Zeitgenossen, München 1980

Eggert, Hartmut/Garbe, Christine, Literarische Sozialisation, Stuttgart 1995

Eifler, Margret, Die subjektivistische Romanform seit ihren Anfängen in der Frühromantik. Ihre Existentialität und Anti-Narrativik am Beispiel von Rilke, Benn und Handke, Tübingen 1985

Eliade, Mircea, Das Heilige und das Profane. Vom Wesen des Religiösen, Frankfurt/Main 1984

Engelhardt, Michael von, Biographie und Identität. Die Rekonstruktion und Präsentation von Identität im mündlichen autobiographischen Erzählen, in: Walter Sparn (Hg.), Wer schreibt meine Lebensgeschichte? Biographie, Autobiographie, Hagiographie und ihre Entstehungszusammenhänge, Gütersloh 1990, 197-247

Engemann, Wilfried, Vom Nutzen eines semiotischen Ritardando im Konzert hermeneutischer Plädoyers. Zur Bedeutung der Semiotik für eine Praktisch-theologische Hermeneutik, in: Dietrich Zilleßen/u.a. (Hg.), Praktisch-theologische Hermeneutik. Ansätze - Anregungen - Aufgaben, Rheinbach-Merzbach 1991, 161-179

Enzensberger, Hans Magnus, Ein bescheidener Vorschlag zum Schutze der Jugend vor den Erzeugnissen der Poesie, in: PädExtra 18/19 (1976) 34-36

Fechtner, Kristian/Friedrichs, Lutz: Predigt als Exorzismus? Zum Umgang mit einer umstrittenen Tradition, in: Kristian Fechtner/u.a. (Hg.), Religion wahrnehmen, Marburg 1996, 307-319

Fleischmann, Krista/Koch,Wolfgang, Monologe auf Mallorca. Thomas Bernhard - eine Herausforderung. Skript einer Sendung des ORF vom 11. Februar 1981, in: ORF-Nachlese, April 1981.

Frank, Manfred, Was heißt „einen Text verstehen"?, in: Ulrich Nassen (Hg.), Texthermeneutik. Aktualität, Geschichte, Kritik, Paderborn/u.a. 1977, 58-77

Ders., Einleitung: Schleiermacher, Hermeneutik und Kritik, in: F.D.E. Schleiermacher, Hermeneutik und Kritik. Mi einem Anhang sprachphilosophischer Texte Schleiermachers. Herausgegeben und eingeleitet von Manfred Frank (1977) Frankfurt/Main ^{5}1993, 7-67

Ders., Das individuelle Allgemeine. Textstrukturierung und Textinterpretation nach Schleiermacher, Frankfurt/Main 1985

Ders., Die Unhintergehbarkeit von Individualität. Reflexionen über Subjekt, Person und Individuum aus Anlaß ihrer 'postmodernen' Toterklärung, Frankfurt/Main 1986

Frieden, Sandra, „Falls es strafbar ist, die Grenze zu verwischen": Autobiographie, Biographie und Christa Wolf, in: Reinhold Grimm/Jost Hermand (Hg.), Vom Anderen und vom Selbst. Beiträge zu Fragen der Biographie und Autobiographie, Königstein/Ts 1982, 153-165

Friedrichs, Lutz „Gott klingt wie eine Antwort, und das ist das Verderbliche an diesem Wort..." Literatur und Religion am Beispiel von Cees Nootebooms Roman *Rituale*, in: PTh 85 (1996) 457-474

Ders., Religion und Printmedien: Zum Stand der Forschung, in: ders./Michael Vogt (Hg.), Sichtbares und Unsichtbares. Facetten von Religion in deutschen Zeitschriften, Religion und Gesellschaft 3, Würzburg 1996, 12-22

Ders., Psalmodieren vor leerer Transzendenz. Religiöse Dimensionen spätmoderner Autobiographik am Beispiel von Wolfgang Koeppens Jugend und Peter Handkes Die Wiederholung, Dissertation Marburg 1997

Fuchs, Werner, Biographische Forschung. Eine Einführung in Praxis und Methoden, Opladen 1984.

Fuchs, Werner, Todesbilder und Biographie, in: Götz Eisenberg/Marianne Gronemeyer (Hg.), Der Tod im Leben. Ein Lesebuch zu einem 'verbotenen' Thema, Gießen 1985, 43-58

Fuhrmann, Manfred, Rechtfertigung durch Identität - über eine Wurzel des Autobiographischen, in: Odo Marquard/Karlheinz Stierle (Hg.), Identität. Poetik und Hermeneutik VIII, München, 1979, 685-690

Fussenegger, Gertrud, Die Wände bleiben durchlässig, in: Carsten Peter Thiede (Hg.), Christlicher Glaube und Literatur 3, Thema: Autobiographie, Wuppertal und Zürich 1989, 82-94

Gehrke, Ralph, Literarische Spurensuche. Elternbilder im Schatten der NS-Vergangenheit, Opladen 1992

Gelfert, Hans-Dieter, Wie interpretiert man einen Roman?, Stuttgart 1993

Giesen, Bernhard, Die Entdinglichung des Sozialen. Eine evolutionstheoretische Perspektive auf die Postmoderne, Frankfurt/Main 1991

Glock, Charles Y., Über die Dimensionen der Religiosität, in: Joachim Matthes, Kirche und Gesellschaft. Einführung in die Religionssoziologie II, 1969, 150-168

Goergen, Peter, Seitensprünge. Literaten als religiöse Querdenker. Mit einem Beitrag von Ludwig Harig, Solothurn und Düsseldorf 1995

Goppelt, Leonhard, Theologie des Neuen Testaments, herausgegeben von Jürgen Roloff, Göttingen ³1985

Gräb, Doris, Jeremia: Ich bin zu jung zum Predigen. Texte der Bibel neu entdeckt: „Autobiographische Notizen" (2), in: EZ 22, 5. Juni 1994, 7

Gräb, Wilhelm, Die unendliche Aufgabe des Verstehens, in: Dietz Lange (Hg.), Friedrich Schleiermacher 1768-1834: Theologe - Philosoph - Pädagoge, Göttingen 1985, 47-71

Ders., Der hermeneutische Imperativ. Lebensgeschichte als religiöse Selbstauslegung, in: Walter Sparn (Hg.), Wer schreibt meine Lebensgeschichte? Biographie, Autobiographie, Hagiographie und ihre Entstehungszusammenhänge, Gütersloh 1990, 79-89

Ders., Kirche als Ort religiöser Deutungskultur. Erwägungen zum Zusammenhang von Kirche, Religion und individueller Lebensgeschichte, in: Ulrich Barth/Wilhelm Gräb (Hg.), Gott im Selbstbewußtsein der Moderne. Zum neuzeitlichen Begriff der Religion, Gütersloh 1993, 222-239

Ders., Aspekte neuer Religiosität und evangelischer Religionsunterricht. Systematisch-theologische und religionsphilosophische Aspekte, in: Jochen Pabst (Hg.), Religion lernen aus Lebensgeschichten? Arbeitshilfe für den evangelischen RU an Gymnasien 53, Hannover 1994, 226-245

Greeley, Andrew, Religion in der Popkultur. Musik, Film und Roman. Mit Kurzbiographien von Bruce Springsteen, Madonna und Woody Allen, Graz/u.a. 1993

Greiner, Bernhard, Autobiographie im Horizont der Psychoanalyse: Stephan Hermlins Abendlicht, in: Poetica 14 (1982) 213-249

Greiner-Kemptner, Ulrike, „Subjekt" und „Fragment": Aspekte einer Literatur der Postmoderne, in: Albert Berger/Gerda Elisabeth Moser (Hg.), Jenseits des Diskurses. Literatur und Sprache in der Postmoderne, Wien 1994, 251-273

Gremmels, Christian, Selbstreflexive Interpretation konfligierender Identifikationen am Beispiel des Apostels Paulus (Phil 3,7-9), in: Joachim Scharfenberg/u.a., Religion: Selbstbewußtsein - Identität. Psychologische, theologische und philosophische Analysen und Interpretationen, TEH 182, München 1974, 44-57

Grimm, Gunter, Rezeptionsgeschichte. Grundlegung einer Theorie. Mit Analysen und Bibliographie, München 1977

Grözinger, Albrecht, Seelsorge als Rekonstruktion von Lebensgeschichte, in: WzM 38 (1986) 178-188

Ders., Praktische Theologie und Ästhetik. Ein Beitrag zur Grundlegung der Praktischen Theologie (1987) München ²1991

Ders., Das „Epische" als Aufgabe der Praktischen Theologie, in: EvTh 48 (1988) 199-217

Ders., Erzählen und Handeln. Studien zu einer trinitarischen Grundlegung der Praktischen Theologie, München 1989

Ders., Theologie und Kultur. Praktisch-Theologische Bemerkungen zu einem komplexen Zusammenhang, in: ThPr 24 (1989), 201-213

Ders., Ästhetisches Engagement und ästhetische Distanzierung beim Aufbau lebensgeschichtlicher Erfahrung, in: Walter Sparn (Hg.), Wer schreibt meine Lebensgeschichte? Biographie, Autobiographie, Hagiographie und ihre Entstehungszusammenhänge, Gütersloh 1990, 155-162

Ders., Es bröckelt an den Rändern. Kirche und Theologie in einer multikulturellen Gesellschaft, München 1992

Grözinger, Albrecht/Luther, Henning (Hg.), Religion und Biographie. Perspektiven zur gelebten Religion, München 1987

Haberer, Johanna, Die verborgene Botschaft. Fernseh-Mythen - Fernseh-Religion, in: Siegfried von Kortzfleisch/Peter Cornehl (Hg.), Medienkult - Medienkultur, Hamburger Beiträge zur öffentlichen Wissenschaft 12, Berlin und Hamburg 1993, 121-137

Habermas, Theorie des kommunikativen Handelns I und II (1981) Frankfurt/Main 1988

Habermas, Jürgen, Nachmetaphysisches Denken. Philosophische Aufsätze, Frankfurt/Main ³1989

Hahn, Alois/Kapp, Volker (Hg.), Selbstthematisierung und Selbstzeugnis: Bekenntnis und Geständnis, Frankfurt/Main 1987

Hahn, Alois/Willems, Herbert, Schuld und Bekenntnis in Beichte und Therapie, in: Jörg Bergmann/u.a. (Hg.), Religion und Kultur, Opladen 1993, 309-330

Hansen, Olaf/Villwock, Jörg, Einleitung, in: Volker Bohn (Hg.), Typologie. Internationale Beiträge zur Poetik 2, Frankfurt/Main 1988, 7-21

Härle, Wilfried, Die Frage nach Gott, DIFF Studienbrief III/2 (1978), Tübingen 1987

Harnisch, Wolfgang, Die Mitte der Botschaft. Gleichnisse Jesu und das Problem ihrer Auslegung, in: PrTh 31 (1996) 31-43

Härtling, Peter, Jede Autobiographie ist eine phantastische Lüge (1980), in: Klaus Siblewski (Hg.), Peter Härtling im Gespräch, Frankfurt/Main 1990, 67-82

Ders., Von Gott reden, ohne ihn zu nennen, in: Eveline Valtink (Hg.), Sperrgut Literatur.Plädoyer für ein Spannungsverhältnis von Literatur und Theologie, Hofgeismarer Protokolle 261, 1989, 33-44

Hasenberg, Peter, Der Film und das Religiöse. Ansätze zu einer systematischen und historischen Spurensuche, in: ders./u.a. (Hg.), Spuren des Religiösen im Film. Meilensteine aus 100 Jahren Kinogeschichte, Mainz und Köln 1995, 9-23

Hattemer, Matthias, Das erdichtete Ich. Zur Gattungspoetik der fiktiven Autobiographie bei Grimmelshausen, E.T.A. Hoffmann, Thomas Mann und Rainer Maria Rilke, EHS I/1151, Frankfurt am Main/u.a. 1989

Heimbrock, Hans-Günter/Streib, Heinz (Hg.), Magie. Katastrophenreligion und Kritik des Glaubens. Eine theologische und religionstheoretische Kontroverse um die Kraft des Wortes, Innen und Außen 1, Kampen 1994

Heine, Heinrich, Buch der Lieder, in: Klaus Briegleb (Hg.), Sämtliche Schriften 1, Frankfurt am Main/u.a. 1981, 7-212

Heller, Andreas/Weber, Therese/Wiebel-Fanderl, Oliva (Hg.), Religion und Alltag. Interdisziplinäre Beiträge zu einer Sozialgeschichte des Katholizismus in lebensgeschichtlichen Aufzeichnungen. Bibliothek der Kulturgeschichte 19, Wien/Köln 1990

Herder, Johann Gottfried von, Von Religion, Lehrmeinungen und Gebräuchen (1798), in: Bernhard Suphan, Herders sämtliche Schriften XX, Berlin 1880, 133-268

Holdenried, Michaela, Im Spiegel ein anderer. Erfahrungskrise und Subjektdiskurs im modernen autobiographischen Roman, Heidelberg 1991

Imgenberg, Klaus G./Seifert, Heribert, Autobiographische Texte, Stuttgart 1985

Iser, Wolfgang, Der implizite Leser. Kommunikationsformen des Romans von Bunyan bis Beckett (1972) München ³1994

Ders., Die Appellstruktur der Texte, in: Rainer Warning (Hg.), Rezeptionsästhetik. Theorie und Praxis (1975) München ⁴1994, 228-252

Ders., Der Lesevorgang, in: Rainer Warning (Hg.), Rezeptionsästhetik. Theorie und Praxis (1975) München ⁴1994, 253-276

Ders., Im Lichte der Kritik, in: Rainer Warning (Hg.), Rezeptionsästhetik. Theorie und Praxis (1975) München ⁴1994, 325-342

Ders., Der Akt des Lesens. Theorie ästhetischer Wirkung (1976) München ³1990

Ders., Akte des Fingierens. Oder: Was ist das Fiktive im fiktionalen Text?, in: Dieter Henrich/Wolfgang Iser (Hg.), Funktionen des Fiktiven, Poetik und Hermeneutik X, München 1983, 121-151

Ders., Das Fiktive und das Imaginäre. Perspektiven literarischer Anthropologie (1991) Frankfurt/Main 1993

Ittmann, Norbert, Die Konfessionen Jeremias. Ihre Bedeutung für die Verkündigung des Propheten, WMANT 54, Neukirchen-Vluyn 1981

Jamme, Christoph, „Gott an hat ein Gewand". Grenzen und Perspektiven philosophischer Mythos-Theorien der Gegenwart, Frankfurt/Main 1991

Jauß, Hans Robert, Literaturgeschichte als Provokation der Literaturwissenschaft, in: Rainer Warning (Hg.), Rezeptionsästhetik. Theorie und Praxis (1975) München ⁴1994, 126-162

Ders., Racines und Goethes Iphigenie - Mit einem Nachwort über die Partialität der rezeptionsästhetischen Methode, in: Rainer Warning (Hg.), Rezeptionsästhetik. Theorie und Praxis (1975) München ⁴1994, 353-400

Ders., La douceur du foyer - Lyrik des Jahres 1857 als Muster der Vermittlung sozialer Normen, in: Rainer Warning (Hg.), Rezeptionsästhetik. Theorie und Praxis (1975) München ⁴1994, 401-434

Ders., Gottesprädikate als Identitätsvorgaben in der Augustinischen Tradition der Autobiographie, in: Odo Marquard/Karlheinz Stierle (Hg.), Identität. Poetik und Hermeneutik VIII, München 1979, 708-717

Ders., Ästhetische Erfahrung und literarische Hermeneutik (1982) Frankfurt/Main 1991

Jencks, Charles, Post-Modern und Spät-Modern. Einige grundlegende Definitionen, in: Peter Koslowski/u.a. (Hg.), Moderne oder Postmoderne? Zur Signatur des gegenwärtigen Zeitalters, Heidelberg 1986, 205-235

Jens, Walter, Die bleibenden Aufgaben, in: Jens, Walter/Küng, Hans/Kuschel, Karl-Joseph (Hg.), Theologie und Literatur. Zum Stand des Dialogs, München 1986, 264-265

Jens, Walter/Küng, Hans/Kuschel, Karl-Joseph (Hg.), Theologie und Literatur. Zum Stand des Dialogs, München 1986

Jeziorkowski, Klaus, Zum Verhältnis von Theologie und Literaturwissenschaft, in: Jens, Walter/Küng, Hans/Kuschel, Karl-Joseph (Hg.), Theologie und Literatur. Zum Stand des Dialogs, München 1986, 186-198

Jüngel, Eberhard, Paulus und Jesus. Eine Untersuchung zur Präzisierung der Frage nach dem Ursprung der Christologie, HUTh 2, Tübingen ⁵1979

Kahrmann, Cordula/Reiß, Gunter/Schluchter, Manfred, Erzähltextanalyse. Eine Einführung. Mit Studien- und Übungstexten (1986) Hanstein ³1993

Kaiser, Gerhard, Augenblicke deutscher Lyrik. Gedichte von Martin Luther bis Paul Celan, Frankfurt/Main 1987

Kaiser, Otto, Einleitung in das Alte Testament. Eine Einführung in ihre Ergebnisse und Probleme, Gütersloh ⁵1984

Käsemann, Ernst, Das wandernde Gottesvolk, FRLANT 55, Göttingen ²1957

Kaufmann, Franz-Xaver, Religion und Modernität. Sozialwissenschaftliche Perspektiven, Tübingen 1989

Keil, Günther, Philosophiegeschichte II: Von der Aufklärung bis zur Gegenwart, ThW 14,2, Stuttgart/u.a. 1987

Kleger, Heinz/Müller, Alois (Hg.), Religion des Bürgers. Zivilreligion in Amerika und Europa, München 1986

Klein, Stephanie, Theologie und empirische Biographieforschung. Methodische Zugänge zur Lebens- und Glaubensgeschichte und ihre Bedeutung für eine erfahrungsbezogene Theologie, PThH 19, Stuttgart/u.a. 1994

Kleßmann, Ernst, „Über religiöse Krisen in der Jugendzeit auf Grund autobiographischer Zeugnisse", Gütersloh 1926

Kohli, Martin, Zur Theorie der biographischen Selbst- und Fremdthematisierung, in: Joachim Matthes (Hg.), Lebenswelt und soziale Probleme. Verhandlungen des 20. Deutschen Soziologentages zu Bremen 1980, Frankfurt am Main/New York 1981, 502-520

König, Helga/Mainzer, K., Art. Konstruktion, in: Joachim Ritter/Karlfried Gründer (Hg.), Historisches Wörterbuch der Philosophie IV, Darmstadt 1976, 1009-1019

Koopmann, Helmut/Winfried Woesler (Hg.), Literatur und Religion, Freiburg/u.a. 1984

Koretzki, Gerd-Rüdiger/Tammeus, Rudolf, Religiöse Lebensläufe - literarisch verarbeitet/ autobiographisch verdichtet, mit Kommentar zur Textsammlung, in: Jochen Pabst (Hg.), Religion lernen aus Lebensgeschichten? Arbeitshilfe für den evangelischen Religionsunterricht an Gymnasien 53, Hannover 1994, 35-171

Koskella, Gretel A., Die Krise des deutschen Romans 1960-1970, Saarbrücker Beiträge zur Literaturwissenschaft 12, Frankfurt/Main 1986

Kranz, Gisbert, Was ist christliche Dichtung? Thesen - Fakten - Daten, München 1987

Küng, Hans, Theologie und Literatur: Gegenseitige Herausforderung, in: Jens, Walter/Küng, Hans/Kuschel, Karl-Joseph (Hg.), Theologie und Literatur. Zum Stand des Dialogs, München 1986, 24-29

Kuld, Lothar, Glaube in Lebensgeschichten. Ein Beitrag zur theologischen Autobiographieforschung, Stuttgart 1996

Kurz, Paul Konrad, Gott in der modernen Literatur, München 1996

Kuschel, Karl-Joseph, Jesus in der deutschsprachigen Gegenwartsliteratur (1978). Mit einem Vorwort von Walter Jens und einem Nachwort zur Taschenbuchausgabe, Zürich/Köln 1987

Ders., Theologie und Literatur: Wo stehen wir heute? - Versuch einer exemplarischen Literaturübersicht -, in: ThPr 18 (1983), 110-119

Ders., Weil wir uns auf dieser Erde nicht ganz zu Haus fühlen. 12 Schriftsteller über Religion und Literatur, München ²1985

Ders., Gottesbilder - Menschenbilder. Blicke durch die Literatur unserer Zeit, Theologische Meditationen 65, Zürich/u.a. 1985

Ders., Art. Literatur, in: Volker Drehsen/u.a. (Hg.), Wörterbuch des Christentums, Gütersloh/Düsseldorf 1988, 733-736

Ders., „Vielleicht hält Gott sich einige Dichter...". Literarisch-theologische Porträts, Mainz 1991

Ders., „Ich glaube nicht, daß ich Atheist bin". Neue Gespräche über Religion und Literatur, München 1992

Lachmann, Rainer/Rupp, Horst F. (Hg.), Lebensweg und religiöse Erziehung. Religionspädagogik als Autobiographie Band 1 und 2, Weinheim 1989

Lehmann, Jürgen, Sprechhandlung und Gattungsgeschichte. Anmerkungen zur Geschichte der deutschen Autobiographie zwischen dem Beginn des 18. und dem letzten Drittel des 19. Jahrhunderts, in: Thomas Cramer (Hg.), Literatur und Sprache im historischen Prozeß. Vorträge des Deutschen Germanistentages Aachen 1982, Band 1: Literatur, Tübingen 1983, 269-286

Ders., Bekennen - Erzählen - Berichten. Studien zu Theorie und Geschichte der Autobiographie, Studien zur deutschen Literatur 98, Tübingen 1988

Leitner, Hartman, Die temporale Logik der Autobiographie, in: Walter Sparn (Hg.), Wer schreibt meine Lebensgeschichte? Biographie, Autobiographie, Hagiographie und ihre Entstehungszusammenhänge, Gütersloh 1990, 315-359

Lejeune, Philippe, Der autobiographische Pakt (1975). Aus dem Französischen von Wolfram Bayer und Dieter Hornig, Aesthetica, Frankfurt/Main 1994

Link, Hannelore, Rezeptionsforschung. Eine Einführung in Methoden und Probleme (1976) Stuttgart/u.a. ²1980

Lochman, Jan M., Die Frage nach Gott und die Hoffnung der Identität, in: Gaetano Benedetti/Louis Wiesmann (Hg.), Ein Inuk sein. Interdisziplinäre Vorlesungen zum Problem der Identität, Göttingen 1986, 138-148

Lott, Jürgen, Handbuch Religion II: Erwachsenenbildung, Stuttgart/u.a. 1984

Luckmann, Thomas, Religion in der modernen Gesellschaft, in: Jacob Wössner (Hg.), Religion im Umbruch. Soziologische Beiträge zur Situation von Religion und Kirche in der gegenwärtigen Gesellschaft, Stuttgart 1972, 3-15

Ders., Die „massenkulturelle" Sozialform der Religion, in: Hans-Georg Soeffner (Hg.), Kultur und Alltag, Soziale Welt Sonderband 6, Göttingen 1988, 37-48

Lukács, Georg, Die Theorie des Romans. Ein geschichtsphilosophischer Versuch über die Formen der großen Epik (1916/1920) München 1994

Luther, Henning: Spätmodern predigen, in: ders., Frech achtet die Liebe das Kleine. Biblische Texte in Szene setzen. Spätmoderne Predigten, Stuttgart 1991, 10-14

Ders., Rezension Falk Wagner, Was ist Religion? Studien zu ihrem Begriff und Thema in Geschichte und Gegenwart, Gütersloh 1986, in: ThPr 26 (1991), 58-70

Ders., Religion und Alltag. Bausteine zu einer Praktischen Theologie des Subjekts, Stuttgart 1992

Lützeler, Paul Michael, Einleitung: Poetikvorlesungen und Postmoderne, in: ders. (Hg.), Poetik der Autoren. Beiträge zur deutschsprachigen Gegenwartsliteratur, Frankfurt/Main 1994, 7-19

Lyotard, Jean-François, Das postmoderne Wissen. Ein Bericht, Graz und Wien 1986

Maier-Petersen, Magdalena, Der „Fingerzeig Gottes" und die „Zeichen der Zeit". Pietistische Religiosität auf dem Weg zur bürgerlichen Identitätsfindung, untersucht an Selbstzeugnissen von Spener, Francke und Oetinger, Stuttgart 1984

Marquard, Odo/Stierle, Karlheinz (Hg.), Identität. Poetik und Hermeneutik VIII, München 1979

Martens, Wolfgang, Nachwort, in: ders. (Hg.), Karl Philipp Moritz, Anton Reiser. Ein psychologischer Roman, Stuttgart 1986, 545-567

Marti, Kurt, Der Gottesplanet. Aufsätze und Predigten, Darmstadt 1988

Martin, Gerhard Marcel, Predigt als „offenes Kunstwerk"? Zum Dialog zwischen Homiletik und Rezeptionsästhetik, in: EvTh 44 (1984) 46-58

Ders., Gott auf der Bibliodrama-Bühne: Zum Bibelgebrauch in der Postmoderne, in: Bernd Beuscher/u.a. (Hg.), Prozesse postmoderner Wahrnehmung: Kunst - Religion - Pädagogik, Wien 1996, 103-112

Mautner, Josef, Das zerbrechliche Leben erzählen.... Erzählende Literatur und Theologie des Erzählens, EHS I/1427, Frankfurt am Main/u.a. 1994

Mecking, Burkhart, Christliche Biographien. Beobachtungen zur Trivialisierung in der Erbauungsliteratur, Frankfurt am Main/u.a. 1983

Meiser, Hans Christian (Hg.), Das Meer, der Berg, die Wüste. Begegnung mit der Ewigkeit, Reinbek 1993

Metz, Johann Baptist, Theologie als Biographie. Eine These und ein Paradigma, in: Conc 12 (1976) 311-315

Michel, Otto, Der Brief an die Hebräer, KEK XIII, Göttingen ^{14}1984

Mieth, Dietmar, Dichtung, Glaube, Moral (1976) Mainz ^{2}1983

Minder Robert, Glaube, Skepsis und Rationalismus, Frankfurt/Main 1974

Mitterauer, Michael, Religion in lebensgeschichtlichen Aufzeichnungen, in: Andreas Gestrich/u.a. (Hg.), Biographie - sozialgeschichtlich, Göttingen 1988, 61-85

Moltmann, Jürgen (Hg.), Anfänge der dialektischen Theologie I: Karl Barth, Heinrich Barth und Emil Brunner, München ^{5}1985

Mörth, Ingo, Lebenswelt und religiöse Sinnstiftung. Ein Beitrag zur Theorie des Alltagslebens, München 1986

Moser, Tilman, Romane als Krankengeschichten. Über Handke, Meckel und Martin Walser, Frankfurt/Main 1985

Motté, Magda, Moderne Literatur - ein Weg zum Glauben?, in: Stimmen der Zeit 203 (1985) 399-412

Dies., „Im Dunklen loben". Religiöse Aspekte in Literatur, Theater und Film der Gegenwart, in: Stimmen der Zeit 205 (1987) 476-490

Müller, Klaus Detlef, Autobiographie und Roman. Studien zur literarischen Autobiographie der Goethezeit, Studien zur deutschen Literatur 46, Tübingen 1976

Nestler, Erich, Mein sinnliches und übersinnliches Leben. Nina Hagens autobiographische Collage, in: Peter Bubmann/Rolf Tischer (Hg.), Pop und Religion. Auf dem Weg zu einer neuen Volksfrömmigkeit? Stuttgart 1992, 85-100

Nethöfel, Wolfgang, Literarisch-religiöse Reflexion der Gegenwart. Beispiele, Konstellationen, Trends, in: Wilfried Härle/Reiner Preul (Hg.), Theologische Gegenwartsdeutung, Marburger Jahrbuch Theologie II, Marburg 1988, 11-42

Neumann, Bernd, Identität und Rollenzwang. Zur Theorie der Autobiographie, Athenäum Paperbacks Germanistik 3, Frankfurt/Main 1970

Niggl, Günter, Geschichte der deutschen Autobiographie im 18. Jahrhundert, Stuttgart 1977

Ders., Die Autobiographie. Zu Form und Geschichte einer literarischen Gattung, WdF 565, Darmstadt 1989

Ders., Zur Säkularisation der pietistischen Autobiographie im 18. Jahrhundert, in: ders. (Hg.), Die Autobiographie 1989, 367-391

Nipkow, Karl Ernst, Erwachsenwerden ohne Gott? Gotteserfahrung im Lebenslauf, München 1987

Nipkow, Karl Ernst, Lebensgeschichte und religiöse Lebenslinie. Zur Bedeutung der Dimension des Lebenslaufs in der Praktischen Theologie und Religionspädagogik, in: JRP 3 (1987), 3-35

Nusser, Peter, Trivialliteratur, Stuttgart 1991

Padberg, Lutz E. von, Archaische Tradition und christliche Intention. Zu autobiographischen und biographischen Elementen in einem hagiographischen Werk des 8. Jahrhunderts, in: Carsten Peter Thiede (Hg.), Christlicher Glaube und Literatur 3, Thema: Autobiographie, Wuppertal und Zürich 1989, 17-46

Pannenberg, Wolfhart, Das Irreale des Glaubens, in: Dieter Henrich/Wolfgang Iser (Hg.), Funktionen des Fiktiven, Poetik und Hermeneutik X, München 1983, 17-34

Pascal, Roy, Die Autobiographie. Gehalt und Gestalt, Sprache und Literatur 19, Stuttgart 1965

Peters, Ulrich, Zwischen Säkularisierungswelle und Bücherflut. Eine Allensbach-Untersuchung zu den Chancen des religiösen Buches, in: HK 49 (1995), 319-322

Picard, Hans Rudolf, Autobiographie im zeitgenössischen Frankreich. Existentielle Reflexion und literarische Gestaltung, Theorie und Geschichte der Literatur und der Schönen Künste 44, München 1978

Pohlmann, Karl-Friedrich, Die Ferne Gottes - Studien zum Jeremiabuch. Beiträge zu den „Konfessionen" im Jeremiabuch und ein Versuch zur Frage nach den Anfängen der Jeremiatradition, Berlin/NewYork 1989

Pollack, Detlef, Religiöse Dimensionen im Werk Christoph Heins, in: BThZ 7 (1990) 177-201

Prümm, Karl, Schreiben nur über sich selbst. Autobiographisches Erzählen in der Gegenwartsliteratur, in: DU 41 (1989) 72-84

Reich-Ranicki, Marcel, Thomas Bernhard. Aufsätze und Reden (1990) Frankfurt/Main 1993

Rendtorff, Trutz, In Richtung auf das Unbedingte. Religionsphilosophie der Postmoderne, in: Hermann Fischer (Hg.), Paul Tillich. Studien zu einer Theologie der Moderne, Frankfurt/Main 1989, 335-356

Riedel, Manfred: Einleitung, in: Wilhelm Dilthey, Der Aufbau der geschichtlichen Welt in den Geisteswissenschaften, Frankfurt/Main ⁴1993, 9-86

Ringleben, Joachim, Die Reden über die Religion, in: Dietz Lange (Hg.), Friedrich Schleiermacher 1768-1834: Theologe - Philosoph - Pädagoge, Göttingen 1985, 236-258

Rinser, Luise, „Christliche Literatur" heute (1984), in: Hans-Rüdiger Schwab (Hg.), Luise Rinser. Materialien zu Leben und Werk, Frankfurt/Main 1986, 39-54

Rosenau, Hartmut, Die christliche Autobiographie. Theologische Bemerkungen zu einem ungeklärten Begriff, in: Carsten Peter Thiede (Hg.), Christlicher Glaube und Literatur 3, Thema: Autobiographie, Wuppertal und Zürich 1989, 11-16

Rössler, Dietrich, Grundriß der Praktischen Theologie, Berlin/New York 1986

Salzmann, Madeleine, Die Kommunikationsstruktur der Autobiographie. Mit kommunikationsorientierten Analysen der Autobiographien von Max Frisch, Helga M. Novak und Elias Canetti, Zürcher Germanistische Studien 11, Frankfurt am Main/u.a. 1988

Saße, Günter, Das kommunikative Handeln der Rezipienten. Zum Problem einer pragmatischen Literaturwissenschaft, in: ders./Horst Turk (Hg.), Handeln, Sprechen und Erkennen. Zur Theorie und Praxis der Pragmatik, Studienbibliothek 3, Göttingen 1978, 101-139

Scharfenberg, Joachim, Einführung in die Pastoralpsychologie (1985) Göttingen ²1990

Scheffer, Bernd, Interpretation und Lebensroman. Zu einer konstruktivistischen Literaturtheorie, Frankfurt/Main 1992

Scheitler, Irmgard, Joseph von Eichendorff: Geistliche Gedichte, in: Helmut Koopmann/Winfried Woesler (Hg.), Literatur und Religion, Freiburg/u.a. 1984, 170-183

Scherf, Dagmar (Hg.), Der liebe Gott sieht alles. Erfahrungen mit religiöser Erziehung. Mit einem Nachwort von Joachim Kahl, Frankfurt/Main 1984

Scheuer, Helmut, Biographie. Überlegungen zu einer Gattungsbeschreibung, in: Reinhold Grimm/Jost Hermand (Hg.), Vom Anderen und vom Selbst. Beiträge zu Fragen der Biographie und Autobiographie, Königstein/Ts 1982, 9-29

Ders. (Hg.), Themenheft Autobiographie, DU 41, 1989

Schimank, Uwe, Funktionale Differenzierung und reflexiver Subjektivismus. Zum Entsprechungsverhältnis von Gesellschafts- und Identitätsform, in: Soziale Welt 36 (1985) 447-465

Schleiermacher, Friedrich, Über die Religion. Reden an die Gebildeten unter ihren Verächtern (1799), Hamburg 1958

Schleiermacher, Friedrich, Hermeneutik und Kritik (1838). Mit einem Anhang sprachphilosophischer Texte Schleiermachers. Herausgegeben und eingeleitet von Manfred Frank, Frankfurt/Main ⁵1993

Schmidt, Siegfried J., Text als Forschungsobjekt der Texttheorie, in: DU 24 (1972) 7-28

Schneider, Grete, Religiöse Erfahrungen in Autobiographien, in: VuF 33 (1988) 3-29
Schneider, Manfred, Die erkaltete Herzensschrift. Der autobiographische Text im 20. Jahrhundert, München/Wien 1986
Schrader, Hans-Jürgen, Art. Pietismus, in: Walther Killy (Hg.), Literaturlexikon, Band 14: Begriffe, Realien, Methoden, herausgegeben von Volker Meid, Gütersloh und München 1993, 208-216
Schröer, Henning, Moderne deutsche Literatur in Predigt und Religionsunterricht. Überlegungen zur Wahrnehmung heilsamer Provokation, Heidelberg 1972
Ders., Art. Hermeneutik IV. Praktisch-theologisch, in: TRE XV (1986) 150-156
Ders., Die religiöse Frage in der zeitgenössischen Literatur, in: EvErz 40 (1988) 414-432
Ders., Art. Literatur und Religion VI, in: TRE XXI (1991) 294-306
Schulze, Theodor, Autobiographie und Lebensgeschichte, in: Dieter Baacke/ders. (Hg.), Aus Geschichten lernen. Zur Einübung pädagogischen Verstehens (1979), Weinheim/München 1993
Schüßler, Werner, Jenseits von Religion und Nicht-Religion. Der Religionsbegriff im Werk Paul Tillichs, Frankfurt/Main 1989
Schutte, Jürgen, Einführung in die Literaturinterpretation, Stuttgart ³1993
Schwebel, Horst, Wahrheit der Kunst - Wahrheit des Evangeliums, in: Andreas Mertin/Horst Schwebel (Hg.), Kirche und moderne Kunst. Eine aktuelle Dokumentation, Frankfurt/Main 1988, 135-145
Schweikle, Irmgard, Art. Bildungsroman, in: Günther und Irmgard Schweikle (Hg.), Metzler Literaturlexikon: Begriffe und Definitionen, Stuttgart ²1990, 55
Schweitzer, Friedrich, Lebensgeschichte und Religion. Religiöse Entwicklung und Erziehung im Kindes- und Jugendalter (1987) München ²1991
Ders., Lebensgeschichte und Religion. Eine vergessene Dimension pädagogischer Biographieforschung, in: ZfPäd 38 (1992) 235-252
Ders., Art. Biographie, religiöse, in: Siegfried Rudolf Dunde (Hg.), Wörterbuch der Religionspsychologie, Gütersloh 1993, 36-42
Ders., Lebensgeschichte als Thema von Religionspädagogik und Praktischer Theologie, in: PTh 83 (1994), 402-414
Segebrecht, Wulf, Über Anfänge von Autobiographien und ihre Leser, in: Günter Niggl (Hg.), Die Autobiographie 1989, 158-169
Sill, Oliver, Zerbrochene Spiegel. Studien zur Theorie und Praxis modernen autobiographischen Erzählens. Quellen und Forschungen zur Sprach- und Kulturgeschichte der germanischen Völker 98, Berlin/New York 1991
Siller, Hermann Pius, Biographische Elemente im kirchlichen Handeln, in: Ottmar Fuchs (Hg.), Theologie und Handeln. Beiträge zur Fundierung der Praktischen Theologie als Handlungs-theorie, Düsseldorf 1984, 187-208
Sloterdijk, Peter, Literatur und Lebenserfahrung. Autobiographien der Zwanziger Jahre, München/Wien 1978
Sölle, Dorothee, Realisation. Studien zum Verhältnis von Theologie und Dichtung nach der Aufklärung, Reihe Theologie und Politik 6, Darmstadt/Neuwied 1973

Dies., Die Hinreise. Zur religiösen Erfahrung, Texte und Überlegungen (1975) Stuttgart ^{10}1992

Dies., „Das Eis der Seele spalten". Theologie und Literatur auf der Suche nach einer neuen Sprache, in: JRP 4 (1988) 3-19

Dies., Der Beitrag Paul Tillichs zu einer Theologie der Befreiung innerhalb der Ersten Welt, in: Hermann Fischer (Hg.), Paul Tillich. Studien zu einer Theologie der Moderne, Frankfurt/Main 1989, 281-300

Sorg, Bernhard, Thomas Bernhard, München ^{2}1992

Sparn, Walter, Autobiographische Kompetenz. Welchen christlichen Sinn hat lebensgeschichtliches Erzählen heute?, in: Wilfried Härle/Rainer Preul, Lebenserfahrung. Marburger Jahrbuch Theologie III, Marburg, 1990, 54-67

Ders., Dichtung und Wahrheit. Einführende Bemerkungen zum Thema: Religion und Biographik, in: ders. (Hg.), Wer schreibt meine Lebensgeschichte? Biographie, Autobiographie, Hagiographie und ihre Entstehungszusammenhänge, Gütersloh 1990, 11-29

Ders., Sancta Simplicitas. Über die Sorge um christliche Identität in Zeiten der Ironie, in: Jürgen Roloff/Hans G. Ulrich (Hg.), Einfach von Gott reden: ein theologischer Diskurs, FS Friedrich Mildenberger, Stuttgart/u.a. 1994, 98-110

Staats, Reinhart (Hg.), VuF 39, 1994: Themenheft Biographie und Autobiographie - Theologische und geschichtswissenschaftliche Kriterien

Ders., Die zeitgenössische Theologenautobiographie als theologisches Problem, in: VuF 39 (1994) 62-81

Stanzel, Franz K., Die Opposition Erzähler-Reflektor im erzählerischen Diskurs, in: E. Lämmert (Hg.), Erzählforschung. Ein Symposium. Germanistische Symposien IV, Stuttgart 1982, 173-184

Steinacker, Hans, Bücher bringen Botschaft. Aspekte christlicher Literaturarbeit, Moers 1981

Steiner, George, Von realer Gegenwart. Hat unser Sprechen Inhalt? Mit einem Nachwort von Botho Strauß, München 1990

Stemme, Fritz, Die Säkularisation des Pietismus zur Erfahrungsseelenkunde, in: ZfdtPh 72 (1953) 144-158

Stern, Martin, Autobiographie und Identität, in: Gaetano Benedetti/Louis Wiesmann (Hg.), Ein Inuk sein. Interdisziplinäre Vorlesungen zum Problem der Identität, Göttingen 1986, 257-270

Stollberg, Dietrich, Tiefenpsychologie oder historisch-kritische Exegese? Identität und der Tod des Ich (Gal 2,19-20), in: Yorick Spiegel (Hg.), Doppeldeutlich. Tiefendimensionen biblischer Texte, München 1978, 215-233

Ders., Die Reise der Erinnerung - Wege der Heilung, in: PTh 78 (1989) 466-476

Ders. (Hg.), Themenheft PTh 84, 1995/Heft 1: Psychologische Zugänge zur Religion in der Lebenswelt der Moderne

Suhr, Ulrike, Poesie als Sprache des Glaubens. Eine theologische Untersuchung des literarischen Werkes von Marie Luise Kaschnitz, Stuttgart/u.a. 1992

Thiede, Carsten Peter (Hg.), Christlicher Glaube und Literatur 3, Thema: Autobiographie, Wuppertal/Zürich 1989

Ders., Einleitung, in: ders. (Hg.), Christlicher Glaube und Literatur 3, Thema: Autobiographie, Wuppertal und Zürich 1989, 5-9

Thiel, Winfried, Ein Vierteljahrhundert Jeremia-Forschung, in: VuF 31 (1986), 32-52

Thiersch, Hans, Karl Philipp Moritz' 'Anton Reiser', in: Walter Jens/Hans Thiersch, Deutsche Lebensläufe in Autobiographien und Briefen, Frankfurt/Main 1991, 25-37

Thurneysen, Eduard, Die Lehre von der Seelsorge, Zürich ^{5}1980

Tillich, Paul, Über die Idee einer Theologie der Kultur (1919), in: Manfred Baumotte (Hg.), Tillich-Auswahl II, Gütersloh 1980, 70-88

Ders., Rechtfertigung und Zweifel (1924), in: Manfred Baumotte (Hg.), Tillich-Auswahl II, Gütersloh 1980, 54-69

Ders., Die Frage nach der Zukunft der Religion (1945/46), in: ders., Die Frage nach dem Unbedingten. Schriften zur Religionsphilosophie, GW V, Stuttgart 1964, 32-36

Ders., Religion und Kultur (1948), in: Manfred Baumotte (Hg.), Tillich-Auswahl II, Gütersloh 1980, 89-100

Ders., In der Tiefe ist Wahrheit. Religiöse Reden, 1. Folge (1952), Frankfurt/ Main ^{9}1985

Ders., Religion als eine Funktion des menschlichen Geistes? (1955), in: ders., Die Frage nach dem Unbedingten. Schriften zur Religionsphilosophie, GW V, Stuttgart 1964, 37-42

Ders., Die verlorene Dimension (1958), in: Manfred Baumotte (Hg.), Tillich-Auswahl II, Gütersloh 1980, 7-14

Ders., Systematische Theologie I/II (1958) Berlin/New York ^{8}1987

Ders., Das Wesen der religiösen Sprache (1959), in: Manfred Baumotte (Hg.), Tillich-Auswahl II, Güersloh 1980, 29-38

Ders., Aspekte einer religiösen Analyse der Kultur (1959), in: ders., Die religiöse Substanz der Kultur. Schriften zur Theologie der Kultur, GW IX, Stuttgart 1967, 100-109

Ders., Zur Theologie der Bildenden Kunst und der Architektur (1961), in: ders., Auf der Grenze. Eine Auswahl aus dem Lebenswerk. Mit einem Vorwort von Heinz Zahrnt, München 1987, 226-239

Todorov, Tzvetan, Les genres du discours, Paris 1978

Trillhaas, Wolfgang, Die eigene Geschichte erzählen. Über Sinn und Unsinn von Autobiographien, in: EvKom 11 (1978) 715-718

Tworuschka, Udo, Sucher, Pilger, Himmelsstürmer. Reisen im Diesseits und Jenseits, Stuttgart 1991

Ulmer, Bernd, Konversionserzählungen als rekonstruktive Gattung. Erzählende Mittel und Strategien bei der Rekonstruktion eines Bekehrungserlebnisses, in: ZfS 17 (1988) 19-33

Ders., Die autobiographische Plausibilität von Konversionserzählungen, in: Walter Sparn (Hg.), Wer schreibt meine Lebensgeschichte? Biographie, Autobiographie, Hagiographie und ihre Entstehungszusammenhänge, Gütersloh 1990, 287-295

Van Ingen, Ferdinand, Die Revolte des Lesers oder Rezeption versus Interpretation. Zu Fragen der Interpretation und Rezeptionsästhetik, in: Gerd Labroisse (Hg.), Rezeption - Interpretation. Beiträge zur Methodendiskussion. Amsterdamer Beiträge zur neueren Germanistik 3, Amsterdam 1974, 83-147

Vierzig, Siegfried, Frauen und Männer: Geschlechtsrollenidentität und religiöse Sozialisation. Was sich an religiösen Autobiographien beobachten läßt, in: Albrecht Grözinger/Henning Luther (Hg.), Religion und Biographie. Perspektiven zur gelebten Religion, München 1987, 163-173

Volp, Rainer, Ästhetik als Anfrage gegenüber einer Kirche in der Defensive. Beobachtungen zum Gestaltungsproblem der Religion, in: Dietrich Zilleßen/u.a. (Hg.), Praktisch-theologische Hermeneutik. Ansätze - Anregungen - Aufgaben, Rheinbach-Merzbach 1991, 277-294

Volz, Gunter, Sehnsucht nach dem ganz anderen. Religion und Ich-Suche am Beispiel von Klaus Mann, EHS XXIII 519, Frankfurt/Main 1994

Wagner, Falk, Was ist Religion? Studien zu ihrem Begriff und Thema in Geschichte und Gegenwart (1986), Gütersloh ²1991

Ders., Subjektivität und Religion, in: Rolf Hanusch/Godwin Lämmermann (Hg.), Jugend in der Kirche zur Sprache bringen. Anstöße zur Theorie und Praxis kirchlicher Jugendarbeit, München 1987, 323-334

Ders., Protestantische Reflexionskultur, in: Friedrich Wilhelm Graf/Klaus Tanner (Hg.), Protestantische Identität heute, Gütersloh 1992, 31-49

Warning, Rainer (Hg.), Rezeptionsästhetik. Theorie und Praxis (1975) München ⁴1994

Warning, Rainer, Rezeptionsästhetik als literaturwissenschaftliche Pragmatik, in: ders. (Hg.), Rezeptionsästhetik. Theorie und Praxis (1975) München ⁴1994, 9-41

Weber, Heinz-Dieter, Ästhetische Identität. Über das Fiktive in „Dichtung und Wahrheit", in: DU 41 (1989) 21-36

Weber, Max, Methodologische Schriften, Frankfurt/Main 1968

Weidhase, Helmut, Art. Wirkungsästhetik, in: Günther und Irmgard Schweikle (Hg.), Metzler Literaturlexikon: Begriffe und Definitionen, Stuttgart ²1990, 504-505

Welsch, Wolfgang, „Postmoderne". Genealogie und Bedeutung eines umstrittenen Begriffs, in: Peter Kemper (Hg.), 'Postmoderne' oder Der Kampf um Zukunft. Die Kontroverse in Wissenschaft, Kunst und Gesellschaft, Frankfurt/Main 1988, 9-36

Wermke, Jutta, 'Comics und Religion'. Zur Einführung, in: dies. (Hg.), Comics und Religion. Eine interdisziplinäre Diskussion, München 1978, 7-17

Wittekind, Folkart, Das Diesseits der Erinnerung. Religiöse Deutungsmuster des Lebens in Rosamunde Pilchers Roman „Die Muschelsucher", in: PrTh 30 (1995) 187-198

Woesler, Winfried, Die „Wahrheit" der Stücke Bertholt Brechts, in: Helmut Koopmann/Winfried Woesler (Hg.), Literatur und Religion, Freiburg, Basel und Wien 1984, 235-250

Wohlrab-Sahr, Monika, Über den Umgang mit biographischer Unsicherheit - Implikationen der „Modernisierung der Moderne", in: Soziale Welt 43 (1992) 217-236

Wolf, Christa, Die Dimension des Autors. Essays und Aufsätze, Reden und Gespräche 1959-1985, Band 2, Frankfurt/Main 1990

Wuthenow, Ralph-Rainer, Autobiographien und Memoiren, Tagebücher, Reiseberichte, in: ders. (Hg.), Zwischen Absolutismus und Aufklärung: Rationalismus, Empfindsamkeit, Sturm und Drang. Deutsche Literatur: Eine Sozialgeschichte 4, Reinbek 1980, 148-169

Ders., Art. Autobiographie, autobiographisches Schrifttum, in: Gert Ueding (Hg.), Historisches Wörterbuch der Rhetorik 1, Tübingen 1992, 1267-1278

Zimmermann, Hans Dieter, Vom Nutzen der Literatur. Vorbereitende Bemerkungen zu einer Theorie der literarischen Kommunikation (1977) Frankfurt/Main ^{2}1979

Zimmermann, Petra, Das Wunder jener Nacht. Religiöse Interpretation autobiographischer Weihnachtserzählungen, PThH 5, Stuttgart/u.a. 1992

Ziolkowski, Theodore, Theologie und Literatur: Eine polemische Stellungnahme zu literaturwissenschaftlichen Problemen, in: Jens, Walter/Küng, Hans/Kuschel, Karl-Joseph (Hg.), Theologie und Literatur. Zum Stand des Dialogs, München 1986, 113-128

Zmegac, Viktor, Art. Moderne/Modernität, in: Dieter Borchmeyer/Viktor Zmegac (Hg.), Moderne Literatur in Grundbegriffen, Frankfurt/Main 1987, 250-258

Zwick, Reinhold, Pfade zum Absoluten? Zur Typologie des religiösen Films, in: Walter Lesch (Hg.), Theologie und Ästhetische Erfahrung. Beiträge zur Begegnung von Religion und Kunst, Darmstadt 1994, 88-110